新儒学与新世纪

郑宗义 著

儒学、哲学与现代世界

河北出版传媒集团公司

河北人民出版社

图书在版编目（CIP）数据

儒学、哲学与现代世界/郑宗义著. —石家庄：河北
人民出版社，2010.10
（新儒学与新世纪）
ISBN 978－7－202－04907－5

I.①儒… Ⅱ.①郑… Ⅲ.①儒家—研究 Ⅳ.①B222.05

中国版本图书馆 CIP 数据核字（2010）第 194231 号

丛 书 名	新儒学与新世纪	
书 名	儒学、哲学与现代世界	
著 者	郑宗义	

责任编辑	李剑霞　李成轩
美术编辑	李 欣
责任校对	付敬华

出版发行	河北出版传媒集团公司　河北人民出版社
	石家庄市友谊北大街330号
印　　刷	河北新华第一印刷有限责任公司
开　　本	787×1092毫米　1/16
印　　张	22.75
字　　数	293 000
版　　次	2010年10月第1版　2010年10月第1次印刷
书　　号	ISBN 978－7－202－04907－5/C·124
定　　价	33.00元

　　"新儒学"在英文里有两个不同的用词，一个是"Neo-Confucianism"，主要指中国宋元明清时代以及同时期日本、韩国等地的"新儒学"；另一个是"New-Confucianism"，则是指20世纪以来的"新儒学"。就中国而言，宋元明清的"新儒学"，其"新"主要表现为在批判、排斥佛老的同时，广泛、深入地吸收了佛教与道家、道教的思想资源，对古典儒家的经典和思想作了新的诠释与发展，从而使儒学获得了适合近世社会文化的新的形态。20世纪以来的"新儒学"，其"新"主要表现为"吸取"但不是"批判、排斥"西方的哲学、宗教以及文化，立足于儒学基本的价值立场，谋求使儒学获得现代的发展。现代的"新儒学"发展至今已经有丰硕的成果，但仍在不断发展之中。如何充分消化和吸收西方文化的优秀因素而使自身在"未始出吾宗"的情况下获得"创造转化"与"综合创新"，正是现代新儒学的一个基本课题。

　　在20世纪90年代以前，"现代新儒学"往往被等同于所谓"海外新儒学"。事实上，所谓"海外新儒学"，其实本来根源于大陆，可以说，海外新儒学是儒学在特定历史时期在海外的开花和结果。改革开放以来，特别是90年代后期以来，中国传统文化在大陆获得了越来越多的肯定，儒学在中国大陆也得以重新发展。而中国大陆20世纪90年代以来儒学的逐渐发展，既有"海外新儒学"的影响，又是儒学传统自身在中国大陆"枯木逢春"之后自然抽发的"老树新枝"。"海外新儒学"固然不是铁板一块，大陆新儒学的发展也已成多元并进的面貌。不过，总体来说，在基本的价值关怀与立场方面，整个中文世界的"新儒学"之间是"所异不胜其同"的。至于在基本的价值立场与关怀之上发展出不同的思想形态和社会实践，在儒学传统中则是一贯如此，自然而然的。

儒学传统之所以能够历久弥新，在于儒家学者的思考从来都不是脱离现实生活世界的抽象思辨。面对时代提出的种种课题，每一个时代的儒家学者总会提出自己的因应之道。历史上的儒家学者固然是既有"思想世界"又有"历史世界"，其"造论立说"与其"经世致用"相与表里，20 世纪以来整个中文世界"成一家之言"的儒家学者，无论是侧重"究天人之际"而从事理论建构的哲学家，还是侧重"通古今之变"而从事历史研究的史学家，其实同样也都拥有强烈的现实关怀。在这个意义上，儒学与时代始终是息息相关的。也正是在这个意义上，每一个新的世纪，总会产生出遵循孔子所谓"因革损益"之道而"与时俱进"的新的儒学。

河北人民出版社出版这套"新儒学与新世纪"丛书，反映了当代一些新的儒家学者对于新世纪中各种问题的思考与探索，可谓适逢其时。出版社盛情邀我作序，感其雅意，故略缀数语于上。

陈　来

2009 年 5 月 31 日

序

　　1999 年我由香港中文大学哲学系退休，把讲授宋明理学的重任交托给宗义。不觉八年过去，他完全不负所托，已经有了博士毕业生。不仅如此，还进一步扩大范围，讲授中国哲学史，并积极参与系务，乃至文学院务。在百忙之中，丝毫没有放松学术的钻研。除计划要写明代儒学的专著以外，把近年来已经发表的文章辑为一集，索序于余。我从头到尾把书稿仔细看了一遍，发现在这些年间，他不懈地勤学深思，逐渐形成了他自己的思路，感到十分欣慰，故乐为之介。

　　全书共分四个部分。第一部分对"中国哲学"、儒学诠释与方法论进行反思。大陆近年来有激烈的关于中国哲学研究方法论的讨论。无可讳言，近代以来，西方文化占主导地位，连"哲学"一词，都是日本人受到西方冲击之后的创发。如何吸纳新知，不自我否定或矮化，立足传统本位作出转变，甚至反过来影响西方，这是一个曲折而艰困的历程。晚近西方流行诠释学，宗义发现朱子对经典的解释与之有许多若合符节之处，但因时代不同、传统不同，也有重大差异所在。下面两篇文章阐释牟宗三先生对中国哲学的看法。一文重构牟先生的方法论观点，另一文以先秦道家为例论牟先生的经典诠释观，均有很深刻的同情的理解。但牟先生在《才性与玄理》中还认为老子思想有宇宙论的面相，晚年的《中国哲学十九讲》却以老子为纯粹的境界形态，宗义都曲为之解，说明牟先生为何有这样的转折，虽言之成理，然而我认为晚年的说法只突出哲学的面相，遗落了思想史的面相，反不如《才性与玄理》的说法来得平稳。《庄子·天下篇》明明把老庄当做道家两种不同的形态看待。把"道生一，一生二，二生三，三生万物"宇宙论式顺取的思想解释成为了境界形态，极尽曲折之能事，这在哲学上尽可言之成理，就思想史的角度看，却难以令人信服。下面一篇文章《心性与天道——论劳思光先生对儒学的诠释》虽肯定劳先生对中国哲学史研究的贡献，但因劳先生过分贬抑秦汉以来阴阳五行的宇宙论思想，而对宋明理学的阐释有了偏向。其实牟先生、我和劳先生一样认为这样的宇宙论不称理。不同之处在，我同意牟先生以《易传》之中含有深刻的智慧，北宋周濂溪已通过《中庸》、《易传》转化了秦汉以来的宇宙论，而牟先生释张横渠所谓"天道性命相贯通"更成为了宋明理学的共识，程朱陆王皆然，虽保留了创生天道宇宙论的面相，但并不会堕入气化自然论的窠臼。而劳先生只肯认陆王的心性论。宗义的同情显然在牟先生和我这一边。然而下面一篇文章却标志了宗义自己独立的思想。牟、劳二位先生和我都认为由王廷相到戴震一路气化自然论的思想无甚意趣。宗义《论儒学中"气性"一路的建立》则阐明儒学由荀子、董仲舒以降另有"气性"一路的思想，可以照顾到主流孟学思想以外的其他面相，不必过分贬低其意义与价值。其实我自己从来没有说自然主义不能自成一条理路。但戴震解孟子显然不称理，而遗落了"超越"的面相，不能成为吾人归宗的理论。当然宗义不是不明白这个道理，他要强调的是，学术可以采取多元的进路，同情了解不同的思路会展现更宽广的视野，不必一上来就把自己局限在一个特定的思路以内，不管这一思路是多么的优胜。

第二部分论"人文学术与教育"，有三篇文章。前二文宗义因积极参与通识教育，故虽不具教育专家的身份，但提出了一些未为人充分注意到的睿识，省察了"中国文化教育的理念"，论"传统为己之学对现代通识教育的启示"。第三文《唐君毅论人文学术》则把唐先生一生关注人文学术所作出的反省提纲挈领地写出来为大家介绍。

第三部分论"宗教对话"，有三篇文章。首先是《从实践的形上学到多元宗教观——"天人合一"的现代诠释》。当代新儒家第二代的代表人物牟宗三先生身当存亡继倾之际，往往过分强调儒家为"常道"，不免经常被误解为"绝对主义"思想，甚至引起十分强烈的情绪的反弹。其实情况并不必要如此。下一代的海外新儒家如杜维明与我都体认到，进入新的千禧，所谓"全球意识觉醒的时代"，有必要进行"宗教对话"。我们预设了一个多元文明的架构，儒家虽不是一个组织宗教，却日甚一日被肯认为一个精神传统。正如杜维明所说，我们不需要证明儒家比别的精神传统更为优胜，只要证明我们的终极托付有充分的理据和自己的立足点，就已经足够了。再下一代的宗义更大踏步地往这一个方向迈进。我们感谢先辈如第一代的熊十力，第二代的唐、牟，让我们得以把握儒家哲学的内涵，但再往前走，不是要维持一种护教的心态，而是要往外通出去。凡宗教或精神传统必有"超越"（天）和"内在"（人）的层面。我们既归宗于"儒"，必有其优胜面可以展示出来。但我们也深知，自己是"有限的存在"，而有其限制。第二文《批判与会通——论当代新儒家与基督教的对话》是一个范例，说明凡宗教对话，必立足于一个传统，与另一传统对话。在对话中可以开显出以往的障蔽，在对话中内化他者的睿识而造成自我的拓展与扩大，但绝不会自弃立场而俯仰由人。最后一文《徘徊在绝对与多元之间——论牟宗三先生的"判教"》是宗义近期的一篇力作。"判教"虽源自佛家，宗义却以深切的同情的理解说明，为何这变成了牟先生自己的问题，提出了他本人的"判教"说。更重要的是指出，牟先生的看法隐涵了"绝对"与"多元"两条不同的线索。一般人惯常作"绝对"的阐释，以至不利于宗教对话，其实另有一条"多元"的线索，这正是第三、四代新儒家希望能够努力拓展的线索。盼读者能够窥见宗义的微意。

最后一部分论儒学与"现代世界"的关联。第一文：《从儒学的观点看孝道》。到了当前，谈孝道还有任何相干性吗？宗义提出了他的看法。"环保"和"女性主义"是当前两个热门的话题，也触及了现时两个必须面对的重要的问题。新儒家能够只埋首于古典的阐述，而缺席于当代问题的理解与反思吗？宗义在最后两文之中试图作出了自己的回应。

"温故而知新"，这是儒家传统自孔子以来到现在所秉持的一贯的态度，宗义的论集正是一个范例。他在这些年间所开拓的路径是有前途的，我对他的未来有深切的期望。最后我要指出一点，这些文章多是宗义在百忙之中，牺牲睡眠挤出来的成果。现代人就是太忙，缺少优游涵咏的境遇。我们必须深切体认，我们是"有限的存在"，必须尊重我们身心的限制，否则便要付出沉重的代价。这在个人、社会、国家、世界都是一样的道理，吁大家一同共勉之。

刘述先序于文哲所
2007 年 5 月 6 日

前　言

　　十年居牖下，白首太玄经，得到的是一堆文字和几点感想。文字客观，感想主观；客观易谈，主观难说，所以还是先谈那堆文字。我从事中国哲学研究，一向主张两条腿走路：一是哲学史的清理工作，一是哲学思想的开发工作。既是两条腿，则这两项工作自然是相互配合，离则两伤、合则双美的。没有哲学史的清理，哲学思想的开发即便不是绝无可能，也极其量是闭门造车，想出门合辙难矣。反过来，哲学思想之不断求能回应时代的问题，亦替哲学史的清理提供更多崭新的视角，使哲学史本身益显多姿。对哲学史的清理，我近年心力都投注在明代心学的研究上，希望有关的成果不日便可呈献于读者眼前。对哲学思想的开发，这部《儒学、哲学与现代世界》集结的十五篇文章就是此中的一部分。十五篇写就的时间横跨十二年，现只统一外国人名及专有名词的翻译，内容一律不改，以存其真。这些文字除有数几篇曾转载于大陆的学报外，几全发表于港、台地区，因此我相信它们对大陆读者甚至研究同行来说都较为陌生。然"嘤其鸣矣，求其友声"，愿这部集子是我向大陆读者一通款曲的开始。

　　接下来，我想对本书的性质作一扼要的说明。在上个世纪反传统浪潮的冲击下，儒门淡泊，不可收拾，大概是个不争的事实。想重建儒学，则将之学院化，或更具体地说哲学化，乃是一条业已有不少学人毕生献身开拓出来的路径。虽则其成效仍极富争议。这里我只想指出，把儒学哲学化，绝非要偏离儒学重实践的本怀，而是视理论化为重新认识儒学的特质的必要手段；用传统的话说，即理论化是以成"教"为目的。把儒学学院化，亦绝

1

非要借象牙塔做防护罩来使儒学登上不食人间烟火的学术圣坛。恰正相反，学院化的好处是儒学经过严格的学术标准洗礼后，能有力地参与到当前人类文化的各样问题的讨论中，求作出一分贡献。唯有通过建立时代的相干性，儒学才能寻回其自身的生命力，证明其仍是一具有活力的思想传统。当然，主张儒学哲学化，亦并不排斥还有其他的可能途径来重建儒学。明乎此，则我之以"儒学"、"哲学"及"现代世界"三个概念来命名这本集子的用心，读者应能体察。

这本文集共分四部分，第一部分探讨儒学的哲学化及研究方法的问题。第一篇《论二十世纪中国学人对于"中国哲学"的探索与定位》，是希望借着清理过去学人关于中国哲学研究本身到底是什么的思考，来为"中国哲学"寻找一具规范性的定位。对前两三年大陆哲学界热烈讨论的"中国哲学合法性"（其实应说正当性），我的看法是研究者绝无需要亦不可能达至一个回答"什么是中国哲学"的标准答案，但在激浊扬清之后，寻求共识，建立规范乃是十分迫切的事。否则喧闹的讨论除了吹起一片沙尘外，对今后中国哲学的长足发展、何去何从并未能提供适切的指引。定位中国哲学，实际上就是从一更宽广的背景来定位儒学的哲学化。儒学的哲学化，必须参照西方哲学的研究成果固不待言，但传统特重的经典诠释则相信仍是个不可或缺的研究方法。《论朱子对经典解释的看法》一篇，我借用当代哲学诠释学的视角来揭示朱子经解方法中某些隐而未发的理论意涵。《知识、思辨与感触》及其姊妹作《论牟宗三先生的经典诠释观》，则以牟宗三为范例，仔细析述他对研究方法的反省及主张。相比之下，劳思光对研究方法的自觉更不遑多让，但他理解的儒学却与牟说迥异其趣，凡此俱见《心性与天道》一篇。牟、劳两先生的分歧，撇开孰是孰非不谈，正生动地显露出诠释活动的本性就是多元的。如是，《论儒学中"气性"一路的建立》遂可视为我对多元诠释的现身说法。诚如前面所说，儒学哲学化的目的是要使之能积极介入现代世界；人文学术与教育、宗教对话、环境伦理及女性主义等，毋庸置疑都是现代世界中亟待我们正视的课题，文集的另外三部分便是我尝试从儒学的观点对这些课题作一初步的回应。

读者倘能细读全书，大概不难有以下两个印象。一是本书虽自许在做哲学思想的开发工作，但很多立论都是建基于前辈学人的研究成果；二是我的论学主轴似乎带有十分浓厚的当代新儒家（更准确的说即台港新儒家）的气息。对此，我必须略作补充以免引起不必要的误解（其实，眼睛雪亮的读者是不会生误解的，但为保险计，还是多说两句）。首先，有上述第一个印象是绝对正确的，理由我在这篇《前言》的开首已清楚交代：即哲学思想的开发，在剥蕉见心之后，根本上是离不开哲学史的清理。因此所谓开发，无非是在总结过去的研究上力求能把相关的问题及处理再推进一步。至于我的文字是否达标，不应由我自吹自擂，只有留待识者卓裁。对于第二个印象，揆诸于我的求学史及师承，也是其来有自的。不过，我对当代新儒家的欣赏，以至自觉地追随其研究路数，则与什么门户立场、护教心态毫不相干，而是本乎一同情的理解、强义的理解或曰相应的理解。人或嫌我对新儒家理解有余，批判不足。我的回答是你大概弄错"批判"一词的意思；批判不是一味否定，批判是要显示被批判物件的界限，换句话说，即显示物件之能及不能。我自信解释新儒家时是谨守此批判精神的；不少痛诋新儒家的文字在我看来，反倒只是徒具批判之名的情绪反应。

谈完客观的文字，要说主观的感受，千头百绪，较清晰强烈的是这些文字的写成经过都是既苦且甜的。苦，得从我厕足其间的大学环境讲起。现今在大学当教员，跟二十多年前我念大学时的情况相比，无异天壤。除备课教学外，还得应付日渐繁重的行政工作。不是说多开几小时的会就如何辛苦，而是那些会把你的时间表切得七零八落，把你的精神弄得疲惫散涣。就算你有极佳的时间管理，还得有迅促投入的专注力，否则余下的时间纵然勉强可以读书，也无法沉潜思考写作。为免养成惰性，我要求自己一年总得去开几次学术会议，借机迫着写点东西。但会议提交论文有期限，结果往往是赴会前两三天在办公室通宵达旦地赶工完成。寒夜青灯，偶尔也会禁不住抚心自问何苦如此？特别是在清晨拖着仿佛被掏空了灵魂的躯壳回家，碰到两个穿整齐校服正要出门上学的女儿喊声爸爸，心头更涌起一股无以名状的歉疚。天幸两个女儿都成长得健康快乐，这全是内子静雯的功劳，我只有无言感激。我当然明白这样的作息难以为继，却似乎看不到有何改变的可能。现在唯一的期待就是那难得的学术休假，可以让自己松口气充充电。犹记得 2002 至 2003 学年我休假到哈佛大学燕京学社访问，整年沉醉在麻州剑桥的书香，观摩别人的教学，流连电影院，与旧友新知月惠、寿安、贞德、玛玲、澎生、卓颖等时而风花雪月时而谈古论今时而激烈辩难，真有不知人间何世之感！那一年我一篇文章也没有写，只改订了收在这集子中的两篇文字，但后来很多写作的灵感毫无疑问是得益于当时悠闲从容的阅读。所以我想借此机会向哈佛燕京学社表示由衷的谢意。

苦尽甘来，在检读旧作汇编成书时，细味自己学思历程的转进，那份无负自己无负师友的心安理得是最大的回报。必须指出，赶会议的文章是难登大雅之堂的。因此我有一个习惯，就是文字写好之后，就掷到抽屉中让它继续酝酿发酵。这样，一篇文章从初稿到修订，甚或三易四易其稿，最长的有历时两载以上。此处呈现在读者面前的文章便大多是这般炮制出来。不过自问才资平庸，文章只能保证是通得过自己一关，野人献曝，得耶失耶，就有待高明教我。学术生涯的另一乐事，绝对是师友隆情厚意的扶持。业师刘述先教授的提携、指点与鼓励，铭感五内，毋庸多言。至于这些年来在学问上启发帮助我的友人同道不少，彼此心照不宣，也不烦一一具名。唯因这次是在好友彭国翔君的穿针引线下，找到河北人民出版社首肯出版，我还是要对他说声感谢。

最后，容我继续使用作者独有的特权，把此书献给先父郑公天任。父亲在 2004 年中检查出肺癌末期，两个多月后便遽尔辞世。回首从前，我年轻时野性难驯，伤及家庭，与父亲有很长一段时间颇生疏隔。后来年纪日长，知为人父母之艰难，关系才慢慢修复。父亲是个旧式人物，不懂得怎样表达对子女的关怀，他的父爱就像传统一样需要通过同情的理解才能细细体味。我写《从儒学的观点看孝道》便是有感而发。记得在父亲的丧礼上，他的一位朋友告诉我他一直是以我为荣的。现在偶然在梦里仍见到他的身影，却已无法跟他好好叙一会话。

2007 年 5 月 12 日
写于香港中文大学办公室

目　录

一　"中国哲学"、儒学诠释与方法论

（一）论20世纪中国学人对于"中国哲学"的探索与定位

1. 引言：从势所必然到理有必至

清末日人造"哲学"一词以翻译西方之 philosophy①，其词传入中国后，中国思想界随即有"中国哲学"一概念的提出，及后更演为一门崭新学科。到现在，中国哲学的研究已逾一个世纪。从历史的角度看，中国哲学的出现实为中国旧有学术观念的解体并代之以现代西方学术分类的结果。必须知道，在19世纪末20世纪初，中国旧有的学术若不能重新装置于现代西方学术的框架内，则只有随着传统文化的失序而息微。经学的衰落则是典例。用传统的话说，这是势所必然者。但倘使我们仅从势的一面着眼，自难免觉得旧酒之必须装以新瓶并不意味旧酒味酸注于新瓶

---

①　根据日本学者小岛毅的考证，始造"哲学"一词以翻译 philosophy 的，是明治初年的启蒙思想家西周（姓西名周，读作 Nishi Amane）。西周尝用音译"斐卤苏比"、意译"希哲学"（希冀成哲之学）之名翻译 philosophy，后于1866年始用哲学一词。值得注意的是，西周造哲学一词时，原想借以指出西学中一种有别于日本传统国学与儒学的学问。但此词一流行，日本学界随即有"儒教哲学"的提法。于此可见现代西方学术的分类，随着现代西方文化的扩散，如何冲击着其他民族的学术传统。参看小岛毅著、廖肇亨译：《"儒教"与"儒学"涵义异同重探——新儒家的观察》，收刘述先主编：《儒家思想在现代东亚：中国大陆与台湾篇》（台北："中央研究院"中国文哲研究所筹备处，2000），第202～206页。

始能救之，此中似无必至之理。冯友兰在《中国哲学史》的《绪论》中尝比较撰作"中国哲学史"与"西洋义理之学史"的可能，其言正隐约表现出这种理无必至的感觉。他说：

> 吾人本亦可以中国所谓义理之学为主体，而作中国义理之学史。并可就西洋历史上各种学问中，将其可以义理之学名之者，选出而叙述之，以成一西洋义理之学史。就原则上言，此本无不可之处。不过就事实言，则近代学问，起于西洋，科学其尤著者。若指中国或西洋历史上各种学问之某部分而谓义理之学，则其在近代学问中之地位，与其与各种近代学问之关系，未易知也。若指而谓为哲学，则无此困难。此所以近来只有中国哲学史之作，而无西洋义理之学史之作也①。

实则理有无必至的问题应分两方面来看：一是传统学术的衰落，一是新兴学术的出现。前者是个十分复杂的问题，未易遽下断语，且亦非本文所要讨论者。但后者却与本文的讨论直接相关。中国哲学的出现固是历史形势所使然，但它本身存在的理由、价值与意义则须另作安顿。借用劳思光对"发生历程"与"内含品质"的区别②，我们绝不应将对中国哲学出现的历史解释与对其内容特性的测定混为一谈。显而易见，我们只有将眼光从势所必然转至理有必至，从发生历程转至内含品质，才能真正展开对中国哲学的探索与定位。

但在一个世纪后的今天，我们对于中国哲学的理解似乎仍是众说纷纭。或谓中国有自己一套的哲学，凡说中国没有哲学或中国哲学的哲学性不够，皆是昧于以西方哲学为标准而完全无视于

---

① 冯友兰：《中国哲学史》（北京：商务印书馆，1935 再版），第 1 章《绪论》，第 7～8 页。
② 参看劳思光：《新编中国哲学史》（台北：三民书局，1997 年增订九版），第 1 册，《后记》，第 407 页。

中国哲学的特殊性。或谓中国过去有无哲学并非关键的问题，盖哲学之反省方法乃人类思想的公器，没有理由说它不能用来处理中国的思想，故重要者乃在于处理后中国究竟有无好的哲学。近时更有学者提出中国哲学的研究有偏重文献方法与偏重哲学方法的不同趋向。这些纷纭的意见不能说没有道理，但要将其中的道理解说清楚，并求能比较评论彼此的得失，则必有待于论者进一步反省厘清其所使用的"中国哲学"、"西方哲学"及"哲学"这些概念的意谓为何。劳思光说得好：

> 但当我们想将"中国哲学"当做"哲学"来研究的时侯，我们自己必须对于自己的主张所依的理据有一定程度的自觉；究竟我们主张怎样研究中国哲学呢？为什么要持这样的主张呢？回答这些问题，就牵涉到我们对哲学的功能如何了解的问题，也牵涉到我们对"哲学"这个词语如何使用的问题①。

换一个角度看，论者的中国哲学观其实正是他们对传统思想、西方哲学以及哲学这三方面所作的相互理解的结果。

这里必须补充一点可能引起的误解，则迄今为止对中国哲学的看法仍人言人殊绝不表示过去的研究者对自己主张所依的理据都缺乏自觉。相反，我们只要检读一下 20 世纪用心于中国哲学研究的中国学人的文字，便不难看到发乎真诚的探索清晰可见②。问题只在于这些探索与定位中国哲学的努力并未受到恰如其分的关注。此盖凡学人自觉对其所意谓的哲学、西方哲学与中国哲学提出理据时，此理据实际上即同时成为此学人的一种哲学观点。于是，人易以一家之言视之，而反不见其本为对中国哲学本身的

---

① 劳思光：《新编中国哲学史》，第 3 册下，《答友人书——论中国哲学研究之态度》，第 893 页。

② 本文清理 20 世纪关于"中国哲学"的探索，只限于中文学术世界的研究，对欧美学界如何定位"中国哲学"则需另文处理。

探索。结果自亦缺乏总结这些探索的文字。当然，研究者皆有权利选定他的研究取向，我们不必亦不可能达到一种关于中国哲学的统一定义。但假若连最基本的共识都缺如，则恐将大不利于中国哲学未来的发展。此所以清理前辈学人探索定位的工作，指出其中牵涉的各种问题，思考已有答案的理据，评论个中的得失，适足以使后来者避免重蹈无谓的争论，而能更自觉其主张背后的种种理据，并时与别人之见互相观摩。久乎辩驳竞胜、激浊扬清，则学人关心的问题及研究的结论虽仍尽可不同，但学术界在一段时间内则必会形成某种对"中国哲学"此一概念、学科的共同认识与方向，引领中国哲学的研究于 21 世纪更上层楼。在这个意义下，本文清理 20 世纪中国学人对于"中国哲学"的探索与定位便只能算是个初步的尝试，挂一漏万在所难免，希望的只是不自量力的抛砖最后能引出有心人的美玉①。

扼要来说，20 世纪中国学人对于"中国哲学"的探索大致可分为四个阶段：（一）格义时期；（二）以西方哲学为参照；（三）对中国哲学底特殊性的探求；（四）统摄性"哲学"概念的建立②。以下即就此四阶段分别作一考查。

2. 格义时期

稍涉猎过中国学术发展史的人，都知道在魏晋时代中国思想界最初是藉着所谓"格义"的方式来了解吸收传入的佛教思想，如以道家的"无"来比附佛家的"空"。这种格义方式在清末民初中国思想界面对"哲学"这一新概念时亦曾一度发挥作用。此即径直以传统的道术、理学等观念解释哲学。王国维在 1903 年

---

① 我们通过清理关于"中国哲学"的探索，实可进而据此以考察这些探索的结果（即对"中国哲学"这一概念的定位）如何塑造了学人的研究方法及影响着他们的研究成果，由此而得一通盘详尽的哲学史的清理。职是之故，本文的确只是这庞大的清理计划中的一个初步尝试。

② 此四个阶段的划分主要是依探索的理路发展来划定，盖若以历史时间的先后言，则阶段与阶段之间实颇有重迭之处。

发表的《哲学辨惑》中说："夫哲学者，犹中国所谓理学云尔。"① 1913 年在北京大学讲授诸子哲学与中国哲学史两门课的陈黻宸在他的《中国哲学史》讲义中亦写道："欧西言哲学者，考其范围，实近吾国所谓道术。"② 于是他的诸子哲学主要是解说《老》、《庄》，中国哲学史则自伏羲讲至姜太公。以现在的理解水准言，这些看法当然失之错陋，但这却是当时学人极其视域所能达至的理解。须知能格义者亦必已粗涉西学而绝非固步自封之徒所可为。然既囿于所知之限，则于附会之余难免心存疑惑，下面一段陈黻宸的文字正生动地说明了这点：

> 瀛海中通，欧学东渐，物质文明，让彼先觉。形上之学，宁惟我后，数典或忘，自叛厥祖。辗转相附，窃彼美名，谓爱谓智，乃以哲称。按《尔雅》云："哲，智也。"杨子云："《方言》亦曰：'哲，智也。'"我又安知古中国神圣相传之学，果能以智之一义尽之欤？虽然，智者，人之所以为知也。人之有知，自有生以来非一日矣。其所以为学者，我无以名之，强而名之曰哲学。然则中国哲学史之作，或亦好学深思者之所乐于从事者欤！后必有能正其谬者。是篇也，讲义之云尔，史云乎哉！史云乎哉！③

此处以西学所先觉者为物质文明，而谓彼之形上学则逊于中国，正清楚透露出陈氏对西方哲学缺乏认识。但碍于形势又不得不窃彼哲学之美名，故难免有"安知古中国神圣相传之学，果能以智之一义尽之欤"的疑问。故对于自己的讲义名为中国哲学史，陈氏遂谓"是篇也，讲义之云尔"，而有待"后必有能正其谬者"。

又陈氏后必有乐于作中国哲学史者的预言并未落空。因为假

---

① 王国维：《王国维文集》（北京：中国文史出版社，1997），第 3 卷，第 3 页。
② 陈黻宸：《中国哲学史》，收《陈黻宸集》（北京：中华书局，1995），上册，第 415 页。
③ 陈黻宸：《中国哲学史》，第 414 页。

若中国哲学只是旧学的变换名目，则根本无没消融西学的冲击。可知思想界之不能久安于格义阶段而必有谋为中国哲学正名之要求。而一个自然不过的发展方向乃是以西方哲学为参照来定义哲学，并以此规定界划中国哲学的研究。实际上"中国哲学"一词的使用本身亦早已透露出其不能免于受西方观念影响的消息。其具体的结果则是胡适《中国哲学史大纲》及冯友兰《中国哲学史》的出现。

3. 以西方哲学为参照

关于胡适《中国哲学史大纲》的得失，近人已有不少的评论。如金岳霖谓其是以一种成见来写的中国哲学史，故缺乏对古人思想的同情了解①。劳思光评其为"全未接触到中国哲学的重要问题，并且几乎未接触到任何哲学问题"②。但无论如何，大家都愿意承认胡书有开风气之功。此所谓开创新纪元之功，主要应是指胡氏能突破格义，正式援用西方哲学为参照来重新界划中国哲学的研究。他在《导言》中定义哲学为："凡研究人生切要问题，从根本上着想，要寻一个根本的解决，这种学问，叫做哲学。"他继而把哲学的门类分为：宇宙论、名学及知识论、人生哲学旧称伦理学、教育哲学、政治哲学、宗教哲学。又接着大谈世界上的哲学概分为东西两支的发展，由此以定"中国哲学在世界哲学史上的位置"③。胡氏以这样富于系统的西方参照来写中国哲学史，自非格义阶段的理解所可比拟。这也是为何蔡元培在为胡书写的序言中，会盛赞是书解决了编写中国古代哲学史的形式问题的困难。因古无哲学之名，"我们要编成系统，古人的著作没有可依傍的，不能不依傍西洋人的哲学史。所以非研究过西洋哲学史的人，不能构成适当的形式"④。当然，今天我们尽可以质

---

① 金岳霖：《审查报告二》，收冯友兰：《中国哲学史》，附录，第6~7页。

② 劳思光：《新编中国哲学史》，第1册，第2页。

③ 参看胡适：《中国哲学史大纲》（上海：上海古籍出版社，1997），第1~4页。

④ 同前注，《序》，第1页。

疑胡适对哲学的定义太宽泛，门类的区分不全面，所谓世界哲学两支发展的说法亦多可商榷。但他最大的问题恐怕还在于以为一经援引西方哲学为参照，中国哲学的涵义就自然清晰明白。事实上，冯友兰在这方面的思考比胡适仔细得多。他虽然也是依傍西方哲学来规定中国哲学，但其较细密的反省却充分暴露出以西方哲学来界划中国哲学这一构想背后所可能遇到的各种困难。而冯氏之想得更透彻，又正可见出其无论在西洋哲学或传统思想上的造诣均有过于胡氏之处。

在《中国哲学史》的卷首，冯友兰开宗明义地表示是书之作乃是参照西方哲学为标准来界划中国哲学的研究。他说：

> 哲学本一西洋名词。今欲讲中国哲学史，其主要工作之一，即就中国历史上各种学问中，将其可以西洋所谓哲学名之者，选出而敍述之①。

冯氏继而以内容来定义哲学，分哲学为三大部：宇宙论（中复可再分为本体论与宇宙论）、人生论（中复可再分为心理学与伦理学）、知识论（中复可再分为知识论与伦理学）。这种参照西方的做法，其中一个最明显的效用，就是能建立一个标准来决定旧有材料中哪些可以归入中国哲学史的研究范围。其言曰：

> 哲学一名词，中国本来无有；一般人对哲学之范围及内容，无明确的观念，几以为凡立言有近于旧所谓"经""子"者，皆可谓哲学史之材料。但依以上所说，吾人对于哲学之内容，既已有明确的观念，则吾人作哲学史于选取史料，当亦有一定的标准②。

---

① 冯友兰：《中国哲学史》，第 1 页。
② 同前注，第 25 页。

是以"可见西洋所谓哲学，与中国魏晋人所谓玄学，宋明人所谓道学，及清人所谓义理之学，其所研究之对象，颇可谓约略相当"①。而传统的兵家书则顺理成章地被驱逐出中国哲学的研究外②。仅就厘清确定研究范围这一点上，以西方哲学为参照是有必要的。问题只在于参照后是否需要作出调整，并进而为此调整提出理据。一成不变的生搬硬套将出现不少困难。事实上，冯氏自己也注意到在所谓"约略相当"的背后，中国哲学不以知识问题为哲学中的重要问题，逻辑不发达，宇宙论的研究亦甚简略。更严重的是，中国哲学讲内圣之学、成德之教，其中特重的修养工夫却在西方哲学的架构中找不到适当的对应，故"或未可以哲学名之"，虽则冯氏知道"此方面中国实甚有贡献也"③。结果，他在哲学史中也不能持守自己定下的准则而对中国传统的工夫论着墨甚多。

尤有进者，当我们从内容转至方法来看西方哲学这个参照时，困难就更加明显。冯先生十分强调哲学方法是必须讲求论证的，这与直觉之能得到一种经验应严加区别。他说：

> 故哲学乃理智之产物；哲学家欲成立道理，必以论证证明其所成立。荀子所谓"其持之有故，其言之成理"是也。孟子曰："余岂好辩哉？余不得已也。"辩即以论证攻击他人之非，证明自己之是；因明家所谓显正摧邪是也。非惟孟子好辩，即欲超过辩之《齐物论》作者，亦须大辩以示不辩之是。盖欲立一哲学的道理以主张一事，与实行一事不同。实行不辩，则缄默即可；欲立一哲学的道理，谓不辩为是，则非大辩不可；既辩则未有不依逻辑之方法者④。

---

① 冯友兰：《中国哲学史》，第7页。
② 同前注，第27页。
③ 同前注，第10~11页。
④ 同前注，第6页。

冯氏后来在《中国哲学史新编》中仍坚持哲学方法乃"理论思维"①。假若我们将此理论思维视为哲学的本质特性（essential characteristic），并与其所研讨的内容不可分割地构成哲学之所以为哲学者，则持之以视中国传统思想，前述所谓约略相当便顿成疑问。盖冯氏亦知建构理论，"中国哲学家视之，乃最倒霉之事，不得已而后为之"，"故在中国哲学史中精心结撰，首尾贯串之哲学书，比较少数"②。大多数著述皆为杂凑学人平日的书劄语录而成，"其道理虽足自立，而所扶持此道理之议论，往往失之简略零碎"③。冯氏解决这个中国哲学在形式方法上不合乎普遍哲学的困难的方法④，乃提倡取法西哲，替中国哲学底"实质上的系统""讲"出和"补"出其"形式上的系统"。只有这样借用西方哲学中的"术语"来适当地"分析、解释、翻译、评论中国古代哲学"⑤，研究者始能"在形式上无系统之哲学中，找出其实质的系统"⑥。自冯氏悬此讲出和补充形式系统以揭示实质系统为中国哲学研究的任务后，几成研究者的共识。冯先生这种主张本身并不错，问题是他在这里并未进一步追问中国传统思想重实行轻思辨的缘故。中国古代学人视著述建构理论为不得已而后为之的最倒霉事，其理安在？其与彼等的主张倘有本质相干的关系，则今人反其道而行而美其名曰替其形式系统补强，则此中有否扭曲的危险在焉？简略来说，凡此皆示冯先生在参照西方哲学并以

① 参看冯友兰：《中国哲学史新编》（北京：人民出版社，1982 三版），第 1 册，第 16 ~ 25 页。

② 冯友兰：《中国哲学史》，第 9 页。

③ 同前注，第 9 页。

④ 金岳霖在其审查报告中亦注意到此一难题，他说："哲学有实质也有形式，有问题也有方法。如果一种思想的实质与形式均与普遍哲学的实质与形式相同，那种思想当然是哲学。如果一种思想的实质与形式都异于普遍哲学，那种思想是否是一种哲学颇是一问题。有哲学的实质而无哲学的形式，或有哲学的形式而无哲学的实质的思想都给哲学史家一种困难。'中国哲学'这名称就有这个困难问题。"同前注，《审查报告二》，第 5 页。

⑤ 参看冯友兰：《中国哲学史新编》，第 1 册，第 35 ~ 39 页。

⑥ 冯友兰：《中国哲学史》，第 13 ~ 14 页。

之为普遍哲学的标准时，对中国哲学的特殊性仍缺乏足够的关注。张岱年在冯书出版后数年完稿的《中国哲学大纲》在继承冯氏的一些主张外却特重申明中国哲学的特色①，正是上述分析的最佳佐证。

张书的取径本亦以西方哲学为参照。张氏定义哲学为："总各家哲学观之，可以说哲学是研讨宇宙人生之究竟原理及认识此种原理的方法之学问。"② 据此以观中国旧有学术，则先秦时所谓"学"、诸子之学、魏晋玄学、宋明道学、理学与义理之学等，"意谓约略相当于今之哲学"③。他亦支持冯氏提倡加强中国哲学底形式系统的主张，而谓"在现在来讲中国哲学，最要紧的工作却正在表出其系统。给中国哲学穿上系统的外衣，实际并无伤于其内容"④。然当张氏一触及中国哲学的特殊性问题时，便必须在中西哲学之间划出一条界线，但这却与完全以西方参照为唯一标准的立场迥不相侔。因为划界的标准不能来自中西任何一方，而必须建立在一个既超越双方且又能统摄双方的"哲学"概念上。张氏说：

> 中国先秦的诸子之学，魏晋的玄学，宋明清的道学或义理之学，合起来是不是可以现在所谓哲学称之呢？换言之，中国以前的那些关于宇宙人生的思想理论，是不是可以叫作哲学？关于此点，要看我们对于哲学一词的看法如何。如所谓哲学专指西洋哲学，或认西洋哲学是哲学的唯一范型，与西洋哲学的态度方法有所不同者，即是另一种学问而非哲

---

① 张书提出的中国哲学的特色共有六点：一、合知行；二、一天人；三、同真善；四、重人生而不重知论；五、重了悟而不重论证；六、既非依附科学亦不依附宗教。参看张岱年：《中国哲学大纲》（北京：中国社会科学出版社，1982），《序论》，第5~9页。

② 同前注，《序论》，第1页。

③ 同前注。

④ 张岱年：《中国哲学大纲》，《序论》，第4页。

学；中国思想在根本态度上实与西洋的不同，则中国的学问当然不得叫作哲学了。不过我们也可以将哲学看作一个类称，而非专指西洋哲学。可以说，有一类学问，其一特例是西洋哲学，这一类学问之总名是哲学。如此，凡与西洋哲学有相似点，而可归入此类者，都可叫作哲学。以此意义看哲学，则中国旧日关于宇宙人生的那些思想理论，便非不可名为哲学。中国哲学与西洋哲学在根本态度上未必同；然而在问题及物件上及其在诸学术中的位置上，则与西洋哲学颇为相当①。

毋庸讳言，张先生在这里要分辨中西哲学，已接触到需要建立一具统摄性的哲学概念的问题。但他试图以类概念的思考方式来解决问题则不能算是成功。盖依西方哲学为特例以建立一类名，其所依于西方哲学者究为何？再以有相似点来收纳中国哲学于哲学之类中，则此相似点究要相似至何种程度方可合符归类之要求？本质之相似乎？家族之相似乎？凡此张先生皆未作详细的交代。大抵他心目中所想的相似即跟随冯友兰的说法：谓中西哲学在问题及对象上相似；而相异处则在所谓彼此的态度方法上不同。然这一异同之辨稍一细想仍不易成立。尽管中西哲人都关心宇宙人生，但若所谓的态度方法不同，则对宇宙人生的思考所形成的问题意识及处理方法均可大异其趣。于此说彼此在问题及对象上约略相当似乎意义不大。且过分强调约略相当而未能正视此约略相当实可大不相当，则正易于流为强我以就人。冯友兰向被诟病以新实在论的立场来解读宋明理学，未能把握中国哲学重视主体性的特质，实与他这一对中国哲学的反省定位不无关系。

其实金岳霖在冯书的审查报告中早已指出，以西方哲学作参照来规定中国哲学的研究，比较强调中国哲学的普遍性一面。其言曰：

---

① 张岱年：《中国哲学大纲》，《序论》，第 2 页。

写中国哲学史就有根本态度的问题。这根本的态度至少
有两个：一个态度是把中国哲学当作中国国学中之一种特别
学问，与普遍哲学不必发生异同的程度问题；另一态度是把
中国哲学当作发现于中国的哲学①。

金氏接着说"冯先生的态度也是以中国哲学史为在中国的哲学
史"②，这是十分精确的论断。不过金氏的分析也暴露出当时流行
思想的局限：即以为研究中国哲学要么以中国哲学为旧学的变换
名目；要么以西方哲学为定夺中国哲学的唯一标准。实则在这两
条路中间还有第三条路，此即一方面借西方哲学为参照来建构中
国哲学，一方面仍不失对中国哲学底特殊性的探求。关键只系于
如何调整西方哲学这参照并对这些调整提出充分的理据。毕竟把
中国哲学当作发现于中国的哲学（中国哲学底普遍性），并不必
排斥把中国哲学当作"中国的"哲学（中国哲学底特殊性）。

4. 对中国哲学底特殊性的探求

　　由援借西方哲学为参照而迫出关于中国哲学底特殊性的探
求，正标志着思想界对于中国哲学的探索转入一新的阶段。但有
趣的是，在这阶段中尽管学人们都肯定中国（哲学）思想有其特
殊性并分途探索，然却出现了对哲学此概念的"迎"与"拒"两
种截然不同的立场。梁漱溟认为中国学术思想讲求亲证离言，故
与强调理论思维的哲学不类，乃坚决反对用中国哲学一名来称谓
传统思想。与此相反，熊十力亦指出儒学的归宿在求与本体实证
相应，但却主思辨不碍实证；且儒学能由思辨以通实证，不沦为

---

① 冯友兰：《中国哲学史》，《审查报告二》，第5页。
② 冯友兰：《中国哲学史》，《审查报告二》，第7页。值得注意的是，冯友兰后
来在《中国哲学史新编》却反对这种做法："'中国哲学史'讲的是'中国'的哲学的
历史，或'中国的'哲学的历史，不是'哲学在中国'。"细读冯氏在《新编》的《全
书绪论》，撇开其中的官方学说色彩及重复早年观点的部分不谈，他对中国哲学的探索
有进于前书之处，乃在于分别从人类精神的反思、理论思维、锻练思维和提升精神境界
三方面来理解哲学的内容、方法与受用。将哲学置于文化精神的层面来理解确有助于正
视中国哲学的特殊性一面。参看《中国哲学史新编》，第1册，第25~28页。

戏论,故甚或可将哲学之名据为己有而反视儒学为哲学之正宗。双方曾有书信往复辩难,争持不下①。

梁漱溟早年写《东西文化及其哲学》时,亦曾随成说而分说中、西、印三支哲学。但在他的文化分析中实已隐然有将哲学、道德与宗教分别归为西、中、印三支文化所重不同的产物②。到了《中国文化要义》以理性与理智分判中西,则严辨中(或东)西的想法已大体定型③。扼要而言,梁漱溟拒绝用哲学之名的理据有三。一、视"哲学为西洋产物,对于宇宙根本问题揣测卜度",故全属出于佛家唯识所谓第六意识作祟的戏论④。二、中国儒释道三教均强调亲证离言,即使假设它们其中有理论思辨的成分,亦不过是人生实践中"无意而有的一种副产品"。"在东方古书中被看做是哲学的那些说话,正是古人们从其反躬向内的一种实践活动而来,而皆有其所指说的事实在,不是空话,不是捏造。"⑤ 三、由是倘"随俗漫然以哲学称之",将"有意无意地模糊了"中国学术的特征,"失掉自家立场"⑥。值得注意的是,梁氏这种立场在当时是不乏同道唱和的,如马一浮亦严"玄言"与"实理"之别⑦,谓"然书院所讲习者,要在原本经术,发明自

---

① 关于这一辩论,可参看陈来:《熊十力与现代新儒家的"哲学"观念》,《人文论丛》,2000。

② 参看梁漱溟:《东西文化及其哲学》,收《梁漱溟全集》(山东:山东人民出版社,1989),第1卷。

③ 参看梁漱溟:《中国文化要义》,收同前注书,第2卷。

④ 梁漱溟:《致某先生》,同前注书,第8卷,第315页。

⑤ 梁漱溟:《读熊着各书书后》,同前注书,第7卷,第757页。

⑥ 同前注,第755页。

⑦ 马氏云:"若有言者,未必有德,只是其言亦有中理处,娓娓可听,足以移人,及细察之,则醇疵互见,精粗杂陈,于此实理,未尝有得,而验之行事,了不相干,言则甚美而行实反之,此为依似乱德之言。其有陈义,亦似微妙,务为高远,令人无可持循,务资谈说,以长傲遂非,自谓智过于人,此种言说,亦可名为玄言之失。盖真正玄言,亦是应理。但或举本而遗末,舍近而求远,非不绰见大体而不能切近人事,至其末流,则失之弥远,此学者所不可不知也。"《玄言与实理之别》,《复性书院讲录》卷2,收《马一浮集》(浙江:浙江古籍出版社、浙江教育出版社,1996),第1册,第157页。

性本具之义理，与今之治哲学者未可同日而语。贤者之好尚在治哲学，若以今日治哲学者一般所持客观态度，视此为过去时代之一种哲学思想而研究之，恐未必有深益"①。其虑亦在哲学徒呈思辨恐有碍发明自性。

关于梁氏的三个理据，其一斥西哲为揣测卜度，深于西方哲学者自难免觉得这是不称理的批评。但倘作同情的了解，则梁氏当时所面对的是 20 世纪西方重认知的哲学主流；此重认知的哲学所能成就者固不可谓只是揣测卜度，然其能否紧扣人的存在生命而施予引道变化之功则亦大成疑问。故梁氏这里的真问题其实是理论思辨是否有碍自我实践。自梁、马二氏的立场看，答案当然是有碍。至于第二个理据，则牵涉到对中国"为己之学"（姑以此名来统称讲求亲证之学）的理解。在中国为己之学的传统内虽无哲学之名但有否哲学之实？我们当然很难想像追求生命的完成可以完全不需要亦不表现任何理论思辨，故问题是理论思辨在其中所占的位置为何？梁氏以无意产生的"副产品"作答恐有不称理处。必须知道，为己之学中的理论思辨成分主要表现在学问讲明上。而学问讲明之"学"（相对为己之学可名为狭义的学）虽被强调为不能离乎追求生命转化之"宗"（此宗即最高目标义、宗旨义）而独立讲论，但却是实践工夫之"教"（教乘义）之一种；甚至严格来说，乃"宗"与"教"赖以传承所必须具备者。故实非所谓无意而有的副产品。此所以熊十力认为思辨并不一定妨碍践履相反还有助成之功，虽或有启于唯识转识成智之论，然衡之于为己之学的传统亦非无据。至谓传统为己之学是否哲学，则又端视乎我们如何使用哲学一词。如依 20 世纪西方重知哲学之主流来规定哲学一词的涵义，则传统为己之学自不能谓之哲学。最后，梁氏的第三个理据乃认为以重思辨之哲学来重新命名传统的为己之学将使为己之学的殊胜处模糊不清甚或泯灭不存。这种断定当然又是顺着思辨有碍实践的想法而来。可见梁氏的三

---

① 马一浮：《答许君》，《尔雅台答问》卷1，《马一浮集》，第1册，第527页。

个理据说来说去都是环绕着思辨有害于亲证的问题。诚然，传统为己之学确有悬胜义离言、亲证离言为最高鹄的之说，但此中离言之实义仍须加以简别澄清。梁氏有时为了贬抑思辨的作用，不免把离言的意义极端化了。

与梁氏相反，熊十力虽然亦肯定证会，但却认为思辨在追求证会的过程中有其必要的作用。在 1944 年出版的《新唯识论（语体文本）》中，熊氏仔细交代了证会与思辨的关系：

> 证会，才是学问的极诣。思议，毕竟是肤泛不实的。或有问言："如公所说，思议遂可废绝否？"答曰："我并不曾主张废绝思议。极万有之散殊，而尽异可以观同；尽者，穷尽。察众理之通贯，而执简可以御繁；研天下之几微，而测其将巨；穷天下之幽深，而推其将著。思议的能事，是不可胜言的。并且思议之术日益求精。稽证验以观设臆之然否，求轨范以定抉择之顺违，其错误亦将逐渐减少，我们如何可废思议？不过思议的效用，不能无限的扩大。如前所说，穷理到极至处，便非思议可用的地方。这是究玄者所不可不知的。""……本来，证会是要曾经用过思议的工夫，渐渐引归此路。证会。唯恐学者滞于思议之域，不复知有向上一机，所以说不可思议。不可者，禁止之词，戒其止此而不更求进，故言不可，以示甚绝。常途以不可思议一语，为莫明其妙的神秘话头，若作此解，便非我立言的意思。"①

熊先生是以追求证会那穷极万化之源的本体为学问的极诣，所以他对西方哲学的本体论、宇宙论等概念分解极表赞同，认为大有助于中国为己之学的重释。依熊先生的观点，哲学的核心即本体论，亦即证会本体之学。故从他这种对本体论的特殊定义看，西

---

① 熊十力：《新唯识论（语体文本）》，收《熊十力全集》（湖北：湖北教育出版社，2001），第 3 卷，第 146~147 页。

方哲学昔谈本体遂只是驰逞思构的戏论；至近世罕言本体而转重知识，则更使哲学无涉于人生。故真能极成本体论的乃是儒家躬行实践之学。明乎此，则熊氏以儒学"当为哲学正宗"的说法便不难理解①。

当然，这绝对是熊先生个人的一家之言，不必人人都能同意。且人若囿限于此以观熊氏，则反不易正视其论在近世中国哲学的探索过程中所作出的贡献。此即通过对中国哲学重视实践之特殊性的把握，进而求融通西方哲学之思辨于一炉，来修改或扩大"哲学"此一概念（此义对近世西方重知识之哲学主流而言尤显）。熊氏这意图，在《再答张东荪》一书中明白透露：

> 弟则以为中国思想之优点亦正在此，特如何以保留此种优点而仍能卓然自立于西方文明大昌之今日，则颇为问题。诚以东方之自得之乐与西方之驭物之智，如何融合并存，不得不大费苦心矣！弟极思有以解决之，而深感一人之力有限，此则非区区短笺所能尽述者也②。

最后熊氏提出的答案是哲学乃"不遗理智思辨，要不当限于理智思辨"③；哲学是始乎思辨，终乎切己的学问。有思辨而不切己，则哲学沦为戏论；相反，有切己而乏思辨，则切己之学亦终不能畅达而衰落。由是观之，近世儒学之遭受西方哲学的冲击实焉知非儒学之福。在《再答张东荪》中，熊氏说：

> 儒家注重践履，此其所长，而由此不务敷陈理论，则了精义宏旨者，仅少数哲人，而大多数人乃无从探索，而不见其有何物，此亦儒术所以衰也④。

---

① 熊十力：《与梁漱溟》，同前注书，第8卷，第649页。
② 熊十力：《十力语要》卷2，收《熊十力全集》，第4卷，第174页。
③ 《与梁漱溟》，同前注书，第8卷，第649页。
④ 《十力语要》卷2，同前注书，第4卷，第173页。

在《答君毅》中，又说：

> 体会之功，所以自悟。论辩之术，虽为悟他，而自悟亦资之。此土儒道均尚体会而轻论辩，其得在是，失亦在是也①。

这样一来，则中国哲学此一新概念、新学科的出现便不仅是势所必然，且亦是理有必至。熊氏这种探索定位中国哲学的努力，后来完全为唐君毅、牟宗三两先生所继承。熊氏曾在一通给牟宗三的信中写道："宏斯学者，吾不能无望于汝与唐君毅。大事因缘出世，谁不当有此念耶？"② 诚有先见之明。

5. 统摄性"哲学"概念的建立

由中国哲学特殊性的探求而引发的有关思辨与实践的辩论，后来确实成了定位中国哲学的一个关键问题。熊氏的两位高弟唐君毅、牟宗三对此均有进一步的演绎发挥。关于思辨与实践之离则两伤、合则双美，牟先生尝以"哲学的悲剧"与"圣人的悲剧"两观念畅发其义：

> 因此，能不落在一定形态下，而单从名理以辩之哲学家，则可拆穿圣人之浑一，而一一予以辩示，而畅通其理理无碍，事事无碍，事理无碍之途径。哲学以名理为准。名理凌空，不为生命所限。圣证以生命为资，不能不为其所限。无生命之圣证，则道不实。无名理之凌空，则道不开。哲学辩而开之，显无幽不烛之朗照。圣证浑而一之，示一体平铺之实理。然哲学家智及不能仁守，此是哲学家之悲剧。圣证仁守而封之，此是圣人之悲剧。两者永远在开阖相成中，而

---

① 《十力语要》卷2，同前注书，第4卷，第177页。
② 《十力语要》卷2，《与牟宗三》，收《熊十力全集》，第4卷，第296页。

各有其独立之本质，借以观人之所以为人，精神之所以为精神①。

圣人若仅有实践而无思辨之功以畅通之，则实践将无所持循甚或无由展开而反使其自身有窒息之虞，此所谓"圣证仁守而封之"的悲剧。反过来说，哲学家徒呈思辨而脱略实践，则面对人生种种实存的困境与苦难时，则只益显哲学之无力感，此即思辨"智及不能仁守"的悲剧。然我们若考虑到哲学本是以关怀人生为目的而根本不会甘于沦为纯智构作的戏论，则可知近世西方哲学之重知倾向实为一偏之见②，而哲学必应为能统摄实践与思辨两面之学。

唐、牟二氏有时是纯从名理思辨以言哲学，则此哲学观念可谓西方（尤为现代西方）所特有。在这一狭义上用哲学一词，故牟先生会说："中国传统学问是道德、宗教，不属于哲学。"③ 唐先生亦说："说儒家思想只是哲学，明不合西方所谓哲学之本义。西方所谓哲学，明重在理论系统的构造，大多是只重思辨与批判，而不重信仰的。而近代之哲学尤然。至儒家之思想，则明要导向道德上之行为与实践，而一切道德上之行为与实践，都要依于一信仰的。"④ 此处唐先生以哲学之本义"只重思辨与批判"容或有可商榷处，但若范限于"近代之哲学尤然"则是大体合符事实的论断。若仅从上引的文字看，唐、牟二氏之不以（狭义的）哲学命名儒学的立场好像反近于梁漱溟而远于熊十力。但深

---

① 牟宗三：《才性与玄理》（香港：人生出版社，1963），第 283 ~ 284 页。
② 事实上，当代西方哲学家对近世西方哲学之重知传统所引致的偏颇亦已有深刻的反省批判。参看 Charles Taylor, "Preface" & "Overcoming Epistemology", in *Philosophical Arguments* (Cambridge：Harvard University Press, 1995), pp. vii—xii; pp. 1 ~ 19.
③ 牟宗三：《访韩答问录》，收氏著：《时代与感受》（台北：鹅湖出版社，1984），第 204 页。
④ 唐君毅：《儒家之学与教之树立及宗教纷争之根绝》，收氏著：《中华人文与当今世界》（台北：学生书局，1974），下册，第 462 页。

究之下其实不然，此盖唐、牟二氏终以为思辨与实践可相融不悖。并且由此相融不悖之理想，乃可建构一既超越中西亦复能统摄中西的"哲学"概念。唐君毅在《哲学概论》中所作则是明证。唐先生在《哲学概论》开首界定哲学一词的涵义时，则通过将人类的学问概分为"以行为主之学问"及"以知为主之学问"，而谓哲学则是反省贯通二者之学。易言之，哲学乃"以贯通知行之学为言"：

> 哲学是一种以对于知识界与存在界之思维，以成就人在存在界中之行为，而使人成为一通贯其知与行的存在之学①。

此一统摄中西的"哲学"概念既立，则复可在此概念下分别定位中西哲学的不同传统。如牟先生便尝以历史文化的分殊通孔来说明中国哲学的特殊性，而谓"中国哲学，从它那个通孔所发展出来的主要课题是生命，就是我们所说的生命的学问。它是以生命为它的对象，主要的用心在于如何来调节我们的生命，来运转我们的生命、安顿我们的生命"②。

从上述的析论看，可知自熊十力以降至唐君毅、牟宗三的这一条定位"中国哲学"的线索，主要是通过融通思辨与实践来建立一具统摄性的"哲学"概念。熊十力以为思辨可以引归实践；唐君毅亦谓思维可以成就人在存在界中之行为；牟宗三也曾以桥来比喻概念思考与分解方法而谓"哲学活动（按：指思辨活动）是在教的范围内帮助我们的一种疏通，是一道桥，尽桥的责任就

---

① 唐君毅：《哲学概论》（香港：孟氏教育基金会大学教科书编辑委员会，1961），上册，第18页。值得注意的是，唐先生在1965年出任香港中文大学讲座教授的就职演讲中谈中国哲学研究之新方向时，虽把哲学定义为"对统摄性、根原性之义理之思想与言说"，好像仍偏重哲学的思辨的一面。但他接着却以实践为标准来区分"圣哲"、"哲学家"与"哲学研究者"，可见贯通知与行的"哲学"乃其持守之信念。参看《中国哲学研究之一新方向》，收氏著：《中华人文与当今世界》，上册，第374～375页。

② 牟宗三：《中国哲学十九讲》（台北：学生书局，1983），第15页。

是它的界限。"① 然而我们于此仍可追问思辨引归、成就、疏通实践等说法的实义为何？是指实践需要借助于思辨始能展开？但若仅是如此，则思辨非能产生实践者；实践与否最终仍得取决于思辨以外的因素，而所谓引归、成就等义遂不显。因此熊、唐、牟三先生的想法应是以为思辨能引发出或曰转化为实践。上引牟先生的文字谓思辨是在"教的范围"内的一种疏通正隐含此消息。在这里紧接着的问题是，倘若思辨是指概念分解与逻辑推演的活动，则这些活动如何能转化为实践的动因？解答的关键实已指向中国哲学的语言表述问题，我们在下面会略作分疏，此处暂不多说。

最后，要全面了解 20 世纪"中国哲学"的探索与定位历程，则劳思光所作的贡献是绝对不能忽略的。劳先生对自己研究哲学的方法所经常怀有的反省与自觉在 20 世纪的学人当中可谓无出其右。是故他在撰写其巨著《中国哲学史》时早已究心于"中国哲学"的定位问题。在三卷《中国哲学史》的序言、后记、附录中这些探索思考的痕迹清晰可见。后来他更将所思发而为文，写成《对于如何理解中国哲学之探讨及建议》、《由儒学立场看人之尊严》等文字直接表述他对中国哲学的想法②。假若仅从结论看，即劳先生以哲学应具认知与引道两种功能来统摄及分判中西，似乎与唐、牟两先生融通思辨与实践的看法大有可资比观的地方。不过唐、牟有时喜欢将彼所建立的统摄性"哲学"概念说成是直承中国先哲知行合一之说③，则与劳氏较强调从普遍性哲学的立场出发来进行思考颇不相伴。且劳氏探索与定位中国哲学并不随熊、梁辩论的线索下来，而是独立运思另辟蹊径。要之，此亦正反映出他对中西哲学的理解与同时代学人有不尽相同之处。

劳先生首先指出要为哲学寻找一本质定义固不可能，但我们

---

① 牟宗三：《访韩答问录》，第 204 页。

② 此两文均收氏著：《思辨录——思光近作集》（台北：东大图书公司，1996）。

③ 唐君毅在《哲学概论》的《自序》中写道："本书对哲学定义之规定，以贯通知行之学为言，此乃直承中国先哲之说。"第 4 页。

总不能不对"哲学能做什么"作某种决定。由是他建议从"哲学功能"入手。而顺着哲学底反省思考的性质（区别于经验思考）在文化世界中表现出的作用，他把哲学功能概分为"认知功能"与"引导功能"①；前者提供"强迫性的知识"；后者则提供"主张"②。而"中国哲学作为一整体看，基本性格是引导的哲学"③，此即这一哲学提出各种主张，目的乃在促使人的自我转化。复次，不管是认知哲学抑或引导哲学，劳氏均认为我们应该定出一个有关"理论效力"的标准来衡量其中各种说法的得失。对引道哲学而言，这衡量标准即为"指引效力"：

> 中国哲学的主要学派——如儒道学说，原本以指引人生为主，或说以"自我转化"为主。在这个目标下，许多哲人又提出各种主张；而支持主张的又有一套套的理论。我们研究这些理论或主张时，可以处处测定其"理论效力"。即如宋明儒有种种工夫论；其中皆包括确定主张以及支持主张的理论。我们如果弄清楚这些主张落在实践生活上会引人去怎样生活，然后即可立出一些设准，来衡量它们的理论效力。这样不仅可以在评判前人学说时，可以使我们的判断意义明确，而不陷入门户意气之争，并且也可以由此遥遥显出这种哲学思想对人生问题的普遍意义④。

面对西方近世重认知哲学的主流，劳先生则强调哲学活动在最根本上原是以引导功能为主。因为人"最基本的关怀或需要，是在目的方面，而不是在知识方面"⑤。故此尽管引道哲学不能提供有关经验世界的知识，但却可以提供我们自觉生活方面的启

---

①　劳思光：《对于如何理解中国哲学之探讨及建议》，第17页。
②　劳思光：《新编中国哲学史》，第3册下，《答友人书》，第894页。
③　同注①，第18页。
④　劳思光：《新编中国哲学史》，第3册下，《答友人书》，第895～896页。
⑤　劳思光：《由儒学立场看人之尊严》，第152页。

示。所以劳先生最后总结说："倘若谈教育，谈德性发展，以及谈社会进步并非无意义，则这种引导性的哲学将继续成为一门重要学问。"① 在定位中国哲学后，劳先生进而指出学人努力的方向应在于对这个传统进行清理工作：去掉其中"受特殊的历史、社会、心理等等条件约制"而在时移世易的情况下已经失效的"封闭成分"，复提炼出其中较具普遍意义，"有长久的功能，又可以在不同的特殊条件下有不同的呈现方式"的"开放成分"②。唯其如此，中国哲学才能通过展示它的时代相干性来恢复其生命力。

析论至此，人或会怀疑劳先生自始是以一种后设的解析语言来把中国哲学定位为引导哲学。但以后设的解析语言解释引导哲学与引导哲学的建构本身应有分别，盖二者属不同的层次。对引导哲学的后设解释我们似乎很清楚，但对引导哲学本身则恐仍有疑问待解。此则引导哲学如何建构？是否也是以解析语言建构之？但中国过去的学术思想中似乎并没有发展出很强的解析语言传统。又解析语言是否能够发挥引导的功能？凡此皆指向引导哲学的语言表述问题。其实这也正是前面曾提及过的思辨如何转化为实践的问题。对此劳先生曾有一回答：

> 哲学语言原应有一种"引导功能"（Orientative Function）。即在西方世界，古代欧洲的希腊哲学仍重视这种功能。不过 17 世纪以后，欧洲哲学家一直想将哲学变得像某种科学，由此而逐步转向"认知功能"的强调，因而遗忘了哲学语言原有的引导功能③。

但此处劳先生因未举例，故所谓哲学语言原应具有的引导功能仍

---

① 劳思光：《由儒学立场看人之尊严》，第 155～156 页。
② 劳思光：《新编中国哲学史》，第 3 册下，《答友人书》，第 896 页。
③ 劳思光：《由儒学立场看人之尊严》，第 154 页。

语焉不详。从过去一个世纪研究中国哲学的文字看来，则似全属以解析语言来解释评断已有的各种思想而非属引导哲学的建构。倘从传统思想表述的用语来看，则类比、寓言、佛道两家的诡辞以至大量诗化语言（poetic language）的运用，是否就是具引导功能的哲学的表述语言？若然，则在今后中国哲学研究中此种语言应扮演什么角色？其与现今被广泛应用作研究的解析语言的关系又为何？这一连串的问题恐怕是中国哲学研究者未来仍得费心着力的地方。

6. 结论：兼谈建立两层论述的初步构想

总括而言，我们可以将 20 世纪中国学人探索"中国哲学"的努力从以下几点来加以进一步的说明发挥。一、如果我们愿意承认传统的为己之学在近百年来一变而为中国哲学其实正表征着一次典范的转移（paradigm shift）①。那么所谓的中国哲学无疑便是要运用哲学方法（概念分解与逻辑推演是其中主要的方法）来重新整理表述传统思想的研究工作。而此中必须借取参照西方哲学传统中各种观念架构乃题中应有之义。易言之，拓展比较哲学的视野显然仍是中国哲学未来的发展所不可忽略的一环。二、当然，借用西方哲学为参照仍是需要加以调整并对此调整提出充分理据的。盖比较哲学亦非削足适履、牵强比附即可为之。三、通过对参照的调整，我们乃可以一方面凸显出中国哲学的特殊性，另一方面藉着展示其时代相干性来透露出中国哲学底普遍意义。

----

① 典范转移的概念乃借用自孔恩（Thomas S. Kuhn），参看 Thomas S. Kuhn, *The Structure of Scientific Revolution* (Chicago：The University of Chicago Press, 1962)。必须补充的是，孔恩原以典范转移来说明科学革命的性质，但其说甫提出即已招来不少诘难，最后连孔恩本人也不得不承认典范这一概念的定义有含糊不清的地方。并且他强调新旧典范间的不可通约性也屡被批评为过分忽略了科学传统发展的连续性，是错把科学发展中渐进性的中断扩大到彼此不可衔接的地步。不过尽管典范这个概念本身有很多争议，但不可否认它是个富于睿识的提法，故很快便在其他学术领域内不胫而走且被改造为一较宽松的用法。此处我们视从传统为己之学到中国哲学的发展为一典范转移，故重在强调两者间的巨大转变，但却绝不认为两者间是完全隔断与不可通约的。

四、过去对中国哲学底特殊性与普遍性的把握多落在转化生命的践履层面。诚然，为己之学、成德之教确是中国哲学的特色甚或殊胜处，但对中国哲学思想的清理与开发却绝不应自限于此。劳思光区分"封闭成分"与"开放成分"实有重要的方法论上的指引意义。五、由对中国哲学的特殊性与普遍性两面的衡定，我们实可进而建构一统摄性的"哲学"概念来分判中西以至不同民族文化的哲学。

最后，关于思辨如何转化为实践，引导哲学如何发挥引导功能的问题，正如前述的分析已约略点出这乃牵涉到哲学语言的表述与功能问题。因这问题若要充分展开则极复杂，以下我只能提出个人一些初步粗浅的思考：即通过所谓两层论述的建构来使中国哲学的语言本身具有一种引导功能；唯其如此，中国哲学才能在典范转移的过程中继承发挥传统学问那能转化自我生命的胜义。两层论述的第一层我们可以称之为（诠释）系统内部的论述。其底子虽仍是思辨分解的，但在表述语言上则要力求吸纳消化传统为己之学在学问讲明上的种种概念用语，如体会语、训诫语、指点语以及那些近乎诗化的语言表述。盖传统为己之学中学问讲问的部分之所以能作为教、作为实践工夫，正是因为它的表述语言绝非那些冷冰抽象的概念，相反乃是极富于引导效果、能启发触动受教者心灵的一套用语。以佛家的"诡辞"为例，尽管以哲学分析的明晰性的要求来说，它实际上只是伪似的诡辞，然不可否认的是这种表述方式在语用上确实可以产生洗涤人心的效果。如果我们毫不保留这种表述方式，而仅在概念分解的号召下力求将之翻译、解读为所谓明晰的概念，则中国引导哲学的语言将无异于现代西方认知哲学的解析语言，其引道功能之丧失乃不言可喻。

不过中国哲学的研究也不能只有系统内部的论述这一层，因系统内的论述往往给人一种自圆其说的印象。并且若只有这一层，则中国哲学便不免有裹足不前、固步自封甚或无法跟别的思想传统对话交流的危险。所以在系统内部的论述外，我们还必须有后设反省的论述。而此即可以是概念分解、逻辑推理等思辨方法大派用场的地方。显而易见，这两层论述是离则两伤、合则双美的①。盖缺乏前者，中国哲学就无由继承为己之学的生命智慧及其引导人生的功能，而后者亦将失掉汲取丰富思想资源的源头活水②。相反，若缺乏后者，则中国哲学亦无法开展以与不同的哲学思想互相攻错来求更进一步善化自身。假若我们在将来仍想宣称中国哲学是一套"活的哲学"，则起码必须符合两个条件。一个是学术世界内对于理论底精巧性的要求，而另一个则是哲学对实际世界与人生能否发挥作用的问题③。于此可见，两层论述中的后设论述将可满足第一个条件而使中国哲学得以逐步跻身世界哲学的舞台，而系统内部的论述则可满足第二个条件而使中国哲学仍能保持那分让学习者受用的吸引力。

后记

"中国哲学"一词自 20 世纪初流行于中国思想界，并演为一门崭新学科，发展迄今已逾一个世纪。期间，"中国哲学"这一概念的合理性一直备受质疑。现在或许已是个成熟时机，让从事中国哲学研究的学者认真地去面对、反省"究竟什么是中国哲学"的问题。而反省之所资，自然是过去前辈学人已作的思考成果。这亦正是本文清理 20 世纪中国学人对"中国哲学"的探索与定位的用心所在。比利时汉学家戴卡琳（Carine Defoort）曾撰

---

① 若我们把两层论述中的表述语言都视为哲学语言，正足以恢复哲学语言的丰富性；而恢复哲学语言的丰富性其实亦正是恢复"哲学思虑"（philosophizing）这一概念的丰富性。

② 必须澄清的是，我们根本就没有一套所谓中立性的后设论述语言可以借此来讨论各种不同的哲学思想；后设论述的语言其实亦是从所论述的对象中提炼出来的。是以后设论述所能达至的深度乃完全取决对所论述对象之理解程度，但反过来说，对所论述对象之理解程度亦端赖于后设论述能否提供更多更新的理解视角。可见两层论述的关系是一种诠释学的循环（hermeneutic circle）。

③ 这两个要求是借用自劳思光先生的说法，参看劳思光：《中国哲学研究之检讨及建议》，收氏著，刘国英编：《虚境与希望——论当代哲学与文化》（香港：中文大学出版社，2003），第 1～24 页。

文 "Is There Such a Thing as Chinese Philosophy? Arguments of an Implicit Debate"（《究竟有无中国哲学?》）①，当中提出一个四分架构来探讨这一问题，有助于厘清关键。兹简介如下，并顺此再略作辨析，以清眉目。

依戴氏，对到底有没有中国哲学这一问题可以有四种态度：（1）根本不存在中国哲学。盖中国传统思想根本缺乏哲学那种系统性、反省性与分析性。而哲学研究的主要门类如形上学、知识论及逻辑等在中国传统思想中亦乏善足陈。从这个立场看，坚持有所谓中国哲学者，多为民族自卑心理之表现，故鲜能提出有力的理据。（2）存在中国哲学。代表人物如胡适、冯友兰，彼以为即使以西方哲学传统作标准，中国传统思想中仍不乏哲学的成分。胡适重视墨辩、冯友兰主张为中国文本本身具有的"实质上的系统"补上"形式上的系统"即是典例。（3）从（2）的态度进一步引申，认为中西文化的相遇适足以让学人借此重新反省何谓"哲学"，并由此扩大"哲学"的意义以包容中国传统思想。而这样一来，中国哲学将成为西方哲学一个既相异却极有价值的参照。持此一态度的学人，戴氏举的例子为 Herbert Fingarette。（4）乃是（1）的态度的激化，质疑哲学的价值，认为中国传统思想有其自身的价值，不把它当哲学看待不仅毫无损失，反倒使人更能正视其自身实有不逊于哲学的价值。易言之，中国传统思想的价值绝不需要通过取得（西方）哲学的牌照才能证明。戴氏对上述四种态度的优劣均有所评骘，但却建议取一非本质主义的立场，从"家族相似性"（family resemblance）的观点来理解"哲学"这一观念，以求平息争议。戴氏认为不同民族的文化思想均可在某特殊的历史机遇下加入"哲学"的大家庭，中国哲学在 20 世纪的出现亦当作如是观。虽则中国哲学或仍迥异于西方哲学，且仍未广为西方哲学家所接受，但这并无伤于中国哲学，因根本上就没有一个大家

① Carine Defoort, "Is There Such a Thing as Chinese Philosophy? Arguments of an Implicit Debate", *Philosophy East & West*, 51 (3) (2001): 393 ~ 413.

都同意接受的哲学的本质定义作为确认身份资格的标准。

诚如本文开首已指出的,回答中国传统思想是否哲学,端赖于我们对"哲学"一词采取怎样的理解,并自觉对这种理解提出理据。显而易见,持态度(1)者,实以经历知识论转向(epistemological turn)后的现代西方哲学的形态来定义哲学,把"哲学思虑"(philosophize)完全窄化为概念分析、逻辑推演的思考方式。无怪乎以此衡量中国传统思想会得出没有中国哲学,或即使有也是不够哲学的怪论! 持这种态度的学者,当然有责任反省以现代西方哲学的形态来定义哲学是否恰当。须知依现代西方哲学作标准,传统西方哲学中很多丰富的内容及多样化的哲学思虑形式(different modes of philosophizing)实际上亦已被扫除在哲学的门槛外[1]。持态度(2)者,因不自觉仍以西方哲学作为定义哲学的唯一标准,即使承认有中国哲学,甚或呼籲不应囿限于现代西方哲学的形态,回归丰富的西方哲学传统,以发现更多中西哲学可资比观攻错的地方[2],但毕竟未能正视中国哲学自身的特殊性。戴氏所提出的第(3)种态度,从本文的观点看,正是20世纪中国学人探索及定位中国哲学的努力的主要方向。持此态度者,一方面承认"哲学"起源并大盛于西方文化,所以必须以西方哲学作为定位中国哲学的参照。但另一方面亦不排除不同文化的交流可以改写"哲学"的定义:此即着力于寻求一统摄性的"哲学"概念,并为重新界划"哲学"的意义与内容提出理据。当然这一取径难免有本质主义的气味,不易为反本质主义者如戴卡琳所认同。但采取戴氏的建议,又怎样避免流于相对主义的窠

---

① 参看 Robert Solomon, ""What is Philosophy?" The Status of World Philosophy in the Profession", *Philosophy East & West*, 51(1)(2001):100~104.

② 1995 年法国哲学家 Pierre Hadot 的著作(英译本)*Philosophy as a Way of Life* 出版,曾引起一些从事中国哲学研究的学者关注,以为此实足证中国传统思想多有与古希腊哲学相通者,故足可当哲学之名而无愧。这正是第(2)种态度的典例。参看 Pierre Hadot, *Philosophy as a Way of Life: Spiritual Exercise from Socrates to Foucault*, edited with an introduction by Arnold I. Davidson, trans. by Michael Chase(UK: Blackwell Publishing Ltd., 1995).

曰：各种均以哲学自居的不同的文化思想传统陷入各自为政、无需甚至无法彼此沟通对话的困境？要之，这已牵涉到本质主义与反本质主义的辩论，我们不能在这里多说。最后，持第（4）种态度者，倘若真如戴氏所言，或是有激于中国学者久扣西方哲学家庭之大门却不得其门而入所造成的反弹情绪，固无足深论。但若持此态度者的立场是欲转而另辟蹊径来安顿中国传统思想，则是个值得讨论的真问题。必须知道，西方文化在保持其学术思想传统方面即有所谓"经典研究"（classics studies）的学术门类。中国传统学术思想在 20 世纪初反传统的大气候下解体，支离破碎者只能求庇荫于西方学术的分类下始得延续生机。然而时移世易，今天倘若我们恢复对民族文化的信心，亟思有以经典研究之学术门类保存之、发扬之，则未尝非可取之道。不过这里必须补充一点可能引起的误解，即提倡经典研究者仍不能反对中国哲学的研究。盖深思之下，便知经典研究永远是一返本开新的诠释过程，它无可避免地需假途于各种不同的方法如文献的考证训诂方法，历史的如思想史、学术史、文化史等方法，甚至西方学术中可为我用的研究方法。此处我们恐怕找不到什么很好的理由去把哲学方法排拒在外。

（二）论朱子对经典解释的看法

1. 朱子的经解与儒家经典诠释传统中的三个面向

在中国悠久丰富的经典诠释传统中，南宋朱子毫无疑问是个十分引人注目的个案。众所周知，朱子在解经上投注的心力甚巨，甚至有死而后已之叹。《文集》卷五十九《答余正叔》三书之第三书云：

> 熹归家只看得《大学》与《易》，修改颇多。义理无穷，

心力有限，奈何奈何！惟需毕力钻研，死而后已耳①。

如果我们稍为检视一下朱子的著述年表，大概不难获得他自 34 岁以后几无一日不从事解经的印象②。朱子对某经某传的具体解释，历来已有不少学者作过探究分析。本文写作的目的，不是要重复这类微观个案式的讨论，而是希望从一宏观综合的角度来追问：在朱子大量的经典注疏及著述背后，他对经典解释活动本身及其所牵涉的各种理论问题的看法如何？毋庸讳言，这样的提问乃是受到近时中国经典诠释传统之研究及创建中国诠释学之倡议

---

① （宋）朱熹撰，郭齐、尹波点校：《朱熹集》（成都：四川教育出版社，1996），第 3066 页。

② 日本学者诸桥辙次对朱子的经解著述曾作一扼要的介绍："朱子对于经书的解释，开始于 34 岁，撰述《论语要义》、《论语训蒙口义》。于 43 岁时，完成《论语精义》。其后《论语精义》的书名改为《论语要义》，之后再改为《论语集义》。至于有名的《论语集注》、《孟子集注》，以及《论语或问》、《孟子或问》、《诗集传》、《易本义》都在 48 岁时完成的。《大学章句序》、《中庸章句序》在 60 岁，《大学章句诚意章》则在 71 岁完成的。此外，有关《书经》、《尧典》、《舜典》、《大禹谟》、《金縢》、《召诰》、《洛诰》、《费誓》诸篇的注释是在 69 岁作的。这些篇章都收在《文集》中。其余没有注释的篇章则交付门人蔡沈完成，书名为《书集传》。再者，与经书的体例稍有不同的《易学启蒙》、《孝经刊误》是在 57 岁时撰述的，《小学》完成于 58 岁时。而《太极图解》、《通书解》、《伊洛渊源录》是 44 岁，《古今家祭例》是四十五岁，《近思录》是 46 岁，《资治通鉴纲目》、《八朝名臣言行录》是 39 岁，《困学恐闻》是 34 岁，《楚辞集注》、《楚辞后语》是在七十岁时完成的。以上是朱子经解及其著述的大略年表。"见安井小太郎等著，连清吉、林庆彰合译：《经学史》（台北：万卷楼，1996），第 148～149 页。必须指出的是，此中《资治通鉴纲目》一书，据钱穆的考订，实非成书于朱子之手，朱子对此书仅有一套计划与部分草稿，后赖门人蔡元定、赵师渊等出力始得成。参看钱穆：《朱子新学案》（台北：三民书局，1971），第五册，第 120～150 页。另较详细的朱子著述年表可参看陈荣捷：《朱熹》（台北：东大图书公司，1990），第十章《朱子之著述》，第 125～144 页。

所启发①。并且，此一启发是直接影响到本文的思考进路与研究方法。限于篇幅，我们只能对此启发作一概略的说明。

扼要而言，倘若我们把中国经典诠释传统之研究与创建中国诠释学之尝试视为一项整体的计划，则此中实包含着三个层面的工作。一是中国经典诠释传统之历史考查；二是对此传统进行义理分析，而于此西方诠释学的发展与理论乃是一个必不可缺的参照对象。当然，我们在这里绝非要鼓吹以西方的观念来穿凿附会，更非妄自菲薄地以为中国的思想必须在西方学说中找到近似的表述才能确定其价值。必须知道，中国的经解传统尽管历史悠久，也累积了不少解释的方法和技巧，但对解经活动本身以至理解活动本身所作的后设的显题化的反省，则始终未有达至像西方诠释学发展出的系统性应是不争的事实。而西方诠释学揭橥的许多洞见，正如彼所宣称是具有普遍性一样，事实上，有很多并不应看成是西方文化所独有的产物。中国传统文化既有丰富的解经活动，自然也会相当的分享到人底理解经验中的一些共同结构。所以将西方的诠释学引入中国的经解传统之中，确实可以帮助我们更清楚地透视中国传统的解经经验及揭示出其中诸多隐而未显的理论面向。不过此处我们也需要有一种警觉：即不同文化中的理解活动虽在大端上本多相通的地方，但就算是对这些相通地方

① Hermeneutics 到底应翻译成"诠释学"抑或"解释学"，学者有不同的意见，本文无意涉及这一讨论。本文在行文中一概使用"诠释学"一词，但当引用别人的论述时或不免出现"解释学"的字眼，则本文是将两者视为可以互换的名词，特此说明。关于西方诠释学如何由圣经解释发展至浪漫主义诠释学（romantic hermeneutics），再一变而为当代的哲学诠释学（philosophical hermeneutics）的过程，可参看 Richard E. Palmer, *Hermeneutics: Interpretation Theory in Schleiermacher, Dilthey, Heidegger and Gadamer* (Evanston: Northwestern University Press, 1969). 至于近时对中国经典诠释传统之研究，台湾大学的黄俊杰教授推动尤力，他除了主持一项大型的研究计划外，亦发表文章讨论个中相关的问题。参看黄俊杰：《从儒家经典诠释史观点论解经者的"历史性"及其相关问题》，《台大历史学报》24 (1999. 12)，第 1 ~ 28 页。至于创建中国诠释学之倡议则发端于中国大陆的学术界，参看汤一介：《能否创建中国的解释学？》，《学人》13 (1998. 3)；另《再论创建中国解释学问题》，载刘述先主编：《中国文化的检讨与前瞻》（美国：八方文化企业公司，2001），第 76 ~ 94 页。

的陈述说明仍是不能不藉由个别文化的特殊通孔来进行，更遑论因文化的特殊性所可能造成的对理解本身的不同理解。因此在对照西方的同时，能否彰显中国经解传统的殊异处，并进而阐析此特殊处在那种意义下丰富了我们对理解本身的理解，将是第三层的工作——创建中国诠释学——是否可能的关键所在。

　　严格来说，本文是属于第一、二层的工作①。若依工作的目的与性质看，第一、二层原则上是可以与第三层区别开来。前两层属于学术史、思想史及哲学史的清理工作，最后一层则属于思想观念的开发工作。但把思想的清理与开发划分两部分并不等于说两者是截然分割的；开发更不应被误解为清理后的一个继生结果。两者之间绝不是一种线性的因果关系，相反，清理与开发永远是处于一辩证的互动过程中。此盖任何思想观念的创新都不可能不奠基于旧有成果的清理上，然当引入不同的参照者来进行清理时，开发创新实际上亦已同时展开。并且在清理过程中所逐步提炼开发出的新义又必然地会反过来加深拓宽清理的视野，藉此再提炼开发出更多的新义。换句话说，清理与开发的工作是互动互补、离则两伤、合则双美的。所以本文的思考进路与研究方法也是试图结合清理与开发两面，其结果乃是发现朱子对经典解释的看法可以说是儒家经典诠释传统中一个非常特出的典例。朱子经解的典例意义简略言之可以从下列两点来加以说明。首先，朱子不仅终身投入解经的工作，他还对经典的阅读与理解（他所谓

---

　　① 第三层的工作牵涉的问题相当复杂，有待进一步的探索。本文亦只能简略地点出中国诠释学的创建如果可能，应是在何种意义上说。事实上，到目前为止，所有的研究都是集中于第一、二两层面。例如前注中汤一介的两文便是着力于历史的回顾与考查，在《再论创建中国解释学问题》一文的结尾处，汤氏甚至对建立中国诠释学表示了相当谨慎的态度。他说："最后，我必须再次作点说明，本文只是想对中国历史上对经典的注释作一粗浅的疏理，以揭示'解释问题'曾对中国文化、哲学、宗教、文学等等诸方面都有十分重要的意义。此种疏理的工作对建立'中国解释学'或有若干意义，或无甚意义，有俟贤者之批评了。"见《中国文化的检讨与前瞻》，第94页。

的"读书")作过既深刻且亲切有味的反省①。《朱子语类》卷八的《总论为学之方》②，卷九、卷十的《读书法上》、《读书法下》③，《文集》卷七十四的《读书之要》等均是明证④。其次，倘从儒家经典诠释传统的大背景来仔细考量朱子的地位与作用时，我们将会发现朱子本其理学家的立场实相当成功地融合了儒家经解传统中"考证"、"经世"与"为己工夫"这三个既可互相补足但亦可发生紧张冲突的面向。为了更全面地了解及评估朱子的经典解释观，下面让我们先对这三个面向作一扼要的析论。

我们都知道儒家六经之名最早是见于战国时《庄子》的《天运篇》，其中有"孔子谓老聃曰：'丘治《诗》、《书》、《礼》、《乐》、《易》、《春秋》六经，自以为久矣，熟知其故矣'"的话。当时经大抵是指重要的书。直至汉代独尊儒术，立博士作专门研究，经才开始带有经纬天地的神圣意味，后世所谓的经学亦于焉产生。由于经典（经及其解说的传）是在历史中不断传承，故后代要了解前代的经典，首先自然需要通晓其文句。而这就必须有克服古今断裂的手段，亦即声韵训诂之学、名物制度之学。又经典在流传过程中会因传抄印刷而造成不同的版本，如何确定哪个本子可靠，如何通过不同本子的对比来校正其中的错简衍文，这就得有校勘之学。于是考据训诂便成了儒家经典诠释传统中的一个重要面向。这个面向对经典解释带来的影响可分两方面来说。一是声韵训诂、名物制度、版本校勘之学一旦发展起来，它们都是可以独立成为一门专家之学的。学人士子如果一头栽了进去，

---

① 余英时甚至说："我曾经比较过朱子读书法和今天西方所谓'诠释学'的异同，发现彼此相通之处甚多。'诠释学'所分析的各种层次，大致都可以在朱子的《语类》和《文集》中找得到。"见余英时：《怎样读中国书》，收氏著，《中国文化与现代变迁》（台北：三民书局，1992），第 262 页。由于余文是一篇通论性质的文字，并未作学院式的详细举证，故我们也无从得知他所谓"彼此相通之处甚多"是指哪些方面。但朱子经解之给人一种典例的印象则毋庸置疑。

② （宋）黎靖德编：《朱子语类》（北京：中华书局，1994），第 129~147 页。

③ 同前注，第 161~175 页、第 176~198 页。

④ （宋）朱熹撰，郭齐、尹波点校：《朱熹集》，第 3888~3889 页。

往往白首穷经为训诂而训诂。表面上，依现代学术的观点看，为训诂而训诂也许并无不妥甚至是理所当然的事。但从诠释学的角度看，文字的通晓只是经典解释的准备工作，如果把经典解释仅局限于此则严格言之是根本未开始解释的活动。而若衡之于儒家成德之教的本怀，则陷溺于训诂就是未能以生命善会经典背后的血脉，是学不见道枉费精神。清代考证学者段玉裁晚年便尝有"喜言训诂考核，寻其枝叶，略其根本，老大无成，追悔已晚"的感慨①。二是即使这一面向仍可辩称训诂的目的正是为了把握经典的义理，但由于其对训诂等学的过度信赖，在经典解释的方法上乃会不自觉地以为训诂明则义理明。清代考证学大家戴东原在《题惠定宇先生授经图》中的主张便清楚地流露出这一方法论上的偏向。他说：

> 夫所谓理义，苟可以舍经而空凭胸臆，将人人凿空得之，奚有于经学之云乎哉？惟空凭胸臆之卒无当于贤人圣人之理义，然后求之古经；求之古经而遗文垂绝、今古悬隔也，然后求之故训。故训明则古经明，古经明则贤人圣人之理义明，而我心之所同然者，乃因之而明。贤人圣人之理义非它，存乎典章制度者是也②。

此中"苟可以舍经而空凭胸臆，将人人凿空得之"的话并不错，此所以经典解释必强调对经典的尊重。但说"故训明则古经明，古经明则贤人圣人之理义明"，则完全是不懂得义理之甘苦；不明白从通晓文字到把握义理的中间还有一个须借助理性思辨以求贯通的解释过程。结果便导致把经典解释等同于字面意义的考求。但实际上就连戴东原自己所把握的义理亦绝不可能是通过这

---

① （清）段玉裁：《朱子小学跋》，转引自钱穆：《中国近三百年学术史》（北京：中华书局，1989 重印本），上册，第 367 页。
② （清）戴震：《戴震文集》（北京：中华书局，1980），卷 11，第 168 页。

样的方法而获得的①。

儒家经典诠释传统中的第二个面向是通经致用，亦即强调把经典所蕴涵的道理应用到现实的处境以求产生变革的效用。其实早在战国时代，学者传习经典即是视之为建立自己用世思想的资源。到了汉代，经学得以发展更是与政治有密不可分的关系。董仲舒借"《春秋》无达辞，从变从义"的方法论主张②，借《公羊传》盛张大一统、屈民伸君、屈君伸天、受命改制等思想以切合汉代的现实需要就是个极佳的例子。值得注意的是，如果仅仅是重视释放经典的意义以用世，则上述考据训诂的解经面向也不会反对，戴震的思想中就有很浓厚的致用色彩。问题是通经致用的解经面向在追求用世的大前提下，往往会据微眇意义非文字所能范限、得鱼应忘筌之类的方法主张对经典作出超越其文本的解

---

① 研究戴震思想的日本学者村濑裕也指出："戴震所预想的依靠精确的考证和解读，揭示出的潜藏于经书内部'义理'，实际上不是经书内在的自古以来的'义理'，而是他本身事先希望从中推测出的'义理'。因为他事先想在'古贤人圣人以体民之情遂民之欲得理'的前提上理解经书的'义理'，所以这种'义理'实际上是他自身的'义理'，不外乎是在'以自己的意见为理'的独断的形上学的斗争中自己构筑的'义理'。"见氏著，王守华、卜崇道等译：《戴震的哲学——唯物主义和道德价值》(山东：山东人民出版社，1996)，第72页。村濑裕也把戴震的考证方法说成是完全为其事先设想的义理服务或是过于极端之论，但却清楚地点破训诂明则义理明的解经方法之非是。关于戴震的考证方法与其义理主张之间的微妙关系，可参看拙著《明清儒学转型探析——从刘蕺山到戴东原》(香港：中文大学出版社，2000)，第225~235页。

② 《春秋繁露·精华第五》云："曰：所闻《诗》无达诂，《易》无达占，《春秋》无达辞，从变从义，而一以奉人。"据(清)苏舆：《春秋繁露义证》(北京：中华书局，1992)，第95页。

读，此则非重考据训诂者所能同意①。清末章太炎本其古文经学的立场严斥康有为今文公羊学之妄诞不经便可视为这两个解经面向互相冲突的结果。此外，论者有谓通经致用乃儒家经典诠释传统独有的特色，实则这是亟待澄清的误解。盖从文化哲学或现代哲学诠释学的角度看，解经以求致用本身是具有普遍意义的，非儒学所专有。例如依文化哲学的观点言，经典的出现本即标志着一文化传统的核心价值观念的形成；当文化传统面对新的挑战困难时，重新诠释、建构及评价经典以使之变得较富生命力来提供解脱困境之道乃系文化发展变迁的常态②。而依哲学诠释学的观点言，通经致用之致用根本就是与经典解释不可分割之"应用"（application）。当代诠释学者加达默（Hans-Georg Gadamer）指出将应用与理解和解释分离断裂乃是个严重的错误；由于理解和解释永远是从某种处境或视域出发，所以应用从来就是理解和解释

---

① 徐复观先生论董仲舒之春秋学及由之启引出的公羊学时，便清楚地指出此种致用的解经面向在方法上如何跳越经典文字。其言云："这便不是以典籍为依据所采用的方法。仲舒却强调权变的观念而把古与今连上；强调微、微眇的观念，把史与天运连上。这不仅是把《公羊传》当作构成自己哲学的一种材料，而是把《公羊传》当作是进入到自己哲学系统中的一块踏脚石。由文字以求事故之端，由端而进入于文义所不及的微眇；由微眇而接上天志，再由天志以贯通所有的人伦道德，由此以构成自己的哲学系统，此时的《公羊传》反成为刍狗了。……由此而附带了解另一问题，即是清代以《公羊》为中心的今文学者，若由他们所援据的经典以考校他们的解释，再加以知识的客观性的要求，几乎皆可斥为妄诞。此一妄诞，至廖平之《古今学考》而达到了极点。但经学中较有时代性有思想性的人物，竟多由此出；这实是承仲舒之风，在他们不能不援经典以作进身之阶的时代中，当他们伸张《公羊学》的同时，便解脱掉《公羊学》以驰骋自己的胸臆。所以对于这些人的著作，要分两途来加以处理。毕竟此种方式，容易引起思想上的混乱。"见氏著：《两汉思想史（卷二）》（台北：学生书局，1976），第 333～334 页。

② 参看 Alasdair MacIntyre, *Whose Justice? Which Rationality?* (Notre Dame, Indiana: University of Notre Dame Press, 1988), pp. 354～355.

的一部分①。以文本解释为例，当解释者进入文本时必然会察觉到自己当下的视域与文本呈现出的视域间的差异，并同时发现文本的视域是对自己的当下有所说的。故解释文本的活动就是把被了解的文本应用到解释者现在的处境，且与此同时也是把解释者的视域应用到文本的双向活动。易言之，即是一视域交融（fusion of horizons）的过程②。因此加达默才会说："应用不是理解现象的一个随后的和偶然的成分，而是从一开始就整个地规定了理解活动。"③ 此处如果我们真正懂得加达默所谓理解与应用本为一体的意思，自不难推知他绝不会同意我们可以为了应用的目的而随意曲解经典。但是哲学诠释学对理解与应用的分析尚远不止此，从应用毫无疑问与实践的概念相关联处看，理解本身便不仅只具有理论建构和反思的意义，而是必然地同时指向实践的领域。此所以加达默才会一再强调说哲学诠释学就是实践哲学（practical philosophy）④。然而往深一层想，所谓的应用底实践义似乎与我们日常生话中讲实践的意思即把理论或观念客观化具体化于现实世界中，仍不大相同。此中的差异或许是因后者多了一项人不可能完全掌握的不确定因素，这不确定因素用中国古老的话说就是时势或命遇。我们可以设想一个诠释者已充分理解了经典的意义，但他那已包含着应用（或曰实践）的理解仍是可能无法"实践应用"到现实之中。事实上，传统讲通经致用的儒者便

---

① 加达默说："早先，人们认为，诠释学具有一种使本文的意义适合于其正在对之讲述的具体境况的任务，乃是一件理所当然的事。那位能够解释奇迹语言的上帝意志的翻译者，是执行这一任务的原始典范。"参见 Hans-Georg Gadamer, *Truth and Method*, trans. Joel Weinsheimer and Donald G. Marshall（New York：Continuum, 1994, 2ⁿᵈ Revised Edition），p. 308. 中译引自洪汉鼎译：《真理与方法》（上海：上海译文出版社，1999），上卷，第396页。

② 详参同前注，pp. 265~379.

③ 同前注，p. 324. 中译引自《真理与方法》第416页。

④ 参看 Hans-Georg Gadamer, "Hermeneutics as Practical Philosophy", in *Reason in the Age of Science*, trans. Frederick G. Lawrence（Cambridge, Mass.：MIT Press, 1981），pp. 88~112.

常常碰上这样的困境。大抵即使承认在通经致用的追求下，儒者通经确已造成了某种意义上的致用，但这仍不应与见用于世之致用混为一谈。只有一旦把理解与应用的本一关系放置于道德的知识与行动的问题上来思考时，上述两种应用和实践意义的差别才好像泯然不见。而这正是为何加达默在分析诠释学的应用问题时要将之与亚里斯多德伦理学中的"实践知识"（phronesis）联系起来，并孜孜于辨清理解与应用的本一关系在亚氏所区分的"实践知识"与"技艺知识"（techne）中的不同处①。总之，哲学诠释学透过揭示出理解活动中的实践面向，可以说是对"实践知识"和理论与实践这个古老课题给出一个崭新的现代诠释②。由于这种理解不离实践的观念，跟我们将要析论的儒家经解传统中第三个面向——为己工夫——颇有可资相比观攻错的地方，故以下当随文附及。

　　最后，儒家经典诠释传统的第三个面向乃以经典解释为生命成德的工夫，这是宋明时理学家所特重者。但理学家凸显这一解

---

　　① 详参 Hans-Georg Gadamer, *Truth and Method*, pp. 312 ~ 324. 在厘清"实践知识"与"技艺知识"的区别时，加达默有一段切中肯綮的分析。他说："它们之间的区别无论如何是明显的。很清楚，人不能像手艺人支配他用来工作的材料那样支配自身。人显然不能像他能生产某种其他东西那样生产自身。人在其道德存在里关于自身所具有的知识一定是另一种知识，这种知识将不同于那种人用来指道生产某种东西的知识。亚里斯多德以一种大胆的、而且是独一无二的方式表述了这一差别，他曾经把这种知识称为自我知识（Sich—Wissen），即一种自为的知识（Für—sich—Wissen）。"见 p. 316. 中译引自《真理与方法》第406页。当加达默以理解活动的实践面向来重新诠释"实践知识"时，我们可以说他根本就是把哲学诠释学看做一"实践知识"、"自我知识"。从比较的视野看，"自我知识"或"自为的知识"大概很易教人想起儒家的"为己之学"，事实上，两者都具有理论不离实践、即实践即理论的性格。关于两者的比较，下文续有讨论。

　　② 参看洪汉鼎：《当代诠释学与实践智慧概念》，《社会理论学报》1：2（1998），第 229 ~ 251 页。

经面向却不可讳言是在恢复先秦孔子"为己之学"的古义①。盖从《论语》中涉及经典的文字可以看到，孔子以经书教学乃重在其能达至修身的实践意义，非重在对经书作客观学术研究。如《泰伯篇》云："子曰：'兴于《诗》，立于礼，成于乐。'"《阳货篇》云："子曰：'小子何莫学乎诗？诗，可以兴，可以观，可以群，可以怨。迩之事父，远之事君；多识于鸟兽草木之名。'"而这也许就是孔子为什么会说自己"述而不作"（《述而篇》）的理由。为了进一步阐明经解乃为己、成德工夫的意思，我们需要扼要分析一下"为己之学"的含义。简略来说，我们可以借用"宗"、"教"与"学"三个范畴来透视儒家的"为己之学"。此中"宗"即圣贤对转化生命的慧解体会，如《庄子·天下》云："不离于宗，谓之天人。"易言之，"宗"便是最高的目标，犹如今之所谓宗旨也。"教"即能达至此体会的各种实践修行的方法与道路，亦即一般所谓的工夫。至于"学"乃意谓以言说或文字的方式来展示、传承"宗"与"教"，这就包含学问讲明、解说经典之义。而"学"最大的作用绝不在于成就学术知识，而是在于能厘清辨正"宗"与"教"使之在传承过程中不致失掉规范流为荡越；更确切地说，甚至是使"宗"与"教"得以被理解并传承下去所不可或缺者。由是可知，"学"本身实是助成"宗"与"教"的一种十分重要的实践工夫，"学"即是"教"之一端。这一点在先秦孔孟的思想中早已言及。孔子不是强调智乃与仁、

---

① 《论语·宪问》："子曰：'古之学者为己，今之学者为人。'"据杨伯峻译注：《论语译注》（北京：中华书局，1980），第154页。朱子批注此语引程子之言云："为己，欲得之于己也。为人，欲见知于人也。古之学者为己，其终至于成物。今之学者为人，其终至于丧己。"下又加按语云："圣贤论学者用心得失之际，其说多矣，然未有如此言之切而要者。于此明辨而日省之，则庶乎其不昧于所从矣。"见（宋）朱熹：《四书章句集注》（北京：中华书局，1983），第155页。

勇并列的一种拨乱反正的工夫；孟子讲工夫亦以知言与养气并举①。再者，克就"学"作为解释经典的一面看，经典既是圣贤的实践语、体会语之记录，则读经便是为求自己的心灵能融进文字背后的血脉以期自己的生命亦能提升至经典所示之理境。是以经解非为一纯粹认知的活动，而实是一种心灵或精神的转化（spiritual transformation），一种心灵或精神的践履（spiritual exercise）。这是宋明理学家解经的立场。照这一立场，凡是脱离了"宗"与"教"来独立讲论的"学"，如单讲训诂考据之类，便皆沦为与生命无涉的闲议论，所谓学不见道，枉费精神。朱子晚年训示门人仍不忘再三申明此义：

> 兼是为学须是己分上做工夫，有本领，方不作言语说。若无存养，尽说得明，自成两片，亦不济事，况未必说得明乎？②

明乎此，我们才能懂得为何朱子对自己解经的文字那么重视，往往相当谨慎地多番改易。此盖这些文字于他而言非只是个人学问得失之问题，而实关乎后学之进德修业③。朱子对经解作为为己

---

① 参看唐君毅：《中国哲学原论：原道篇（卷一）》（香港：新亚研究所，1984五版），其中讨论孔子思想中仁与智及勇、义之部分，第98～102页；讨论孟子之养气与知言之学的部分，第247～253页。另可参看李明辉：《〈孟子〉知言养气章的义理结构》，收李明辉编：《孟子思想的哲学探索》（台北：中央研究院中国文哲研究所筹备处，1995），第115～158页。

② （宋）黎清德编：《朱子语类》，卷114《训门人二》潘时举处，第2762页。

③ 在《文集》卷二十七《答詹帅书》四书之第二书中朱子谈到他的著述在不知情的情况下被刊印出版时即表示惘然惊惧，其主要的担忧就是自己不成熟的见解会遗误学者。其言云："熹向蒙下喻欲见诸经鄙说，初意浅陋，不足荐闻。但谓庶几因此可以求教，故即写呈，不敢自匿。然亦自知其间必有乖缪以失圣贤本指，误学者眼目处，故尝布恳，乞勿示人。区区此意，非但一时谦逊之美而已也。不谓诚意不积，不能动人，今辱垂喻，乃闻已遂刊刻。闻之惘然，继以惊惧。向若预知遣人抄录之意已出于此，则其不敢承命固已久矣。见事之晚，虽悔莫追。"郭齐、尹波点校：《朱熹集》，第1157页。又《答詹帅书》四书之第三书复重申前意，表示自己的担忧绝非因珍惜自己的名声："熹非自爱而忧之，实惧其不知妄作，未能有补于斯道斯民而反为之祸。"郭齐、尹波点校：《朱熹集》，第1161页。

工夫的具体论述，下一节将有详细的分疏，这里我们只想对为己工夫这一解经面向的蕴义再多作点深入的探讨。显而易见，强调经典解释是一种成德工夫无疑是在解释底认识论、方法论的向度外，更突显其实践与存有论的向度。这与哲学诠释学的一些主张确有相通之处。依哲学诠释学的观点，理解和解释的艺术从来便不是仅以文本或经典为对象，它同样处于人际交往的事务当中。换一个角度看，理解和解释根本就是人的存在方式。人在不断进行理解的过程中（注意这过程包含了上面曾提及过的应用和实践的部分），也就是说在不断与其他视域交融的过程中，最后达至的结果乃是利科（Paul Ricoeur）明白指出的自我的了解与扩大①。哲学诠释学就是站在这种洞见上批判了偏重讲求（客观科学）方法的浪漫主义诠释学，将作为一门关于理解的方法学的诠释学彻底扭转为探究人的理解活动得以可能的基本条件的学科。尤有甚者，通过分析那些基本条件，它进而规定诠释学为一揭露人的存在特性的存有论，为一实践哲学、生命哲学，一种亚里斯多德所谓的"实践知识"、"自我知识"。回到儒学的立场，我们自亦不难宣称此中视解经为践履工夫的面向亦是将经解收摄于一为己的存有论中，将之视为生命的学问的一部分。不过必须指出，这些结论上的近似相通处，绝不应遮盖了彼此取径上的殊途。毋庸置疑，儒家的为己之学绝非通过反省人的理解现象而建立，恰恰相反，它是立足于对人底道德实践优位于理论认识的体会上。当然，在某个更宽泛的意义下，似乎也可以说道德实践本身就是人对自己的理解和反思的活动，并依此借助哲学诠释学来重新诠释儒家的为己之学，就像加达默赋予亚里斯多德"实践知识"以新义一样，但这已是另一回事。

总括而言，儒家经典诠释传统中的"考证"、"经世"与"为己工夫"三个面向确实因彼此对解经活动有着不同的定位而

---

① 参看 Paul Ricoeur, *Hermeneutics and the Human Sciences*, trans. John B. Thompson (Cambridge: Cambridge University Press, 1981), pp. 142~144.

存在紧张冲突的可能。倘从这个大背景来析论朱子对经典解释的看法，将会发现尽管朱子是由理学家的立场出发，但却成功地通过一种独特的方式把三者融通综合，此其难能可贵之处。而此综合之途径对于目前我们探索中国诠释学的建立更无疑是一十分值得珍视的资源。

2. 朱子解经的基本立场：格物穷理之工夫

如上节所论，朱子对经典解释的基本看法乃是视之为一为己工夫。用朱子常用的话说，便是为学读书必须"切己"。试看下列几条文字：

> 或问："为学如何做工夫？"曰："不过是切己，便的当。"①

> 今世儒者，能守经者，理会讲解而已；看史传者，计较利害而已。那人直是要理会身己，从自家身己做去。不理会自身己，说甚别人长短！②

> 人常读书，庶几可以管摄此心，使之常存③。

> 读书，不可只专就纸上求理义，须反来就自家身上推究④。

> 今日之看，所以为他日之用。须思量所以看者何为。非只是空就言语上理会得多而已也。譬始拭桌子，只拭中心，亦不可；但拭四弦，亦不可。须是切己用功，使将来自得之于心，则视言语诚如糟粕。然今不可便视为糟粕也，但当自期向到彼田地尔⑤。

合起来看，可知"切己"包含了关联于自身、内省存心、反来就

---

① （宋）黎靖德编：《朱子语类》，卷8《总论为学之方》，第140页。
② 同前注，第141页。
③ 同前注，卷11《读书法下》，第176页。
④ 同前注，第181页。
⑤ 同前注，第182～183页。

自家身上推究、受用自得于心等含义。但为学讲求切己与其说的
朱子的见解，毋宁说是宋明理学家的共法。所以假使我们想确切
把握朱子的经典诠释观，便不得不深入到他的思想中来看他如何
对此共法作出自己独特的演绎。换言之，朱子到底将经解看成是
怎样的工夫？此处的追问好像暗示着某种朱学的特殊性，事实上
在往后的分析中，我们将清楚地看到经典和对经典的解释在朱子
的工夫系统中的确获得了比其他理学派别思想更大的尊重和更独
立的价值。是故上引文字中"使将来自得之于心，则视言语诚如
糟粕"一类的话，朱子不是不可以讲，但这样讲的意义充其量只
表示他在严分言教与体会这点上与别的理学家一般无异①。实则
依其思想性格，朱子应更喜欢说："人之为学固是欲得之于心，
体之于身。但不读书，则不知心之所得者何事。"②

　　理学家讲工夫有本质相干之工夫与助缘工夫的区别。例如依
孟子心学的传统，成德的本质相干之工夫自然是求放心、立志，

----

① 此处透露出儒学诠释传统与哲学诠释学截然异趣的另一面：即儒学显然并未
经历现代所谓的"语言学转向"（linguistic turn）的洗礼。儒学传统对语言的看法大抵
未脱古人"言不尽意"的藩篱；把语言仅当做一传意的工具。故此就算像朱子那样看
重读书解经，但仍必严分言教（达至体会的工具）与体会为两事。《语类》卷10《读
书法上》开首便说："读书乃学者第二事。"接着又说："读书已是第二义。盖人生道
理合下完具，所以要读书者，盖是未曾经历见许多。圣人是经历见许多，所以写在
册上与人看。而今读书，只是要见得许多道理。"（宋）黎靖德编：《朱子语类》，第
161页。与此相反，哲学诠释学则强调理解与语言具有密不可分的关系；理解过程乃
是一种语言过程。加达默说："语言并非只是一种生活在世界上的人类所适于使用的
装备，相反，以语言作为基础，并在语言中得以表现的是，人拥有世界。世界就是对
于人而存在的世界，而不是对于其他生物而存在的世界，尽管它们也存在于世界之
中。但世界对于人的这个此在却是通过语言而表述的。这就是洪堡从另外的角度表述
的命题的根本核心，即语言就是世界观。……我们必须探究语言和世界的关联，以便
为诠释学经验的语言性获得恰当的视域。"Hans-Georg Gadamer, *Truth and Method*, p.
443. 中译引自《真理与方法》，下卷，第566页。关于这方面的深入比较，本文不能
在这里讨论。

② （宋）黎靖德编：《朱子语类》，卷11《读书法下》，第176页。

此即特重道德自觉心之能从受蔽陷溺的状态中警觉醒悟其自己①。道德自觉心挺立以后，我们当然仍需要做磨练、勉强、夹持、择善固执、读书明理、解释经义等扩充存养工夫。不过若就道德本心如何觉悟的问题看，则磨练、勉强、夹持、择善固执、读书明理、解释经义等便都只是在人根本未能相应道德本心而为道德实践的情况下辗转落于第二义的准备、助缘工夫。说是准备、助缘工夫意即彼等与道德本心之觉悟并无本质相干的关系，甚或是可有可无的。这正可以说明为何陆象山一方面会极端地说"若某则不识一个字，亦须还我堂堂地做个人"②，另一方面则仍教门下弟子读书、讲论经义③。但心学将解经活动限定在助缘及扩充存养工夫的层面上，最终乃不免于在严辨本质相干之第一义与准备助缘之第二义工夫时流露出对注疏经典的轻视。如陆象山说：

> 某读书只看古注，圣人之言自明白。且如"弟子入则孝，出则弟"。是分明说与你入便孝，出便弟，何须得传注。学者疲精神于此，是以担子越重。到某这里，只是与他减担，只此便是格物④。

后来陈白沙更喜说"莫笑老慵无著述，真儒不是郑康成"一类的话⑤。相比之下，朱子则视读书明理、解释经义为本质相干的第

---

① 对于道德本心之觉悟工夫，牟宗三先生称之为"逆觉体证"的工夫并论之详矣。可参看氏著：《心体与性体》（台北：正中书局，1968），第 2 册，第 474～484 页；另《从陆象山到刘蕺山》（台北：学生书局，1984 再版），第 165～170 页。
② （宋）陆九渊：《陆九渊集》（北京：中华书局，1980），卷35《语录下》，第 447 页。
③ 如谓"后生看经书，须着看注疏及先儒解释，不然，执己见议论，恐入自是之域，便轻视古人。至汉唐间名臣议论，反之吾心，有甚悖诞处，亦须自家有'征诸庶民而不谬'底道理，然后别白言之。"又云："读书固不可不晓文义，然只以晓文义为是，只是儿童之学，须看意旨所在。"同前注，第 431、432 页。
④ 同前注，第 441 页。
⑤ （明）陈献章：《陈献章集》（北京：中华书局，1987），卷5《再和示子长二首》，第 456 页。

一义工夫，而这自然与他那迥异于心学的思想体系有关。

众所周知，朱子学思有成是在40岁参悟中和问题而成中和新说时①。大体来说，朱子在新说中将心确定理解成一经验意义的心，后更清楚说"心者，气之精爽"②。喜怒哀乐是心之具体表现，亦可谓心之已发、感通。但《中庸》既云"喜怒哀乐未发谓之中"，则自可使人想到心亦有未发、寂然时。于是朱子以"事物未至，思虑未萌"为喜怒哀乐之未发，以"事物交至，思虑萌焉"为已发，心则周流贯彻于已发未发。而对应此两边乃有不同的工夫，未发时涵养用敬，已发后进学致知。这样使心常居于清静灵明的状态，自能认知性理以使情皆发而中节。所谓心之寂然未发时，见"一性浑然，道义全具"；心之感通已发时，见性理之粲然明备。《文集》卷三十二《答张钦夫》对此有一明白扼要的表述：

> 然人之一身，知觉运用莫非心之所为，则心者固所以主于身，而无动静语默之间者也。然方其静也，事物未至，思虑未萌，而一性浑然，道义全具，其所谓中，是乃心之所以为体而寂然不动者也。及其动也，事物交至，思虑萌焉，则七情迭用，各有攸主，其所谓和，是乃心之所以为用，感而遂通者也。然性之静也而不能不动，情之动也而必有节焉，是则心之所以寂然感通、周流贯彻而体用未始相离者也。然人有是心而或不仁，则无以著此心之妙。人虽欲仁而或不敬，则无以致求仁之功。盖心主乎一身而无动静语默之间，是以君子之于敬，亦无动静语默而不用其力焉。未发之前是敬也，固已主乎存养之实；已发之际是敬也，又常行于省察

---

① 《年谱》40岁下录有《已发未发说》、《与湖南诸公论中和第一书》、《答张钦夫》等，皆是研究中和新说的重要文献。参看（清）王懋竑：《朱熹年谱》（北京：中华书局，1998），卷1，第39~47页。

② （宋）黎靖德编：《朱子语类》，卷5《性情心意等名义》，第85页。

之间①。

新说涵蕴之义理乃一心性情三分、心统性情、心具众理以应万事的格局，此亦后来为朱子所确定完成者。依朱子之想法，此心具理之形态经积习久磨后甚至能一旦豁然贯通而进至心与理合一之境②。其间本质相干之工夫则落在涵养与省察两端。又因朱子特重心之积习磨炼，故十分欣赏《大学》讲的为学次第，其省察工夫最终亦扩大归结为格物穷理之说③。《语类》卷十五《经下》有论格物穷理之文字两条：

> "格物"二字最好。物，谓事物也。须穷极事物之理到尽处，便有一个是，一个非，是底便行，非底便不行。凡自家身心上，皆须体验得一个是非。若讲论文字，应接事物，各各体验，渐渐推广，地步自然宽阔。如曾子三省，只管如此体验去④。

> 傅问："而今格物，不知可以就吾心之发见理会得否？"曰："公依旧是要安排，而今只且就事物上格去。如读书，便就文字上格；听人说话，便就说话上格；接物，便就接物上格。精粗大小，都要格它。久后会通，粗底便是精，小底

---

① 郭齐、尹波点校：《朱熹集》，第 1403～1404 页。

② （宋）黎靖德编：《朱子语类》，卷 5《性情心意等名义》有一条云："问：'心是知觉，性是理。心与理如何得贯通为一？'曰：'不须去着实通，本来贯通。' '如何本来贯通？'曰：'理无心，则无着处。'"第 85 页。

③ 有关朱子参悟中和及由之形成的心性情三分格局的思想，详细的分疏可参看牟宗三：《心体与性体》，第 3 册，第 130～154 页、407～447 页。另《从陆象山到刘蕺山》，第 114～132 页，此中牟先生批评朱子之工夫说："而只是心之清明知觉，其落实着力而见效果处却在已发后之察识，察识扩大而为格物穷理。真正工夫着力处实在格物穷理。"第 129 页。另可参看刘述先：《朱子哲学思想的发展与完成》（台北：学生书局，1984 增订再版），第 71～138 页、195～268 页。

④ （宋）黎靖德编：《朱子语类》，第 284 页。

便是大，这便是理之一本处。而今只管要从发见处理会。且如见赤子入井，便有怵惕、恻隐之心，这个便是发了，更如何理会。若须待它自然发了，方理会它，一年都能理会得多少！圣贤不是教人去黑淬淬里守着。而今且大着心胸，大开着门，端身正坐以观事物之来，便格它。"①

《大学或问》中亦有相类的说法：

> 若其用力之方，则或考之事为之著，或察之念虑之微，或求之文字之中，或索之讲论之际，使于身心，性情之德，人伦日用之常，以至天地鬼神之变，鸟兽草木之宜，自其一物之中，莫不有以见其所当然而不容已，与其所以然而不可易者②。

此中可见"讲论文字"、"就文字上格"、"求之文字之中"等属读书解经者应只是格物穷理工夫之一端，其他还有"考之事为之著"、"察之念虑之微"等。此盖单就格物穷理本身说，能用力的范围自然甚广。但若扣紧朱子的思想性格看，则他所重视的灵明之心最直接最容易触理之处实莫过于读书解经以求体会圣人的教诲。朱子尝明白道破"穷理之要，必在于读书"。《文集》卷十四《行宫便殿奏劄二》云：

> 盖为学之道，莫先于穷理，穷理之要，必在于读书。读书之法，莫贵于循序而致精，而致精之本，则又在于居敬而持志，此不易之理也③。

---

① （宋）黎靖德编：《朱子语类》，第286页。
② （宋）朱熹：《四书或问》（上海：上海古籍出版社影印文渊阁本《四库全书》第149册，1987），卷2《大学或问》，第233页。
③ 郭齐、尹波点校：《朱熹集》，第546～547页。

朱子一贯重视读书解经还可以由他晚年训示门人做踏实工夫时仍不外乎再三申明此义得到证明。如《答廖子晦》云："非是别有一段根源工夫又在讲学应事之外也";"盖性命之理虽微,然就博文约礼实事上看,亦甚明白,正不须向无形象处东捞西摸,如捕风系影,用意愈深而去道愈远也"①。《语类》卷一百一十三《训门人一》训辅汉卿云："若更加以读书穷理底工夫,则去那般不正当底思虑,何难之有!"又云："若能将圣贤语言来玩味,见得义理分晓,则渐渐觉得此重彼轻,久久不知不觉,自然剥落消殒去。"② 又训余大雅云："圣人语言甚实,且即吾身日用常行之间可见。惟能审求经义,将圣贤言语虚心以观之,不必要着心去看他,久之道理自见,不必求之太高也。"③ 此类文字甚多,不烦一一移录。总之,读书解经于朱子而言虽是格物穷理工夫之一端,然却是必要甚至是首要之一端。因此,尽管朱子和其他理学家一样仍将经典目为载道的工具,但却绝不会在追求心之体会下轻言典籍为糠秕。正是在这一意义上,我们说朱学比其他理学派别思想赋予了经典更大的尊重和更独立的价值。

朱子把经解看做是为己之学的本质相干的第一义工夫,其具体的结果之一则是据此严分四书与五经;主张学者解经须首重四书,行有余力始及于五经。这是因为四书是直接记录孔孟成德之教的文字,相比之下,五经因其特有的形式体例再加上已遭历代学者渗入己意,所以便仿佛隔了几重。朱子说:

> 读书,且从易晓易解处去读,如《大学》《中庸》《语》《孟》四书,道理粲然。人只是不去看。若理会得此四书,

---

① 郭齐、尹波点校:《朱熹集》,卷45《答廖子晦》十八书之第十八书,第2200、2202页。

② (宋)黎靖德编:《朱子语类》,第2746页。

③ 同前注,第2748页。

何书不可读！何理不可究！何事不可处！①

又朱子对于研读四书之次序亦有一主张：

> 某要人先读《大学》，以定其规模；次读《论语》，以立
> 其根本；次读《孟子》，以观其发越；次读《中庸》，以求古
> 人之微妙处。《大学》一篇有等级次第，总作一处，易晓，
> 宜先看。《论语》却实，但言语散见，初看亦难。《孟子》有
> 感激兴发人心处。《中庸》亦难读，看三书后，方宜读之②。

朱子如此安排之用心，倘就前述其思想之内容观之，则亦不难了
解，毋庸赘论。

此外，还有一点特别值得深入分疏的是：朱子显然并不将解
经视为一纯粹认知的活动，而是更重视其为一心灵体会的活动。
换句话说，解经的活动乃是解经者持着自己的实践体会进入经典
展示的体会世界中来寻求彼此互相攻错、印证以至融合的过程。
这一点朱子有极其生动的描写。《文集》卷四十二《答吴晦叔》
十三书之第十三书云：

> 凡吾心之所得，必以考之圣贤之书，脱有一字之不同，

---

① （宋）黎靖德编：《朱子语类》，卷14《纲领》，第249页。另卷104《自论为
学工夫》云："先生因与朋友言及《易》，曰：'易非学者之急务也。某平生也费了些
精神理会《易》与《诗》，然其得力则未若《语》《孟》之多也。《易》与《诗》中
所得，似鸡肋焉。'"又云："问：'近看胡氏《春秋》，初无定例，止说归忠孝处，便
为经义，不知果得孔子意否？'曰：'某尝说，《诗》《书》是隔一重两重说，《易》
《春秋》是隔三重四重说。《春秋》义例、《易》爻象，虽是圣人立下，今说者用之，
各信己见，然于人伦大纲皆通，但未知曾得圣人当初本意。自不如让渠如此说，且
存取大意，得三纲、五常不至废坠足矣。今欲直得圣人本意不差，未须理会经，先须
于《论语》《孟子》中专意看他，切不可忙；虚心观之，不须先自立见识，徐徐以俟
之，莫立课程。……'"第2614页。
② 同前注，第249页。

则更精思明辨，以益求至当之归，毋惮一时究索之劳，使小惑苟解而大碍愈张也①。

卷六十二《答张元德》九书之第六书亦云：

> 大抵读书须且虚心静虑，依傍文义，推寻句脉，看定此句指意是说何事，略用今人言语衬帖替换一两字，说得古人意思出来，先教自家心里分明历落，如与古人对面说话，彼此对答，无一言一字不相肯可，此外都无闲杂说话，方是得个入处。怕见如此弃却本文，肆为浮说，说得郎当，都忘了从初因甚话头说得到此，此最学者之大病也②。

从上引文字中"凡吾心之所得，必以考之圣贤之书"、"如与古人对面说话，彼此对答"等语来看，说朱子是视经解为与典籍进行真诚的对话以求达至体会之交融大概不算夸张吧！这体会的交融即是前面曾提及过的一种心灵或精神的转化与践履。惟其如此，经典解释才能超乎纯粹认知之义而入乎实践之境。不过此处识者或会有一疑虑：即藉解经获得的精神转化严格地说是否仅为一体会之"知"而不应过分夸大其为实践之"行"？显而易见，此一据知与行的区别而来的要求厘清经解（精神转化）底实践义的质疑，衡之于朱子的思想是颇有根据的。《语类》卷九《论知行》不是说："万事皆在穷理后。经不正，理不明，看如何地持守，也只是空。"③ 又说："痛理会一番，如血战相似，然后涵养将去。"④ 如此则读书理会确好像只是致知边事，另外还有持守涵养等一段力行工夫。但必须指出，朱子之划分知行为两事，乃是由于他那对心的独特规定所致。假使朱子理解的心不是仅为能具理

---

① 郭齐、尹波点校：《朱熹集》，第 1977 页。
② 同前注，第 3215 页。
③ （宋）黎靖德编：《朱子语类》，第 152 页。
④ 同前注。

的灵明之知而是良知本心，则良知本心知善知恶之知同时就是其为善去恶之行。后来王阳明倡知行合一即畅发此义。朱子虽囿于其对心的理解而在概念分解上必严分知行为两事，但另一方面他是很清楚明白此等同于精神转化与提升之"知"（非认识之知）实际上已是入乎实践之"行"的范围。否则他不会再三强调在实践经验中知与行之不可须臾相离，甚至说："愚谓知而未能行，乃未能得之于己，岂特未能用而已乎？然此所谓知者，亦非真知也。真知则未有不能行者。"①

以上我们仔细析论了朱子对经典解释作为一为己工夫的具体主张，这是他解经的基本立场。这立场不可否认地是在进行解经活动之先已经预取了的。用哲学诠释学的话说，即是朱子（以及所有宋明理学家）的"前理解"（preunderstanding）或曰"成见"（prejudice）②。依哲学诠释学的反省，前理解既不是由解释者主观任意选取的，亦不是纯然客观地由解释者处身的历史环境赋予的。更准确地说，它是由解释者与他参与贡献并涉身其中的传统（tradition）相互作用而形成的一种共同性（commonality）所规定的③。并且，任何的理解都必然是从前理解所形成的视野出发；没有理解能从空白一片的心灵产生④。回到本文，朱子的前理解——视经解为为己工夫——可以说是他从自身不断浸润受教于其中的整个宋明理学传统处把握到的。有趣的是，朱子似乎也意识到此前理解的存在，故说为己的理会必须先于文字的理会：

---

① 郭齐、尹波点校：《朱熹集》，卷72《张无垢中庸解》，第3781页。

② 参见 Hans-Georg Gadamer, *Truth and Method*, pp. 277~290.

③ 参看同前注, p. 293.

④ 换一个角度看，"前理解"的揭示实透露出理解本身的历史性（historicity），这也即是人本身的历史性。毫无疑问，人永远是活在历史之中而不能站在历史之外，人当下使用的种种如语言、观念等实无不打下了传统的印记。但这绝不表示人是完全受制于传统，此盖传统反过来亦正是在人的参与理解中不断流传发展下去。于此加达默乃进一步提出"效果历史"（history of effect）的观念，详细的分析参看同前注, pp. 300~307.

　　今学者要紧且要分别个路头，要紧是为己为人之际。为己者直拔要理会这个物事，欲自家理会得；不是漫恁地理会，且恁地理会做好看，教人说道自家也曾理会来。这假饶理会得十分是当，也都不关自身己事。要须先理会这个路头。若分别得了，方可理会文字①。

论者有据朱子常说虚心及忌以己见说经而谓朱子像浪漫主义诠释学般视前理解为获得恰当理解的障碍。但上引文字有力地证明了此一分析的错误。大概论者是误将朱子的"己见"比附为哲学诠释学的"成见"（前理解）；误以为朱子主张虚心是追求一超越历史的空白心灵。实则我们稍为小心点阅读，便不难发现朱子讲虚心及勿以己见说经乃重在强调解经者对他所想了解的经典须细心聆听，尽量让经典本身说话；只有这样，与经典进行真诚对话以求体会之交融才可能。这本是理解的一项经常的任务。如果我们想在哲学诠释学中找到近似及相对应的表述，朱子的虚心及勿以己意凿经大概相当于加达默所谓的"丢弃自己"（disregarding ourselves）：

　　　　所以，理解一种传统无疑需要一种历史视域。但这并不是说，我们是靠着把自身置入一种历史处境中而获得这种视域的。情况正相反，我们为了能这样把自身置入一种处境里，我们总是必须已经具有一种视域。因为什么叫做自身置入（Sichversetzen）呢？无疑，这只是丢弃自己（Von-sich-absehen）。当然，就我们必须真正设想其他处境而言，这种丢弃是必要的。但是，我们必须也把自身一起带到这个其他的处境中。只有这样，才实现了自我置入的意义②。

————————

① （宋）黎靖德编：《朱子语类》，卷8《总论为学之方》，第139页。

② 参见 Hans-Georg Gadamer, *Truth and Method*, pp. 304～305. 中译引自《真理与方法》（上海：上海译文出版社，1999），上卷，第391页。

可见丢弃自己不是意谓去掉前理解，而是希望让经典（或所欲理解的一种传统）本身的世界能充分展露出来。这样理解才不致流为解释者自己期待的意义（own expectations of meaning）。而借着丢弃自己、倾听经典，解释者遂得以更清楚地反照自己的前理解与当下的处境，以进而谋求与经典作视域的融合。如此方是实现了"自我置入"（transposing ourselves）经典的意义①。关于朱子的虚心及莫先立己意的主张，下节还续有详细的分疏，暂且不多说。

最后，让我们考查一下朱子对他自己解经的立场或曰前理解的认识来结束本节的讨论。从前引朱子谓为己理会必先于文字理会的话看，朱子已意识到某一先于解经活动的前理解的存在并予以正面的肯定应毋庸置辩。但这里紧接着的问题是：其肯定的理据何在？换一种说法，朱子对前理解所涵蕴的理论问题是否有足够的省察与关注？必须知道，哲学诠释学通过前理解来揭示理解本身的历史性，其表露的慧解及由之超越浪漫主义诠释学的地方有两点很值得注意。一是重新衡定"时间距离"（temporal distance）的诠释学意义；二是批判对文本的"原意"或曰"本意"（original meaning）的追求。首先，时间距离在古典诠释学中向被目为妨碍解释者达至正确理解的祸首。所以解释者的任务乃是要掌握客观科学的方法如施赖尔马赫（F. Schleiermacher）提倡的

---

① 加达默有一段话十分扼要地说明这点："'视域'这一概念本身就表示了这一点，因为它表达了进行理解的人必须要有的卓越的宽广视野。获得一个视域，这总是意味着，我们学会了超出近在咫尺的东西去观看，但这不是为了避而不见这东西，而是为了在一个更大的整体中按照一个更正确的尺度去更好地观看这种东西。……一个真正的历史意识总是一起看到自己的现在，而且是这样地去看自己的现在，以致它看自己就如同看待处于正确关系群中的历史性的他者一样。毫无疑问，历史意识为了获得历史视域，需要一种特别的努力。我们总是在希望和恐惧中被最接近我们的东西所影响，并且在这一种影响中去接触过去的见证。因此，反对轻率地把过去看成是我们自己的意义期待（Sinnerwartungen），乃是一项经常的任务。只有这样，我们才会这样地倾听流传物，好像它能使自己的别的意义成为我们可听见的。"Hans-Georg Gadamer, *Truth and Method*, p. 305, 中译引自《真理与方法》，第391~392页。

文法解释、心理解释等来遥契文本意义于千百年之上；而诠释学就是一门研究这些方法的学科。但哲学诠释学却彻底扭转了这一看法。加达默指出正是由于时间距离造成了解释者与文本之间一种既熟悉且陌生的对立，解释者才会产生向文本追问探索的意欲。易言之，时间距离其实是理解底动力所在。尤有进者，时间距离对理解还可以产生消极与积极两面的效用。消极方面，时间距离可以拉开解释者与理解的对象，因为距离我们太近的对象，我们往往难以对它作恰当的把握；唯有经过时间的过滤作用，对象的真义才能更充分显露出来。积极方面，则解释者对时间距离的警觉实可激发他更认真地去照察自身的前理解以及聆听对象的倾诉以谋求达至彼此之间真正的对话与融合。正因如此，对时间距离的认识不但不会导致解释者随意以今绳古，相反，它"能把我们得以进行理解的真前见（die wahre Vorurteile）与我们由之而产生误解的假前见（die falsche Vorurteile）区分开来"①。至于对文本原意的追求，依哲学诠释学的观点，亦是昧于理解活动的本性所致。盖理解的本性乃一主客交融的过程，所谓文本的意义是在解释者与文本进行对话时才释放出来的。加上解释者绝非从一片空白的状态出发，而是必然地带着由他的前理解所形成的视野来进入文本。结果文本的意义根本不在于什么客观的原意，理解现象的真相也不是对原意的复制而是多元的创造②。一种流行的

---

① 参见 Hans-Georg Gadamer, *Truth and Method*, pp. 291~300. 中译引自《真理与方法》，上卷，第 383 页。此中"前见"即"前理解"。

② 这里必须补充一点，即哲学诠释学解放原意说的另一武器乃是通过对语言的反省。简略地说，即是指出语言的丰富性总是溢出其作为一套表情达意的符号系统的规范性用法之外。加达默尝称之为语言的个性化使用。而语言正是在这两种用法的张力间展露其丰富的创造力。落在理解的过程上，我们不难想象语言的两种使用在作者、作者使用的文字、文本、解释者、解释者使用的文字与文本解读之间会构成何等多重微妙复杂的辩证关系，而所谓客观原意的追求岂不会是一种幻想。参看 Hans-Georg Gadamer, *Truth and Method*, Part III 部分的讨论。另可参看 Hans Georg Gadamer, "Semantics and Hermeneutics", trans. P. Christopher Smith, in *Philosophical Hermeneutics*, trans. & ed. David E. Linge (Berkeley: University of California Press, 1976), pp. 82~104.

对放弃原意说的误解是：理解因此陷入任何解释均可成立（anything goes）的主观相对的困境。然而事实却是，哲学诠释学依然重视凭借文本自身的约束性与在解释过程中努力追求所有细节与整体间的一致和谐来守护解释的客观性和恰当性①。其实，讲求文本的规范作用与恰当理解必须达至意义的融贯是持原意说的学者如贝谛（Emilio Betti）及赫舒（E. D. Hirsch）等也主张的，只是他们除此以外仍坚持有一原意作为解释的最后判准。但问题是他们似乎始终无法回答原意究竟如何可知②？总之，哲学诠释学批判原意说的理论后果绝不是把理解变成主观任意的，而是把过去那种唯一、正确与完善的理解的观念修正为多元、恰当的③。回到朱子，上述哲学诠释学对有关理解的各层次问题的反省，不可否认地在朱子身上都找不到多少近似的痕迹。朱子对他预取的解经立场的认识与肯定，显然不是靠理解"理解"而来的，而是建立在理学家对永恒普遍的天道性命的信念上。朱子之所以理直气壮地认为应该从切己工夫的角度来读经，完全是因为相信这是自家道德性命的觉醒、要求与肯断，并且此一肯断最终会在圣人的文字中得到更进一步的印证。职是之故，时间距离之于朱子与其说是需费大气力来缝合的鸿沟，毋宁说是一不难跳越的间隙，关键只在于识者能否于变易的历史中掌握到那不易和易简的道理。这也就是说，朱子并没有充分自觉到自己解经的视域乃系其历史性的表现，反而让自身的历史性隐没在普遍性的光环中。而朱子的文字里经常提及的经书的本意也应该从这角度来看才能获得相应恰当的理解。

---

① 参看 Hans-Georg Gadamer, *Truth and Method*, p. 291. 另参看 Paul Ricoeur, *Interpretation Theory: Discourse and the Surplus of Meaning* (Forth Worth: Texas Christian University Press, 1976), p. 94.

② 参看 Emilio Betti, "Hermeneutics as the General Methodology of the *Geisteswissenchaften*" in *The Hermeneutic Tradition: From Ast to Ricoeur*, ed. By Gayle L. Ormiston & Alan D. Schrift (Albany: State University of New York Press, 1990), pp. 159~197. 另 E. D. Hirsch, *Validity in Interpretation* (New Haven: Yale University Press, 1967).

③ 参看同注①, p. 291.

3. 朱子解经的主张：本意、虚心、涵泳、精熟与浃洽等之实义

朱子解经的主张与哲学诠释学观点的差异处，近人亦有论及。例如余英时在一篇谈及实证与诠释的文章中说：

> 中国的"实证"与"诠释"和西方的情况不同，二者不是互相对立、互相排斥的。相反地，它们是相反而又适相成的。朱子解经、注《楚辞》、考《韩文》都结合着"实证"与"诠释"两种成分。近人较重视朱子为考证开先河，但他在中国诠释学上的贡献则尚待我们作有系统的研究。……最近二三十年来，西方诠释学的方法论有了新的进展，在哲学领域内甚至有与"实证"派分庭抗礼的趋势。因此今天中国学人也已感染到这股新的风气；其中似乎还有人希望"诠释"可以取代"实证"，以便于我们重新理解中国的传统。我可以武断地说：抱有这种想法的人至少对中国学术传统是缺乏认识的。今天西方诠释学的理论纷繁，莫衷一是。这些争论在西方哲学、文学和神学上孰是孰非，我完全没有资格断定。中国有诠释传统而没有发展出系统的方法论，所以西方的讨论确有足供参照的地方。例如加达默（Hans-Georg Gadamer）所谈的"预解"（preunderstanding）、"传统"、"境界交融"（fusion of horizons）之类观念也大致可以说明中国的诠释现象。但是加达默否认我们有了解作者"本意"的任何可能，这便和中国的诠释传统大相径庭。作者"本意"不易把捉，这是中国古人早已承认的。但是因为困难而完全放弃这种努力，甚至进而饰说"本意"根本无足轻重，这在中国传统中无论如何是站不稳的。从孟子、司马迁、朱熹，以至陈先生（案：指陈寅恪）都注重如何遥接作者之心于千百年之上。通过"实证"与"诠释"在不同层次上的交互为用，古人文字的"本意"在多数情形上是可以为后世之人所共见的。"本意"自有其历史的客观性，不因主客交融便消失不见；这在中国的人文传统中是屡试而已验的。……所以

就西方诠释学中"本意"问题而言，我是宁舍加达默而取贝谛（Emilio Betti）和赫尔希（E. D. Hirsch，Jr.）的①。

此中余先生像是以实证与诠释的对立来看待哲学诠释学的兴起，但这是个不准确且很易引起误解的说法。诚如上文的分析指出，哲学诠释学特别是加达默虽屡次强调诠释学是一门采究人的理解活动得以可能的基本条件的学科；是揭露理解为人的存在特性的存有论，并据此批判将诠释学视为找寻理解的客观科学方法的研究，但是这并不等于说它完全将方法或实证排斥于理解活动之外②。恰恰相反，当它坚持以对文本的尊重及追求意义的融贯来维护解释的客观恰当性时，它在理解的方法上实际就是在提倡余先生强调的实证与诠释之交互为用。虽则它认为凭此所得的解释仍是向丰富的多元性敞开。余先生大概也是误以为原意说的放弃会导致解释沦为主观任意③，故希望以本意（一种历史的客观性）来保住解释的客观性，遂谓"宁舍加德默而取贝谛和赫尔希"。但在经过哲学诠释学如此鞭辟入里的反思后，原意真的能从幻想中走回现实吗？个中的问题，因前文已有交待，兹不赘述。余先生说朱子解经重视实证与诠释的相辅相成，这是十分精确的论断。但他说朱子以至整个中国的人文传统在经解方面均重在如何遥契作者之心即原意之追求则需要作进一步的简别。

---

① 见余英时：《"明明直照吾家路"》，收氏著：《中国文化与现代变迁》，第250～252页。

② 关于加达默的哲学诠释学仍具有方法论意涵的澄清，可参看刘昌元：《哲学解释学、方法论与方法》，《社会理论学报》1：2（1998），第207～227页。

③ 余先生在《怎择读中国书》一文中写道："我劝青年朋友们暂且不要信今天从西方搬来的许多意见，说什么我们的脑子已不是一张白纸，我们必然带着许多'先入之见'来读古人的书，'客观'是不可能的等等昏话。正因为我们有主观，我们读书时才必须尽最大的可能来求'客观的了解'。事实证明：不同主观的人，只要'虚心'读书，则也未尝不能彼此印证而相悦以解。如果'虚心'是不可能的，读书的结果只不过各人加强已有的'主观'，那又何必读书呢？"《中国文化与现代变迁》，第264页。

　　大抵儒家经典诠释传统中考证训诂的面向自是悬了解文本的原意或契合作者之意为解经的最高鹄的。但作为理学家的朱子是否亦是如此？我们看朱子的文字，当中的确不乏本意、圣贤本意、元初之意一类的话。无怪乎有学者谓朱子解经的一大特色乃是探究所有经书的原意①。试看下列几条较有代表性的文字：

　　　　然读书且要虚心平气随他文义体当，不可先立己意，作势硬说，只成杜撰，不见圣贤本意也②。
　　　　大抵看文字，须是只就他里面看，尽有意思。今公未见得本意是如何，却将一两句好言语，裹了一重没理会在里面，此是读书之大病。须是且就他本文逐字剥碎了，见这道理直透过，无些子窒碍，如此，两段浅深自易见③。
　　　　或言某人近注《易》。曰："缘《易》是一件无头面底物，故人人各以其意思去解说得。近见一两人所注，说得一片道理，也都好。但不知圣人元初之意果是如何？《春秋》亦然。"④

依此解释，则把文本"逐字剥碎，见这道理直透过"便能掌握到圣人记寓于其中的本意。而本意自然是分辨各种解释恰当与否的判准。朱子甚至进一步区别经书（圣人）之本意与后学引申发明之义，认为两者虽应辨清但于义理讲明上却两不相妨。事实上，朱子就是把自己解经著述的文字看成是在"随分发明圣贤遗意"⑤。下面两个涉及解释《论语》与《易》的例子清楚地说明

——————————
　　①　安井小太郎等著，连清吉、林庆彰给译：《经学史》，第156页。
　　②　郭齐、尹波点校：《朱熹集》，卷53《答刘季章》二三书之第十书，第2640页。
　　③　（宋）黎靖德编：《朱子语类》，卷46《季氏篇》，第1176页。
　　④　同前注，卷67《纲领下》，第1678页。
　　⑤　郭齐、尹波点校：《朱熹集》，卷53《答刘季章》二三书之第七书云："熹则衰病日益沈痼，死生常理，无足深计。但恨为学未副夙心，目前文字可以随分发明圣贤遗意，垂示后来者，笔削未定，纂集未成，不能不耿耿耳。"第2638页。

了这一点：

> 问："伊川说：'居敬则心中无物而自简。'意觉不同。"
> 曰："是有些子差，但此自不相害。若果能居敬，则理明心
> 定，自是简。这说如一个物相似，内外都贯通。行简是外面
> 说。居敬自简，又就里面说。看这般所在，固要知得与本文
> 少异，又要知得与本文全不相妨。"①
>
> 问张子"贞胜"之说。曰："此虽非经意。然其说自好，
> 便只行得。他底说，有甚不可？大凡看人解经，虽一时有与
> 经意稍远，然其说底自是一说，自有用处，不可废也。不特
> 后人，古来已如此。"②

此处朱子的看法确很像赫舒对"意义"（meaning）与"蕴义"
（significance）的区分。但对某些典籍如五经，因内容多涉年代久
远的历史处境，加上非直接讲成德之教，故朱子常谓隔了几重，
难得圣人本意不差。既难得，朱子不但不强求，反而用包容的态
度把各种不尽相同但皆言之成理的解说通通视为恰当的理解③。
可见其心灵非不能伸向一多元解释的向度。不过对另一些典籍如
四书，朱子则坚信可求得圣人元初立言之用心，而这里实透露出
朱子意谓的本意除了是文本呈现的意义、作者的意图外，还有一
层更深刻的指向：即永恒普遍的天道性命之理。朱子明白地说：

> 以圣贤之意观圣贤之书，以天下之理观天下之事④。
> 虽圣人不作，这天理自在天地间⑤。

---

① （宋）黎靖德编：《朱子语类》，卷30《雍也篇一》，第764页。
② 同前注，卷76《系辞下》，第1941～1942页。
③ 参看本书第48页注①引《朱子语类》卷104《自论为学工夫》的一段文字。
④ （宋）黎靖德编：《朱子语类》，卷9《论知行》，第159页。
⑤ 同前注，第156页。

　　读书以观圣贤之意；因圣贤之意，以观自然之理①。

　　熹窃谓人之所以为学者，以吾之心未若圣人之心故也。心未能若圣人之心，是以烛理未明，无所准则，随其所好，高者过，卑者不及，而不自知其为过且不及也。若吾之心即与天地圣人之心无异矣，则尚何学之为哉？故学者必因先达之言以求圣人之意，因圣人之意以达天地之理，求之自浅以及深，至之自近以及远，循循有序，而不可以欲速迫切之心求也。夫如是，是以浸渐经历，审熟详明，而无躐等空言之弊。驯致其极，然后吾心得正，天地圣人之心不外是焉。非固欲画于浅近而忘深远，舍吾心以求圣人之心，弃吾说以徇先儒之说也②。

本意既为圣人不作亦自存于天地间的天道性命之理，则对本意的理解便不应是纯粹去重建圣人的意识，这是朱子反对的"舍吾心以求圣人之心"。同样道理，求圣人之意亦非追求与圣人心灵间的神秘交流，而是企图由之达至一种对天理的共同意义的分享，所谓"因圣人之意以达天地之理"。换一个角度看，这其实即是前文屡次提及的体会之对话与交融。学者通过不断地与经书、圣人之意交流对话，"浸渐经历，审熟详明"，其结果一方面固然使得学者自家的体会提升精进，另一方面亦正是在这种主客交融、互为主体的过程中共同建构起对天理（真理）的经验。但是朱子用本意、原意这类的字眼来指谓此体会之交融乃不免将体会绝对化而有违体会之本性；依体会总是实存生命的体会言，其本性必是分殊的。必须知道，即使我们想强调天理的绝对性，但构筑起我们对天理的经验的那个体会历程却绝对不是绝对的。大概朱子以及许多宋明理学家在践履的层面上都再三强调体会的重要性与

---

　　① （宋）黎靖德编：《朱子语类》，卷9《论知行》，第162页。
　　② 郭齐、尹波点校：《朱熹集》，卷42《答石子重》十二书之第一书，第1977页。

必须性，但在观念的层面上则不免于把天理与对天理之体会两者混为一谈，以致用前者来将后者绝对化。这也正是为何朱子自视其经解已得圣人本意，但不管是他同时代或其后的人却吊诡地有一朱子是据自家思想来解经的印象，其为《大学》之格物作补传尤为明证。总而言之，当朱子一旦将本意与解经者的存在体验挂勾起来，本意便不可能再守住它那字面上的客观实证意味。此中存在的矛盾如何消解则端赖于我们能否更加强正视朱子理解即体会之交融这一内在资源。而强调体会之分殊（注意分殊不等于主观任意，盖解释者的人生与经典的文字都能提供某种客观规范性）将不可避免地把儒家的经解传统引向一而不同的多元的意义世界。关于个中理论改造的问题因牵涉甚广，需另文讨论，这里不能多说。

从以上分析朱子讲本意的不同含义看来，我们自不应轻率地将之等同于西方诠释学中的原意说。而朱子为了追求他的本意——文本之意义、圣人之用心与天理性命之体会——在解经时乃首重对经书文字的尊重。此即如何使经典的内容充分涌现出来。对此，朱子有两个具体的主张。第一是虚心及勿以己意去强解硬凿。我们在前面的分析中已指出这绝非要求解释者根绝他的前理解。或许更恰当的说法是：虚心乃要求解释者尽量将其主观的意向及前理解暂时悬置起来，好让经典有充分讲话的机会，如此解释才不至变成只是个人的自言自语。朱子谈及虚心及勿逞私意的文字甚多，上文亦曾征引一二，兹不赘录。第二，要让经典讲话，朱子遂主张注疏不可废。而这样一来，朱子乃顺理成章地把考据训诂收摄入读书穷理之工夫内。《语类》卷十一《读书法下》云：

> 学者观书，先须读得正文，记得注解，成诵精熟。注中训释文义、事物、名义，发明经指，相穿纽处，一一认得，如自己做出来底一般，方能玩味反覆，向上有透处。若不如此，只是虚设议论，如举业一般，非为己之学也。曾见有人

说《诗》,问他《关雎》篇,于其训诂名物全未晓,便说:
"乐而不淫,哀而不伤。"某因说与他道:"公而今说《诗》,
只消这八字,更添'思无邪'三字,共成十一字,便是一部
《毛诗》了。其他三百篇,皆成渣滓矣!"因忆顷年见汪端明
说:"沈元用问和靖:'伊川《易传》何处切要?'尹云:
'体用一源,显微无间。'此是切要处。"后举似李先生,先
生曰:"尹说固好。然须是看得六十四卦、三百八十四爻都
有下落,方始说得此话。若学者未曾子细理会,便与他如此
说,岂不误他!"某闻之悚然!始知前日空言无实,不济事,
自此读书益加详细云①。

事实上,朱子确有用心于考据训诂之学,他在解经中表现出之训
诂手段,亦早为学人所注意。例如清潘衍桐就尝命诂经精舍诸生
详考朱子《论语集注》中引述经传之出处而撮为《朱子论语集注
训诂考》两卷②;70年代日本学者大槻信良著《朱子四书集注典
据考》③;钱穆先生撰《朱子新学案》更辟有专章讨论朱子之校
勘学、辨伪学与考据学④。虽则历来批评朱子之注疏者并不乏人,
但替其辩解者亦不少。学者因此有谓对朱注的批评往往不免过于
细微,而这其实正好表示朱子的经解是中肯的⑤。

让经典说话只是解经的准备工夫,接着朱子即要学者将自身

---

① (宋) 黎靖德编:《朱子语类》,第191~192页。

② (清) 潘衍桐《朱子论语集注训诂考》〈叙〉云:"朱子《论语训蒙口义》叙
云:'本之注疏以通其训诂'。《语类》云:'某寻常解经,只要依训诂说字'。又《与
吕伯恭书》云:'不读《说文》,训诂易谬'。《答黄直卿书》云:'近日看得后生,且
是教他依本子,认得训诂文义分明为急。'朱子解经教人,厥初如此。世儒谓朱子不
明训诂,谬加诋词,与夫空疏浅率之流,空谈性理,未知为学之伦类,皆失之也。窃
谓朱子生平着书致多,而《论语集注》尤为精粹。因命诂经精舍诸生寻绎此书,详考
义所从出,编采旧注及群经子史注,以着来历,明非朱子所自造。"据上海古籍出版
社《续修四库全书》第157册影印清浙江书局刻本。

③ 大槻信良:《朱子四书集注典据考》(台北:学生书局,1975)。

④ 参看钱穆:《朱子新学案》(台北:三民书局,1971),第五册中有关部分。

⑤ 安井小太郎等著,连清吉、林庆彰合译:《经学史》,第166~167页。

投入经典之内，与经典进行深刻的对话交谈，所谓"读书，须是要身心都入在这一段里面，更不问外面有何事，方见得一段道理出"①。由是遂有涵泳、玩味之说。《语类》卷一百一十六《训门人四》记云：

> 甲寅八月三日，盖卿以书见先生于长沙郡斋，请随诸生遇晚听讲，是晚请教者七十余人。或问："向蒙见教，读书须要涵泳，须要浃洽。因看孟子千言万语，只是论心。七篇之书如此看，是涵泳工夫否？"曰："某为见此中人读书大段卤莽，所以说读书须当涵泳，只要子细寻绎，令胸中有所得尔。如吾友所说，又衬贴一件意思，硬要差排，看书岂是如此？"②

这里说的涵泳大概相当于诠释学者提倡的"浸淫于题材本身"。③其具体的做法则是仔细玩味、反复推敲：

> 读书是格物一事。今且须逐段子细玩味，反来覆去，或一日，或两日，只看一段，则这一段便是我底。脚踏这一段了，又看第二段。如此逐旋捱去，捱得多后，却见头头道理都到。这工夫须用行思坐想，或将已晓得者再三思省，却自有一个晓悟处出，不容安排也。书之句法义理，虽只是如此解说，但一次看，有一次见识。所以某书，一番看，有一番改。亦有已说定，一番看，一番见得稳当，愈加分晓。故某说读书不贵多，只贵熟尔。然用工亦须是勇做进前去，莫思退转，始得④。

---

① （宋）黎靖德编：《朱子语类》，卷11《读书法下》，第177页。

② （宋）黎靖德编：《朱子语类》，第2790页。

③ Richard E. Palmer, *Hermeneutics*: *Interpretation Theory in Schleiermacher, Dilthey, Heidegger and Gadamer*, p. 99.

④ （宋）黎靖德编：《朱子语类》，卷10《读书法上》，第167页。

朱子喜言"读书着意玩味，方见得义理从文字中迸出"①，而"反来覆去"、"一次看有一次见识"之义实与诠释学谓理解乃是于文本的局部与整体间不断循环出入之说法若合符节。最后获得的结果自然是意义的融会贯通，朱子称之为精熟与浃洽。此处虚心、涵泳、玩味、反覆、精熟、浃洽等说法固然是属于理解边事；即一个由掌握文字到运用理性思辨以求意义通贯的理解过程。但切勿忘记朱子说过"须是存心与读书为一事方得"②，所以它们同样是体会边事。事实上，朱子讲精熟与浃洽亦总是将之关联于学者自家的性命体会处来发挥：

> 为学之道，圣贤教人，说得甚分晓。大抵学者读书，务要穷究。"道问学"是大事。要识得道理去做人。大凡看书，要看了又看，逐段、逐句、逐字理会，仍参诸解、传、说教通透，使道理与自家心相肯，方得。读书要自家道理浃洽透彻③。

朱子于成德之教终身追求豁然贯通之境，其于读书解经亦复如此，此盖其理一也。读书与存心为一事，斯言信矣！

4. 结语：融通考证与经世

总括而言，朱子因将读书解经视为为己之切要工夫，故对经典之价值尤能尊重。而在为求恰当掌握文字的大前提下，朱子是充分吸收继承了过往考据训诂的成果。其本理学家之立场观点而能冶考证于一炉，将成德之教与训诂之学有机地结合起来，不可谓非大有功于儒家之经解传统。这是朱子留给我们的一项弥足珍贵资源。下面让我们再扼要析述一下朱子经解中的经世致用面向来结束本文的讨论。论者有谓朱子的经解只着重个人的修养而缺乏政治上的意义④，这大概是受到一般认为宋明理学偏重内圣缺乏外王的论调

---

① （宋）黎靖德编：《朱子语类》，卷10《读书法上》，第173页。
② 同前注，卷11《读书法下》，第177页。
③ 同前注，卷10《读书法上》，第162页。
④ 安井小太郎等著，连清吉、林庆彰给译：《经学史》，第262页。

影响所致。不过实际上理学并非如此。朱子教人读书虽首重四书，以其直接关切于道德性命，然亦不废经史之书，盖读经史可"观大伦理、大机会、大治乱得失"①。朱子只是按儒学成己以成物、内圣而外王的道理主张读经史须以有得于四书为基础：

> 今人读书未多，义理未至融会处，若便去看史书，考古今治乱，理会制度典章，譬如作陂塘以溉田，须是陂塘中水已满，然后决之，则可以流注滋殖田中禾稼。若是陂塘中水方有一勺之多，遽决之以溉田，则非徒无益于田，而一勺之水亦复无有矣。读书既多，义理已融会，胸中尺度一一已分明，而不看史书，考治乱，理会制度典章，则是犹陂塘之水已满，而不决以溉田②。

既非乏略经世，朱子的经解文字中自亦不乏这方面的痕跡。如学者之研究早已指出朱子《诗集传》于释《黍离》、《扬之水》、《式微》等诗宣扬复仇思想；《四书章句集注》释《宪问第十四》"陈成子弑简公"又引胡安国之言强调"《春秋》之法，弑君之贼，人得而讨之"，此实应南宋失掉北土之国情需求，于经解中发挥经书之实用功能③。实则朱子之发挥经解的致用效力尤有更大端者，即通过恢复经典中蕴藏的儒学的理想性来作为批判现实的利器。朱子与陈亮辩论汉唐事功则是典例。在这次辩论中，陈亮的用心是想仿效孔子点化三代以点化汉唐，使儒家的政治理想非孤悬天壤而是能真实体现于历史之中，最终收到影响现实的效果。故谓"盖将发其所未备，以窒后世英雄豪杰之口而夺之气，使知千涂万辙，卒走圣人样子不得"④。其用心固亦欲为儒学辟一

---

① （宋）黎靖德编：《朱子语类》，卷11《读书法下》，第196页。
② （宋）黎靖德编：《朱子语类》，第195页。
③ 安井小太郎等著，连清吉、林庆彰给译：《经学史》，第141～142页。
④ （宋）陈亮：《陈亮集》（北京：中华书局，1974），卷20《又乙巳春书之二》，第289页。

致用之途。但朱子采取的立场却是高举儒家的道德理想主义,谓"若以其能建立国家、传世久远,便谓其得天理之正,此正是以成败论是非,但取其获禽之多而不羞其诡遇之不出于正也。千五百年之间,正坐如此,所以只是架漏牵补,过了时日,其间虽或不无小康,而尧、舜、三王、周公、孔子所传之道,未尝一日得行于天地之间也"①。朱陈辩论的得失不是我们要讨论的,我们在这里只想指出,朱子对现实可以作出如斯严厉之批判,其经世思想的源头活水恐怕不能不说是他从解经体会道理中汲取得来的。

(三) 知识、思辨与感触——试从中国哲学研究论牟宗三先生的方法论观点

1. 引言

虽然中国哲学研究并不足以代表牟宗三先生学问思想的全幅内容,但却不可否认是其中极为核心的部分。牟先生在生命与学术方面的宗主大抵可以用宋明儒共同肯认的"天道性命相贯通"这一睿识来概括之。并且顺乎此,牟先生进一步建立起他的道德形上学架构,由之会通西哲康德(Immanuel Kant,1724~1804),判别佛老,最后甚至持之以试图解决德福一致的圆善问题。因此了解牟先生对中国哲学的看法实在是深入进窥他思想世界的一条必不可缺的锁钥。在牟先生的生前死后,介绍和讨论他的中国哲学研究的文字已有不少②。本文旧题重作,乃欲借取现代西方诠

---

① (宋)朱熹撰,郭齐、尹波点校:《朱熹集》,卷36《答陈同甫》十三书之第六书,第1592页。

② 例如颜炳罡:《整合与重铸——当代大儒牟宗三先生思想研究》(台北:学生书局,1995),书中有专章论及牟先生的先秦儒学、宋明儒学及中国佛学研究等。此外在牟先生逝世以后,台湾中央大学研究所、东方人文学术基金会及鹅湖杂志亦举办了一场以"牟宗三先生与中国哲学之重建"为主题的学术研讨会,会后并出版了论文集。文集对牟先生的中国哲学研究的各个方面均有涉及,可参看李明辉主编:《牟宗三先生与中国哲学之重建》(台北:文津出版社,1996)。

释学（hermeneutics）的视角来对这一课题作一方法论角度的再省察①。毋庸讳言，牟先生一生并未受过诠释学的洗礼。他也很少论及自己对传统中国哲学的理解方法。不过从零散的演讲稿及专书的自序文字中，我们仍不难发现他是有始终一贯的方法论观点的②。他认为要恰当理解中国哲学，必须兼备知识、思辨与感触三个条件。他晚年在《圆善论》的序言中曾引熊十力先生的话说：

> 熊先生每常劝人为学进德勿轻忽知识，勿低视思辨。知识不足，则无资以运转；思辨不足，则浮泛而笼统。空谈修养，空说立志，虚憍迁陋，终立不起，亦无所修，亦无所

---

① 现代西方诠释学（一译解释学）源于解释圣经，后经许莱尔马赫（Friedrich Scheleiermacher，1768～1834）、狄尔泰（Wihelm Dilthey，1833～1911）的发展而变为一般人文学科的方法论。唯自海德格尔（Martin Heidegger，1889～1976）、加达默（Hans-Georg Gadamer，1900～2002）以降则专注于研究理解活动自身，指出理解乃人底历史存在的形式，由是乃反对视诠释学为纯粹的方法论而赋予其存有论的性格。至于利科（Paul Ricoeur，1913～2005）则虽赞赏认可加达默等对理解之洞见，但却同时主张不可轻忽地越过方法论。他认为在解释与理解的方法论中即已包含了理解存在的存有论。本节用诠释学一词主要是取其作为方法论的含义。关于现代西方诠释学之发展历史，可参看 Richard E. Palmer，*Hermeneutics：Interpretation Theory in Schleiermacher，Dilthey，Heidegger and Gadamer*（Evanston：Northwestern University Press，1969）；另 Paul Ricoeur，"The Task of Hermeneutics" in Paul Ricoeur，，*Hermeneutic and the Human Sciences*，John B. Thompson ed. & trans.（Cambridge：Cambridge University Press，1981），pp. 43～62；另中文著作方面，可看殷鼎：《理解的命运》（北京：三联书店，1988）。最后还必须补充说明一点：即本节的写作是想借取现代西方诠释学的某些洞见来抉发重建牟宗三先生的方法论，而不是要在两者之间作一比较研究。事实上，牟先生关心的哲学问题与现代西方诠释学有大不相同处，能否在两者之间建立起有意义的比较基点并非我这个诠释学的外行人所能做得到。这或许要留待其他专家学者去作更进一步的分析讨论。

② 李明辉在《牟宗三先生的哲学诠释中之方法问题》一文中也曾试图建构牟宗三的方法论观点。他说："我们可以大致勾勒出以下三项要点：（1）理解和诠释有其'客观性'，而唯有在理性底层面上，理解和诠释才能达到客观性。（2）要达到理解和诠释的客观性；必须藉主观的'生命'以契入。（3）理解和诠释涉及语意和义理两个层面，这两个层面分别对应于康德所谓'历史的知识'与'理性的知识'，而以'理性的知识'·为依归。"其论可与本节互相参照，见《牟宗三先生与中国哲学之重建》，第21～37页。

养。纵有颖悟，亦是浮明；纵有性情，亦浸灌不深，枯萎而死。知识与思辨而外，又谓必有感触而后可以为人。感触大者为大人，感触小者为小人。旷观千古，称感触最大者为孔子与释迦。知识、思辨与感触三者备而实智开，此正合希腊人视哲学为爱智慧爱学问之古义，亦合一切圣教之实义①。

这三个条件，牟先生有时又称之为文字、逻辑与见。他说：

> 因为儒家的道理太平正，无奇特相，而现在的人在趣味上则喜欢偏邪。在学术上则专重科技，所以无法相应那平正的家常便饭。因为不相应，所以即使去讲，也多是邪曲。我们现在不能一一驳斥，但我们可有个总标准来决定你讲的对不对。有三个标准，一个是文字，一个是逻辑，还有一个是"见"（insight）。我们要了解古人必须通过文字来了解，而古人所用的文字尽管在某些地方不够清楚，他那文字本身是ambiguous，但也并不是所有的地方通通都是 ambiguous，那你就不能乱讲。另外还有一点要注意的，你即使文字通了，可是如果你的"见"不够，那你光是懂得文字未必就能真正懂得古人的思想②。

合起来看，可知牟先生所谓的知识、文字应是指对文献的掌握；思辨、逻辑是指以理性之认知来了解文献义理；而感触、见则是要求解释者本身需对中国哲学义理背后透出的生命智慧有一实存感应与契合。下面我们将会分就这三个条件来析论牟先生研究中国哲学的方法。

这里还必须补充一点，即本节撰写的目的并不仅止于此。当

---

① 见牟宗三：《圆善论》（台北：学生书局，1985），《序言》，页 xiv ~ xv。
② 见牟宗三：《中国哲学十九讲》（台北：学生书局，1983），第四讲《儒家系统之性格》，第 70 ~ 71 页。

读者耐心读毕全文后便不难产生以下的印象：即本文也可以说是尝试以牟先生的中国哲学研究为例来初步重建他的方法论。如果本文的意图能作成的话，则不但印证了文章开首所言，中国哲学研究在牟先生的思想中实占有可由之通往其他各部分的中央枢纽位置，且同时也因诠释学视角的引入而触发出一些以前所未预见的新问题，大大拓展了研究牟先生思想的视野。例如文献是否具有原意（original meaning），客观理解的基础何在，以及诠释学到底是作为方法论抑或是作为探究人自身存在的研学等问题，都是现代西方诠释学争议的焦点所在。而这些问题自然也适用于考查牟先生的方法论观点。从一方面看，牟先生经常反复强调正解、客观了解之必须，他似乎是同意原意说，认为只要运用恰当的理解方法便能复见圣人之心。但是这样一来，牟先生的中国哲学研究是否已代表了对客观原意的正确把握呢？而面对与牟先生研究迥然不同的诠释时，我们是否可以简单地据牟说为准来批评其他说法为不谛当呢？尤有甚者，如果牟说真的表达了客观原意，则是否意味着中国哲学研究在牟先生的手中已经完成了（起码是大体完成了），今后的继来者的工件只需是对牟说作客观确当的理解或引申润饰的补充呢？不过问题显然并非如此简单。牟先生虽悬客观了解为做学问之最高鹄的，却同样强调理解不可滞于名言，需诉诸理性以求贯通。故当遇到文字扞格不通时，他又往往主张依义不依语。换言之，他在文献理解上似乎亦不采取纯粹客观主义式的原意说立场。对以上这些错综纠缠的疑问，本文想作一初步的澄清。

2. 知识：文献的重视

或许是牟先生那曲折幽深的哲学思辨性格的缘故，他在中国哲学典籍的诠释上给人的一般印象是重义理轻文献，一派陆象山六经注我的本色①。但是特别值得注意的是，在牟先生逝世以后

---

① 参看余英时：《钱穆与新儒家》，载氏著：《犹记风吹水上鳞——钱穆与现代中国学术》（台北：三民书局，1991），第64~65页。余文直接批评论及的虽是熊十力，唯行文间却隐然指向整个狭义的台港新儒家。对余文的回应可参看刘述先：《对于当代新儒家的超越内省》，《中国文哲研究通讯》，第5卷第3期，1995年9月，第29页。

门人弟子撰写的纪念文字中，却有不少是赞赏与推崇牟先生对文献资料用功之深勤①。这似乎很难完全解释为曲为师辩的情绪反应。事实上，据牟先生自叙为学的经过，他的确在典籍材料方面下过大苦功。他说：

> 所以我费了大工夫把程明道和程伊川的文献分开，并加以整理。这需要一个简别的工夫。这不是考据问题，不需要考据的证据。因为这并不是说，你这个版本分不开来，我发现另一个版本，却把它们分开了。这不是考据的问题，而是了解的问题、义理的问题。能了解义理，自然能断定哪些话一定是程伊川的，哪些话是程明道的。……程明道、程伊川兄弟俩的性格不同，这是大家都知道的。但是性格的不同对于义理的理解和体会究竟有什么影响，一般人却看不出来。所以我费了大力气，去抄那些文献。这需要从容的工夫，若急着写论文就不行。我把他们的文献抄了好几遍，抄得久了，就看出自然的次序来。整理的结果，程明道有八篇，程伊川也有八篇，都在《心体与性体》里面。这样决定了以后，就可以讲他们的学问了②。

这样的话难道能出自不重视文献的人之口吗？可见与其说牟先生是以义理转动文字，毋宁说他的义理是从文献的渐磨久磨至豁然贯通而得，绝非逞才使气、兴到乱说的任意曲解。现在一些喜欢讲尊重文献的学者恐怕也未必能作得到像牟先生那样将文献抄录几遍来弄明白个中的意思。

---

① 参看王财贵：《说法第一的哲学大师》；卢雪昆：《光辉的慧命、永恒的怀念》；李明辉：《牟宗三先生与我》；陈荣灼：《落寞与不落寞——敬悼牟师宗三先生》，收蔡仁厚、杨祖汉编：《牟宗三先生纪念集》（台北：东方人文学术研究基金会，1996）。

② 见牟宗三：《中国哲学十九讲》，第十八讲《宋明儒学概述》，第403～404页。

就以宋明儒学研究为例，牟先生费了大气力区分二程思想之不同，是他研究中的一项空前成就，也是他建立三系说的整体理解的一个突破口。众所周知，朱子编的二十五卷《二程遗书》，其中最富哲学思想成分的前十卷，除了少数有注明为明道先生语或伊川先生语外，其余皆无标明，故无法确定是谁人说的。过去便因此一直把二程思想等而视之混为一谈。唯有牟先生独具只眼，首先以《遗书》中明标为明道语或伊川语者为根据，配合二程性格的不同，仔细揣测鉴别出二程思想纲领之差别，再持之为标准把《遗书》中未注明的条目，分系于明道与伊川。而对伊川思想表达模糊暧昧的地方，牟先生则看出其定局在朱子。由是遂得以重作明道、伊川、晦翁三学案，并一反传统朱子集北宋四家大成之旧说，指出朱子所继承者只是伊川①。而沿着这番义理的分判与文献的衡定，牟先生继而仔细弄清伊川朱子所走的进路属一理气二元、心性情三分的格局，若衡诸理气相即、心性天通贯为一的儒学智慧，乃可谓其别子为宗矣。伊川朱子既走上与明道不同的路，牟先生乃从宋儒中检出鲜为人注意的胡五峰，抉发其以心著性的思想是南渡后首先消化北宋三家的学问者，又发现明末刘蕺山走的路子亦与五峰相同。这样再配合陆王孟子学的一路，遂成其三系说的整体理解。《心体与性体》第一册《综论》部分对此有一扼要精简的说明：

　　　　依以上的疏通，宋明儒之发展当分为三系：（一）五峰蕺山系：此承由濂溪、横渠而至明道之圆教模型（一本义）而开出。此系客观地讲性体，以《中庸》、《易传》为主，主观地讲心体，以论孟为主。特提出"以心著性"义以明心性所以为一之实以及一本圆教所以为圆之实。于工夫则重"逆觉体证"。（二）象山阳明系：此系不顺"由《中庸》、《易

---

　　① 详参牟宗三：《心体与性体》（台北：正中书局，1985台初版六刷），第2册第1章"引言"部分，第1~21页。

传》回归论孟"之路走，而是以论孟摄易庸而以论孟为主者。此系只是一心之朗现，一心之申展，一心之遍润；于工夫，亦是以"逆觉体证"为主者。（三）伊川朱子系：此系是以《中庸》、《易传》与《大学》合，而以《大学》为主。于中庸易传所讲之道德性体只收缩提练而为一本体论的存有，即"只存有而不活动"之理，于孔子之仁亦只视为理，于孟子之本心则转为实然的心气之心，因此，于工夫特重后天之涵养（"涵养须用敬"）以及格物致知之认知的横摄（"进学则在致知"），总之是"心静理明"，工夫的落实处全在格物致知，此大体是"顺取之路"。①

此中"圆教模型"、"一本义"、"逆觉体证"、"顺取之路"、"只存有而不活动"等概念在哲学上的精微界说，因已有不少文章介绍讨论过，故本文不打算赘论。这里只想特别指出一点，即这些概念都是牟先生日久浸淫于文献中千锤百炼始得的成果，每个的含义均是有根有据。我们绝不可轻薄视之，以为只是牟先生为宣扬他个人的哲学而造出的特制哲学语言。事实上，凡是曾仔细读过《心体与性体》及《从陆象山到刘蕺山》四大卷中那占了超过大半篇幅的原典条举与疏解，自当不疑于上述之说。

当然，牟先生是很自觉到他的重视文献与历史家、考据家的重视文献有着截然异趣的不同。大抵历史家、考据家重视文献是想从考证经典成立的时代或比较不同版本与历代注疏中追溯出历史发展的消息。但是牟先生毕竟是哲学家而不是史学家，其本务是要对文献进行康德所谓的理性之认知而非历史性之认知②。换一种说法，即他做的并非一些不涉及理论原则的资料汇集工作，

---

① 牟宗三：《心体与性体》，第1册，《综论》部分，第49页。
② 康德关于理性之认知与历史性之认知的区分，可参看 Immanuel Kant, *Critique of Pure Reason*, J. M. D. Meiklejohn trans. (New York: Prometheus Books, 1990), pp. 400~414; pp. 468~471; 另扼要的讨论可参看关子尹：《康德论哲学之本质》，收氏著：《从哲学的观点看》（台北：东大图书公司，1994），第1~21页。

而是需要运用理性思考去把典籍尽量诠释得合理；亦即谋求理解贯通于文字背后的血脉。此所以牟先生才会以肯定的口吻断言某些话语只是伊川由不自觉地习用成语或由依附经典假借言之而来的模棱、隐晦、歧义与滑转，在其思想中不能起决定性的作用①。从历史的层面看，伊川自可以是头脑不清、思想混乱，其心中所想的亦未必真如牟先生所剔剥开而皆予以明确之规定者。但这并不妨碍从哲学的层面看，我们必须假定伊川的思想是有其一贯的合理性；故合理的解释自比不合理的解释更合符伊川的想法。唯有明乎上述历史性之认知与理性之认知的区别，我们才能充分了解为什么牟先生会批评清儒训诂明则义理明的说法为不通，因为这是越俎代庖，不知义理之甘苦。②

从现代西方诠释学的观点看，语言文字作为一套表情达意的符号系统除了它本身的规范性与共性用法外，实还有依于使用者之具体使用境况而来的个性化运用。众所周知，言不尽意、词不达意是使用语言文字时常常会遇到的事情；此即符号系统蕴涵的有限性（这有限性简单地说可就语言文字自身具有的歧义含混来理解）。所以当使用者在某种具体境况中使用语言文字时，他往往会凭恃其个人独特的经验、情绪与思想等对语言文字作出个性化的运用，希冀能尽量传情表意。而这种个性化的使用实际上即是对语言文字的规范性使用的一种威胁。不过诠释学的睿见正在于指出语言文字的两种使用间的紧张性恰好正是语言底富创造性的根据。加达默曾清楚地表达了这一想法。他说："词汇及其应用规则的积累只是为了那些实际构成一种语言的结构的东西规定了一个轮廓，实际上，语言的表达形式不断地进入新的应用领域……因为很显然，对于语言的生命很基本的情况是，我们从来不可能离开语言的惯例太远：一个说着无人理解的私人语言的人

---

① 详参牟宗三：《心体与性体》，第2册第2章《程伊川的分解表示》，第251~410页。

② 参看牟宗三主讲，杨祖汉纪录：《研究中国哲学之文献途径》，《鹅湖月刊》，第121期，1985年7月，第1~7页。

根本不能算说话。但从另一方面讲，一个只按惯例选择词、句法和风格的人就失去他讲话的力量和感召力，这种感召力只有随着语言词汇及其交流方法的个体化才会出现。"① 而承认语言文字本身具有上述的两种使用其实正是现代诠释学击破传统诠释理论中的客观原意说最有力的利器。试想想语言文字的两种使用在作者、作者使用的文字、作品、解释者、解释者使用的文字与解读作品之间所形成的多重微妙复杂的辩证关系，便可知所谓的客观原意的掌握实不啻是一幻想。回到牟先生方法论的讨论，牟先生既十分强调文献的重要，他显然是较偏重于语言文字的规范性使用。但我们不能据此便轻率断定他的方法论是要掌握文献背后的客观原意。正如上文所说及下面的分析将指出的，牟先生是以理性之认知凌驾于文献文字之上。事实上，牟先生虽没有像现代西方诠释学般反省到语言的个性化使用，但他对语言作为一表意的符号系统的有限性是有十分深刻的省察。这从他讨论魏晋玄学的言意之辨时提出外延真理与内容真理、言意境与超言意境等区分即可知②。而由言不尽意、得意忘言的语言哲学观出发，乃未始不可以通往现代诠释学强调的多元开放的诠释观点。但这是后话，我们不能在这里讨论。

3. 思辨：理性之认知

牟先生特别重视对文献作思辨的理解，除了因为这是哲学的本务外，其实还有客观的历史因素在。众所周知，中国哲学的特质乃是对生命的体会与觉解，故其传统的表达方式遂往往偏重于对机说法式的指点与启发。从哲学的观点看，则中国哲学的文献

---

① 见 Hans-Georg Gadamer, P. Christopher Smith trans., "Semantics and Hermeneutics (1972)", in Hans Georg Gadamer, *Philosophical Hermeneutics*, David E. Linge ed. & trans. (Berkeley: University of California Press, 1976), pp. 85~86; 中文译文引自加达默尔著，夏镇平、宋建平译：《哲学解释学》（上海：上海译文出版社，1994），第86页。

② 详参牟宗三：《才性与玄理》（台北：学生书局，1983 修订六版），第243~285页。

文字未免过于简略，给人不是很有逻辑很有系统的感觉，了解起来亦十分困难。但正是这了解上的困难才凸显出思辨的理解之必须。以宋明儒为例，他们所用的话语来来去去不离心、性、理、气、天道等几个概念，所引用的经典不离《四书》、《易传》。你究竟怎么知道伊川说的寂感与明道说的寂感有否不同呢？伊川说："寂然不动，感而遂通，此已言人分上事。若论道，则万理皆具，更不说感与未感。"（《二程遗书》卷十五，《伊川先生语一》）明道说："寂然不动感而遂通者，天理俱备，元无欠少，不为尧存，不为桀亡。父子君臣常理不易，何曾动来？因不动，故言寂然。虽不动，感便通。感非自外也。"（《宋元学案·明道学案》）这两段文字的意思是否相同？其分别何在？要回答则需有思辨的理解以通之。事实上，若无思辨的理解以通之，宋明六百多年的儒学单从表面的文字看，很可能教人感到所异不胜其同，人人说的骤眼看来皆大致相近。这也是为什么自五四运动中国文化崩解以降，持西方哲学重逻辑、知识论作标准而说中国根本没有哲学曾是流行一时的看法。而牟先生大声疾呼理性思辨的重要性，目的正是要替中国哲学拨开迷雾建立有规范有法度的客观学术传统。借用他自己的话说，即"处于今日，义理之繁，时世之艰，为旷古以来所未有，若无学知与明辨，焉能开爱智慧爱学问之真学（即真教）而为时代作砥柱以消解魔难乎？"[1]

因此，牟先生是很清楚知道自己讲哲学是取疏解经典的方式讲，非如西方哲学家"依概念之分解纯逻辑地凭空架起一义理系统"的方式讲[2]。此则中国哲学的特殊传统所有以至之者。然以现代诠释学的观点言，解释即创新，故疏解经典的方式与概念分解逻辑建构的方式最终实可殊途同归，两者虽取径不同而仍可趋一自然之谐和。至于如何对文字作思辨理解，牟先生在《研究中国哲学之文献途径》一演讲中说：

---

① 见牟宗三：《圆善论》，《序言》，页 xvi。
② 同前注，页 x、页 xiv。

　　所以我们讲文献的途径，第一步要通句意、通段落，然后形成一个恰当的概念，由恰当的概念再进一步，看看这一概念是属于哪一方面的问题。这样一步一步的往前进，便可以恰当的了解，而不会乱。所以会乱，都是因为对文句没有恰当的了解，而所形成的概念都是混乱不合理的概念，于是也就不能了解原文句意是属于哪方面的问题。所以有人在讲《易传》的坤文言时，把"直方大，不习无不利"话中的"直方大"，解为几何学上的直线、方形及无限的空间。坤文言这句话虽然太简单，不好了解，但它的意思，历来都没有其他的讲法。以前人都知道直方大是德性方面的概念，是表示德（Virtue）的，而你却要把它科学化，这样便坏了，这便是这时代的大障碍。这种讲法，是完全不负责任的，只是乱扯。这叫做没有学术的真诚，没有学术的真诚，学问便会丧失了轨道，学问一旦丧失了轨道，则任何人都可以随意乱讲。他们每借口学术思想自由而乱说。其实学术思想自由，是要根据于学术尊严而来，学术的尊严，根据于学术本身有它的轨道、法度，不能运用权威，不能说我一做了官，便无所不能，便是有学问。谈学问，要请教学问家①。

这一大段文字尾后所讲的学术真诚、学术尊严与学问轨道即前述牟先生欲为中国哲学建立客观学统的呼声，姑不赘论。最值得注意的是开首谈如何从句意、段落、概念到问题一步步往前进的文献理解方法。若仅依文句的意思看，牟先生好像是在提倡一种单向的直线式的由部分逐渐推及整体的理解方式。然衡诸于他的其他文字却又不尽然如此。他在《现象与物自身》的序中说：

　　既有如此多之文献，我们虽不必能尽读之，然亦必须通

---

　　①　见牟宗三主讲、杨祖汉记录：《研究中国哲学之文献途径》，第6页。

过基本文献之了解而了解其义理之骨干与智慧之方向。在了解文献时，一忌浮泛，二忌断章取义，三忌孤词比附。须克就文句往复体会，可通者通之，不可通者存疑。如是，其大端义理自现。一旦义理浮现出来，须了解此义理是何层面之义理，是何范围之义理，即是说须了解义理之"分齐"。分者分际，义各有当。齐者会通，理归至极。此而明确，则归于自己之理性自在得之，俨若出自于自己之口。其初也，依语以明义。其终也，"依义不依语"。"不依语"者为防滞于名言而不通也。凡滞于名言者其所得者皆是康德所谓"历史的知识"，非"理性的知识"。初学者以及从未超出其学派的人皆是如此。然必须工夫到，始可语于"依义不依语"。浅尝辄止，随意妄说者，则不得以此语自解也①。

"依义不依语"的观念，即上文"理性之认知"（区别于"历史性之认知"）的意思。但这绝非等于先入为主地立一理性的观念来强暴文献，因为理性的观念乃是通过"依语以明义"的文献了解而获得的。此所以牟先生才会再三致意初学者不可随意妄说依义不依语，而应努力踏实去做依语以明义的工夫。这也就是说，"须克就文句往复体会，可通者通之，不可通者存疑"，以求"其大端义理自现"。当然，一旦义现浮出来，则以前的"可通者"将更得一修正补充之确定，而存疑"不可通者"也将得一通晓明白。这里自亦隐含一由可通者之明确贯通会反过来左右大端义理之体会掌握的可能性。最后遇到文献文字模糊不通时，则依理性之认知乃可对之作一番剔剥简别的厘清。此即入于依义不依语的

① 见牟宗三：《现象与物自身》（台北：学生书局，1975初版），《序》，第9页。

阶段①。由是观之,牟先生所谓"其初也,依语以明义。其终也,依义不依语"的理解法并非从部分理解通向整体理解的单向过程,而是一部分与整体在不断相互交相互影响的历程,借用诠释学的术语说,就是一"诠释学的循环"(hermeneutic circle)。

现代诠释学透视理解的其中一个洞见,便是理解总是整全的理解。理解不是局部知识的累积,可以增减一些而不影响到整体的理解。事实上,在理解活动中,理解者理解对象总是作一种整全关系的认识。因为理解时,任何部分关系的变动,也必然牵一发动全身的相应地改变了整体的理解。因此,现代诠释学遂一反传统主张以部分理解推导出整体理解的解释理论。而对过去视理解既是由整体决定部分,但离开部分又无法掌握整体为一种逻辑上的恶性循环,现代诠释学则直接指出这种诠释循环恰正是理解的历史性格。而从方法论的立场看,诠释学的循环也由方法论的难题一跃而为理解的不可或缺的方法②。回到牟先生的讨论,以上的分析旨在指出他主张从通句意、段落到概念、问题一步一步往前进的文献理解方法,其中实含有更曲折深刻的"步步学思,步步纠正,步步对比,步步渗透"③的诠释循环的含义。举他的宋明儒学研究为例,他之所以能弄清楚明道、伊川、朱子的思想,实非仅依文献中句意与段落的了解就能简别明道、伊川继而判定朱子。相反,他是由看出朱子乃伊川之确定表示,以朱子来衡定伊川。而伊川朱子一路的想法则更是通过对比明道、象山与阳明等整体理解来得明确豁显的把握。下面的一则文字便是明证。

---

① 若借用近人傅伟勋先生提出的创造的诠释学的实谓、意谓、蕴谓、当谓与创谓的区分来说,牟先生的依语以明义即实谓、意谓、蕴谓的诠释,而依义不依语即当谓与创谓的诠释。参看傅伟勋:《创造的诠释学及其应用》,收氏著:《从创造的诠释学到大乘佛教》(台北:东大图书公司,1990),第1~46页。

② 参看殷鼎:《理解的命运》,第144~147页。

③ 语见牟宗三:《现象与物自身》,《序》,第4页。

> 朱子确是伊川之功臣，其心态相应，其思路相同。伊川所开之端绪俱为其所完成而皆有确定之表示，复亦贯彻而一贯，独成其横摄系统而与明道等所代表之纵贯系统为对立，而朱子不自知也。彼以为先秦儒家本有之义以及濂溪、横渠、明道所体悟之道体固如此耳①。

事实上，牟先生自述他费了多年心力研究宋明儒学，再花了八年时间写出《心体与性体》，其对文献的了解与义理的掌握中间是经历了一层一层往上翻，一段一段往前进的过程。例如他对王阳明及王门后学王龙溪、泰州派的理解，早年与晚年就有很明显的出入②。此即可视为诠释学的循环不断发生作用的结果。

牟先生既高扬思辨理性之认知在中国哲学研究上的重要性，而理性之认知正是西方哲学之胜场，则他山之石可以攻错乃自然不过的事情。牟先生借康德他律道德概念来讲朱子的格物穷理，又以王龙溪的四无句来试图解决康德德福一致的圆善问题等都是有名的。虽则此中亦引发出不少误解与论争③。关于这些论争的孰是孰非并不是三言两语可以概括得尽的，亦不是本文关心的问题。我在这里只想指出援引西方哲学的概念来抉发中国哲学的智慧从方法论的角度看是绝对需要且可行的。虽然向西方取经是很容易犯上削足适履的毛病，但因噎废食则无疑等于宣告"比较哲学"是个虚假的名词。我们实在看不出有什么理由。对于中西哲学的会通与消融，牟先生曾作过以下的反省：

---

① 见牟宗三：《心体与性体》，第2册，第255页。
② 牟先生早年对王阳明及王门后学的理解，可参看牟宗三主讲、蔡仁厚辑录：《人主讲习录》（台北：学生书局，1996），第70～85页。而其晚年的定见可参看氏著：《从陆象山到刘蕺山》（台北：学生书局，1984再版），第215～311页。
③ 关于其中的误解与论争，参看李明辉：《儒家与自律道德》、《孟子与康德的自律伦理学》、《再论孟子的自律伦理学》等文，收氏著：《儒家与康德》（台北：联经出版社，1990）。

康德哲学之难不在其系统内部各种个别的主张之不易被人信服，而在其通识与洞见之难于被把握。这一方面由于这通识与洞见是虚的，一方面亦由于康德本人对之不甚通透，或至少亦缺乏一能使之通透的传统。如果我们真能真切地把握住他心中所闪烁的通识与洞见，则他的系统内部各种主张亦甚为显然，小出入虽或不可免，然大端是不可争辩地妥当的。但说到真切地把握住他心中所闪烁的通识与洞见，这真是谈何容易！因为他心中所闪烁的通识与洞见不只是他个人主观的一时的灵感，而乃是代表着一个客观的最高的而且是最根源的问题。如果那只是他个人主观的一时的灵感，有谁能猜测它呢？如果它是一个客观的问题，纵使是最高的而又是最根源的，亦须有义理以通之；纵使是发自于他个人的见地，我们亦须把它当作一客观问题，依学问的途径以深切著明之①。

又说：

洞见之发是他个人的灵光之闪烁：但一旦发出，此洞见是一个客观问题，亦可以说是圣哲生命之所共契②。

可见有一些哲学问题是带有不受时间地域限制的客观普遍性。例如不论你生在古代抑或现代，生在东方抑或西方，你都可以追问人是什么、生命与死亡是什么的问题。而古今中外的圣哲对这些问题的答复尽管出自各人自己主观的慧解与洞见，然因是对应客观普遍的问题所作的，遂亦因此而得一可资比较讨论的客观基础，自身也成为一个客观普遍的问题。例如德福一致虽是在西方哲学传统下提出的问题，但它却明显不是个西方独有的问题。中

---

① 牟宗三：《现象与物自身》，《序》，第1~2页。
② 同前注，第6页。

国的儒家过去或未有想及，然以其重视生命道德的学问性格，则面对此问题时未始不可以顺其一贯之思路来给出一可能的回答。而德福一致这概念也因而获得了不受限于任何哲学系统内的开放性，成为中外圣哲所可共契的其中一个立足点。正是本于这样的想法，牟先生深信中西哲学传统的相会合、相激荡以至相消融、相畅通乃是理应有此的事。不过必须指出，他同时也对借用西方哲学概念可能引致的妄生比附的危险有相当的警觉性。此所以他才会经常主张必先对中国哲学本身的义理作恰当的了解，不能一下子就用西方的一套来讲中国哲学，否则便是硬套、比附、猜测。这观乎《才性与玄理》、《心体与性体》、《佛性与般若》等巨著中那尽量让中国文献典籍讲话的写作方式即是明证。

上面，我们仔细析论了牟先生方法论观点中关于文献与思辨两条件的含义。现在可合而观之，进一步论他所谓客观的了解与恰当的了解的实义为何？首先，牟先生十分强调了解必须依于文献，不可不负责任地随便征引一点来表现自己的聪明，发挥自己主观的一套。可见文献文字本身即提供了一客观的限制。凡越出此限制者就非客观的恰当的了解。前面曾引牟先生批评以几何学的直线、方形及无限空间解《坤文言》的"直方大，不习无不利"便是个很好的例子。因为《坤文言》的文字本身构成了一种它是关于德性方面的讨论的限制。但是值得注意的是，牟先生似乎并不采取传统诠释理论中的客观原意说来表示这种文献文字提供的客观限制。因为如果持守文献文字本身具有一确定原意的立场，则不能讲依义不依语。依义不依语之所以可能正在于肯定解释者的理性认知在文字以外能为解读文献的意义发挥积极的贡献。不过牟先生既重视文献的限制，则他似乎也不会像诠释理论中的相对主义般过分夸大解释者的作用，认为意义并非隐含于文字背后的原意而是在解释者征服文字的过程中产生出来的。总之，牟先生对文献文字本身能提供理解底客观限制的看法其实和当代法国诠释学大师利科的观点大有相通之处。利科认为理解是解释者与作品交流对话的过程，当二者建立起真正的对话时，意义于焉发生。所以一方面是解释者凭着其个人的理解侵入作品，另一方面作品则以其文字、内容与风格等为庇荫努力抵抗防止解释者的任意解释破坏其自身的完整性①。在文献文字以外，牟先生还强调了解必须依于理性之认知。盖理性之认知能把文字提升到概念、问题的层次，遂可替了解文字的义理筑起一可资讨论的客观架构。不可否认的是，牟先生对宋明儒学研究最大的贡献便在于提供了一个这样的概念架构。他提出的道德形上学、纵贯创生、横摄静涵、逆觉体证、顺取工夫、以心著性等概念，不管你是否完全接受同意，都可以藉此了解宋明儒，了解牟先生了解的宋明儒，甚至由之作进一步的润饰增补或修改反诘。从这个意思来看，说牟先生是把中国哲学由主观体验转变成为客观学问的关键性人物，当得起"古今无两"的考语，的确没有任何夸张②。而通过以上的析论，我们才能真正懂得牟先生所谓客观的恰当的了解乃是建基于文献文字本身提供的限制以及理性概念的明晰界说与推演之上。最后必须紧接着下一按语：即这样的客观恰当的意思在原则上并未涵蕴客观恰当的了解只有一个；它可以只是界划出合理的了解的范围，而这范围显然是可以向了解的多元性开放的。关于这一问题，下文还续有讨论，此处暂不多说。

4. 感触：生命的契入

以上我们说明了牟先生关于文献与思辨的看法，下面我们要转到讨论他所谓的感触。但是讨论感触这个理解的条件，下笔最费踌躇，因为牟先生在他的著作中谈及此时，往往只是偶尔地流露几句话。例如在《心体与性体》的序中说：

---

① 参看 Paul Ricoeur, *Intrepretation Theory：Discourse and the Surplus of Meaning* (Fort Worth：Texas Christian University Press, 1976)，p. 94；另参看殷鼎：《理解的命运》，第91~95页。

② 参看刘述先：《牟宗三先生临终遗言——"古今无两"释》，《联合报》，1996年10月15日，另收入氏著：《当代中国哲学论》（美国：八方文化企业公司，1996），第209~213页。

理性之了解亦非只客观了解而已，要能融纳于生命中方为真实，且亦须有相应之生命为其基点。否则未有能通解古人之语意而得其原委者也①。

《现象与物自身》的序言部分亦有一段意思相近的话：

　　因为凡是一大教皆是一客观的理性之系统，皆是圣哲智慧之结晶。我们通过其文献而了解之，即是通过其名言而期望把我们的生命亦提升至理性之境。如果自己的生命根本未转动，于那客观的义理根本未触及，焉可动辄说"依义不依语"耶？②

　　我们似乎很难满足于仅根据那字面的意思来作宽泛的了解。故下文将尝试就平时阅读理解牟先生的著作所及，从通盘的角度分三方面来展示感触的实义。首先，以上引文字言，强调感触为理解的一个重要条件即是要求解释者在对相关的文献作理性的认知了解之余，还需对闪烁于文字背后的智慧有一存在生命上的相应、感通与契合。唯其默契心通，才能深入掌握住文字义理所承载的洞见。这层意思其实并不难明白。正如前面的讨论曾指出古今中外圣哲的智慧洞见大抵皆是对应一些客观普遍问题而发的。如儒家即可以说是对人作为一道德存在的事实有极其深刻的反省。人为什么会作道德行为是现代人也同样会面对的面题。但假若你的实存生命对道德意识根本没有丝毫体会，那自然使你对这问题不感兴趣，更遑论去读儒家的典籍以求解答。且纵使让你通过文献与理性来勉强了解儒家，我们也有充分的理由怀疑你未必真的能懂。显而易见，生命的感触作为理解的条件是主观的。这跟文献与思辨两条件相比较就更加清楚。文献的掌握与理性之认

---

① 见牟宗三：《心体与性体》，第1册，《序》，第1~2页。
② 见牟宗三：《现象与物自身》，《序》，第9页。

知是理解的条件，同时也是理解的方法。但感触不容易说是方法，因其无方法之客观轨道相。若从诠释学的观点看，或可谓当读者解读作品时，作品本身即具有一种可扩大改变读者的精神世界的力量。用中国哲学的话说，即依儒家之言立心起行以求变化气质。然尽管如此，我们好像仍很难说有一客观的依循，沿之便能获得文献义理相呼应的生命感触。同理，文献与思辨亦是判别理解是否合理恰当的标准，但感触则不容易说是标准，因其不可脱离另外两条件而自成一独立标准之故。例如我批评某人感触不深故理解不谛，我怎么知道他感触不深，则最终仍是要观乎其文献与思辨工夫始得断定。所以，生命的感触尽管在言说上可以描述分析得十分精细（如宋明儒所喜欢说的），但在作为理解意义的方法与标准上却显得完全无能为力。故牟先生有时说感触是个标准，此或可视作其一时不察之语。如果不以辞害意，他想强调的其实是生命的契入是理解的一个很重要的主观条件。

第二，感触既是理解的主观条件，则反过来也可以说感触是能左右理解的一种限制。试举宋儒朱子为例。朱子为什么不能接上其师李延平（明道的再传弟子）的路子而要历经曲折地苦参中和，最后为何能归向伊川而终不能了解明道呢？要充分回答这问题，我们恐怕无法仅从文献与思辨两方面来求解。虽然牟先生花了不少工夫来指出朱子在文献与思辨上如何曲解明道，但他最后下的判语却饶有意思。他认为能理解，"只因生命较相应，故能见得明透，而且能妙契于千载之上"；不能理解则因生命不相应，遂显得处处横生别扭①。由此可见，生命的感触对理解的左右与限制之大。其实此义若衡诸于哲学史上不同哲学家先后提出过的各种各样主义思潮亦可得一说明。凡读过哲学的人只要稍作反省，当不难获得以下的感想：即你选择倾心于哪一家哪一派的哲学，最初考虑的或许是该哲学主张的理论效力和理论困难等。因为接受一理论效力弱理论困难多的主张是不合符人底理性要求

---

① 见牟宗三：《心体与性体》，第 2 册，第 255～258 页。

的。然而毕竟没有一套完全没有理论困难的哲学；否则它就可据称为真理了。所以最终你便会发现你之所以甘愿为某一哲学的理论效力张目，为其理论困难辩护，只是因为该哲学思想跟你的实存生命有相应有感通。甚至反过来说，你的生命感触实际上在你选择接受哪一家哪一派前已悄悄地在发生引导作用了。生命感触与理解的紧密关系于焉可见。若用现代诠释学的话说，理解即是人底生命感触的一种形式。至于生命感触的形成则端系于各人的性格、才情、成长、经历、教养、理解以至文化传统的传承等。易言之，在造化面前，每一个个体生命及其感触都是独一无二的。而当解释者带着他独一无二的生命感触进入理解时，理解也在它（客观恰当）的范围内为其解释者打开了多元的大门。

第三，这里引出感触的第三点含义。牟先生提出感触作为理解的主观条件，从上述的阐析看来，恐怕不应简单地视之为一同情理解原则。此中实隐含一可通往与现代诠释学相比观的深义。凡是稍涉猎过当代诠释学的人都知道，加达默对理解的睿见在于揭橥理解并非主体由独立客观的状态出发去谋求把握客体，而是从先于自觉区分主客的意识的前理解（preunderstanding）开始。简单来说，加氏所谓的前理解即历史文化通过语言所赋予给人的一些观念、假定和前提。这些观念、假定和前提是人作理解前的视域（horizon）或成见（prejudice），也是人向未知的理解（世界）开拓的动力与基础。由是加氏乃为前理解与成见翻案，一反过去强调必须剔除成见始能达至客观理解的传统想法，指出追求超越任何视域的纯粹客观的理解只是一种非历史的幻想①。当然，我们在这里并无意要在加氏一直为之辩护的由人的存在状态而来的成见与牟先生说的感触之间妄加任何比附硬套。事实上两人的哲学取径有大不相同处。但我们相信这绝不妨碍我们可以从加氏

---

① 详参 Hans-Georg Gadamer, *Truth and Method*, Joel Weinsheimer and Donald G. Marshall trans.（New York：Continuum, 1994, 2nd Revised Edition），pp. 265～379；另摘要的介绍可参看 Richard E. Palmer, *Hermeneutics* 中有关的部分；另参看殷鼎：《理解的命运》中有关的讨论。

的智慧中借取一些洞见来丰富牟先生的某些想法；否则加氏所谓的视域的交融（merging of horizons）便只是一句空话。

此处可能立即产生一个疑问：即加达默既抉发成见在理解中的合法地位，他不接受人可以越过自身的历史局限去了解历史乃顺理成章的事。但牟先生经常说复见圣人之心、妙契于千载之上一类的话，明显是采取与加氏截然相反的历史主义的立场。这样一来，成见与感触之间岂非缺乏可资相通的基础。在一个意义下，牟先生的确是带有浓厚的历史主义倾向。盖他归宗儒家，自然深信孔孟指点出的道德心性乃一斯人千古不磨之心。现代的人只需凭其真实的生命顶上去便能体会印证。不过不要忘记的是，儒家也有强调圣之时者也的一面。客观普遍的道德心性绝非一孤悬的抽象概念，它是分析的必然要在具体的历史存在中彰显表现。而历史存在的历史性与个体性遂因此必然使得客观普遍的道德心性在各个不同的历史存在个体中表现为不同的面貌与姿彩。此所以孟子不同于孔子，阳明有别于象山。事实上牟先生亦十分肯定这点，故尝谓生命中的道德意识必依托在历史意识、文化意识与时代意识上才不孤。① 而他对于自己与传统儒者的生命表现之不同也有非常深刻的体会。他说：

> 概念思辨本非中国先贤之所长，即朱子虽甚注意分解表说，而于概念思辨之工巧则甚不足。此是西哲之所长，比照而观之，利弊甚显。当然，内圣之学固不必专限于此。孔子不作此，不碍其为大圣。耶稣不作此，亦不碍其于宗教真理之明透。象山亦说"若某则不识一字，亦须还我堂堂地做个人"。然既说之，则必须清楚地说之。既有如许名言，如许义理分际，即须如理地表白之。表白不清，分际混乱，义理有睽，此固是智心之不满足，亦即非仁心之所能安。此固非人人皆能作，亦不须人人皆去作，然有作之者，亦是弘扬此

---

① 参看牟宗三主讲、蔡仁厚辑录：《人文讲习录》，第40～60页。

> 学之一道，有欲作之者，即必须有此思辨之训练。吾今未能免俗，费此大力撰此《心体与性体》，即在分解表白宋明儒弘扬先秦儒家所表现出之许多义理分际，疏通而会归之，顺适而条畅之，以期归于谛当，而求智心之足与仁心之安。为己亦正所以为人，为人亦即所以为己。吾之理会实处，不敢谓超过先贤，而概念思辨之疏通致远，则自以为有进于古人者。此亦吾人所处之时代不同，非敢贪天之功以为己力也①。

可见不可过分简单化地把牟先生划归历史主义。回到理解的讨论上，若把牟先生的儒学思想跟其方法论合而观之，则更可得一清楚的眉目。如果将生命视为一最大的文本（text），则生命的内含意义与价值便犹如文本的文字、内容与风格，能为解释者划出一合理恰当的了解范围。而生命必具现于不同的历史个体，则犹如文本必面向不同的解释者作多元的开放。其实，牟先生的确是把生命视作一待解的文本，他疏理中国哲学的文献除了为学问而疏理外，同时即是为生命而疏理，即是为期望通过了解名言而把生命亦提升至理性之境。所以他才说"疏通而会归之，顺适而条畅之，以期归于谛当，而求智心之足与仁心之安。为己亦正所以为人，为人亦即所以为己"。明乎此，我们才能真正懂他"生命的学问"的微义。并且当牟先生讲生命的学问时，他亦如现代诠释学般将理解由方法论的层面移入存有论的层面。

5. 结语

最后，让我们对以上的分析所可能引来的批评作一扼要的答复来结束本节的讨论。人或可说本节这样讲牟先生对文献有否原意的看法，未必是牟先生之所想。因为在他著作文字亦有些地方提及"原意"，且行文之间隐然透出客观主义的味道。例如他说：

> 我们通常在开始研究一个问题时，概念都是浮动，到后

---

① 见牟宗三：《心体与性体》，第2册，第194～195页。

来才逐渐定位。但其实浮动的并不是概念，而是我们自己。概念本身自有其恰当的地位。因此，主观的了解很难与客观的原意相合。这种工夫非作不可，这样才算学术，才能显出一个客观的地位①。

又说：

> 现在有人讲儒家，或是通过圣多玛那一套来讲，或是通过柏拉图哲学、亚理斯多德哲学来讲，这些通通是不行的。你赞成不赞成儒家是另一回事，你可以不赞成，但是儒家本身的义理它的原意是如何，这你得先作恰当的了解才行。②

要回答此批评，首先得重申本文开首时说过的一句话：牟先生一生并未有受过诠释学的洗礼乃不容否认的事。本文的工作正是试图借取诠释学的视角来重建抉发他的方法论观点。因此你自可能随便在牟先生的演讲或著作中引一些不加简别的话以为证，且你不加简别亦很可能可以讲成另一套。问题是你那一套能否与牟先生的整体思想得一配合，得其立言之一贯。若不能得其立言之一贯，则只是望文生义，孤词比附。徒望文生义，你怎么知道上引文字中的原意即是指西方解释理论中的客观原意说呢？

又人或可说牟先生常作判教的工作；以自己的观点批评他人的说法为不谛当，仿佛最恰当最合理的解释已握其手。所以本文谓牟先生的方法论中含有理解的多元性开放性一义，未必是牟先生之所愿。此则是混淆不清方法论与判教乃不同层面的问题。以为判教是践踏别人抬高自己乃庸人的无知。其实当你对某个文献已达到一个程度的了解，即表示你对这文献的义理分际有所断定，而有所断定即已涵你不取某些其他可能的说法，这已是种判

① 牟宗三：《中国哲学十九讲》，第407页。
② 同前注，第84页。

教的工作。当你遇到不同的解释观点时，辩驳竞胜击浊扬清以期了解的程度能百尺竿头更进一步亦是理所当然的事，这亦是种判教的工作。牟先生尝论判教说：

> 又有不能已于言者，即何以必须有判教？一为厘清种种教说之分际故，二为彻底明了最后宗趣（佛）为如何故？若顺分解说的第一序之任一教义追逐下去，穷劫不能尽，任何一点皆可使人成一专家。为防迷失故，须随时点醒。判教之功即在点醒学者，不令迷失也。判教是消化之事。随时学习，随时消化，相互为用也①。

可见判教不仅不妨碍在方法论上采取一多元开放的诠释立场。相反，判教之为求"不令迷失"，"随时学习，随时消化，相互为用"恰正是理解必属多元开放的明证。说到牟先生常批评别人，此学问成家具大自信者常有之表现，固不足深论。若谓牟先生已掌握了中国哲学的真理，正是尊之适足以害之，此恐未必是牟先生之所想。而对理解中国哲学文献持一多元开放的方法论观点，使中国哲学的研究能继续向未知的理解领域开拓，焉知非牟先生之所愿乎！

（四）论牟宗三先生的经典诠释观：以先秦道家为例

1. 引言

数年前我曾写《知识、思辨与感触——试从中国哲学研究论牟宗三先生的方法论观点》一文（下简称《知》文），尝试借用现代西方诠释学的视角来抉发牟宗三先生研究中国哲学的方法，并厘清他所谓要恰当理解中国哲学必须兼备的知识、思辨与感触

---

① 见牟宗三：《佛性与般若》（台北：学生书局，1977），下册，第 671 页。

三个条件之含义①。及后浸润于牟先生的书日久，领会似略多，时正值有关中国经典诠释的讨讲热烈，乃不揣谫陋，赓续旧作，写成此文，想顺着《知》文进一步申说那三个条件同时即是牟先生对经典诠释的看法。因为在一个意义下，哲学思考的发展根本就离不开对经典的诠释，这于中国哲学而言尤其如此。众所周知，过去中国的学术思想不管是传承或创新大都是凭借对经典的注释疏解来进行。影响所及，现代中国哲学的研究也未有完全脱离这条老路②。牟先生的《才性与玄理》、《心体与性体》及《佛性与般若》等巨著则是明证。对于这点，牟先生有相当的自觉：

> 凡此（按：指圆善问题之解决）皆经由长途跋涉，斩荆截棘，而必然地达到者。中经才性与玄理，佛性与般若（两册），心体与性体（三册），从陆象山到刘蕺山等书之写作，以及与康德之对比，始达到此必然的消融。吾愧不能如康德，四无依傍，独立运思，直就理性之建构性以抒发其批判的哲学；吾只能诵数古人已有之慧解，思索以通之，然而亦不期然而竟达至消融康德之境使之百尺竿头再进一步。于以见概念之分解，逻辑之建构，与历史地"诵数以贯之，思索以通之"（荀子语），两者间之绝异者可趋一自然之谐和③。

---

① 参看拙著：《知识、思辨与感触——试从中国哲学研究论牟宗三先生的方法论观点》，《鹅湖学志》第 18 期，1997，第 23 ~ 52 页。

② 过去中国学术思想无论是继承或创新之所以都离不开对经典的诠释，有学者认为与"述而不作"的传统观念有关。参看龚韵蘅整理：《〈中国经典诠释学的特质〉学术座谈会记录》，其中李明辉的发言部分，《中国文哲研究通讯》第 10 卷第 2 期，2000 年 6 月。但我们似乎仍可以追问为什么强调不作呢？要回答则可能需要进一步分析传统观念中"作"（学问的讲明、演绎与发挥）与"学"（为己之学）的关系。简略而言，"作"在传统观念中并不具有独立的地位而仅被目为古圣贤之"教"及为"学"之工夫，故过于强调"作"就有陷于学不见道枉费精神之虞。这也许是不作的观念产生的原因之一。

③ 牟宗三：《圆善论》（台北：学生书局，1985），《序言》，页 xiv。

可见牟先生十分清楚自己取疏解经典的方式讲与西哲依概念之分解、逻辑之建构凭空架起一义理系统的方式讲哲学有大不同处，但却相信两者殊途同归，可趋一自然之谐和。必须知道，这一相信绝非他个人的一厢情愿，而实有其客观的理据在焉。此即两种进路之差异并非彻底的；两者间之绝异者亦非真绝异者。盖就算西哲喜恃思辨构筑义理系统，然亦不可能真的是四无依傍；其系统所对应之问题往往皆是原来已有的，而其所提出的解答也实是立足于对前辈学人之心血成果的消化吸收上。易言之，建构系统的底子仍是对已有经典的理解诠释，尽管最终其不显一经典诠释相。所以牟先生说：

> 黑格尔曾说哲学就是哲学史，一部西方哲学史就是一个问题接着一个问题，互相批评而成的，因此不懂哲学史就不能懂哲学，这种讲法或许有些言过其实，但大体是不错的。表面上看来，西方哲学家似乎喜于建造新系统，好像并不是敘述古人；其实那些问题都是原有的，只是再提出新的解答或解释，这就是发展，因此那些系统也不是凭空建造的。……康德以逻辑的方式、问题的方式讲，而不是以考据、文献的方式讲，因此看起来好像完全是新的一套哲学；事实上由问题来看，他也是对以前的问题提出新的解释、新的解答。这就是发展。中国哲学亦复如此①。

此即示哲学思考之发展不能外乎经典诠释之义，而这也是为何我们认为牟先生主张研究中国哲学的方法与条件其实即是他的经典诠释观的理由所在。

2. 牟宗三先生的经典诠释观

（1）感触：经典诠释的主观条件

若把牟先生讲的知识、思辨与感触放在经典诠释的脉络中

---

① 牟宗三：《中国哲学十九讲》（台北：学生书局，1983），第225~226页。

看，则知识是指对经典文字的掌握；思辨是指运用理性思考对经典作义理的判别；而感触就是强调诠释者对被诠释之经典应该有一分存在的感应。显而易见，前两者都是有关诠释的方法，但后者与其说是一种方法，毋宁说是一诠释的主观条件更恰当，虽则严格来说它也可以具有方法的指引性含义。由于牟先生在他的著作中并未详细的论及感触，只随文偶尔地谈几句，如谓"现代人对从前的学问没有存在的呼应，再加上一些污七八糟的新观念，就更不易了解。了解与否的关键就在于是否有存在的呼应、有真实感"①。因此在《知》文中我们是顺着对牟先生著作的全面了解分三方面来阐析感触作为恰当理解中国哲学的条件的实义。现在扣紧经典诠释的课题，我们乃可以在《知》文分析的基础上进而从下列几点来说明感触与经典诠释的关系。首先，牟先生之所以强调诠释者除了对经典作文字、义理的了解外，还需要对经典背后所透露的洞见智慧有一存在生命上的感通相契，个中的理由不难明白。我们知道中国哲学的核心课题乃"为己之学"，故有关的经典大多是记录学人自我生命转化的体验语、黾勉实践的工夫语，或老师教道学生的指点语、启发语及警戒语。这些话语对曾有过类似（甚或相同）经验的人来说自不难了解，但对没有丝毫近似经验的人而言，我们确实有理由怀疑他仅凭文字作字面意义的解读、仅依理性作概念的分析是否真能掌握个中的微意。

第二，退一步来说，即使我们所要诠释的经典并不是直接探究存在生命的，而是一些较富理论性的文字，但这是否意味感触就不重要呢？如果我们承认哲学思考绝非纯智的构作、概念的游戏，而总是承载着哲学家对人的关怀及由之形成的信念，那么强调诠释者对经典背后隐藏的信念有一相契共感不正是更有助于获得深入恰当的诠解吗？换一个角度来看，当诠释者进入哲学典籍

---

① 牟宗三：《中国哲学十九讲》，第 226 页；另参看 406、436 页；另《圆善论》，页 xi。另牟先生在《心体与性体》（台北：正中书局，1983 五版）第 1 册《序》中亦说："理性之了解亦非只客观了解而已，要能融纳于生命中方为真实，且亦须有相应之生命为其基点。否则未有能通解古人之语意而得其原委者也。"第 1～2 页。

的思想世界时最初考虑衡量的或许是该理论的效力与困难，因为接受一困难远过于效力的理论是不合符人底理性要求的。然而过此以往，效力大于困难却彼此立异的理论仍多不胜数，毕竟一个只有效力全无困难的理论即哲学真理是可望而不可即的。结果你便会发现你之所以倾心且甘愿为某哲学理论的效力张目并为其困难补过，完全是因为你对此理论透露出的信念有感触有认同。我们甚至可以反过来说，生命的感触实际上在你作理论解释与选择前已悄悄地在发挥引导作用。于焉可见感触作为经典诠释的主观条件的重要性。

第三，顺着前两点的意思，我们可进一步说经典诠释活动本身就是诠释者的感触信念与经典蕴藏的感触信念的相通相契与相融。于是乎感触一方面是推动诠释者向经典不断追问的动力所在，但另一方面亦可以是构成左右他理解的一种限制。不过这一限制并非不能突破，关键端赖于诠释者能否自觉地敞开他的感触，更准确地说，则通过寻求体会经典蕴藏的感触来触动自己。而从这个角度看，牟先生一些看来好像在提倡传统儒家读经为求进德的话便大有新意存焉，我们似不应轻率地将之一概目为复古式的旧调重弹①。总括言之，牟先生凸显感触之理论效果乃是使得他的经典诠释观不仅局限于方法论的层面而是有一伸延至存有论的向度。

第四，最后假使我们再深入省察感触之含义便不难发觉个人生命感触的形成实与其性格、才情、成长经历、教育以至文化传统的传承错综交缠；并且在造化面前，每一个体生命及其感触都是独一无二的。因此若牟先生强调感触在经典诠释过程中的重要性，他就必得承认当不同诠释者带着他们各自独特的感触进入经典时，经典便会在其文本范围内为诠释者打开多元的大门。换句

---

① 如谓"因为凡是一大教皆是一客观的理性之系统，皆是圣哲智慧之结晶。我们通过其文献而了解之，即是通过其名言而期望把我们的生命亦提升至理性之境。"牟宗三：《现象与物自身》（台北：学生书局，1985），《序》，第9页。

话说，经典诠释总是多元的①。

不过我们将牟先生的经典诠释观讲成含有多元的含义，或许会立即引来一些质疑。此盖从现代西方诠释学引发的论争看来，主张诠释的多元性会造成两个疑虑，一是意谓着必须放弃经典的原意说（original meaning），但这是否合符牟先生的想法？另一是一旦解放了原意的限制，会否陷入任何解释皆可以成立的主观主义、相对主义的困境。简言之，即诠释的客观性与恰当性判准如何建立的问题。牟先生显然不会接受诠释是随意主观的。关于原意说的疑虑，我们必须承认因牟先生一生并未有受过西方诠释学的洗礼，所以在原意说的问题上，他的确没有想及因而也没有明确的表示。我们甚至可以在他的文字中找到一些类似主张经典本身具有原意的话，如谓"你赞不赞成儒家是另一回事，你可以不赞成，但是儒家本身的义理它的原意是如何，这你得先作恰当的了解才行"②。问题是这些话的实义仍得通过牟先生的整体思想及其立言之一贯来衡定，否则便只是望文生义、孤词比附。从本文的观点看，当牟先生在诠释活动中引入感触这个元素时，便把他的经典诠释观导向一多元的路向。而用牟先生自己常说的"依义不依语"、"依了义不依不了义"的标准，上面那些话均不应只作字面意义的解读，更不能据以轻率地下结论说牟先生是同意原意说反对多元解释的。至于松动了原意说会否导致诠释丧失客观性及恰当性判准的疑虑，则恐怕是出于对哲学诠释学的误解。事实上，支持诠释本身应是多元的学者根本未有放弃过对客观性与恰当性判准的诉求，而是凭借文本自身的约束性与及在诠释过程中

---

① 在这里我们或可隐约察觉到牟先生讲的感触与当代哲学诠释学（philosophical hermeneutics）的倡导者加达默（Hans-Georg Gadamer）讲的前理解（pre-understanding）、视域（horizon）与成见（prejudice）等观念有可资比观的深义存焉。加达默视诠释活动为视域之交融（fusion of horizons），而顺着上文的分析，我们大概也可以说牟先生视诠释活动为感触之相通共契。有关哲学诠释学的观点，可详参 Hans-Georg Gadamer, *Truth and Method*, trans. Joel Weinsheimer and Donald G. Marshall（New York：Continuum, 1994, 2nd Revised Edition）, pp. 265~379.

② 牟宗三：《中国哲学十九讲》，第 84 页。

努力寻求所有细节与整体间的一致和谐来达至①。而在下文的分析中，我们将清楚地看到这两点与牟先生讲知识与思辨的诠释方法若合符节②。

(2) 知识与思辨：经典诠释的方法

简略而言，牟先生对经典文献（他所谓知识）的尊重自是毋庸置疑，这从他诠释儒释道三教的巨著中那种大量条举原典并予以疏解的写作方式便可资证明。但他如何理解经典文献在诠释过程中扮演的角色则有深入探讨的必要。在《访韩答问录》中牟先生被问及儒家经典将来注释之新方向如何时，他有一清晰扼要的回答可作为我们下面分析之所资，他说：

　　　　至于注释之方向，在以前有汉宋之争，我以为这种争论

---

① 有关文本自身的约束性，可参考利科（Paul Ricoeur）的分析。Paul Ricoeur, *Interpretation Theory：Discourse and the Surplus of Meaning*（Fort Worth：Texas Christian U-niversity Press, 1976），p. 94. 另加达默说："所有细节与整体的和谐是正确了解的判准。不能达至此和谐则意味了解已失败。"见 *Truth and Method*, p. 291.

② 这里必须补充说明的是，讲求文本的规范作用与恰当解释必须达至意义的融贯其实是主张原意说的学者如贝蒂（Emilio Betti）及赫舒（E. D. Hirsch）等也承认的，只是他们除此以外仍坚持有一原意作为诠释的最终判准。但哲学诠释学提倡多元诠释观的洞见正在于抉发诠释活动的真相乃一主客交融的过程；意义是在诠释者与文本进行真诚对话时才释放出来的，并且诠释者绝不可能是从一片空白的独立状态出发而必然是带着他的成见、依靠他的视域来进入文本。倘若再加上对语言底丰富性总是溢出其字面意义的考虑，则原意如何知道便成了一个永远无法解决的难题。最后诠释活动便只能是在文本自身、诠释者的视域与意义融贯的追求间之互动。事实上，贝谛与赫舒等后来意图通过区分意义（meaning）与蕴义（significance），区分实际作者（actual subject）与文本话语形成的作者（speaking subject）来替原意说辩解，但最终也仍然未能回答我们究竟如何知道原意的难题。参看 Emilio Betti, " Hermeneutics as the General Methodology of the *Geisteswissenschaften*" in *The Hermeneutic Tradition：From Ast to Ricoeur*, ed. by Gayle L. Ormiston and Alan D. Schrift（Albany：State University of New York Press, 1990），pp. 159 ~ 197. E. D. Hirsch, *Validity in Interpretation*（New Haven：Yale University Press, 1967）. 另有关此问题的扼要论述，可看刘昌元：《哲学解释学、方法论与方法》，《社会理论学报》，第 1 卷第 2 期，1998，第 207 ~ 227 页。洪汉鼎：《贝蒂关于解释的方法论原则及其与伽达默尔的争论》，《社会理论学报》，第 4 卷第 2 期，第 227 ~ 257 页。

是无谓的。注释的目的是在恰当的了解，并期望能适应各阶层。因此，专门的、通俗的、深入浅出的注释与解说都有其适当的价值，唯一的条件是不能歪曲与背离。因此，客观地讲，将来注释的新方向大体不外以下三步骤：第一步须通晓章句，此须有训诂校勘的根据；第二步通过语意的恰当了解须能形成一恰当的概念；此须有义理的训练；第三步通过恰当的概念随时须能应付新挑战，经由比较抉择疏通新问题，开发义理的新层面，此须有哲学的通识①。

此中牟先生在强调不能歪曲背离经典的大前提下分三步来讲经典诠释。第一步很明显就是他所谓的知识，亦即对经典作一文字的掌握。由于经典皆由古代传承下来，要通晓它的文句自然需要有克服古今语言断裂的手段，这就得有文字声韵训诂之学、名物制度之学。又经典在流传过程中往往会因传抄而造成不同的版本，如何确定那个本子更可靠，如何通过不同本子的对比来校正其中的错字衍文等，这就得有校勘之学。值得注意的是，这些都是专家之学，故牟先生才会说"此须有训诂校勘的根据"而不说"此须有训诂校勘的训练"。易言之，我们不应苛求诠释者兼通而只能要求他随时关注有关专家学人的研究成果，以求能更确定经典并通晓其文句。

第二步则"通过语意的恰当了解须能形成一恰当的概念"，这里牵涉的问题便较复杂，须加厘清简别。首先，通过第一步获得的"语意的恰当了解"自然是形成一"恰当的概念"的基础，否则诠释可以不依文本就会流于无根任意而完全没有客观性可言，而第一步的工作也变成是多余的。此所以牟先生才会再三致意地批评说"对文献所下的工夫不够，只是随便引一点，发挥一下。这是不负责任的，不能算数的。这只是表现自己的聪明，主

---

① 牟宗三：《时代与感受》（台北：鹅湖出版社，1995 三版），第 207 页。

观地发挥自己的一套，而不是作客观的了解"①。但这并不等于说牟先生即认为从"语意的恰当了解"就能直接推导出一"恰当的概念"，否则他不用下一按语说"此须有义理的训练"。要有义理的训练即意谓从语意到概念，已经是由经典文献的文字把握入乎理性思辨的领域。当然这里我们可质疑为什么不能直接据语意来决定概念（之内容），对此牟先生虽未有仔细的析论，然不碍我们顺其思路替他补足一些论证。首先，就哲学理论的表述用语看，则即有劳思光先生所谓的"特殊语言"与"常用语言"之分别问题。盖哲学家为求表达其反省思考之所见非常人所已言及者，乃往往会赋予常用语言以新义。结果要恰当了解其理论中之各个名言概念便不能拘于语言的字面义而必须入乎义理之内部脉络，而这自然须有思考的训练②。其次，就语言之特性看，我们亦不应忽略现代诠释学反省之洞见，此即语言除了规范化的公共用法一面外，还往往有依使用者的特殊境况而产生的个性化用法的一面。语言底丰富的创造性正体现于此两种用法的紧张拉锯关系中③。于是诠释者进入经典时不仅不应掉以轻心地仅依文字的规范化意义来解读，相反必须通观全文来揣摩个中一言一语的意思，但这同样得靠理性思考的能力。可见由语言字面意义的恰当了解到一个恰当概念的形成，理性思辨乃不可或缺者。而理性思辨讲求的是概念的名晰界说及概念与概念间的合理推演；职是之故，一个恰当的概念的形成一方面固然必须运用思考深入文句往复体会以提练出来，但另一方面更必须将之置回整个概念系统即义理骨干的全景来勘定。这也是为什么牟先生会反对考据家讲"训诂明则义理明"而谓此乃不知义理之甘苦。他说：

① 牟宗三：《中国哲学十九讲》，第 407 页。

② 参看劳思光：《中国哲学史》（香港：友联出版社，1980），第 3 卷下册，第 902 页。

③ 参看 Hans-Georg Gadamer, "Semantics and Hermeneutics", trans. P. Christopher Smith, in *Philosophical Hermeneutics*, trans. & ed. by David E. Linge (Berkeley: University of California Press, 1976), pp. 82~94.

中国的文献常常是这里一句那里一句，这就必须靠你文献熟，你孤立地看是不行的，孤立地看一句说，可以有种种不同的讲法。洋人讲中国的东西困难也就在这个地方。因为他了解的文字是死的，他孤立地看这一句，他不知道每一句话在我们行文的时候有上下文的文气，你不看上下文而光看一句话是不行的。再进一步说，这句话也不只是套在上下文气中来讲，有时候它没有上下文气，那么要拿什么作它的文气呢？这个时候就以全部儒家的义理作它的文气。假定你不了解儒家的义理，那你讲这句话就会讲错，因为它这句话是根据全部儒家经典而说的①。

又说：

既有如此多之文献，我们虽不必能尽读之，然亦必须通过基本文献之了解而了解其义理之骨干与智慧之方向。在了解文献时，一忌浮泛，二忌断章取义，三忌孤词比附。须克就文句往复体会，可通者通之，不可通者存疑。如是，其大端义理自现。一旦义理浮现出来，须了解义理之"分齐"。分者分际，义各有当。齐者会通，理归至极。此而明确，则归于自己之理性自在得之，俨若出自于自己之口。其初也，依语以明义。其终也，"依义不依语"。"不依语"者为防滞于名言而不通也。凡滞于名言者其所得者皆是康德所谓"历史的知识"，非"理性的知识"。初学者以及从未超出其学派的人皆是如此。然必须工夫到，始可语于"依义不依语"。浅尝辄止，随意妄说者，则不得以此语自解也②。

---

① 牟宗三：《中国哲学十九讲》，第84～85页。
② 牟宗三：《现象与物自身》，《序》，第9页。

合起来看，牟先生强调诠释过程中部分与整体的辩证关系，完全是诠释学揭橥的"诠释学的循环"（hermeneutic circle）的观点。可见真明乎义理之甘苦者，默逆于心，异地皆同。这里值得注意的是，牟先生既在语意、概念与概念系统之间作出区别，又谓一个恰当的概念虽是以语意为基础但却必须通观整个概念系统来获得。那么反过来说，决定一个概念恰当与否的判准亦不仅在于语意而很大程度上是系于对整个概念系统的了解。此中实透露出一义理判别之优位性立场。明乎此，我们才能懂得为什么牟先生在"依语以明义"后还要讲"依义不依语"，并且把经典诠释定位为康德所谓的"理性的知识"。虽则牟先生同时深知此义理判别之优位性主张很易被误用，故敦敦告诫浅尝辄止随意妄说者不得动辄讲依义不依语。大抵牟先生对经典诠释的看法是具体反映在他疏解儒释道三教的著作中，但最能凸显出此义理判别之优位性立场的，相信要算是他对先秦道家的判释。所以下一节我们将以牟先生的先秦道家研究为例来进一步说明与剖析他的经典诠释观及由之引出的一些批评的问题。

最后让我们扼要分析一下上引文字中牟先生讲的经典诠释的第三个步骤来结束本节的讨论。牟先生提出的第三个步骤是"通过恰当的概念随时须能应付新挑战，经由比较抉择疏通新问题，开发义理的新层面，此须有哲学的通识"。骤眼看来，这一步好像已逸出经典诠释的范围，因为一般而言经典诠释应是属于义理思想的清理工作，但这一步要求的乃清理后的开发工作。诚然我们可以把这一步纯粹视为诠释活动完成后的一个后继或偶生的部分，但倘若结合上文的分析全盘考虑牟先生的看法，特别是他强调诠释者应与经典有感触的呼应的主张使其诠释观涉及存有论的含义，则这一步似应从加达默所谓诠释学的基本问题即应用（application）来看更恰当。加达默认为理解既是视域的交融，则当诠释者进入经典时必然会察觉到自己当下的视域与经典呈现的视域间的差异，并同时发现经典呈现的视域对自己的当下是有所说的。故诠释活动即是把被了解的文本应用到诠释者现在的处境，且与此同时也是把诠释者的视域应用到文本。因此他说:"应用既非了解现象的一个后继或偶生的部分,而是从一开始就与了解作为一体地一起决定了它。"① 简言之,一旦将诠释活动纳入存有论的范围,则诠释便不只是为诠释而诠释,而是必然与存有的实践即应用连结不可分。后来利科就更明白地说理解最终就是在文本面前的自我了解与由汲取文本而来的扩大了的自我(to understand is to understand oneself in front of the text and receive from the text an enlarged self)。② 由是观之,牟先生一生致力于诠释疏通三教以求恢复其思想活力正可视为诠释学意义下的应用的一个活生生的注脚。

3. 义理判别之优位性的典例:先秦道家研究

(1)从确认道家之实践性格说起

稍有涉猎过先秦道家研究的人都应该听过牟先生对道家思想那非常独特的看法,此即把老庄文献中带有客观实在意味的"道"彻底扭转为一主观的境界,并由此判定道家为"纯粹的境界形态"、"彻底的境界形态"的形上学③。从本文的观点看,他这一富于争议性的论断正充分反映出其经典诠释观中义理判别之优位性这一特点。职是之故,下面我们尝试通过步步展示牟先生如何诠释道家来作为他的经典诠释观具体运用的示例。

牟先生诠释道家首先是从确定道家的实践性格出发。其实更确切地说,牟先生是认为实践乃中国哲学包括儒释道三教的共同性格,并以此对比于西方哲学之思辨、观解的性格。他说:

> 中国儒释道三教都很重工夫,古人的学问不像西方人用思辨的(speculative)、知解的(theoretical)方式,而都由工

---

① 关于"应用"的讨论,可参看 Hans-Gerog Gadamer, *Truth and Method*, pp. 307~324;引文引自 p. 324。

② Paul Ricoeur, *Hermeneutics and the Human Sciences*, trans. John B. Thompson (Cambridge: Cambridge University Press, 1981), pp. 142~144。

③ 牟宗三:《中国哲学十九讲》,第103、105页。

夫实践的纬上着手，由此呈现出一些观念。后人就先对所呈现出的观念作客观的了解，反而常把纬忘了，于是整个系统就飘荡无着而衍生许多不相干的误解①。

显而易见，这是一以整体界定局部的"诠释学的循环"的方法；亦即通过对中国哲学的整体性格之了解来规定道家思想的性格。而所谓实践性格即依工夫实践的进路来探究白我与世界等问题，牟先生称这种探究的结果为"实践的形而上学"（practical metaphysics）②。相比之下，西方哲学依思辨知解的进路讲的一套则可称为"思辨的或观解的形而上学"（speculative or theoretical metaphysics）③。此中实践的与思辨的形上学的对翻是依进路的不同来规定④。回到道家，牟先生指出引发道家的实践性格的特殊机缘乃是对周文疲弊所造成的礼乐秩序沦为虚文的反省，就是在这种情况下，老子才提出"无为"这个观念来反对虚文的束缚桎

---

① 牟宗三：《中国哲学十九讲》，第 113 页。

② "凡说工夫都是实践的，道家亦然。因此广义地说，东方的形而上学都是实践的形而上学（practical metaphysics）。"牟宗三：《中国哲学十九讲》，第 115 页。

③ "他们（按：指西哲柏拉图、亚里士多德）这种理智思辨的兴趣、分解的精神，遂建立了知识论，客观而积极的形上学——经由客观分解构造而建立起的形上学。这种形上学，吾名之曰观解的形上学（Theoretical Metaphysics），复亦名之曰'实有形态'的形上学（Metaphysics of Being-Form）。"牟宗三：《中国哲学的特质》（台北：学生书局，1984 六版），第 14 页。不过这里牟先生把观解的形上学与实有形态的形上学等同并不妥当，盖前者是依进路定后者是依内容定，两者的含义并不存在等同的关系。事实上，后来牟先生讲儒家时便一方面说它是依实践的进路讲，但另一方面又说它是实有形态的形上学。关于这些概念的关系的厘清，下文续有分疏，此处暂不多说。

④ 在这里需要补充说明的一点是，牟先生深知西方依思辨观解的进路讲的形上学经康德（Immanuel Kant）对理性作彻底的反省后已经沦为"此亦一是非，彼亦一是非"的戏论，所以他认为今后如果我们仍要讲传统意义的形上学或宗教信仰的超越者则非依实践的进路不可。由此可见中国哲学的智慧所在。参看牟宗三：《才性与玄理》（台北：学生书局，1983 四版），第 274～278 页。

梏即"有为"①。但必须指出的是，在发生历程上道家固然是借着对周文疲弊的反省而发，但其思想一旦发出来，则是具有普遍的意义；此即是对生命之有陷落于造作、虚伪、外在化的一面的厌恶而思有以超越之。因此牟先生说道家首出的概念就是"造作"，道家对此有真切的感受；所谓存在的感受。而抽掉周文的特殊机缘往前反省，道家反对的有为造作可分三层来说。一是自然生命的纷驰，故老子说："五色令人目盲；五音令人耳聋；五味令人口爽；弛骋畋猎令人心发狂；难得之货，令人行妨。"（十二章）《庄子·天地》亦云："且夫失性有五：一曰五色乱目，使目不明；二曰五声乱耳，使耳不聪；三曰五臭薰鼻，困惾中颡；四曰五味浊口，使口厉爽；五曰趣舍滑心，使性飞扬。"二是心理情绪的困扰，如老子谓："持而盈之，不如其已；揣而锐之，不可长保。金玉满堂，莫之能守；富贵而骄，自遗其咎。"（九章）又谓："何谓宠辱若惊？宠为下，得之若惊，失之若惊，是谓宠辱若惊。"（十三章）三是思想意念的造作，故老子云："天下皆知美之为美，斯恶已；皆知善之为善，斯不善已。"（二章）又云："绝圣弃智，民利百倍；绝仁弃义，民复孝慈；绝巧弃利，盗贼无有。"（十九章）而无为就是要化掉否定这些有为造作的束缚。所以牟先生认为老子的"无"最先应作动词看显一否定义，而不是个存有论的概念，它是实践生活所体会的智慧"无为"的

① "'无为'对着'有为'而发，老子反对有为，为什么呢？这就由于他的特殊机缘（particular occasion）而然，要扣紧'对周文疲弊而发'这句话来了解。有为就是造作。照道家看，一有造作就不自然、不自在，就有虚伪。造作很像英文的artificial 人工造作。无为主要就是对此而发。他的特殊机缘是周文疲弊。周公所造的礼乐典章制度，到春秋战国时代，贵族的生命堕落腐败，都只成了空架子，是窒息我们生命的桎梏。因此周文的礼乐典章制度都成了外在的（external），或形式的（formal），如此没有真生命的礼乐就是造作的、虚伪的、外在的、形式化的，这些联想通通出现。任何礼节仪式，假定你一眼看它是外在的，那么它完全就是个没有用的空架子。只有外在的、在我们生命中没有根的、不能内在化的，才可以束缚我们；若是从生命发出来的，就不是束缚。道家就是这样把周文看成束缚，因为凡是外在的、形式的空架子，都是属于造作有为的东西，对我们生命的自由自在而言都是束缚桎梏，在这个情形之下，老子才提出'无为'这个观念来。"《中国哲学十九讲》，第89页。

简单化的总持的说法①。

（2）对无为、自然、无、有、物、道等概念之解说

至于如何做到无为，老子有"致虚极、守静笃"（十六章）的工夫。牟先生尝以《荀子·解蔽篇》"虚一而静"的话作解：

"虚一而静"本来是荀子的话（解蔽篇），道德经曰"致虚极，守静笃"（十六章），虚静是道家的工夫，荀子这话就来自道家。无的境界就是虚一静，就是使我们的心灵不黏着固定于任何一个特定的方向上。生命的纷驰、心理的情绪、意念的造作都有特定的方向，黏着在这个地方，就着于此而不能通于彼，你生命黏着于此，我生命黏着于彼，各是其是，冲突矛盾就出现了。佛家讲的执着就是黏着（attachment），是将心思封限在一个特定的方向上。所以第一步先分解地了解无，就是虚一静。虚则灵。心思黏着在一特定的方向上，则心境生命即为此一方向所塞满所占有，就不虚了，不虚则不灵。一就是纯一无杂。没有乌七八糟的冲突矛盾纷杂，把生命支解得七零八散就是一；用康德的名词讲就是把杂多（manifold）通通化掉，不是把杂多综和统一，而是化掉如水通流。静就是不浮动。人随着生命的纷驰，顺着意念的造作，天天在浮动之中，把这些化掉就静下来了。道家喜言静；儒家常言定，大学谓"知止而后有定，定而后能静，静而后能安，安而后能虑，虑而后能得。"又讲贞定；佛教讲止；意思相通。静不是物理学中相对的运动和静止（motion and rest）的静，而是绝对的心境，是定，是随时将心灵从现实中超拔出来，浮在上层的一种境界，是精神的（spiritual）。无、自然、虚一而静都是精神的境界，是有无限妙用的心境②。

① 牟宗三：《中国哲学十九讲》，第 91~93 页。
② 同前注，第 95 页。

此解甚顺适而透彻，可见无为虚静的工夫最终就是要使心灵达到
一无（作名词看）、虚一而静的精神境界。这种境界老子亦名之
曰"自然"，即一自由自在、自己如此、无所依待的精神生活。
关于"境界"，其实即是依实践心灵之升进而由之开显的一个意
义世界、价值世界。盖随心灵之升进，其观照所及之世界之意义
（与心灵构成连系之意义）亦必随之升进；此处世界非取客观外
在义、事实义而是取生活义、价值义、意义结构义①。用较显浅
的话说，境界就是一依于人生观、自我观而建立的世界观。"致
虚极，守静笃"既作如此解，则其下"夫物芸芸，各复归其根。
归根曰静，静曰复命"之句亦应顺此而解为一无为虚静心灵之玄
览观照所及的境界语。牟先生并且认为此一境界就是庄子向往的
逍遥齐物的境界：

> 这些（按：指夫物芸芸之句）都是静态的话头，主观的
> 心境一静下来，天地万物都静下来了，就都能归根复命，能
> 恢复各自的正命。不能归根复命就会"妄作、凶"。当万物
> 皆归根复命，就涵有庄子所向往的逍遥的境界。庄子所向往
> 的逍遥齐物等均已包含在老子的基本教义里，庄子再把它发
> 扬出来而已。当主观虚一而静的心境朗现出来，则大地平
> 寂，万物各在其位、各适其性、各遂其生、各正其正的境
> 界，就是逍遥齐物的境界②。

说庄子逍遥齐物之论均已包含在老子的基本教义里乃顺历史发展
之说。实则在牟先生诠释道家的过程中，他是一方面肯定老庄在
义理骨干上是同一理论系统，否则庄子焉会如斯推崇老子而世有
以老庄并称，但另一方面则以庄子为此实践境界理论之明确成熟

---

① 牟宗三：《中国哲学十九讲》，第 128～131 页。
② 牟宗三：《中国哲学十九讲》，第 122 页。值得注意的是，牟先生在此解中显
然以"正"（如其所如、物各付物）训"复命曰常"之"常"。若以此训"道可道，
非常道；名可名，非常名"之"常"亦可通。

之表示，而相较之下老子犹有不透之滞词。故可以说牟先生实是以庄子来规定老子，虽则他深知老庄之间亦有差异，但最后他是把差异置于这一规定下来作进一步的解释；此即说老子犹有实有之虚立与姿态①。关于这点，下文续有分疏，这里暂不多说。

回到老子无为、虚一而静的心灵，在上引的文字中牟先生已强调这绝不是一个什么都不作的枯寂心灵，而是一个有无限妙用的心境②。换言之，无为心灵是自由自在、活活泼泼的，它不为任何特定的对象所限但却向着丰盈的可能性敞开。这心灵是必要发其妙用的，而妙用即示一意向性之投射。相对无为之心灵本身来说，其妙用之意向性投射即可以说是一有为（"有"），但此有为非造作束缚之有为，因其自无为心灵发固随时可复归此无为心灵。又意向性投射之结果则为行动或事件；若以事训物，则亦可说是成就一物。但这物亦非客观事实世界之物，而是无为心灵观照所及的一个意义结构。若用庄子的话说，这意向性之发与物事之成就实皆示无为心灵之"逍遥游"。必须指出，牟先生作这样的解释，对他的先秦道家研究有两个非常重要的理论含义。一是他认为无为心灵绝非孤悬抽象的观念，而是必然地要在实践生活中发用表现，易言之，则必然地是相即生活世界而不离的。亦因此无为心灵于其作用中保住了一切存在；或可说无为心灵的智慧一旦透出来便有对天地万物作一解释与说明。此保住与说明之义，严格言之，即示无为心灵必关联于天地万物而与天地万物一体呈现。牟先生便是据此来了解老子"挫其锐，解其纷；和其光，同其尘"（四章）句③，他甚至进而指出盛发畅论此一体呈

---

① 参看《才性与玄理》，第 6 章第 2 节《老庄之同异》，第 172～180 页。

② 牟先生于此据老子"有之以为利，无之以为用"来区别无为心灵之妙用非"利"（功用、定用义）。

③ 此句向有学者质疑乃五十六章错简，但《帛书》甲、乙本并有此四句，且五十六章甲、乙本亦并有此四句，只是和、同二句在挫、解二句之前，故知此句非错简而为同文复出。参看高明：《帛书老子校注》（北京：中华书局，1996），第 98～99 页、第 241～242 页。另可参看郑良树：《老子新校》（台北：学生书局，1997），第 19～20 页、第 244～245 页。牟先生的解释，见《中国哲学十九讲》，第 124～125 页。

现之义者乃魏晋时代王弼"圣人体无"与向、郭"迹冥圆融"之论。这也是为什么他明知向、郭注《逍遥游》"尧让许由"等段说庄子实寄言出意抑许由崇尧圣,与庄子文本显抑尧崇许之意不合,但仍替向、郭辩解说:

> 然而世人只从表面以观则不能知此义,故向、郭注文有"宜忘言以寻其所况"之语,又常云庄子是"寄言"以出意。庄子本人是不是如此则难说,也许庄子本人只是愤世嫉俗一往而不返之狂者,未能就尧以明迹本圆。然而无论如何,就迹本圆以说圆境固应是道家之所许可,向郭之注固有其推进一步"辩而示之"之新发明也①。

另一重要的理论含义即牟先生是完全依据无为心灵之活动性格:"无为心灵——妙用意向(有为)——物事"来解读老子的"无,名天地之始;有,名万物之母。故常无,欲以观其妙;常有;欲以观其徼。此两者,同出而异名,同谓之玄。玄之又玄,众妙之门"(一章)。此即把无为心灵的活动性格套落"道":"无——有——物"的关系陈述中,由之而说无有融一(实应说本一)之玄(犹如无为心灵与有为妙用之融一)乃道之双重性格,而物则是道之创生。唯这种解说归根结底仍不能外乎无为虚静之心境说,是以知"无——有——物"之种种玄说不过是将对无为虚静心灵之体会外在投置于存在世界所形成的一种虚说,其实说乃一无为虚静心灵玄览观照所及之境界②。换一种说法,在道心的妙用下,万物与道心一体呈现而皆是自由自在、自己如此;万物都归根复命,各适其性、各遂其生;万物都在不禁其性、不塞其源下自畅其生。结果牟先生乃把老子言道所含之客观

---

① 《圆善论》,第291~292页;另《才性与玄理》第6章第4节《向、郭之"迹冥"论》,第187~195页。牟先生于此义上是有进一步的发挥而讲一"道家之圆教",但因非本文论述的范围,故不能在这里讨论。
② 详参《中国哲学十九讲》,第97~103,131~132页。

实有意味彻底扭转为一无为、虚静、自然的精神境界。而道生物之生依此不应作实体之创生义解，其实义乃系于一体呈现并由之透出的一不把持禁制（即造作）之智慧，故牟先生又名之曰"不生之生"。他说：

> 何谓不生之生？这是消极地表示生的作用，王弼的注非常好，很能把握其意义。在道家生之活动的实说是物自己生自己长。为什么还说"道生之德畜之"呢？为什么又说是消极的意义呢？这里有个智慧，有个曲折。王弼注曰"不禁其性，不塞其源"，如此它自己自然会生长。"不禁其性"禁是禁制，不顺着它的本性，反而禁制歪曲戕贼它的本性，它就不能生长。"不塞其源"就是不要把它的源头塞死，开源畅流，它自会流的。这是很大的无的工夫，能如此就等于生它了，事实上是它自己生，这就是不生之生，就是消极的意义。譬如说你通过道的徼向性徼向到这个杯子，这使得它存在。其实并不是你的徼向性真正能创造出这个杯子，还是它自生自在。这是要你让开一步，你若操纵把持它，它不能生长就毁灭了①。

至此，牟先生乃初步完成了他对道家属纯粹的境界形态的形上学

---

① 牟宗三：《中国哲学十九讲》，第 106～107 页。生之义既定，牟先生解老子"道生一，一生二，二生三，三生万物"（四十二章）便完全根据"无——有——物"的关系讲，把生之实体创生义化掉。他说："故吾以老解老，以道德经首章之有、无、玄说此一、二、三，以为道之'无'性（先以无表象道）是一，此为'道生一'（由道引生一）；而无不一于无，即道亦有徼向之'有'性，有与无相对为二。即以有代表二，是即为'一生二'（由无之一引生出有之二）。而有无'两者同出而异名，同谓之玄'，故玄（有无融于一，由于是道之双重性而融于一）是三，此即为'二生三'（由有之二以与无相对亦即有无相对为二以引生出三）。'玄之又玄众妙之门'即是'三生万物'。三生万物实即道生万物，盖玄即代表道之真实而具体的作用，而有无是道之双重性，是对于道之分解的表象，故必至乎有无融一之玄始能恢复道之自己之具体而真实的妙用。"《圆善论》，第 284～285 页。

之判别①。

（3）境界形态、纯粹的境界形态与实有形态之区分

这里需要补充说明的一点是，牟先生讲境界形态是常常将之与实有形态对比着讲，但其中却夹杂了些一时不察的暧昧语，很易引起不必要的误解，须加简别厘清②。例如他说：

> 这种形而上学因从主观讲，不从存在上讲，所以我给它个名词叫"境界形态的形而上学"；客观地从存在讲就叫"实有形态的形而上学"，这是大分类。中国的形而上学——道家、佛家、儒家——都有境界形态的形而上学的意味。但儒家不只是个境界，它也有实有的意义；道家就只是境界形态，这就规定它系统性格的不同③。

又说：

> 实有形态的"实有"我们可以翻成 being。实有形态的形上学就是依实有之路讲形上学（metaphysics in the line of being）。……境界形态的形上学就是依观看或知见之路讲形

---

① 说纯粹的境界形态又说形上学，这好像不合符西方哲学传统中形上学乃指探究终极实在之学之义。这里必须知道牟先生讲之"形上学"乃重在对一切存在（天地万物）当该有所解释与说明，故结果不必定要肯定一终极实在。但如此一来，其所谓的"形上学"与"存有论"就没有严格的分别。此所以他常说实践的存有论也可谓实践的形上学。

② 牟先生在讲实有与境界形态时所说的一些暧昧话，大概是源于他早年认定了观解形上学与实有形上学为同义语，见本书第100页注④。实则依下文之厘清分疏可知观解与实践的对扬是依进路定；实有与境界的区分则依最终所肯定者定。是以四者的关系并不能简单化为观解等于实有，实践等于境界，并因观解与实践之对立而推论说实有与境界之说亦截然分割。关于牟先生这些暧昧说话招致的质疑批评，可参看赖锡三：《"境界形上学"的继承、厘清和批判与道家式存有论的提出》，《鹅湖月刊》第23卷6期，1997年12月，第20~31页。

③ 牟宗三：《中国哲学十九讲》，第103页。

上学（metaphysics in the line of vision）①。

此中说境界形态是从主观讲不从客观存在讲，其意思大概是强调境界形态乃顺实践的进路而达至。依牟先生的用语，实践的形上学确必涵一境界形态的形上学，而反过来境界形态的形上学亦必以实践的形上学为基础。不过这两个互相涵蕴的概念之所指则仍有重点之不同；实践的形上学是重在进路，境界形态是重在最终达至的肯定为一非客观实在之心灵观照。至于说实有形态是从客观存在、实有之路讲，则很易教人由此"路"字联想到观解形上学的进路。但如此一来谓儒家属实有形态便窒碍难通，盖牟先生很清楚表示儒家亦是走实践的进路，亦属实践的形上学。所以实有形态之规定非系于进路，而是系于最终达至的肯定为客观实有。牟先生在别处尝言"儒家客观地肯定一个道体，肯定天命之於穆不已，创生万物。这是客观的肯定，属于实有形态"②。从最终肯定之差异处看，境界形态确可对比于实有形态，不过这对比并不表示两者截然对立不可互通，亦即并不排斥由境界形态可翻上一层进至实有形态之肯定。事实上，牟先生所理解的儒家思想的性格就是如此。大抵儒家主张当人依内在的心性作不已的道德创造时便能感通及于他人，知他人亦同样为禀具心性能生起道德创造者。如此便知心性所生起的道德创造必为人人皆能肯定追求的具客观普遍性的道理，而绝非个人主观的幻想。尤有进者，这客观普遍的道德创造（道理）既是客观和普遍的，则它应是先于任何个体生命而存在，而先于又含一独立于的意思。易言之，这道德创造可以不是你的我的，不只表现于你或我的生命而即是那道德创造性之自己（creativity in itself）。不过此时此道德创造性之自己仍只是在主体实践所至的天人合德的境界中被体悟到，故最终儒家须再翻上一层肯定那道德创造性之自己为真实客观的存

① 牟宗三：《中国哲学十九讲》，第 130 页。
② 同前注，第 424 页。

在。此由境界进于实有之肯定之可能，牟先生说是基于仁心德行之纯亦不已而来的"诚信"，基于实践上的一个必然的"肯断"：

> 本心真性是就人说，这是因为唯有人始能特显此道德创造之心性。既显出已，此道德创造之心性便不为人所限，因为它不是人之特殊构造之性，依生之谓性之原则而说者，它有实践地说的无外性，因而即有无限的普遍性，如此，吾人遂可客观而绝对地说其为"创造性自己"，而此创造性自己，依传统之方便，便被说为"天命不已"，或简称之曰"天"。此则便不只限于由人所显的道德创造、所显的德行之纯亦不已、所显的一切道德的行事而已，而且是可以创生天地万物者。其可以创生天地万物之创生乃即由其于人处所特显的道德创造、德行之纯亦不已而透映出来，而于人处所特显的道德创造乃即其精英也。……由其返润而扩大之（因其本有无限性）而言其广生大生之妙用，即创生天地万物之广生大生之妙用，这是实践地体证地说，同时亦即是客观而绝对地无执的存有论地说，即对于天地万物予以价值意义的说明，即无执的存有论的说明，因此，凡由其所创生者亦皆是一价值的存在，真实的存在，此是基于德行之纯亦不已而来的诚信，实践上的一个必然的肯断①。

明乎上述牟先生对儒家义理之判别，我们才能真正懂得他所谓"纯粹的"、"彻底的"境界形态之含义而不致使"纯粹的"、"彻底的"等语落空无着。显而易见，牟先生是认为儒家不仅仅只是境界形态的，但道家的道作为一精神境界则并不能像儒家那样翻上一层成一客观实在的肯定故属一彻底的境界形态。而其中的关键在于道家只能讲消极意义的不生之生，故未能如儒家般通过肯

---

① 牟宗三：《圆善论》，第 140 页。

定人的道德创造之性来呕成对创生之天道之诚信与肯断①。后来论者多有着眼于此试图批评修正牟先生之论并恢复道家之道的实在性，然似皆源于未能尽牟先生立言之底蕴之故，但这是后话。此处我们只想指出一点，则牟先生对道家的诠释与判别实是进一步通过对照儒家来确定的。

（4）老子言道所具之客观实在意味纯为一种姿态

最后，既判定道家为纯粹的境界形态，则剩下的问题便是如何解释老子文本中那些带有客观实在意味的文字。关于这一点，牟先生十分清楚，此盖顺着老子言道的文字分析，的确不难得出道有客观性、实体性及实现性之看法。但一旦回到整体的理解，则这些分析皆须泯而化之，另作解释。其实牟先生的解释早已含藏在他对道家的诠释中；或者应该说根本就是构成其整体判定的一部分。此即视老子言道所带有之客观实在意味为一种姿态；为把无为虚静心灵亲证之无限妙用而明通一切之境界投射于存在世界所引生出的客观形式之陈述。牟先生对此有一十分仔细的说明：

> 但老子亦有"天下万物生于有，有生于无"，"无名天地之始，有名万物之母"等义。此则道、无，亦显有一客观实体之意义。此将如何解？依吾观之，道、无之此种客观实体之意义，亦实只反面的主观圣证之化境之客观姿态，而非真有一"客观之实有"而可名之曰道或无者。即，道、无之此种客观姿态实依主观圣证上"无为而无不为"而成立，即依"无为而无不为"而有客观实体之意义。在主观圣证上，"无不为"以"无为"为体。"无不为"为有，"无为"为无。

① 于此牟先生又有"纵贯纵讲"与"纵贯横讲"的区分，认为儒家积极义之天道创生乃纵贯纵讲，而道家消极义之不生之生为纵贯横讲。参《中国哲学十九讲》，第六讲与第十九讲。此中所谓纵贯实乃牟先生意谓之形上学与存有论，参本书第107页注①。至于纵讲与横讲，其纵与横之意大概是借自天台智颐《摩诃止观》中有关纵横之说："若从一心生一切法者，此则是纵；若心一时含一切法者，此即是横。"

是则"有"之繁多以"无"之浑一为体。此为"体"之无，在主观圣证上是至真至实的；"真"是亲证亲见，而"无"亦实可为体，并非虚拟，亦非假托，故曰"实"。若不是达到至虚至寂、浑圆而一之"无"，何能圆应无方，而繁兴无限量之大用乎？此是圣证上之"存在的真实"，而不可以丝毫置疑者。此义既实，则据此以观天地万物之为无限量的"有"，亦必以至虚至寂浑圆而一之"无"以为其体。故曰："天地之间，其犹橐籥乎？虚而不屈，动而愈出"。若非至虚至寂浑圆而一，何能不屈？若非虚而不屈，何能动而愈出？是则"无"之"客观实体"意义（在宇宙论上）实类比主观圣证上"无为而无不为"而得其真实之意义。即，此客观姿态亦依主观圣证而得印证。然主观圣证上之"无"是一种虚寂浑化之心境，是一种虚灵之妙用，而非是一"物"。故道、无不是通过"物事"之观念去了解，而是通过"妙用"之观念去了解。其客观姿态之客观实体意义亦当如此观。……此客观姿态可有可无，然皆无碍。卷之则无，放之则有。动观则有，静观则无①。

此处我们或许会立即产生一疑问，即无之境界既可类比于存在世界而成一客观姿态，为何不可进一步肯认此客观姿态即真实存在，犹如儒家诚信、肯断天道之存在。牟先生的答复若简单地说即前述不生之生之消极意义不同于道德创生之积极意义，然此不同之坚持背后实有其关于儒道两家思想性格之判别的精微分析在焉。我们在下一节将顺着省察对牟说的一些批评来进一步展示这些分析。毋庸置疑的是，牟先生这样扭转道的实观实在性，正是其诠释观中义理判别之优位性这一特点在发生作用，但也因此使其说迥异于一般对老子文本的印象与解读，而招来不安与质疑亦想象中事矣。

---

① 牟宗三：《才性与玄理》，第 270～271 页。

4. 对牟说之批评之省察

在未正式进入这一节讨论前，让我们先对上文的分析作一总结并提出两点说明以避免下面的析论会引起一些不必要的误解。一是假若我们同意本文所阐述的牟先生的经典诠释观是恰当的，则当我们想批评他的道家研究时便不能只诉诸于文本的语意而必须深入到义理的层面来立论；否则离开义理的支撑，文本的文字应作何解则甚难说，除非我们仍坚持一"训诂明则义理明"的字面解释立场，然这恐怕是很难经得起考验的①。二是依本文对牟先生经典诠释观之重塑，我们自是相信他应会承认诠释的多元性。此则牟说亦应不例外地属于多元解释中之一元。所以下面我们省察一些对牟说的批评并尝试指出其未尽恰当处，便绝不应看成是意图通过辩护以证明牟说是对道家唯一正确的诠释。我们省察的目的一方面是想指出那些批评仍未足以动摇牟先生对道家之判释，另一方面则想借着辩驳竞胜来对牟说之底蕴作更深入的挖掘，揭示其中较为人所忽略者。事实上，不少批评者对道家均有深入研究，并有自己一套的解读。本文仅是就他们对牟说的批评作一考查与回应，并非想亦不可能将之拿来与牟说作诠释系统的比较，要比较则需另作专文处理。

从义理的立场出发对牟说作批评修正者，最主要的应是袁保新在其《老子哲学之诠释与重建》一书中所提出之观点，其后追随袁说之方向而立论却不尽相同的还有刘笑敢的《老子》与赖锡

---

① 从文本语意的立场对牟说的批评，可参看刘福增：《老子哲学新论》(台北：东大图书公司，1999)，第398、452～455页。对刘书提出的批评的简要回应可参看龚韵蘅整理：《〈中国经典诠释学的特质〉学术座谈会记录》，其中李明辉的发言，第263页。

三的文章①。下文则是主要根据这些材料来整理出他们的批评。不过值得注意的是，他们虽提出批评，但都不约而同地肯定牟说对道家的诠释特别是老子有两个十分重要的贡献。一是能扣紧思想文化的脉络（发生历程）依实践的性格来揭示道如何被认识的问题。二是把客观实在意味的道收摄为主观亲证的境界，可避免道同时作为存有原理与应然原理所构成的矛盾；此即在必然性中如何能讲应然规范的困难。关于前者没有什么问题，但后者则需略加解说。诚如批评者最终皆倾向于恢复道的实在性，并以为即使如此仍不难克服道同时兼为必然与应然之理的矛盾；如袁保新释道为价值理序，刘笑敢甚至主张这一矛盾是因囿于应用西方哲学的概念而引起的，在老子思想中根本就不存在②。这些辩解是否成功姑不深论，然如此一来，所谓牟说能消解矛盾之贡献便非真贡献。而事实上，这所谓能解决矛盾之理论效力根本不是牟先生把道家讲成纯粹境界形态的考虑。否则他不会主张儒家才可以讲一创生之天道，因这岂不成了把困难又带回来给儒家③。

综合各方面的意见，我们大概可以把对牟说的批评修正归纳为下列四点：（一）认为牟说彻底扭转了道的客观意味，若验之于老子文本，终难免教人觉得偏颇不安④。（二）袁保新同意牟

---

① 参看袁保新：《老子哲学之诠释与重建》（台北：文津出版社，1991），第47～52、74～76、131～151页。刘笑敢：《老子——年代新考与思想新诠》（台北：东大图书公司，1997），第184～198页。赖锡三：《"境界形上学"的继承、厘清和批判与道家式存有论的提出》、《"实有姿态"的解消转译与"道家式存有论"的诠释还原（上）（下）》，《鹅湖月刊》第23卷第8期、第11期，1998年2月、5月，第23～30、页47～56页。

② 刘笑敢：《老子哲学之诠释与重建》，第102～103页；袁保新：《老子——年代新考与思想新诠》，第194～195页。

③ 至于儒家特别是宋明儒讲一创生的天道又如何面对必然性与应然规范之冲突问题，则需另文处理，我们不能在此讨论。可以顺带一提的是，当代依此冲突问题之思路对宋明儒天道观作既严厉且清晰的批评的，应算是劳思光先生。参看氏著《中国哲学史》第3卷上册，第43～101页。

④ 参看袁保新：《老子哲学之诠释与重建》，第74页；刘笑敢：《老子——年代新考与思想新诠》，第196页。

说依实践讲境界，但却认为所显境界已是超主客的经验，且所显之价值意义在心境退转后自可垂诸天壤，直属价值世界的最后根源"道"；由是道乃实在的价值理序。而这种解读将更能契合老子以道观道的本义。其实袁氏不讳言他的解读是借取海德格尔（Martin Heidegger）"基本存有论"（fundamental ontology）的睿识；他意谓的价值理序大概是类比于海氏讲的存有的开显呈现。但这样一来，他的整个理论取向便应是海氏"存有意义"的问题意识，而他所恢复的道的实在性实已不复为传统形上学意义下的实有①。后来赖锡三便更明确发展这一理论取向，反对牟先生以实有、境界的区分来讲儒道之别，而直接以海氏之论来建构他所谓的道家式存有论②。至于刘笑敢则只顺价值理序之说往前走而舍袁氏的理论取向，直接将道置回传统形上学的世界，认为"老子的道既是老子对客观实有探寻的结果，也是老子的价值取向的体现，二者本来就是合而为一的，不必强调其中一个方面而贬低另一个方面，也不必把一个方面归结为形而上，把另一个方面归结为形而下"③。由于这里牵涉的问题较复杂，故先略作澄清。（三）批评牟的境界说有主体中心的嫌疑，与道家努力去主体的"无我"实践不合，这是赖文的批评④。（四）赖文又批评牟说把道家讲成是消极的不生之生，原因实为预取了一判教立场，则只

---

① 参看袁保新：《老子哲学之诠释与重建》，第74~76页。但袁氏有时在正面讲述他所理解的道时又往往运用传统形上学的语言，结果乃使得他的理论取向有点模糊不清。如谓："因为'道'作为一切事物取得其存在界中地位与意义的形上根源，虽然不负责提供存在事物结构原理的说明，但是对一切事物应该如何存在，却提供了规范性的解释，一样不著地决定着天地万物的生存与本质，一样具有生畜万物的功能，及超越天地万物之上的性格。"第102页。

② 参看赖锡三：《"境界形上学"的继承、厘清和批判与道家式存有论的提出》。但赖氏在论证以实有与境界之区分来判别儒道为不妥当时，其策略却落在批评牟先生这些概念区分不清楚。然而在前文的分析中我们曾指出牟说虽有暧昧处但非如赖氏所批评的，赖氏的批评实出于未能善会牟先生文字之故。参看本书第107页注②。

③ 刘笑敢：《老子——年代新考与思想新诠》，第201页。

④ 赖锡三：《"境界形上学"的继承、厘清和批判与道家式存有论的提出》，第28页。

允许天的生生之德必须是像儒家的道德创造般，才能显出儒家大中至正之教的优越①。

对于第一点批评，在我们承认经典诠释不能只依字面意义，一字一句必须放回整体的理解才能勘定其义的前提下，这批评似乎仅属一心理作用，无足深论。对于第四点批评，说牟先生认为只有儒家之道德创生才能亟成创造之义，这不错。但他这断言的背后有其理据，非徒为判教心态作祟。如此批评似有低视牟说之嫌。事实上我们只要读一下他《十九讲》中《纵贯系统的圆熟》一讲，开首孜孜于申明不可从护教的立场去辨三教同异，便知这批评之不尽恰当②。至于牟说不把创造之义归诸于道家的理据，实与他对道家思想底根本精神之判定有关。这点下文将续有仔细的分疏。第三点批评谓牟说有主体中心的嫌疑尤不知从何说起。牟先生当然很清楚道家无为自然的精神境界乃一玄同彼我之大道遥，此中自无我他之相，否则无执的存有论便不可解。大概赖文仍是从基本存有论的角度看，执定说境界便始终有一观者立场的嫌疑，故主必由境界回归道（存有的呈现）方能尽道家式存有论以道观道之意③。但此中回归究是甚么意思？如何可能？什么叫做以道观道？由此我们可以转入比较重要的第二点的批评。但依第二点的批评，若其问为什么冲虚心灵退转后其所证之意义境界不能长存天壤，而此问乃启引自海氏存有意义的问题取向，则严

---

① 赖锡三：《"境界形上学"的继承、厘清和批判与道家式存有论的提出》，第 25 页。

② 牟宗三：《中国哲学十九讲》，第 422 页。

③ 显而易见，赖文此批评的背后恐怕仍是出于海德格尔对西方近世主体性哲学的批判与戒心。问题是在海德格尔的解构批判后，是否意谓着主体性必须彻底否定？抑或是指向主体性的重新界定？这实在值得深思。回到道家，其追求之最终境界虽云是玄同彼我，但此无我乃无我相，是作用上的无我而非存有上的无我。否则谁去无为？谁去逍遥？而老子说"我无为而民自化"（五十七章），庄子说"天地与我并生，万物与我为一"（《齐物论》）亦成不可解。关于海德格尔之批判与主体性的问题，可参看关子尹：《康德与现象学传统——有关主体性哲学的一点思考》，《中国现象学与哲学评论》，第 4 辑，2001，第 141～184 页。

格言之，此实非批评甚或修正牟说，更不是在拉开牟说的主观境界与道的距离，而是根本从另外一个理论取向来建立另一套道家诠释系统。以海德格尔的问题意识解说道家是否较其他诠释系统更能尽道之义蕴，我是海德格尔思想的门外汉，故无权置喙。并且此处的问题亦不在这里，问题是当我们落在牟先生的诠释系统中问为什么冲虚心灵退转后其所证之意义境界不能长存天壤，我们其实是在问为什么道家不能像儒家般自境界翻上一层肯认道为真实客观之存在（形上实有）。而此则涉及牟先生辨儒道二教之理据。倘若要真能针对纯粹境界形态之说，批评必须在此处落脚。

5. 结论：牟先生对道家精神之判定

究竟为何牟先生不许道家的冲虚心灵翻上一层而成对道之客观真实存在之肯认？前面我们尝依牟说不生之生不同于道德创生作一简单的答复，现再试从另一角度作一更深入的剖析。牟先生不许道家的圣证有客观实在性，他曾作如下的解释：

> 因儒家圣证自正面立言，以"仁"为体，故虽是虚灵的、主观的，而在客观方面，亦即肯定仁为实体，此即具备一"客观性"，"即活动即存有（实有）"之客观性。但此客观性即此主观的正面圣证所显露之仁体之涵盖性。故"客观性之实有"即此"主观性实有"（亦即活动即存有）之超越表象，而直至一主客观性之统一。此义，于释道两家，因其圣证自反面立言，故不具备①。

此中最关键的乃正面立言与反面立言之对扬。说儒家自正面立言，应指儒家正面肯定仁义礼智根于心，心灵本身即一价值创造者。说道家自反面立言，盖道家所肯定之无为心灵乃借着否定有为、虚伪、束缚、桎梏、造作而显，故心灵本身乃一自由者解

---

① 牟宗三：《才性与玄理》，第269页。

放者。虽然于自由解放处似亦可言一价值，但这价值没有正面的内容只是一反面的作用，意即必借否定有为、虚伪、束缚、桎梏、造作才能显。此所以若把道家的自然作有正面内容的价值讲，便常会感到自然的意义很含糊，怎样做才叫合符自然好像没有什么定准。但一旦把自然置于对有为、虚伪、造作的否定上看，自然的意义又好像很鲜明。所以牟先生才说道家的全部智慧就是放在这个自由解放心灵之否定有为的作用上。结果道家对世间一切的正面价值如儒家讲的仁、义、礼、智既没有肯定亦没有否定，而只是从其智慧上表示一切不虚伪不造作便好，于是便有"正言若反"的表述如"上德不德，是以有德；下德不失德，是以无德"（三十八章）、"上德若谷；广德若不足"（四十一章）、"夫大道不称，大辩不言，大仁不仁，大廉不嗛，大勇不忮"（《庄子?齐物论》）。道家讲的绝圣弃智、绝仁弃义亦应作如是观，意即其本怀不在否定仁义圣智，而是在否定虚伪造作："绝智弃辩"、"绝巧弃利"、"绝伪弃诈"[1]。否则真的宣扬否定仁义圣智岂不成为大异端，只不过后来儒家主张的礼沦为虚文才有否定之之说。但必须知道，道家这种无为心灵的否定作用、解放作用也没有正面肯定世间一切价值，盖其不负责作这样的肯定。职是之故，这个心灵修养到虚一而静的精神境界时所观照的道生物就是不禁其源、不塞其源而物自生；道仍是以无为心境定，离乎此并未肯定一正面的实有叫道来生物。于焉可知牟先生不生之生、客观姿态等说立言之旨归[2]。而道家这种思想落在文化上乃同样只表现一解放意识，消解文化有陷于虚文僵化之虞。故袁保新以"文化治疗学的意义"来揭示道家智慧的普遍意义，这是十分恰当的[3]。唯道家于文化之正面建设亦无甚表示，这从老子一方面

---

① 此三语乃竹简老子甲本之文，引自李零：《郭店楚简校读记》，《道家文化研究》，第 17 辑，第 463 页。

② 详参牟宗三：《中国哲学十九讲》，第七讲《道之"作用的表象"》，第 127～156 页。

③ 参看袁保新：《老子哲学之诠释与重建》，第 4 页。

讲大道失废、大制不割，但另一方面又不得不讲始制有名、散朴为器所隐含之紧张矛盾便不难证知。故牟先生尝谓道家的心灵是"单表现矛盾而不克服矛盾"①。至于落在哲学的层面看，则道家所揭橥的心灵无为自然之义本是自觉心灵本身之一特性与向度，故后来儒家的道德心灵与佛家的解脱心灵亦可通至此义，而道家只是于此特出彩头并以此成家。这也是为什么牟先生常说道家最有哲学性、普遍性之故。盖其所发之智慧实可为三教之共义。析论至此，我们大概能较全面地了解牟先生对道家思想之根本精神的判定。

本节详释牟先生对道家的研究，乃以之为牟先生经典诠释观之典例。至于不嫌辞费地替牟说回应一些批评，乃希望借此对牟说有一更透彻之把握，此亦诠释者应尽之责任。

（五）心性与天道——论劳思光先生对儒学的诠释

1. 劳思光先生与中国哲学的重建

在当代儒学以至中国哲学的重建运动中，港台新儒家诸位先生作出的努力与贡献乃是众所公认的。但对撰写了三卷四册《中国哲学史》巨构的劳思光先生，则一般的印象多只视之为一哲学史的研究者。这对劳先生不能不说是有欠公允的。深识劳先生思想的人自不难加以辨正。但我们若于此进一步追问，便会发现这种浮泛的误解之所以形成决非偶然，而实与劳先生个人治学的方法与关怀有密切关系。首先，劳先生雅不愿以儒者自居。这固然因为他十分清楚自己对儒学的了解诠释与港台新儒家有不少相异处，而后者常被冠以儒者的称号，但另一个更重要的原因恐怕是他不想因此被归类为带有过多情感色彩的传统主义者。在劳先生看来，传统主义者为抗衡"五四"以降中国思想界反传统的强大

---

① 参看牟宗三：《才性与玄理》，第 375～376 页。

潮流，往往不自觉地怀着"掘宝"的幻想①。此即于肯定传统文化价值时流于一味称赞古人，忽略理论得失的客观评价；就算是素以思辨见称的新儒家也不能免②。其次，就劳先生治学的兴趣看，他确实从不自限在中国哲学的研究而更有一用心于普遍性哲学问题的关怀。我们从他近年着力探索文化哲学与语言级序等问题就可以知道③。并且由于对哲学思考的重视，劳先生乃再三强调必须将中国哲学放在一世界哲学（或曰普遍的哲学问题）的配景中来考量评析始能充分揭示出其中的含义。正是在上述各种因素的交互影响下，乃很易教人有一感觉：以为劳先生是关心哲学问题远过于中国哲学；他对中国哲学只作客观研究而根本没有主观精神生命的投入。明乎此，我们才能懂得为何劳先生在当代儒学及中国哲学的重建运动中得不到他应有的定位。

但是假如我们不甘停留在表面的印象而试图进入到劳先生的思想世界作深入的发掘，则看到的将会是截然不同的景象。对劳先生不以儒者自称，我们自然应该尊重他的意愿，但这跟他事实上对儒学有极深刻的契会并在诠释工作上作了很大的贡献是不相干的。劳先生在一通答友人书中尝论及要能真正了解中国哲学，其中一个关键乃系于研究者有否一与之相应的实践经验。他说：

> 了解中国哲学有一个最大的障碍，就是中国哲学中某些词语的指涉，每每是日常生活中所无，而只在工夫过程中呈现的；因此，如果一个治哲学的人自己根本未致力于任何工

---

① 参看劳思光：《中国之路向（新编）》（香港：中文大学出版社，2000），第25～27页。

② 劳先生对传统主义的批评及将港台新儒家划归传统主义的言论，参看氏著：《新编中国哲学史》（台北：三民书局，1994 增订八版），第3册下，《后记》，第887～888页；另氏著：《中国文化路向问题的新检讨》（台北：东大图书公司，1993），第123～126页。

③ 参看劳思光主讲、柯志明记录：《哲学史的主观性与客观性》，《中国文哲研究通讯》1：2（1991. 6），第3～14页；另《中国文化路向问题的新检讨》，第10～15、19～25页。

夫过程，则他很容易觉得找不到那些词语的指涉何在。倘若
他就此止步，而断言中国哲学中这些词语无意义可说，则他
就不能了解中国哲学了①。

习惯西方哲学的证立思维的学者常会觉得中国哲学讲求亲证太过
主观②，所以上述这番话出自详于哲学分析的劳先生的口中，我
们便绝不应等闲视之。当然，我们仍可以倾向将之看成是一更彻
底反省的结果：即重新正视主观性（以至交互主观性、客观性）
在某些哲学课题（如安身立命）中的枢纽地位。但从劳先生致力
整理中国哲学的成绩来看，上引的文字与其说是他客观思考的结
论，毋宁说是他深深浸润于儒学以至整个中国哲学的为己的精神
传统的证词。而凡读过他《中国哲学史》的人都不难察觉到他在
儒、道、释三家中体会最多最深的乃是儒学的成德之教。他甚至
将儒家道德心性所彰显的"主体性"义蕴视为中国哲学最特出精
彩处③。故他对中国哲学发展的历史分期（即发生期、衰乱期与
振而复衰三期）以及各时期中各家思想得失升降的评价便完全是
以能否善继此"主体性"观念为判准。关于劳先生对儒学的诠

———————

① 劳思光：《新编中国哲学史》，第 3 册下，附录《答友人书——论中国哲学研
究之态度》，第 896 页。值得注意的是，劳先生强调研究中国哲学须有相应的实践经
验，这与新儒家学者牟宗三先生的观点是一致的。牟先生曾说要恰当了解中国哲学，
须兼备（文本）知识、（哲学）思辨与感触三者，其中感触即相应的体会也。参看牟
宗三：《圆善论》（台北：学生书局，1985），《序言》，页 xiv-xv。

② 这无疑是个草率且大可商榷的看法。事实上，任何提倡生命践履的精神传统
都强调亲证。印度哲人泰戈尔（Rabindranath Tagore）在他一本著作的序言中写道：
"源于伟大心灵的体验的有生命的语言，其意义永远不会被某一逻辑阐释体系详尽无
遗地阐述清楚，只能通过个别生活的经历不断予以说明并在各自新的发现中增加它们
的神秘。"可见严谨的思考在这里要做的工作是重新厘清亲证所可能涵有的丰富意
义。参看泰戈尔著、宫静译：《人生的亲证》（北京：商务印书馆，2001）。

③ 此处必须补充说明的是，劳先生对"主体性"观念的肯定除了得自中国哲学
外，亦有受到西方哲学特别是康德思想的影响。参看氏著：《康德知识论要义》（新编）
（香港：中文大学出版社，2001）。另劳先生早年论及康德哲学的其他著述，此书《附
录一》列有一览表。

释，我们将在后面讨论。

至于劳先生不欲被贴上传统主义者的标签，则问题在于传统主义者是否一定如他所批判的那样，只盲目地维护传统，对客观义理不求甚解或曲为之解？必须知道，近世中国的传统主义自19世纪末张之洞的中体西用论开始，中经康有为的孔教、章太炎的国粹、《学衡》的融化新知、十教授的本位宣言到当代新儒家等，其间已经历过数次理论形态的演进，恐未可一概而论。好像新儒家一类的传统主义者虽从不讳言他们对民族文化前途的忧虑与承担，并或者因此使得他们部分的言论看似偏于把传统浪漫化理想化。但平心而言，他们绝对没有让情感淹没理性，相反却是极力追求以理性来证成情感。这观乎他们的著述大多能正视传统的资源与限制正反两面可以证明。举例来说，徐复观先生便曾对传统专制政治的祸害作过相当辛辣的批评与鞭辟入里的省察，毋须我多饶舌。从历史的角度看，传统主义者这种强烈认同民族文化的情感可以说是时代赋予他们的一个不可磨灭的印记。其实这印记在劳先生身上也是清晰可见的。劳先生早年写下不少思考中国文化前途的文字①，他那《历史之惩罚》、《中国之路向》、《中国文化路向问题的新检讨》的著作都是明证②。因此劳先生惯以负面意义来看待传统主义者便绝不应误读为他个人缺乏民族文化的关怀，而仅是出于他一种对情感随时可能泛滥掩盖理性的警觉。

显而易见，这警觉亦充分反映在劳先生一贯讲求客观了解与批评的治学态度上。劳先生治哲学素不喜跟从成说，只落入某一特殊理论系统和语言的内部绕圈地讲，而强调必须出乎其外，采取具普遍意义的哲学观点来审视评价思想的得失。以方法学言，他的主张绝对值得肯定提倡。盖唯其如此，中国哲学才能免于固步自封之虞而得一与不同的哲学传统沟通对话的途径。据劳先生

---

① 劳先生早年思考中国文化路向的文字，可参看孙善豪、张灿辉、关子尹合编：《思光少作集》(台北：时报出版公司，1986~1987) 七册中有关的文字。
② 劳思光：《历史之惩罚》(新编)(香港：中文大学出版社，2000)。

的自述，他曾把这一通过普遍性哲学问题的背景来建构中国哲学
的想法质诸于唐君毅先生，并屡屡得到唐先生的首肯①。所以尽
管他研究中国哲学与新儒家取法不同，然殊途不一定不能同归。
这里所谓的同归自然不是指思想上的趋同而是指彼此皆能有功于
中国哲学的重建。可见，劳先生关心普遍的哲学问题并不意谓他
便把中国哲学投闲置散了，恰好相反，他正是凭着其别出手眼的
心裁来对中国哲学作出他自己独特的贡献。先不论劳先生诠释中
国哲学的具体观点，他的治学态度首先就会使得他十分关注如何
下手研究的方法问题。事实上，涉猎过劳先生著作的人都不难发
现他在研究方法上有很多细腻的反省及丰富的创获。下面我们析
论他的儒学诠释时将可以清楚看到他的方法学如何在最关键的地
方决定了他对儒学传统的理解。这里我们只想先扼要介绍一下他
的方法学几个较重要的侧面。

第一，劳先生从分析语言文字与理论观念的关系入手，指出
哲学理论的表述固须依赖语言文字，但了解语言文字不等于就能
了解哲学理论。此盖语言文字的了解本身并不能提供有关特定理
论的特殊知识之故。尤有甚者，则哲学家在创建理论时，往往会
赋予日常用语以特殊的新义来方便发挥其说。依此，中国哲学中
由来已久的义理与训诂底关系的争讼乃可得以解决。劳先生虽亦
承认训诂辨伪对考订古代文献有确定贡献，但却不以乾嘉学人训
诂明则义理明的说法为然。他在批评清儒戴东原的字义疏证方法
时便明白交代了个中的理论症结：

> 此一方法若以之处理一般古代文件，则确属最合科学标
> 准之方法。但当吾人面对某一特殊哲学理论时，则即不能忽
> 略此处有"特殊语言"与"常用语言"之分别问题；盖立一
> 理论时，此论者常因所言之理非常人所已言及者，故不得不
> 予旧有之语言以新意义，因而构成其特殊语言。在此种情况

---

① 劳思光：《新编中国哲学史》，第 3 册下，第 888 页。

下，学者只能据其立论之内部语脉以了解其特殊语言，而不可再拘于常用语言中某字之意义，而强以之释此理论也。孟子论"性"，正属此类特殊语言①。

此确一语中的地道破乾嘉学人主张的根本病痛所在②。

第二，澄清"以外观中"的疑虑。假若我们是以某套西方理论来解析中国思想，自存在削足适履、比附硬套的危险。此理甚明本不待辩。所以劳先生要澄清的以外观中，乃是一种以为我们根本不能运用西方的逻辑思考来处理中国哲学问题的观点。众所周知，中国哲学多重在生命的体会觉解，故传统的表述方法遂往往是对机说法式的指点与启发。从理论的观点看，则中国哲学的文字实不免过于简略，其隐藏的系统也很易造成了解上的困难。故要重建中国哲学正亟待理性思辨方式的引进，而逻辑解析等技巧既为西方哲学的胜场，那么他山之石可以攻错不是顺理成章的事吗？劳先生尝以思想上的显微镜喻逻辑解析的方法，指出显微镜虽属西方产物，但我们没有什么理由相信它只能看到西方的细菌而看不到中国的细菌。值得注意的是，劳先生虽认为逻辑解析是处理哲学问题的公器，却绝非对它本身的应用分际毫无反省。因此他说：

> 我毫无夸张逻辑解析功用的意思。哲学问题中自有许多是不能由逻辑解析处理的。但那是"思想上的显微镜"本身功用的限制，而并非地区民族时代的限制。我们现在要澄清的观念，只是：中国哲学史上的一切问题，都和其他哲学史上的问题一样，可以接受一切哲学方法的处理。倘有人坚持

---

① 劳思光：《新编中国哲学史》，第3册下，第839~840页。
② 在（文本）训诂与义理（解释）的关系上，牟宗三先生的看法与劳先生若合符节，可互相比观。这大概是深知义理探索之甘苦者的共同体认。牟先生的看法，可参看本书第一部分第三篇文章：《知识、思辨与感触——试从中国哲学研究论牟宗三先生的方法论观点》。

儒学、哲学与现代世界

"中外之分",只表示他缺乏理论常识而已①。

　　大概以外观中的疑虑可能一是出于以为讲求分析会有碍中国传统注重的实践;一是出于强调不同文化间的差异。但前者显然混淆了践履与学问讲明的不同层次。至于后者,则劳先生主张哲学史上的问题可以接受一切哲学方法的处理并不会因此就忽视了文化差异的存在。盖哲学方法实非某特殊文化的专利品而是超乎其上的思考公器。我们恐怕很难想象有某文化思想是违反逻辑三律但仍能被吾人所理解。其实劳先生向来重视的普遍性哲学问题视野正是缘于了解到文化间的差异而思寻找一可互相比较的基础。诚然哲学家提出一套理论总难免或多或少地受到他身处的时代环境的影响。但其理论带有特殊的文化色彩并不碍它本身原是对着普遍性问题而发的。是以普遍性问题遂可成为不同的哲学理论进行沟通对话的桥梁,甚或成为评价彼此高下得失的标准。

　　第三,提出"发生历程"与"内含意义"的划分。易言之,即将理论的产生过程与其内容指涉区别开。这一划分的重要性在于指出研究哲学史固然需要兼顾两者,但评价理论则不能诉诸发生历程而只能就内含品质的效力与困难着眼,如此方不致引起一些不必要的混淆②。以近代中国传统文化的处境为例,"五四"以来的知识分子大多有一共同想法:即以为传统文化无力招架西方文化的入侵正是传统文化已无价值的铁证。而这一错误的想法正由于未能分清发生历程与内含意义的界线。顺着这样的思路,劳先生复提出我们应该分辨哲学理论中那些受到历史环境因素限制的成分,与那些历久常新可以通过再诠释赋予新义的成分。前者他称为"封闭成分"以别于后者的"开放成分"。劳先生认为我们能对一理论作这样的分解,始可避免只晓得去攻击前人理论

---

　　① 劳思光:《新编中国哲学史》,第1册,《序言》,第19页。
　　② 同前注,《后序》,第407~408页;另《中国文化路向问题的新检讨》,第7~9页。

124

的失效处，而不懂得去欣赏肯定那些有普遍意义的成绩①。例如他讲孔子的正名，就十分强调君臣、父子、兄弟、夫妇仅为特殊社会的取例，正名学说的开放成分乃在于理分观念的透出及肯定②。故批评孔子正名是维护封建专制云云，实则是仅从封闭成分观之的结果。但如此又焉可谓善述孔子耶。

　　第四，从思考哲学本身出发，劳先生试图建立一普遍的开放的哲学概念来统摄哲学史上已经出现及可能出现的各种不同的特殊理论，为彼此间的对话交流奠立基础。他并且把哲学思考的反省功能分为两大类：即"认知功能"与"引导功能"，分别对应于人类自觉行为中的认知因素与意志因素。最后乃断定讲求转化自我世界（用传统的话说即变化气质）的中国哲学，其基本性格是引导的哲学③。不难看出，劳先生的苦心经营，目的是希望透过反省哲学概念本身来建构一套足以统摄所有哲学传统的理论框架，复由之以安立中国哲学在世界哲学中的位置与意义。毫无疑问，认知功能与引导功能的分判在理论意义上是远较劳先生早年重智与重德的区分来得精密细致。因为认知与引导的分别明显是相对的；哲学思考如果并非纯然是智力游戏而是紧扣人生的，则人的行为本兼备认知与意志两面，两者相辅相成，而根本不应有一纯认知的哲学或纯引导的哲学乃其理甚明。此中实只存在偏重程度不同的问题。尤有进者，倘若我们能往深一层想，即不难承认人最基本的关怀及需要原是在目的方面而不在知识方面，便知目的问题实先于知识问题而为哲学思考的基本对象。对这一点，劳先生论之甚详：

---

　　① 劳思光：《新编中国哲学史》，第3册下，第896页。
　　② 同前注，第1册，第68~76页。另劳先生在《中国之路向》一书中曾指出中国传统文化中有普遍意义的开放成分为：一、自我主宰的肯定；二、和的观念；三、理性与情意的互补作用。参看是书第55~58页。
　　③ 参看劳思光：《对于如何理解中国哲学之探讨及建议》，收氏著：《思辨录——思光近作集》（台北：东大图书公司，1996），第1~37页。

我想指出，哲学基本上是要引导人类的行为，以及人的生活。所以哲学语言原应有一种"引导功能"（Orientation Function）。即在西方世界，古代欧洲的希腊哲学仍重视这种功能。不过17世纪以后，欧洲哲学家一直想将哲学变得像某种科学，由此而逐步转向"认知功能"的强调，因而遗忘了哲学语言原有的引导功能。现在我们重新面对哲学语言的功能问题，则可知哲学原具引导功能，则目的问题反而是哲学思考的基本对象。从历史方面说，古代哲学比较重视意志与目的之问题，因此在不同程度上保持哲学语言的引导功能。甚至当古代欧洲哲人论及知识问题的时候，他们仍想对人类之认知活动作某种引导。不过，就西方世界而论，认知的哲学语言经长期的发展，已经使知识问题成为哲学思想的主流[1]。

强调认知功能虽是现代哲学的主流，然我们终究没有理由排斥引导功能。从这样的讨论背景来看，则劳先生从新抉发中国哲学的引导性格确有其深远意义在焉。

第五，最后关于劳先生近年用思的语言级序问题，若仅以方法论言，它可以说是前述普遍性的哲学问题视野及开放的共同意义的哲学概念等主张进一步推演发挥的结果。我们研究某哲学理论时，最初自然可以只依该理论内部的语言讲。但为了避免自我封闭、自圆其说，我们便应凭此理论所涉的哲学问题建构一套后设语言，由后设的层面来对该理论作深一层的厘清评估。如此理论语言与后设语言便分属不同的语言级序。根据同样的道理，后设语言亦有自我封闭的危险，则原则上我们又可依其涉及的问题于其上再建构另一后设语言。这样展开层层的分际，一方面既能保持理论系统的开放性、对话性，另一方面亦能给予不同级序的

① 劳思光：《由儒学立场看人之尊严》，收氏著：《思辨录——思光近作集》，第154~155页。

论说适当的定位，避免因混淆不同的语言级序而产生无谓的纠缠①。从劳先生零散的演讲文字看来，他仍在构思当中的语言级序理论似乎并不仅限于方法论的范围，而是企图借此解决当代关于如何重新安立理性、确定性与普遍性等问题。不过这绝不碍语言级序作为一普遍的哲学方法，可以对中国哲学的重建提供莫大的启发与裨益。例如劳先生就曾根据道德哲学涉及的三个主要课题：道德理论、道德境界及道德教育来建立一后设论述以彰显儒家道德哲学的要旨②。又如中国哲学追求人生的转化，则我们可就人转化所可能达至的各种自我境界立一后设论述，像劳先生早年区分形躯我、认知我、情意我、德性我的设准，以测定不同学说主张的旨归所在③。

总结地说，以上各点均是从方法学的层面来展示劳先生在中国哲学重建上的贡献与创获。下面让我们转到具体内容方面，看看他对其契会最深的儒学究竟作出怎样独特的诠释。

2. 心性：道德主体性的挺立

依劳先生的看法，孔子立成德之教，其最大的智慧乃在于将道德生活的根源收归一价值自觉。孔子以忠恕释仁，可知仁为一人己等视的大公境界。人能行忠恕践仁即能体现公心（大公的意志状态）；而公心实是自觉其自己的价值高于私心的，故又可谓是一价值自觉心。但劳先生认为孔子虽标出此义，却没有解决自觉心如何证立的问题，直到孟子倡性善说才补充了这部分④。如所周知，孟子是从今人乍见孺子将入于井而无三杂之念处说人内

---

① 参看劳思光主讲、柯志明记录：《哲学史的主观性与客现性》。
② 参看劳思光：《从"普遍性"与"具体性"探究儒家道德哲学之要旨》，收氏著：《思辩录——思光近作集》，第39~54页。
③ 劳先生早年区分形躯我、认知我、情意我、德性我以对应人生中各种自我境界的说法，可参看《新编中国哲学史》，第1册，第147~152页、第256~275页。劳先生以情意我释庄子曾引起不少批评，以为这与庄学讲求浑然忘我、道通为一不符。然倘依语言级序的观点，则情意我实可属高一级序的论说。当然其正确性仍应被考查质问，而此即涉及自我境界如何划定的问题。
④ 劳思光：《新编中国哲学史》，第1册，第155~158页。

在本有不动于欲的四端之心，复由四端之心之善以明性善。用现代哲学的话说，孟子是通过体证的方式来论证道德心性的。然近人多有质疑体证是否一种好的论证，盖人若辩称我没有体会则是否表示我不具备道德心性呢？据孟子的立场作答大概会驳斥这种辩称为知其所穷的遁辞，因为道德心性在现实人生中虽常乍现乍灭，但却绝不可能完全没有呈露的时候。这就好像穷凶极恶的人也会有天良发现、善恶是非之心不期然流露的一刻。所以工夫的关键实端赖于人能否于心性发用时当下认取之。用孔孟的话说就是操存舍忘、求放心。值得注意的是，劳先生是整个地接受传统重体证的证立方式，并丝毫没有质疑其有效性。他说：

> 人由于对当前自觉之反省，发现此中含各种德性之种子，即可肯定人之自觉心本有成就此各种德性之能力。就所显现之自觉讲，只为一点微光，故说为"端"、"端"即始点之意。……由当前之反省，揭露四端，而透显价值自觉之内在，此为"性善"之基本意义①。

在《王门工夫问题之争议及儒学精神之特色》中又说：

> "良知"有时显现，有时不显现，所以第一层确有一种工夫，即是在"良知显现"时即紧守不息的工夫。所谓"一点灵明"，确是会自然显现的，但并非时时自然显现；学者用功，只在"良知"显现处自觉自省，就需要意志上一种警惕；因此，程门所谓"敬"，王门所谓"戒慎恐惧"，都是这种原始工夫的描述。而这个原始工夫最切要处是念念不息②。

可见相比那些隔阂于儒学精神的人，劳先生对儒家一机向上的反

---

① 劳思光：《新编中国哲学史》，第 1 册，第 164～165 页。
② 劳思光：《思辨录——思光近作集》，第 91 页。

省工夫确是心有契会。而这也是为何他在上引《答友人书》的文字中会强调要真正懂得中国哲学，便必须从致力于工夫的过程中求得实践的体验。

按照孟子的区分，道德自觉心是大体，耳目口鼻的感官是小体。生命若能立乎其大者，则其小者弗能夺。此中或升或降，或溺于物或不溺于物，皆由自觉心自主自决。倘说耳目口鼻之官是表一已给与的被决定的领域，则人的自觉心能超拔乎其上，正透露出此处有一不受决定的自由领域存焉。故劳先生喜以最高自由说道德心性。道德心性既涵有显现（活动）、实践、自觉、自主、自决、自由诸义，劳先生乃借用主体性的概念来作为道德心性的第一特性。事实上，以主体性释道德心性可以说是当代儒学研究者的共法。牟宗三先生亦尝谓中国哲学特重主体性与内在道德性①。当然各家心目中的主体性概念除了以上共认的诸义外，还有或多或少的各自理解上的差异处。例如劳先生就十分肯定主客对扬的观点：

> 一哲学理论，或归于主体性，或归于客体性；基本上更无例外。所谓"主客统一"之说，仍然不外是"以主摄客"或"以客摄主"两型②。

他更以此为判准批评冯友兰用柏拉图的形上学思路来解释中国哲学之不当：

> 客观地说，这种形上学思路，只能用于有关形上学问题的研究上。用它来说明名家理论，较为适宜；用它来解释老子，便只有一半可用；而对于佛教与宋明理学，则大半都不适用。尤其是论禅宗与陆王之学时，一切关于客体性（Ob-

---

① 参看牟宗三：《中国哲学的特质》(台北：学生书局，1984 年 7 版)，第 8 页。
② 劳思光：《新编中国哲学史》，第 1 册，第 403 页。

jectivity）的理论设准，都成为题外；因为这些学说都集中于一组关涉"主体性"（Subjectivity）的问题上。冯先生在这种紧要界限上，看不明白，原因自然是他本身对这两面的哲学问题把握不住①。

姑不论冯友兰对中国哲学的理解有何不相应，劳先生在上引文字中清楚表明了他认为形上学属客体性理论处理存有问题，心性之学属主体性理论处理价值问题，两者不可相混的主张。其实这种主客对扬的观点，在他解释孔子的学说时已露出端倪；此即重在以公心及价值自觉两义释仁而未有涉及仁之感通一义。须知宋儒程明道《识仁篇》便以感通训仁，并由仁心的感通无外、觉润无方说仁者浑然与物同体，倡天道性命相通之旨。但依劳先生，说仁者浑然与物同体是发挥公心则可，若进而谓天道性命相通则不可，因为此乃主客不分、存有与价值不分、心性论与形上学不分的混淆说法②。而正是这一严辨主客的立场使得劳先生的儒学诠释迥异于同时代的其他学者，尤其是当代新儒家。

尽管当代新儒家亦同样采取主体性的概念来诠释道德心性，也知道主体性这个概念基本上是从客体性分立出来的，但却以为宋明儒的天道是靠主体的道德实践步步上达所亟成的诚信与肯认③，与西方哲学依思辨而建立的形上客体截然异趣。由是遂认为宋明儒追求的天道性命关系应是亦主亦客；彻底的主客观面的统一。这反映在仁的理解上即特重申明感通之义。新儒家诸先生中最善会感通义的是唐君毅先生，这观乎他将孔子言仁之旨开示为对人之自己之内在的感通、对他人之感通及对天命鬼神之感通三方面可知④。就连牟宗三先生也坦承他之能由儒学中提炼出

---

① 劳思光：《新编中国哲学史》，第1册，第402页。

② 同前注，第3册上，第215～224页。

③ 参看牟宗三：《圆善论》，第140页。

④ 参看唐君毅：《中国哲学原论：原道篇（卷一）》（台北：学生书局，1984年5），第71～149页。

儒学、哲学与现代世界

jectivity）的理论设准，都成为题外；因为这些学说都集中于一组关涉"主体性"（Subjectivity）的问题上。冯先生在这种紧要界限上，看不明白，原因自然是他本身对这两面的哲学问题把握不住①。

姑不论冯友兰对中国哲学的理解有何不相应，劳先生在上引文字中清楚表明了他认为形上学属客体性理论处理存有问题，心性之学属主体性理论处理价值问题，两者不可相混的主张。其实这种主客对扬的观点，在他解释孔子的学说时已露出端倪；此即重在以公心及价值自觉两义释仁而未有涉及仁之感通一义。须知宋儒程明道《识仁篇》便以感通训仁，并由仁心的感通无外、觉润无方说仁者浑然与物同体，倡天道性命相通之旨。但依劳先生，说仁者浑然与物同体是发挥公心则可，若进而谓天道性命相通则不可，因为此乃主客不分、存有与价值不分、心性论与形上学不分的混淆说法②。而正是这一严辨主客的立场使得劳先生的儒学诠释迥异于同时代的其他学者，尤其是当代新儒家。

尽管当代新儒家亦同样采取主体性的概念来诠释道德心性，也知道主体性这个概念基本上是从客体性分立出来的，但却以为宋明儒的天道是靠主体的道德实践步步上达所亟成的诚信与肯认③，与西方哲学依思辨而建立的形上客体截然异趣。由是遂认为宋明儒追求的天道性命关系应是亦主亦客；彻底的主客观面的统一。这反映在仁的理解上即特重申明感通之义。新儒家诸先生中最善会感通义的是唐君毅先生，这观乎他将孔子言仁之旨开示为对人之自己之内在的感通、对他人之感通及对天命鬼神之感通三方面可知④。就连牟宗三先生也坦承他之能由儒学中提炼出

---

① 劳思光：《新编中国哲学史》，第1册，第402页。

② 同前注，第3册上，第215～224页。

③ 参看牟宗三：《圆善论》，第140页。

④ 参看唐君毅：《中国哲学原论：原道篇（卷一）》（台北：学生书局，1984年5），第71～149页。

"道德的形上学"的架构实得益于唐先生的启发：

> 我请读者参看唐君毅先生《人生之体验》中《自我生长之途程》一文以及《人文精神之重建》中《孔子与人格世界》一文。我即从此两文悟到孔子的精诚恻怛的浑全表现所代表的那原始的智慧，并见到儒家何以一下子即能使实践理性充其极而彻底完成了那"道德的形上学"而康德则不能之故。唐先生此两文都在多年以前发表，前文尤早，尚在抗战时期。我由此两文所悟到的意思蓄之已久，今始正式说出，聊作"辩以相示"①。

劳先生虽似亦注意到宋明儒的形上学旨趣大半偏于"道德形上学"，与西方"思辨形上学"不同，然却坚持心性归心性，形上归形上的主客二分，认为混淆存有与价值将引致严重的理论困难②。他后来仔细反复考量宋明儒的天道观念，最终的结论仍坚持天道充其量只能是主体底要求或理想信仰所寄之方向，本身并无独立的实有性。易言之，即归宿仍在以主摄客一路③。关于这点，下文将续有详细分疏，这里我们只想点出劳先生与当代新儒家分道扬镳之处。而此一分所引出的争端首先则见于对孔孟的天观念以及《易传》、《中庸》的理解上。

孔孟的学说重在讲仁与心性，虽常常提到天却没有清楚说明天的含义及其与仁、心性的关系，这便留下了很大的解释空间。劳先生处理这问题主要是从三方面入手：即文本解读、哲学理论的融贯性与文献的历史考证。如果从诠释学的角度着眼，我们不难看出，前两者正是衡量一个诠释是否客观恰当的判准。而要充

---

① 牟宗三：《心体与性体》（台北：正中书局，1983 五版），第 1 册，第 189 页。

② 参看劳思光：《新编中国哲学史》，第 1 册，第 402 页。从文字后劳先生紧接着下的注语，可知他所谓的"道德形上学"是指一种以为心性论必归于形上学的主张。

③ 同前注，第 3 册上，第 69~70 页。

分做到尊重文本，则文献的考证工夫也是不可或缺的。尤有甚者，文本解读与理论融贯在理解过程中实际上是存在着互相影响的所谓诠释循环的关系。由于中国哲学的文字绝大部分并非以思辨分解的方式撰写，所以这一诠释循环于理解时就更加显得重要。换一种说法，即文本解读往往取决于解释者从何种理论立场出发；后者在很大程度上是支配着前者的。当然，想比较不同的诠释观点的孰优孰劣，最终仍得视乎那一诠释观点的理论效力更强并且更能周延地照顾文本。回到劳先生的先秦儒学研究，他认为孔子思想的主要精神乃提出义命分立的智慧。他说：

> 此立场（按：指孔子之立场）先区分"义"与"命"，对"自觉主宰"与"客观限制"同时承认，各自划定其领域；然后则就主宰性以立价值标准与文化理念，只将一切客观限制视为质料条件。既不须崇拜一虚立之超越主宰，亦不须以事实代价值，或以自然代自觉；而此一自觉主宰亦不须求超离。于是，即在"命"中显"义"，成为此一精神方向之主要特色。从超越主宰者，是神权主义；从自然事实者，是物化主义；持超离之论者表舍离精神。孔子则不奉神权，不落物化，不求舍离，只以自觉主宰在自然事实上建立秩序，此所以为"人文主义"①。

说孔子重在命中显义，这与新儒家的了解相符。如唐君毅先生便谓孔子是由义命分立的体会中透出以义安命、义命不二之义②。两家的分别在于劳先生复进而以命来解释天，故知天命即知客观限制的领域。而凡《论语》中不与命相连而单独出现的天，如"不怨天，不尤人。下学而上达。知我者，其天乎"（《宪问》），

---

① 劳思光：《新编中国哲学史》，第1册，第139~140页、第199~201页。
② 参看唐君毅：《中国哲学原论：原道篇（卷一）》，第116~130页。

则一概释为孔子有时或不能免于风俗习惯而偶用习俗之语的缘故①。总之，天是不应被视为形上价值之天。然新儒家却恰正相反，认为孔子以义安命实已感知命固出于天但义亦同源于天。借用宋明儒的话说，即孔子必同时体会到理命（义）与气命（命）两面才可谓真正知天命。而孔子的天实有形上价值的性格。倘以前述文本解释的周延性而言，劳先生的说法是会受到一定的挑战。好像下列两条《论语》中涉及天的价值意味的文字：

> 子曰："大哉尧之为君也！巍巍乎！唯天为大！唯尧则之。荡荡乎！民无能名焉。巍巍乎！其有成功也；焕乎，其有文章。"（《泰伯》）

> 大宰问于子贡曰："夫子圣者与？何其多能也？"子贡曰："固天纵之将圣，又多能也。"子闻之，曰："太宰知我乎！吾少也贱，故多能鄙事。君子多乎哉？不多也。"（《子罕》）

可见若要完全抹杀天的价值性格，对《论语》中某些涉及天的材料便须另作一番曲折的解释。这种情况在解读《孟子》时尤其明显。若孟子的天并非价值与道德的形上根源，则下列的几条文字又当如何觅得善解？

> 诗曰："天生蒸民，有物有则。民之秉夷，好是懿德。"孔子曰："为此诗者，其知道乎！故有物必有则，民之秉夷也，故好是懿德。"（《告子上》）

> 是故诚者，天之道也；思诚者，人之道也。诚而不动者，未之有也；不诚，未有能动者也。（《离娄上》）

> 夫君子所过者化，所存者神，上下与天地同流，岂曰小补之哉？（《尽心上》）

---

① 劳思光：《新编中国哲学史》，第1册，第147页、第406页。

劳先生却坚持孟子的天不具形上根源之义，这观乎他解"尽心知性知天"一语可知。他反对天有形上意义，其理由有二。一是哲学史亦即文献考证的理由：

　　　　先就"知性"与"知天"说，通常习用解释，是以此说与《中庸》之"天命之谓性"合看，谓二者相通。就字面看，此种传统说法亦似甚为自然；盖"性"若自"天"来，则由"性"反溯亦似可以知"天"也。但稍一深求，则从哲学史或哲学问题看，皆大有困难。盖从哲学史角度看，则《中庸》乃晚出之书（参阅拙
著《中国哲学史》第二卷论"礼记"部分），则旧说所假定之子思与孟子之传承，显已不能成立。孟子自谓承孔子之学，而孔子思想之特色即在于强调自觉心之主宰地位，孟子之心性论分明承此立场而建立。先秦北方思想传统又向无形上学旨趣，则孟子何以忽采取后世之形上学观点（为中庸所代表），实不近情理①。

劳先生曾详细考析中国古代文化传统之形成②，但他以为先秦北方思想传统向无形上学旨趣，则恐只属他个人的一家之言。事实上，他也承认《诗经》中出现过"形上天"观念，虽则是以之为偶然一见的未成理论的一种想象③。然不管怎样，我们似乎没有甚么很强的历史证据来断言大量引用《诗》、《书》的孟子丝毫没有受到其中形上天观念的启发与影响。对此，劳先生尝举一旁证，即指出荀子遍议诸家之短长，却未有论及形上学观念，足见先秦儒学发展到荀子时还是没有形上学的旨趣④。不过随着近年

---

① 劳思光：《新编中国哲学史》，第 1 册，第 194 页。
② 同前注，第 1 章《论中国古文化传统之形成》，第 21～74 页。
③ 同前注，第 80～82 页。
④ 同前注，第 405 页。

相继出土的简帛史料，此旁证也变得大可商榷。盖 1973 年冬湖南长沙马王堆出土的帛书与 1993 年冬湖北荆门郭店出土的竹书中都有《五行》篇，专家学人的研究倾向认为这《五行》篇正是荀子在《非十二子》篇中所批判的那个作为思孟学派代表作的"五行"①。在《非十二子》篇中荀子批评思孟"案往旧造说，谓之五行；甚僻违而无类，幽隐而无说，闭约而无解"。此中所谓五行，后世多从唐人杨倞注荀的说法释为仁义礼智信，然却无法交代杨说的根据何在。现在《五行》篇的问世，正可以充分解释了五行乃思孟学派提倡的仁义礼智圣五种德行，并以全备五德者为能配天道。《五行·经一》开宗明义说：

> 仁形于内，谓之德之行；不形于内，谓之行。智形于内，谓之德之行；不形于内，谓之行。义形于内，谓之德之行；不形于内，谓之行。礼形于内，谓之德之行；不形于内，谓之行。圣形于内，谓之德之行；不形于内，谓之行。德之行五，和谓之德；四行和，谓之善。善、人道也；德、天道也②。

这里"形于内"与"不形于内"及"德之行"与"行"的区别与孟子分别"仁义行"与"行仁义"的旨趣若合符节。而五德并举配合天道的说法，在今本《孟子》中亦不乏佐证：

> 仁之于父子也，义之于君臣也，礼之于宾主也，智之于贤者也，圣人之于天道也，命也；有性焉，君子不谓命也。（《尽心下》）

《中庸》也有近似的例子：

---

① 参看庞朴：《竹帛〈五行〉篇校注及研究》（台北：万卷楼，2000）。
② 同前注，第 29 页。

135

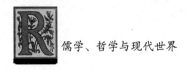

> 唯天下至圣，为能聪明睿知，足以有临也；宽裕温柔，足以有容也；发强刚毅，足以有执也；齐庄中正，足以有敬也；文理密察，足以有别也。……凡有血气者，莫不尊亲，故曰配天。

合起来看，可见传统思孟学派的说法绝非无据；子思是否《中庸》的作者及《中庸》的成书年代等实有重新考查的必要。而从文献证据的角度看，迄今为止的研究所达至的结论恐怕正是劳先生所亟力反对者。当然劳先生作此判断时仍未及见到这些新出土的材料，故即使他的考证最后真的被证明为站不住脚亦无足深究。我们必须知道，劳先生之所以如斯自信其说实还有着眼于文献以外的哲学理由：即认为唯有如此解释天方能彰显孟子学说的效力，相反就得面对严重的理论困难。

因此，劳先生反对孟子知天的天带有形上价值含义的另一理由是哲学问题的考虑。他说：

> 其次专就哲学问题看，此中之理论困难，亦甚明显。盖若以为"性"出于"天"，则"性"比"天"小；换言之，以"天"为形上实体，则"性"只能为此实体之部分显现；由"天"出者，不只是"性"。如此，则何以能说"知其性"则知"天"乎？"其"字自是指"人"讲，"知其性"纵能反溯至对"天"之"知"，亦只是"天"或"天道"之部分，人不能由知人之性即全知"天"也。总之，如"性"出于"天"，则"知其性"不能充足地决定"知天"。……倘欲使"知其性"成为"知天"之充足条件，如孟子原文之意，则只有两可能。其一是肯认"性"比"天"大，如此则"知其性"则必可"知天"，但此即与"天命之谓性"直接冲突。……其二是以"性"与"天"相等，如此则天所具之一切性质或内容，均为"性"之所有，而且二者内容全不可

分辨——如可分辨，则不"相等"。由此推之，"天"与"性"成为二名一实之关系。吾人可说"天"是"性"之别名，亦可说"性"是"天"之别名。如取此说，则孟子本文中所说之"存其心，养其性，所以事天也"，已不可解；且取孟子书中言"性"之语，以"天"字代之，则处处皆不可通。若在中庸一面，则依此观点看"天命之谓性"一语，亦成为不可解，盖将等于说："性命之谓性"或"天命之谓天"矣①。

不过此处以性天的大小相等来质疑孟子知性知天一语本身的意义不明确，且与《中庸》"天命之谓性"不相合，则可说是个十分奇怪的论证。大抵劳先生自己亦未尝不知道知性知天之知非认知义，而是彰显、表现、体会义。说人若充尽发挥心性则能彰显体会天道本甚顺适可解，又何来只能体会部分不能体会全部之虞呢？譬如说一个宗教徒在祈祷时能体会上帝的临在，我们似乎不会因人小于上帝，便说祈祷时体会的只是部分的上帝。可知这反驳或是劳先生早年不成熟的看法。他接着别出心裁地以"本然理序"来解释天：

> 此处之"天"字，不重在"限定义"，而有"本然理序"之义。"天"作为"本然理序"看，则即泛指万事万物之理。说"知其性，则知天矣"，意即肯定"性"为万理之源而已②。

又说：

> 总上所论，可知孟子言及"天"与"性"时，并非肯认一形上实体；"知其性"则"知天"之说，语义正与"天命

---

① 劳思光：《新编中国哲学史》，第1册，第194～195页。
② 同前注，第196页。

之谓性"相反;"心"是主体,"性"是"主体性"而天则
为"自然理序"①。

顺着这样的解释,劳先生谓孟子"万物皆备于我矣"乃"是说心
性中包有万物之理"②。然而毋庸讳言的是,即使通观劳先生的文
字,我们似乎仍不大能清楚明白何谓性为万物之源、心性中包有
万物之理的意思。劳先生像是在说尽心则能表现性,而性是人的
本然之理,故人由知其自身本然之理则可知万物亦各有其本然之
理。这样解好像也勉强可以说心性中包有万物之理。但孟子这样
说知万物之理对道德心性而言又有什么意义?牟宗三先生便尝替
劳说设想一解释并批评如此解说实难以符合孟子的思想。其言
曰:

> 万物不能离开本心诚体而有独立的存在,这应当是对
> "万物皆备于我"的一个确切理解。但另有一种讲法,就是
> 劳思光的说法。他说:"万物皆备于我"只是万物之理备于
> 我,并非万物之存在备于我。这个说法是劳思光的一贯论
> 点,也就是心性论只当涉及应当,不涉及存在。你们看这个
> 说法通不通?"万物之理"与"万物之存在"分开有没有意
> 义?假若心不涉及存在,存在交给谁呢?在西方,存在交给
> 上帝;儒家没有上帝,就是交给心体、仁体、诚体、性体,
> 这是一样东西,你怎能把它看成是类概念?假若说"万物之
> 理"备于我,不是"万物之存在"备于我。那么,这个时
> 候,"理"能不能存在?与"存在"分离的"理"是什么意
> 义的"理"?"理"与"存在"分离,而这个"理"仍能备
> 于我,这种说法通不通?万物的抽象之理只是理的抽象概
> 念,抽象概念不能备于我。什么叫抽象之理?譬如,粉笔有

---

① 劳思光:《新编中国哲学史》,第 1 册,第 197 页。
② 同前注,第 196 页。

粉笔的抽象之理，粉笔的抽象之理就是粉笔的抽象概念。粉
笔的抽象概念不能说备于我，只能说通过我的思考把它抽象
出来。……这种层次上说的"理"，所谓共理，对我们没有
意义。孟子不是这个意思。劳思光说万物之理备于我的
"理"是不是这个层次上的"理"呢？①

就连牟先生也不确定劳说的实义何在。可见为了证明孟子的天非
形上价值根源，劳先生在曲折的文献疏解方面付出了相当大的代
价。但由此亦正可知他要作这样的别解乃因他屡屡强调若如新儒
家般依宋明儒天道性命相贯通的思路来讲孔孟将面对混淆存有与
价值所带来的严重的理论困难。关于这些困难，他其实是在讲论
宋明儒时才详加铺陈，因此我们也留待下面析论天道问题时再续
作分疏。

最后，由孔孟到《中庸》、《易传》，劳先生一贯地根据其对孔
孟学说旨归的判定，将《易》、《庸》摈出先秦儒的门墙之外。他
虽承认《易》、《庸》的作者有预认先秦儒心性论之处，但却从文
字内容与成书考订方面指出它们都是汉儒因受阴阳家思想影响而
试图以形上学、本体宇宙论来解释德性（即以存有来说明价值）
的产物。易言之，即是混淆了存有（形上学）与价值（心性论）
的学说。《易》、《庸》是否汉儒的作品，劳先生固提出了一些文字
内容的考证，然须知先秦诸子的文献在成书过程中大多有遭后人
改订与附托。假使《易》、《庸》真的成书于汉，其经汉儒窜改而
带有汉儒思想色彩的文字乃自然不过的事情，但这绝不足以佐证
其内容全为汉儒所作。而正如上文曾提及的，近年地下出土的简
帛史料似乎越来越倾向支持《易》、《庸》为先秦儒家后学的作品。
例如思孟《五行》篇使得研究者重新认同子思作《中庸》的旧
说。又如帛书《易传》中有《要》一篇，生动地记录了孔子晚年

---

① 牟宗三主讲、卢雪昆整理：《宋明儒学演讲录（一）》，《鹅湖月刊》156
（1988. 6），第6页。

与学生子贡论易的文字。其中子贡质疑夫子为何晚年好易，孔子的答复是：

> 子曰：《易》，我后其祝卜矣，我观其德义耳也。幽赞而达乎数，明数而达乎德，又仁〔守〕者而义行之耳。赞而不达于数，则其为之巫；数而不达于德，则其为之史。史巫之筮，乡之而未也，好之而非也。后世之士疑丘者，或以《易》乎？吾求其德而已，吾与史巫同涂而殊归者也。君子德行焉求福，故祭祀而寡也；仁义焉求吉，故卜筮而希也。祝巫卜筮其后乎？①

孔子与子贡是否真有这样一段对话自难确实证明。但不少学者均认为这段记载极可能出自先秦，其言孔子好易正与《史记》孔子传《易》给商瞿的说法互相支持。可见先秦儒与《易》确有密切关系。又如收录了《中庸》的《礼记》一书，过去对其年代问题争讼不休，而多有认为应属汉代作品。然郭店楚简出土，中有《缁衣》篇与今本《礼》所录大体相同，由是学者乃转而相信《礼记》所收文字绝大多数是先秦古文②。当然，以上种种的观点仍有可争议处，并未如某些研究者所宣称的已到了铁证如山的地步。因此我们自然不会轻率地以为据此就能证明劳先生的考据已失效。我们在这里想指出的毋宁说是劳先生断然将《易》、《庸》归为汉儒作品其实就像他对某些孔孟文本的解读一样，主要仍是以哲学（理论）判准为依据。盖即使在考证上能确定《易》、《庸》属先秦儒家后学的作品，但在义理上讲天人相通是否与心性论可相合无背则是另一哲学问题。由此我们可以转至劳先生对天道的讨论。

---

① 转引自廖名春：《帛书释〈要〉》，《中国文化》10（1994. 8），第66页。
② 参看李学勤：《郭店简与〈礼记〉》，《中国哲学史》4（1998），第32页。

3. 天道：真知、境界与信仰

在《中国哲学史》一、二卷出版后，劳先生花了十年时间完成五十余万言的第三卷上下册，其中主要讨论的是宋明儒，可知他在这方面下过深厚的工夫。不过劳先生的基本观点即心性论不应混同形上学，在第三卷中并未改变而是更趋精微。因此他十分尖锐地批判宋明儒天道性命相贯通的学说，并由之形成一迥异于当代新儒家的对宋明儒发展全局的看法。此即其一系三阶段说①。依劳先生的看法，宋儒早期因受到佛道两家及汉儒的影响而混杂有太多形上学宇宙论的色彩，故其发展方向乃是逐步摆脱混杂以回归先秦孔孟心性论的正宗。此逐步摆脱即表现为次第由第一阶段的天道观：周（濂溪）张（横渠）以"天地之大德曰生"之"天道"为第一序的学说，发展至第二阶段的本性观：程（伊川）朱（子）以"理"为第一序的学说，再到第三阶段的心性论：陆（象山）王（阳明）以"心"为第一序的学说。劳先生认为此三阶段的演进一方面符合历史发展的目标：即复兴先秦孔孟的儒学，另一方面也符合理论得失升降的标准。显而易见，这种说法环环相扣自成一套，初看亦似甚为合理。但稍一深求，则所描绘的三阶段究竟是否历史发展的事实便恐成疑问。例如劳先生论周濂溪，重在考证《太极图说》系受道教内丹派影响并以之为准来解释《通书》；对濂溪之运用《易》、《庸》立说则视为误信汉儒

① 劳先生的一系说认为宋明儒不管内部有什么分歧，皆可依一"共同判断标准"（回归先秦儒的要求）来裁定各说的得失，故严格来说，并未有造成分系的对峙理由。由是他主张把宋明儒各家立说的差异视为一整体发展过程中的不同阶段特征。参看《新编中国哲学史》，第3册上，第42~60页。但不难察觉，这说法成立与否实端赖于我们是否同意劳先生那严格的分系定义。盖依此定义，恐怕只有不同学说才具备没有共同判断标准的对峙理由，而一个学说内部基本上无所谓分系。另一值得注意的是，劳先生根据其主张又批评了传统的二系说与近人的三系说。近人倡三系说者显然只有牟宗三先生一人。然劳先生所意谓的三系：即分别以"天"、"理"、"心"三观念为第一序的三套理论，却并非牟说的三系。故不知劳说是否另有所指。牟先生的三系说，可参看《心体与性体》，第1册，第42~60页。

作品①。他对张横渠大抵亦作如是观②。问题是濂溪言"诚"、横渠言"大心尽性"等含有主体性色彩的文字应作何解释？一概将之视为汉儒那类形上学宇宙论中心的道德哲学又是否恰当？而反过来看高举心性的陆王，其思想中明显亦含有形上学的部分，象山不是说过"吾心即是宇宙"，阳明也说过"良知是造化的精灵"的话。但劳先生析论二家时却刻意略去只字不提这部分以保持其三阶段演进的清晰性③。由是观之，劳先生的三阶段说恐怕并不一定能得到历史事实的支持。而他之所以会形成这样一套独特的看法，正如前文曾多次指出的，实是建基于他对儒学理论旨趣的判定。

所以劳先生深信他的三阶段说是同时符合理论得失升降的标准。扼要而言，即以为天道观学说肯定一形上原理所谓生生运行于万有之中为存有界的总方向，复由顺或逆此总方向讲价值是大有困难的。此盖未能解释何以人有不顺天道的可能？又以生生为天道的内容，但实际的世界乃生死相续，故由之讲价值遂会造成善恶相随，道德实践亦成相对者。结果本性观学说的出现部分克服了这些困难。本性观肯定一非经验的本性即所谓理以之为事物的理想状态，并据此划分理与气、理与事，确可避免因解释经验所引起的困难。然它本身仍得面对其他的困难。此中最严重者就是理的存在地位问题：什么是理？理实现于气中的动力何在？于是此理最后只能诉诸一自主自动的能力，即系于主体的自主性讲。易言之，就是回到心性论的坦途④。总之，劳先生对宋明儒的理论判定归根究底可还原为他对天道性命相贯通说（即当代新儒家所谓的"道德的形上学"）的批判。

劳先生反对天道性命相贯通说的理由可以从下列几方面来作进一步的说明与检讨。第一，他认为此说混淆了价值与存有；即

---

① 参看劳思光：《新编中国哲学史》，第3册上，第97~144页。
② 同前注，第171~191页。
③ 同前注，第380~451页。
④ 同前注，第39~93页。

以存有说明价值，把心性论建基于形上学。这与先秦孔孟的心性论中心哲学大异其趣。但这批评显然仍有厘清的余地。牟宗三先生便尝回答说：

> 第一种说法是认为儒家的学问只限于孔子讲仁、孟子讲性善，纯粹是道德，不牵涉到存在的问题。持这种态度的人认为儒家完全是属于应当（ought）的问题，并不牵涉到存在（being）的问题。他们把儒家限定在这个地方，因此不喜欢《中庸》、《易传》。他们一看到《中庸》、《易传》讲宇宙论，就把它和董仲舒扯在一起，就说《中庸》、《易传》是宇宙论中心。事实上讲宇宙论并不一定是宇宙论中心。董仲舒那一套的确是宇宙论中心，而且还是气化的宇宙论中心。可是《中庸》、《易传》并不是宇宙论中心①。

他又进而澄清《易》、《庸》是对存有作价值的解释，根本与汉儒的宇宙论中心哲学对价值作存有论的解释截然异趣。其言曰：

> 假若《中庸》、《易传》真的是宇宙论中心的，当然可以反对。但是，《中庸》、《易传》不是宇宙论中心的，周濂溪、张横渠也不是宇宙论中心的。董仲舒、阴阳家才是宇宙论中心的。劳思光以为《中庸》、《易传》是对价值作存有论的解释，假若真是如此，当然不对。但恰恰相反，《中庸》、《易传》是对存在作价值的解释②。

不过即使承认《易》、《庸》是对存有作价值的说明，劳先生仍会指出其中隐含背反的理论困难。由此可转至下一点的批评。

---

① 牟宗三：《中国哲学十九讲》（台北：学生书局，1983），第71页。
② 牟宗三主讲、卢雪昆整理：《宋明儒学演讲录》（二），《鹅湖月刊》157（1988.7），第10页。

第二，若存在涵蕴价值，如道德的形上学肯定一生生之天道。劳先生会说：

> 　　实际世界中"生"与"生之破坏"常相依而立。某一存有之"生"，常同时依另一存有之"生"之"破坏"为条件。此就人类及动物之生活看，尤其显然。譬如，人及动物皆须得食而生，而所食者主要仍为有生之物；则食者得生时，即以被食者之生被破坏为条件；如此，则此处显有一"背反"问题。盖若"生"与"生之破坏"相依而呈现，则吾人说世界"生生不息"，同时亦可说世界不断有"生之破坏"也。其次，若就立价值标准说，世界之"生"或"生生不息"被视为一有价值意义之方向，则由上述之背反问题，可推出如此之价值标准下，每一"善"皆与"恶"不离；每一"价值"实现时，其否定亦实现。最后，就道德实践言，问题尤为严重；因在道德生活中，必有排拒反道德之要求。今若由一含"背反"之价值标准以建立道德生活之基础，则此种道德生活中，将不见有"善"而"不恶"之行为成立。而与"恶"相依之"善"，本身亦成为一种相对性概念①。

骤眼看来，背反问题似对道德的形上学构成致命的打击，但细想之下则未必如此。须知道德的形上学并非依纯粹思辨理性来对经验世界作一生生的肯定。盖就经验世界言，人的理性根本不可能证明或否证其为生生不息。所以道德的形上学强调的只是人依自身道德创造之不已，可感通他者（包括他人、动物、植物、非生物以至整个天地万物）而观照及一生生的世界。换句话说，生生的世界非一经验事实的断定而是一人的观照下的结果，一种看待世界的态度。用古老的话说，即人依实践提升自我所达至的境界。用现代的话说，即人转化自我的人生观所相应改变的世界

---

　　① 劳思光：《新编中国哲学史》，第3册上，第54～55页。

观。其实此义劳先生是完全明白且能接受的。他在分析"宇宙和谐"一类的说法时强调这些说法本身并不描述世界,因而也不属谈得上真假的知识。他说:

> 有些人确实相信他们了解所谓"不和谐"的含义。他们会指出生物互相残害这个事实,而断定世界这种状态即是"不和谐"的实例。……然而,我们假如想解消他们这个论点,却是很容易的事。我们只须采取道家观点,说生物间的冲突或互相残害,虽在常识想法中可当作不和谐的实例,然而这种现象并非与宇宙和谐矛盾。相反地,这个自然事实正是"道"或"自然秩序"的一部分;因为,生物若是毫无限制地繁殖,最后将使世界过度拥挤而不能作为生物生活的地方。由此,这种生物互相残害的状态,尽管表面上表现"不和谐",实则是"宇宙和谐"的一部分;使生物世界能够持续存在,不致走入自毁的状态。这里,"和谐"这个概念自然已在意义范围方面有所扩张,但由于这个词语的确定意义范围从未建立过,我们也无法说这种扩张不合法而拒绝接受。不过,若是"和谐"这个词语可以容许这样使用,则我们即可以将世界任何状态都看成和谐。这样一个讲"宇宙和谐"的学说,并不是描述世界,至此即完全明显了①。

同样道理,生生不息的说法亦非描述世界的真知。但虽然如此,劳先生却未有将之视为朦胧不可解的"奥秘",而是肯定这类说法有能引导人生的积极意义:

> 不论是儒学或其他学派所提出的对宇宙和谐及人之尊严的学说,都具有引导性哲学的特性,而所处理的是目的、意志与行为的问题。我们并不能从这种哲学中获得有关经验世

---

① 劳思光:《由儒学立场看人之尊严》,第151页。

界的知识，也不能得到有关经验规律的知识；但可以获得自觉生活方面的显示①。

析论至此，大概新儒家亦不会反对这一结论，虽则他们或会补充强调这种引导人生的作用实是人通过自觉其道德创造所达至的后果而非肯定生生的理由。不过至此背反的质疑乃可得一解决。

第三，劳先生坚决拒绝承认天道的客观实有性。此盖天道若是生生不息的至善，则一切万物理应循之而为善，那么不善与恶的出现又如何解释？其次，天道既终必生生，人的自觉努力岂非变得毫无意义？这两个不尽相同但却相关的问题显然都是来自西方哲学的参照；前者即神义论（theodicy）的问题，后者即决定论与自由意志的问题。对于这两个质疑，劳先生曾试图在宋明儒学中找寻解答。依宋明儒的观点，不善与恶是通过理气、心性等概念来说明的。劳先生自十分清楚：

> "理"设以"生"为内容，"气"则不能不说有破坏"生"之属性（不然，世界中又何以有"生命依其他生命之破坏而延续自身"之事实，即无法解释）。此种在世界中显现之"生命界之内在矛盾"可归于"气"解释，但此种矛盾不能视为"理"本身能克服者；因若能克服，应早已克服。由此再进一步，"理"本身既不能一定克服"气"之限制，则"世界之肯定"若依于"理之实现"而成立，则必须对"理"之"能实现"求一说明。此种说明，若不立"主体"观念，则不可能。立"主体"观念，则此说明即可顺"主体"之"主体性"而建立②。

倘用宋明儒自己的话说，即人如能存天理去人欲，则天地变化草

---

① 劳思光：《由儒学立场看人之尊严》，第 155 页。
② 劳思光：《新编中国哲学史》，第 3 册上，第 87~88 页。

木蕃；人如纵人欲去天理，则天地闭贤人隐。可知宋明儒从来都没有忽略人自觉努力的意义；而人正是要透过自觉实践才能体现生生的观照。故生生的肯定并不会使自觉努力变得毫无意义。

在肯认人的主体自觉性这点上，劳先生可以说与新儒家是一致的。但亦是从这点开始，二家分道扬镳。因为以理论融贯性言，劳先生会认为假使我们以主体性的观念来解决善恶与决定论的难题，则所谓的天道最终只能是归诸于主体活动下的一意志之要求或理想信仰所寄之方向。天道本身不具客观实有性，否则不啻等于重新把难题引入。易言之，天道只能表示主体自定的应然路向而不能表示实然。劳先生说：

> 至此，显然"天道"本身之"存有地位"，即只能归于"应然"。而所谓"应然"，不能不植根于主体性或主宰自觉中。换言之，"天道"仍只能是一理想方向，或一信仰；如康德所谓之"设准"。则此种"天道"观念，仍只能是"心性论"下所定立之观念；既无独立地位，何能达成"心性论"所不能达成之"价值"①。

此处的理想方向与信仰即前述劳先生所肯定的对人生具引导作用的主张。与此相反，新儒家则由信仰进而强调信仰对象的客观实有。二家的分歧其实在早年劳先生与唐君毅先生讨论宗教时已露出端倪。当时劳先生主张儒学是以圣代神；圣为自我升进之一境，不假外求，本身亦无独立于自我以外的实有意义，故不同于西方宗教归宿于一外在的神②。但唐先生则复之以儒学是有宗教意涵的；"就诸圣同证言为神境，就诸圣分证言为圣境"③，故不以圣为能代神。双方往复辩难，最后唐先生作结说：

---

① 劳思光：《新编中国哲学史》，第 3 册上，第 70 页。
② 参看劳思光：《宗教之讨论》，载《思光少作集》（七），第 256～261 页。
③ 唐君毅：《与劳思光先生论宗教书》，载同前注书，第 262～265 页。

何以见各个人之仁心之交感与各圣心之同心处即可说有一天心？此自有种种之问题，惟愚以为皆可由充极吾人之仁心之量而自觉其中之涵义以为答。如由此而不可答者，亦宗教中所无据以信者，故宗教心情由道德心情出，而宗教心情亦为道德上当有者，自此言则亦可谓属于道德。唯道德是行践上事，宗教为信上事。道德只及明，宗教必通于幽，通于幽而使幽者明，而后宇宙为大明之终始。中国儒者之学，即道德即宗教，礼教实即含宗教。知天即宗教情调。中庸曰，肫肫其仁，渊渊其渊，浩浩其天，由肫肫之仁而至渊渊其渊浩浩其天，即儒者由道德心情至宗教心情之言也①。

　　诚如唐先生早已明白"以上所言，度不足以释先生之疑，姑存之以俟后论可耳"②。盖依劳先生，以宗教诚信为据自远不足以证明神天之客观实有，徒辗转引出神义论与决定论等难题。不过反过来说，如顺着劳先生的想法，则一切宗教必沦为全无自觉奋斗可言的情识盲信。盖一涉主体自觉，则必以圣代神，而这等于要宗教自我否定其信仰对象，此叫芸芸信仰者情何以堪。要之，这已牵涉到宗教本质的问题，须另文处理。由此可见，对劳先生关于天道底客观实有性的质疑我们绝不应等闲视之。事实上，迄今为止，主张道德的形上学的新儒家似乎仍未见有对这些质疑提出十分妥善的解答。

　　总结地说，劳先生对儒学的诠释与新儒家有同有异。他之所以形成如斯独特的一家之言，不能不说是出于他那必须将中国哲学放在世界哲学背景中来考查的信念。而从上文的分析看来，不管我们同不同意劳先生的结论，我们都应该承认他已对儒学以至中国哲学的重建作出了不容忽视的贡献。

---

① 唐君毅：《与劳思光先生论宗教书》，载《思光少作集》（七），第 265 页。
② 同前注。

（六）论儒学中"气性"一路之建立

1. 前言："气性"与"心性"

在进入文章的正题前，我想对撰写此文的旨趣略说几点以为前言。一、我研习中国哲学，特别是儒学，得益于唐君毅、牟宗三、劳思光及刘述先诸位先生之说多矣。他们对儒学的诠释虽不尽相同，甚至在某些问题上的看法相去甚远，但对儒学都不约而同有一共同的判定：即以为儒学之所以为儒学的核心学说或曰精神，是在于"心性"一路的建立。心性一路，即孟子承孔子之教而更十字打开所形成的路数。此路以挺立道德主体性（或德性自觉）标宗，明人人皆本具道德自觉心，而为一切道德实践所以可能的先验根据（或超越的根据）；并即心言性，讲一套性善的人性理论。他们复据此以为判准，把儒学发展历史中凡不能继承此路者皆评为歧出，甚至讥为没落，此中始倡于汉儒以气化言性的"气性"一路便是典例。劳思光先生在《新编中国哲学史》中论汉代哲学说："入汉，则说经诸儒生，多受阴阳家之影响；董仲舒所倡天人相应之说，实此一普遍风气之特殊表现，并非董氏之独创。天人相应之说既兴、价值根源遂归于一'天'、德性标准不在于自觉内部，而寄于天道、以人合天，乃为有德。于是，儒学被改塑为一'宇宙论中心之哲学'。心性之精义不传；而宇宙论之观念，悉属幼稚无稽之猜想。儒学有此一变，没落之势不可救矣。"① 依劳先生，汉儒气性一路以存有说明道德（或德性）不仅幼稚，更严重的是，混淆了实然（is）问题与应然（ought）问题②。牟宗三先生虽能承认气性一路之创辟亦有功于儒学：如揭示人性的消极面（依气性为有碍于本性之表现处说消极）、点出人的才资之殊别性而开才性品鉴的一面等，惟却认为气性一路

---

① 劳思光：《新编中国哲学史》（台北：三民书局，1996年增订八版），第2册，第7~8页。

② 同前注，第26页。

所谓的善，"并非道德性本身（或当身）之定然的善"①，故无法真正建立人性之尊严。总之，"此则必归宗于孟子，而后人性论始能全部站得起。宋明儒即继承此路而前进，而两汉传统所注意之气性、才性，遂吸收而为'气质之性'矣。此是中国学术之大脉也"②。

坦白说，有一段很长的时间，我是完全服膺于这一分析的③。当然，在阅读有关文献时，我也随时留心检查、印证这一分析是否称理。厚积薄发，本文之撰写正是尝试对气性一路提出迥异于上述的分析。从本文的观点看，气性一路始发于汉儒，中虽经宋明儒的批判，然主张者始终不绝如缕。毋庸置疑，诸家言气性者，确有粗陋处，亦有于义理的大关节未能明白点破而成之暧昧处，招来非议绝不是偶然的事。不过这并不妨碍我们可以重新梳理其文字，顺通那些义理的关节处。且经梳理顺通后，气性一路亦自有其理路之一贯；亦自有其对人性及道德的独特观点与论据，而不必落入牟、劳等先生的批评。

二、因此，本文的主要工作便是在于分解地展示气性一路所含诸义，以确定其理论性格与特色，至于哲学史的全盘清理工作则不能作。必须知道，在儒学的发展史中，主张气性者大不乏人，本文自不可能亦不需要一一涉及。下面为了印证本文的分析，我只举董仲舒、王廷相及戴震三人为例。选他们三人，是因其有代表性故。以气化言性，始于汉儒，董仲舒其选也。后宋明儒兴起，尽管在思想上吸收了气性的观念而有义理（或天地）之性与气质之性的区别，亦愿意承认后者是前者得以表现所不可或缺的载体，所谓"论性不论气，不备"④，但道德善恶的奠基，

---

① 牟宗三：《才性与玄理》（台北：学生书局，1983 台四版），第 8 页。
② 同前注，第 15 页。
③ 例如过去我研究明清儒学的转型，便是完全在这种分析角度下去理解、评论戴震的学说。参看拙著：《明清儒学转型探析》（香港：中文大学出版社，2000）。
④ 《二程集》（北京：中华书局，1981），《河南程氏遗书》卷 6《二先生语六》，第 81 页。

则仍只能在义理之性，所谓"论气不论性，不明"①。即使后来明儒中有尚圆融说者，从践履过程中义理与气质的辩证综合，进而言义理之性即气质之性；甚或如刘宗周云"盈天地间止有气质之性，更无义理之性"②，"义理之性即气质之本性"③，然皆未出心性一路之矩矱。由是观之，把程朱、陆王之别看成是心性一路内部引发的争议亦不为过。在宋明理学这一主导潮流下，敢于独树一帜的有明中叶的王廷相。廷相身处阳明学出现并逐渐风行天下的学术环境中，力抗时流，真可谓替气性一路留下香火。及后理学衰颓，清初遂有继起者，力求善化气性一路以与心性一路分庭抗礼，戴震是也。虽则戴震为与宋明儒争正统，乃托其说为孟学确解。

三、细读董仲舒、王廷相及戴震三人的文字，我们不难发现他们在建构其气性理论时，不少观点均可在荀学中找到近似的表述。事实上，气性这个概念虽不见于《荀子》，然依荀子对性所下的定义："生之所以然者谓之性；性之和所生，精合感应，不事而自然谓之性"（《正名篇》），则为气性所必涵之义。故严格言之，荀子言性亦可划归气性一路。值得注意的是，自汉儒言气性以降，主张者却鲜有溯源于荀子。董仲舒推崇孔子，批评孟子，却未及荀子。王廷相分判孟荀，竟谓"孟之言也，闳大高明，其究也近圣；荀之言也，芜衍无绪，其究也离诡"④。比较明白承认自荀学那里汲取灵泉的还要算戴震，他说荀子言性恶"此于性善之说不惟不相悖，而且若相发明"⑤，又推崇荀子善言学，"圣人复起，岂能易其言哉！"⑥ 不过由于戴震一方面要与宋明儒

---

① 《二程集》（北京：中华书局，1981），《河南程氏遗书》卷6《二先生语六》，第81页。

② 《刘宗周全集》（台北：中央研究院中国文哲研究所，1996），第2册，卷13《学言中》，第493页。

③ 同前注，第483页。

④ 《王廷相集》（北京：中华书局，1989），《慎言》卷12《文王篇》，第819页。

⑤ 《孟子字义疏证》（北京：中华书局，1982二版），卷中《性》，第31页。

⑥ 同前注，第32页。

争夺《孟子》的解释权，另一方面为求善化其理论，遂卒判荀子"知礼义为圣人之教，而不知礼义亦出于性"；"归重于学，而不知性之全体"①。无论如何，若心性一路以孟子为宗，则气性一路实可上溯荀子②。世以孟荀为儒学之两大分途，良有以也。

四、最后，必须补充一点可能引起的误解，即本文绝非在作翻案文章，而是试图尽诠释者的责任，予气性一路最强义的解释。这尝试是否成功，当然还有待于方家的指正。但倘若成功而开重探气性一路的新面，则绝不应目为是在与心性一路争正统。盖正统之蔽执不去，则两路之争亦永不得决，此非儒学之福也。相反，能去正统之蔽执，平心以观，则两路和而不同，正有以见儒学内容之丰富多姿。

2. 气性一路之基本规定

牟宗三先生在《才性与玄理》的首章详析"用气为性"所含之各种特征。为方便故，下文将先顺牟先生的分析说下去，以见气性一路之基本规定，而至义理之关节处始分途（即下一节论气性如何安顿道德），以探索诠释气性一路之另类可能。

（一）"顺气而言性，则上溯性之根源为'元一之气'，简称曰'元气'，或直曰'气'。"③ 必须指出，不同论者对此所谓元气，及由之分化之阴阳二气、五行等的关系可以有种种不同的说法。要之，皆著于存有的强探力索语，皆形而上学的断语，而无法求得一经验上的检证或否证。然不论如何说，有三点却是大家都共同承认的：一、是作为性之根源的元气，必为最根本者；二、是此元气为实有；三、是视此元气之生化历程乃循环不息：一般而言，即元气由虚之状态化生万物，万物生成坏灭后又复归

---

① 《孟子字义疏证》（北京：中华书局，1982 二版），卷中《性》，第 31 页。

② 必须说明的是，本文把荀子、董仲舒、王廷相与戴震划归气性一路，并非意谓他们的思想没有相异处，而是认为他们的相近处特别是对人性善恶问题的看法足以构成一迥异于心学传统的路数。由于所举四人并没有明显的思想传承关系，故本文的工作虽可谓哲学史的清理，实亦哲学思想的重建。

③ 牟宗三：《才性与玄理》，第 8 页。

元气底虚之状态。

对于第一点，王廷相直言"元气之上无物、无道、无理"①，批评宋儒以理为超越于气而驱使气化生物（"然"背后超越的"所以然"）的观点是窃取老、庄道生天地之说。于是，道、太极、太虚等便非指谓一比元气更根本者，而实为元气之各种别名。道言元气即生化流行者，"元气即道体"②；太极言元气本身就是"推极造化之源，不可名言"③；太虚言"元气浑涵，茫昧无朕。不可以象求"④。至于理自然丧失其于理学中的超越性格，彻底内化为气之条理，"万理皆出于气，无悬空独立之理"⑤。廷相甚至申说"天地之间，一气生生，而常而变，故气一则理一，气万则理万"⑥。类似的话亦见于戴震的文字："理者，察之而几微必区以别之名也，是故谓之分理；在物之质，曰肌理，曰腠理，曰文理；得其分则有条而不紊，谓之条理。"⑦又戴震为驳斥宋明儒形上形下、道器之分，更仔细区别古人言辞中"之谓"（"以上所称解下"）、"谓之"（"以下所称之名辨上之实"）的用法有别，⑧以证"《易》'一阴一阳之谓道'，则为天道言之，若曰道也者一阴一阳之谓也。"⑨相反，"《易》'形而上者谓之道，形而下者谓之器'，本非为道器言之，以道器区别其形而上形而下耳。形谓已成形质，形而上犹曰形以前，形而下犹曰形以后。"⑩他这个诉诸文字考证的反驳，现已常为批判理学者所征引。

---

① 《王廷相集》，《雅述》上篇，第 841 页。
② 同前注，第 848 页。
③ 同前注，《王氏家藏集》卷 33《太极辩》，第 596 页。
④ 同前注，《王氏家藏集》卷 41《答天问九十五首》，第 715 页。
⑤ 同前注，《王氏家藏集》卷 33《太极辩》，第 596 页。
⑥ 同前注，《雅述》上篇，第 848 页。
⑦ 《孟子字义疏证》，卷上《理》，第 1 页。
⑧ 同前注，卷中《天道》，第 22 页。
⑨ 同前注。
⑩ 同前注。

对于第二点，为示儒学的实事实理不同于老氏之无、佛家之空，廷相强调气是"通极上下造化之实体"。① 在《答何柏斋造化论十四首》中，他说："愚以元气未分之时，形、气、神冲然皆具，且以天有定体，安得不谓之有？不谓之实？"② 又说："气虽无形可见，却是实有之物，口可以吸而入，手可以摇而得，非虚寂空冥无所索取者。世儒类以气体为无，厥睹误矣。"③ 若再细按，则元气之为实有正见于其生化流行之循环不息。"元气无息"④，其"生生不息，矗矗如不得已者，命之自然也"⑤。戴震亦说："道，犹行也；气化流行，生生不息，是故谓之道"；"阴阳五行，道之实体也"⑥。

（二）"顺气而言性，则性是气之下委于个体。就人物而言，则曰'初禀'，即禀而受之以为性。气下委于个体而为性，此性，若总持言之，则'性者生也'（古训），'生之谓性'（告子），'生之所以然者谓之性'，'生之和所生，精合感应，不事而自然，谓之性'，'凡性者，天之就也，不可学，不可事'，'不可学，不可事，而在人者，谓之性'，'性者本始材朴也'（荀子《正名》、《性恶》等篇），'性之名非生与？如其生之自然之质谓之性，性者质也'，'质朴之谓性，性非教化不成'（董仲舒《春秋繁露·深察名号》、《实性》等篇，及贤良对策），诸说皆成立。凡此诸说皆是对于初禀之气性所作的一般陈述，或抽象的陈述。……在此抽象的陈述下，'气性'有以下三义：甲、自然义（在实然领域内，不可学，不可事，自然而如此）。乙、质朴义（质朴、材朴、资朴通用。总之曰材质）。丙、生就义（自然生命凝结而成

---

① 《王廷相集》，《慎言》卷 1《道体篇》，第 753 页。
② 同前注，《内台集》卷 4，第 971 页。
③ 同前注，第 973 页。
④ 同前注，《慎言》卷 1《道体篇》，第 751 页。
⑤ 同前注，第 753 页。
⑥ 《孟子字义疏证》，卷中《天道》，第 21 页。

个体时所呈现之自然之质)。"① 按：以上所引牟先生之分析，明白易晓，毋庸再多饶舌。

此处只想补充两点：第一，气性一路所表说的"生之自然之质"、"本始材朴"等，进一步更具体地说，即包括最低层的生物本能、接应外物而产生的心理情绪以至认知能力（此处取广义，认知、道德与审美能力都可包括在内）。前两者，荀子称为"欲"与"情"，《正名》篇云："性者，天之就也；情者，性之质也；欲者，情之应也。"至于末者，应属荀子所谓能征知、出令（可不可）的"心"，虽则心是否性之一端，荀子未有明确的交代，只得《解蔽》篇一句模糊待解的话："凡以知，人之性也；可以知，物之理也。"后来戴震便清楚地将欲与情归类为"血气之自然"以别于"心知之自然"。《孟子字义疏证》卷下《才》有一段文字简洁扼要地交代欲、情、心三者作为气性之质的关系："曰：人生而后有欲，有情，有知，三者，血气心知之自然也。给于欲者，声色臭味也，而因有爱畏；发乎情者，喜怒哀乐也，而因有惨舒；辨于知者，美丑是非也，而因有好恶。声色臭味之欲，资以养其生；喜怒哀乐之情，感而接于物；美丑是非之知，极而通于天地鬼神。"②

第二，气性一路不是认为人性中有气性一面，而是认为人性全幅就是气性。所以对宋儒收摄气性于心性下，而作义理之性与气质之性的区分，凡主气性者必亟力反对。彼皆不承认气质之性外复有一义理之性以为之主，亦不以为性即理。王廷相认为宋儒于气性外别出一本性，仍是受染于释家之说的结果。他说："使果此心虚灵所具而为七情所自发，则圣人之性亦不离乎气而已。性至圣人而极。圣人之性既不出乎气质，况余人乎？所谓超然形气之外，复有所谓本然之性者，支离虚无之见与佛氏均也，可乎

① 牟宗三：《才性与玄理》，第2页。
② 《孟子字义疏证》，卷下《才》，第40页。

哉?"① 又说:"宋儒只为强成孟子性善之说,故离气而论性"②。戴震的批评也如出一辙:"古贤圣所谓仁义礼智,不求于所谓欲之外,不离乎血气心知,而后儒以为别如有物凑泊附着以为性,由杂乎老、庄、释氏之言,终昧于六经、孔、孟之言故也。"③ 此处王、戴之批评恰当与否可姑置不论,然他们却触及一关键问题:即宋儒突显本性确是为了阐述孟子的性善论,并安立仁义礼智等于内在的自觉性(或自觉心)。如今气性论者既否定义理之性,则如何理解孟子及如何安立道德乃成为必须回答的问题。大抵,牟、劳两先生低视气性一路,便是出于以为气性一路不足以契会孟学,故亦不足以真正决定道德。气性论者之不相应于孟子是毋庸讳言的事实,彼若真能恰当理解孟子,恐早已上心性一路之船矣。而彼既不解,则横生别解亦想象中事。但气性一路是否不足以真正决定道德,此则是下文所欲申辩者,这里暂不多说。

(三)"由一般的陈述,进而至于具体的陈述,则须注意气之异质性、驳杂性以及组和性或结聚性。由于此等性,材朴之性始有种种征象。"④ 把气作异质的区分如清浊、厚薄、强弱等,由之以说生命材资之不同方面如智愚、贫富、寿夭等。复于质中作不同等级之别(或量之别),则由种种驳杂不等的异质之气之组合,乃可定出气性意义下人人底气质或才能之殊别。此气性一路所以能启气命之说、才性品鉴之故;此亦气性所以能吸纳于心性一路下以知成德之有险阻之故。但气性一路若要持别于心性一路(即根本不承认有心性一路)而自成一套,落于道德问题上,则它究如何说善、说恶,其说法是否能证成?由此我们可以转至下一点的讨论。

3. 气性一路如何安顿道德

(四)用气为性,气既有清浊,则顺之乃可言性有善有恶。

① 《王廷相集》,《王氏家藏集》卷33《性辩》,第609页。
② 同前注,《雅述》上篇,第837页。
③ 《孟子字义疏证》,卷中《性》,第29页。
④ 牟宗三:《才性与玄理》,第3页。

这是气性一路言人性善恶的一般陈述。例如董仲舒说："天两有阴阳之施，身亦两有贪仁之性。"① 王廷相说："为恶之才能，善者亦具之；为善之才能，恶者亦具之。然而不为者，一习于名教，一循乎情欲也。"② 又说："未形之前，不可得而言矣，谓之至善，何所据而论？既形之后，方有所谓性矣，谓恶非性具，何所从而来？"③

① 苏舆：《春秋繁露义证》（北京：中华书局，1992），《深察名号第三十五》，第 296 页。

② 《王廷相集》，《慎言》卷 4《问成性篇》，第 765 页。

③ 同前注。值得注意的是，戴震既称其论为得孟学确解，故不承认性有善有恶而必主性善。《孟子字义疏证》卷中《性》云："《论语》言相近，正见'人无有不善'；若不善，与善相反，其远已悬绝，何近之有！分别性与习，然后有不善，而不可以不善归性。凡得养失养及陷溺梏亡，咸属于习。"（第 30 页）这是否意谓戴震的思想与性有善有恶这一般论述相违而不应划归气性一路？从本文的观点看，答案是否定的。下文的分析将指出，气性一路言性有善有恶，问题的症结在于善恶究竟是依何判准而确立？而气性一路的答案，最终必把善恶的判准（或称道、理）辗转求之于气性自身以外，虽则此求有赖于气性中的一项能力即心知始可得。职是之故，倘依善恶、道与理之安立于气性自身以外言，我们可以说气性是中性的，无所谓善恶；其合于善者可方便名之曰善性，其合于恶者可方便名之曰恶性。又倘依善恶、道与理之求必借气性中的心知能力始可得言，我们也可以像戴震那样持一种特别意义的"性善说"：即善出（或生）于性，而性不就是善。"孟子曰：'心之所同然者，谓理也，义也；圣人先得我心之所同然耳。'于义外之说必致其辨，言理义之为性，非言性之为理。性者，血气心知本乎阴阳五行，人物莫不区以别焉是也，而理义者，人之心知，有思辄通，能不惑乎所行也。"（卷中《性》，第 28 页）"就孟子之书观之，明理义之为性，举仁义礼智以言性者，以为亦出于性之自然，人皆弗学而能，学以扩而充之耳。"（同上，第 32 页）可知，上述性有善有恶、性为无善恶之中性以至特别意义（善恶出于性中心知）的性善说，三者不相违而皆可统于气性一路。戴震的思想，若仔细分析，须另文处理。然本文既以戴说为气性一路较成熟的表述，故以下不嫌辞费，分从几点来勾划戴说之纲领：

（1）性只是气性，分言之即血气、心知之自然。孟子所言，亦不外乎此。"又言'动心忍性'，是孟子矢口言之，无非血气心知之性。"（同上，第20页）

（2）血气之自然，分言之即欲与情。要之，皆不外乎是在动物性一层上说，于此自不足以分辨人禽。"凡血气之属，皆知怀生畏死，因而趋利避害；虽明暗不同，不出乎怀生畏死者同也。人之异于禽兽不在是。"（同上，第26~27页）

（3）心知之自然，这在戴说中较复杂，它至少有以下四方面的含义：

a. 知觉能力。心能知觉自身及他人的存在，亦能引发自然的仁爱情感。戴震以为这能力人与禽兽皆具备，但表现却有不同。"禽兽知母而不知父，限于知觉也；然爱其生之者及爱其所生，与雌雄牝牡之相爱，同类之不相噬，习处之不相齧，进乎怀生畏死矣。一私于身，一及于身之所亲，皆仁之属也。私于身者，仁其身也；及于身之所亲者，仁其所亲也；心知之发乎自然有如是。人之异于禽兽亦不在是。"（同上，第27页）"知觉云者，如寐而寤曰觉，心之所通曰知，百体皆能觉，而心之知觉为大。凡相忘于习则不觉，见异焉乃觉。鱼相忘于水，其非生于水者不能相忘于水也，则觉不觉亦有殊致矣。闻虫鸟以为候，闻鸡鸣以为辰，彼之感而觉，觉而声应之，又觉之殊致有然矣，无非性使然也。若夫鸟之反哺，睢鸠之有别，蜂蚁之知君臣，豺之祭兽，獭之祭鱼，合于人之所谓仁义者矣，而各由性成。人则能扩充其知至于神明，仁义礼智无不全也。仁义礼智非他，心之明之所止也，知之极其量也。知觉运动者，人物之生；知觉运动之所以异者，人物之殊其性。"（同上，第28页）

b. 所谓人的心知能极其量，即能知美丑是非之谓也。用现代的话说，即作审美与道德判断。人的心知如何作审美判断，戴震没有论及。至于道德判断，他以为心既能知觉仁之情（爱己爱人），则能进而肯定之、确认之并以之为善、为理义、为道。"曰：理也者，情之不爽失也；未有情不得而理得者也。凡有所施于人，反躬而静思之：'人以此施于我，能受之乎？'凡有所责于人，反躬而静思之：'人以此责于我，能尽之乎？'以我絜之人，则理明。天理云者，言乎自然之分理也；自然之分理，以我之情絜人之情，而无不得其平是也。"（卷上《理》，第1~2页）此处反躬静思、以我絜之人、使人我之情无不得其平即伦理学上所谓的互惠（reciprocity），即爱人（仁）之表现也。或谓爱人固可谓人底自然情感之一端，但人有时亦会表现爱己而不爱人之情感，此亦可谓人底自然情感之另一端，那么为何心知只肯定、确认前者为善、为理义、为道而否定后者为私？则答曰因心知能明乎推己及人、协调和谐人我之情欲使人人各遂其生、各遂其欲始能体现天道之生、体现生之理与价值。这也是为何上引文字说心知扩充而极其量乃可知至于神明。

c. 又心知在知乎理义之余，必同时愉悦理义。"血气心知，有自具之能：口能辨味，耳能辨声，目能辨色，心能辨夫理义。味与声色，在物不在我，接于我之血气，能辨之而悦之；其悦者，必其尤美者也；理义在事情之条分缕析，接于我之心知，能辨之而悦之；其悦者，必其至是者也。"（同上，第5页）此处倘细说，即涉及一"以知为基础"的道德动机（moral motivation）理论。

d. 仁之情既是人的自然情感，心知之肯定、确认其为仁之理，无疑等于强化、成就仁之情。但反过来看，能见乎仁之情之可为理义亦正是心知显发其大用的明证。总之，用戴震的话说：必仁且智而仁始得成；智必及于仁而智方为智。"'易则易知，易知则有亲，有亲则可久，可久则贤人之德'，若是者，仁也；'简则易从，易从则有功，有功则可大，可大则贤人之业'，若是者，智也；天下事情，条分缕析，以仁且智当之，岂或爽失几微哉！"（同上，第1页）"举智而不及仁、不及礼义者，智于天地、人物、事为咸足以知其不易之则，仁有不至，礼义有不尽，可谓不易之则哉？"（卷中《性》，第31页）

（4）又戴震以血气心知为"自然"，而以心知所确认、肯定的仁之理为"必然"，进而申述二者的关系："心知之自然，未有不悦理义者，未能尽得理合义耳。由血气之自然，而审察之以知其必然，是之谓理义；自然之与必然，非二事也。就其自然，明之尽而无几微之失焉，是其必然也。如是而后无憾，如是而后安，是乃自然之极则。若任其自然而流于失，转丧其自然，而非自然也；故必归于必然，适完成其自然。"（卷上《理》，第18~19页）此中可见"必然"涵两义：理义之强制义（normativity）与"自然"（血气心知）之完成义（self perfection）。

（5）由是，工夫乃落在寡欲、节欲以防止血气情欲之失为"私"，问学以防止心知之失为"蔽"。"凡出于欲，无非以生以养之事，欲之失为私，不为蔽。自以为得理，而所执之实谬，乃蔽而不明。天下古今之人，其大患，私与蔽二端而已。私生于欲之失，蔽生于知之失；欲生于血气，知生于心。"（同上，第9页）"惟学可以增益其不足而进于智，益之不已，至乎其极，如日月有明，容光必照，则圣人矣。"（同上，第6页）"'口之于味也，目之于色也，耳之于声也，鼻之于臭也，四肢之于安佚也'，此后儒视为人欲之私者，而孟子曰'性也'，继之曰'有命焉'。命者，限制之名，如命之东则不得而西，言性之欲之不可无节也。节而不过，则依乎天理；非以天理为正，人欲为邪也。天理者，节其欲而不穷人欲也。是故欲不可穷，非不可有；有而节之，使无过情，无不及情，可谓之非天理乎！"（同上，第10~11页）

但紧接着的问题是什么是善性、恶性？对此牟宗三先生有一精确的分析："'用气为性'，则所谓善只是气质之'善的倾向'，并非道德性本身（或当身）之性之定然的善。康德说：世间除善意外，无绝对的善。善意之为绝对的善即道德性本身（Morality itself）之定然的善。孟子之性善即此道德性本身之性之定然的善。而所谓气质之'善的倾向'，则不过是在经过道德的自觉后，易于表现道德性本身之性之'定然的善'的资具而已。若不经过此道德的自觉，时时去表现此道德性本身之定然的善，而且时时在表现中以此定然的善去提练它，去规定它，则此气质之善的倾向纯是偶然的，无定准的，并无必然性。"① 显而易见，此处牟先生是依心性一路去解释气性。但若气性不是收摄于心性下以为其提练、规定、对治的对象及表现的资具，则直接就气性讲的善质或善的倾向是否无法建立有定准的、必然性的善？（不管此有定准的、必然性的善是否康德所谓道德性本身之定然的善：即道德的善不是以其自身之外的善来规定，此即涵践行道德是为了它本身而非为求达至其他的目的，道德即义务之义。）一个更根本的问题是，倘若离开心性一路讲，离开心性的（自树准则、自作断制的）仁义礼智的道德标准讲，一个由气性发出的自然倾向（natural disposition）究竟依何而可被称为善的倾向？简言之，什么是善的倾向？善的倾向那善底判准为何？下面让我们步步来探索依气性一路所可能作出的回答。

一个可能的回答是本于气化的异质来说明道德善恶，像上引董仲舒"天两有阴阳之施，身亦两有贪仁之性"的话。不过诉诸于阴阳、清浊等宇宙论的（形式意义的）符号，其实对定住善恶无多大帮助，反易招幼稚之讥。于此，人或谓善恶的标准可以是约定俗成的社会礼俗，而假托于气化之阴阳。易言之，所谓善质或善的倾向实不过是社会礼俗约定的善的自然化（naturalize）而已。但以社会礼俗作道德善恶的根据，则社会礼俗会随时移世易

---

① 牟宗三：《才性与玄理》，第8~9页。

而变化,善恶便无必然性。儒学尽管承认具体的特殊的道德条目是永远受历史文化时空的制约而绝对需要讲求因革损益,惟却认为不同的道德条目背后有一普遍的、确定的、必然的道德基础。人固可主张根本无此必然的道德基础,一切善恶标准皆为相对,但请不要忘记,儒者绝对不会是个道德相对主义者或道德工具论者。

另一可能的回答是以天地气化所呈现的生之理(creativity)来说明道德善恶。《荀子·天论篇》云:"列星随旋,日月递炤,四时代御,阴阳大化,风雨博施,万物各得其和以生,各得其养以成,不见其事而见其功,夫是之谓神。皆知其所以成,莫知其无形,夫是之谓天。"《礼论篇》云:"天地以合,日月以明,四时以序,星辰以行,江河以流,万物以昌,好恶以节,喜怒以当,以为下则顺,以为上则明,万物变而不乱,贰之则丧也。礼岂不至矣哉!"①《春秋繁露·基义第五十三》云:"此见天之亲阳而疏阴,任德而不任刑也。是故仁义制度之数,尽取之天。天为君而覆露之,地为臣而持载之;阳为夫而生之,阴为妇而助之;春为父而生之,夏为子而养之;秋为死而棺之,冬为痛而丧之。王道之三纲,可求于天。"② 王廷相亦云:"仁者,天之性也;义者,道之宜也。"③ 以生之理言善恶,则凡合符生之理者为善,反者为恶。尤有进者,一个发自气性的自然倾向若符合生之理便可谓善质或善的倾向,相反,一个发自气性的自然倾向若反乎生之理便可谓恶质或恶的倾向。而礼(作为善恶标准之具体化)便是圣人设以使人有所持循、教人栽培其善质压抑其恶质以

---

① 一般以为荀子的天纯是自然意义不带任何价值含义。但下文的分析将指出,若所谓生之理的肯断与诚信乃是人参赞天地化育之所见,则必涵以此所见作为引导人生之理想与价值。易言之,生之理之见必涵生之价值之肯定,而荀子的天非纯为自然意义者亦明矣。事实上,晚近的荀学研究亦多有指出荀子的天实具有价值含义。参看 Edward J. Machle, *Nature and Heaven in the Xunzi: A Study of the Tian Lun* (Albany: State University of New York Press, 1988)。

② 苏舆:《春秋繁露义证》,第351页。

③ 《王廷相集》,《慎言》卷4《问成性篇》,第766页。

体现生之理。下面戴震的一段话把这意思说得十分明白："礼者，天地的条理也，言乎条理之极，非知天不足以尽之。即仪文度数，亦圣人见于天地之条理，定之以为天下万世法。礼之设所以治天下之情，或裁其过，或勉其不及，俾知天地之中而已矣。"①析论至此，一切好像顺理成章，惟细按下去，仍有不少疑难处。

首先，我们是怎样断定气化流行的天地呈现着生之理？我们见到的经验世界不是生死相续、有生必有死的吗？对此质疑，气性论者大概可以作两个答复。一是从万物之皆得其位育处证见此生之理。戴震说："天地之气化流行不已，生生不息。然而生于陆者，入水而死；生于水者，离水而死；生于南者，习于温而不耐寒；生于北者，习于寒而不耐温：此资之以为养者，彼受之以害生。'天地之大德曰生'，物之不以生而以杀者，岂天地之失德哉！"②二是以为万物之生死成毁亦无非是生之理的表现。王廷相说："气者造化之本，有浑浑者，有生生者，皆道之体也。生则有灭，故有始有终；浑然者充塞宇宙，无迹无执，不见其始，安知其终？世儒止知气化而不知气本，皆于道远。"③但严格来说，这两个答复都不能算是十分妥当。盖若以物之得其位育作一经验证据（empirical evidence）看，则人亦不难举物之夭亡、举自然灾害作一经验反证。又若以物之生、物之死皆属生之理的表现，则生之理便不啻是句对经验世界无任何描述的空话④。所以归根究底，"天地之大德曰生"的话，虽亦不乏经验的征验，然绝非一确定的经验知识，而只是一形而上学的主张或见地。说它是儒者的主张或见地，很易教人误会其为任意的、主观的。实则它绝非任意的，而是关乎儒者在存在的践履中如何展开对自我与世界

---

① 《孟子字义疏证》，卷下《仁义礼智》，第 49 页。

② 同前注，卷下《道》，第 43 页。

③ 《王廷相集》，《慎言》卷 1《道体篇》，第 755 页。

④ 此处可参考劳思光先生对于"宇宙和谐"一类学说的分析。劳思光：《由儒学立场看人之尊严》，收氏著：《思辨录》（台北：东大图书公司，1996），第 137～156 页。

的了解；它也绝非主观的，而是儒者与儒者交互主体所共证的境界，也是儒者与天地交往主客交融所获得的领悟、肯断与诚信。套用现代哲学诠释学（philosophical hermeneutics）的话说，"天地之大德曰生"是儒者阅读自我与世界这一文本后释放出来的意义。用儒学自己的话说，即是人"参赞"天地化育的结果。职是之故，上引戴震"圣人见于天地之条理，定之以为天下万世法"一语中的"见"字诚可圈可点。总之，生之理绝不应被理解为经验世界的自然律则，否则人之违理将成不可能；说人之气性中有恶质或恶的倾向（以反乎生之理言恶）亦成不可解者。

其次，以生之理释道德善恶，是否混淆了实然与应然？必须承认，实然与应然的区分（is-ought distinction）本身是个十分有用的区分，它清楚地提醒我们不能直接从事实推导出应该，此义极明，不待辩说。但此区分自休谟提出以后，在现代西方的哲学思潮中却过分膨胀成一实然与应然（或事实与价值）的对立（over-inflated dichotomy），好像两者毫不相关①。识者对此已有过不少反省。实则当我们说 A 与 B 有一区分，只意谓两者之间是不可互相化约（non-reducible）的，但这并不排斥两者之间仍可以有某种非化约的关系（non-reducible relationship）。回到本文的讨论，上面已指出生之理非纯然是个经验事实的判断，而是儒者参赞天地化育之所见；儒者一种形而上学的主张或见地。说是主张或见地正表示儒者是以之为引导人生的理想与价值。易言之，生之理之见必涵生之价值之肯定。此中根本没有混实然为应然的谬误，有的只是如何依生之价值（value）来安立道德（morality）的问题，此即可转至下一点疑难的讨论。

最后，仍有一个十分棘手的困难：即依生之理定道德善恶不可避免地会出现一"背反"（antinomy）问题。劳思光先生对此曾详加析论，他说："首先，实际世界中'生'与'生之破坏'常

---

① 参看 Hilary Putnam, *The Collapse of the Fact/Value Dichotomy* (Cambridge, Massachusetts: Harvard University Press, 2002), "Introduction".

相依而立。某一存有之'生'，常同时依另一存有之'生'之
'破坏'为条件。此就人类及动物之生活看，尤为显然。譬如，
人及动物皆须得食而生，而所食者主要仍为有生之物；则食者得
生时，即以被食者之生被破坏为条件；如此，则此处显有一'背
反'问题。"① 又说："就道德实践言，问题尤为严重；因在道德
生活中，必有排拒反道德之要求。今若由一含'背反'之价值标
准以建立道德生活之基础，则此种道德生活中，将不见有'善'
而'不恶'之行为成立。而与'恶'相依之'善'，本身亦成为
一种相对性概念。例如，杀鱼以养人，倘视为'善行'，则此
'善'即只在全'人'之'生'一意义上成立，亦即仅有相对性
之安立。对'鱼'而言，乃其'生'之'破坏'，成一'恶'
矣。"② 就人事活动言，当人达其情遂其欲以成就其生时，常会碰
到与别人的情欲相冲突的情况，此盖由于欲多而物寡的事实。如
此，若以遂一己之情欲（成就生）为善行，则要以亏损他人之情
欲（破坏生）的恶行为代价。同一行动依生之理，于己为善，于
人为恶，试问生之理又怎能安立道德善恶？此处我们已隐约可以
嗅到为何戴震要倡以情絜情、以欲絜欲的消息。回到背反问题的
挑战，这是否意谓气性一路以生之理言道德善恶之路为不通？我
的答案是否定的，背反问题的挑战只是迫显出从生之理到道德善
恶中间仍有一条理论罅缝有待填补：此即如何以生之理所涵的生
之价值来安立道德？

生之价值是总持的说法，具体落于人事上，即不外人之种种
情感欲望（或自然倾向）之求满足：如借追求某些东西来产生快
乐、获得幸福等等。凡此追求在某意义上皆可以说是在成就一己
之生之价值。但到底情欲之达遂、或自然倾向之满足（即生之价
值的成就）与道德的善有何关系？我们的答案是前者虽非后者的

---

① 苏思光：《新编中国哲学史》，第 3 册上，第 54 页。

② 同前注，第 55 页。必须指出，劳先生提此背反问题是针对宋明儒天道性命贯
通之说。但本书认为气性一路若想借生之理以安立道德善恶便同样得面对此诘难。下
文将试作解答，若果成功，相信亦有助于梳理宋明儒之说以回应此质疑。

充分条件（sufficient condition）但却是后者的必要条件（necessary condition）。理由是我们无法想象有一道德的善，它是可以完全排斥任何一种情欲之达遂或自然倾向之满足的。反过来说，道德的善是必须有至少一种（或多于一种）情欲之达遂或自然倾向之满足的参与始可得而立①。用戴震的一句话说，就是"未有情不得而理得者也"②。显而易见，接下来的问题是：我们要加入什么条件才足以使生之价值成为道德的善？下面我尝试依气性论者的观点，提出两个相互关联的条件：一是自我完成（self cultivation），所谓成己；一是仁爱他人（love and concern the others），所谓成物。

必须指出，这两个条件的提出绝非任意，其理如下。一、道德总是关涉人道，此即包括自我与他人。二、生之价值于个人而言，便是情欲或自然倾向之求满足，但由于情欲或自然倾向的驳杂性格，则我们必须有一如何完成自我的理解（或自我观）才能依此以排序、协调、取舍、和谐生命中杂多的情欲和自然倾向，以亟成一己之生。明乎此，即知为何荀子、汉儒等皆认为有节制地满足情欲才是应该的，因过分的放纵反会伤身害生。三、但人之生毕竟不是荒岛上孤零零的鲁宾逊，而是必然地生于一社群网络、人际关系当中。于是要真能成就一己之生，自然便必须要考虑到如何和谐化众人的情欲以避免冲突。此所以戴震把"以我之情絜人之情，而无不得其平是也"视为"天理"、"自然之分理"③。值得注意的是，这种和谐化人我情欲的诉求并非完全出于对一己情欲的压抑或扭曲，相反，它于人的情欲中是有根据的：即人有仁爱他人之情。依此，所谓仁义礼智实不外乎是对此仁爱他人之情之确认、肯定并进而以之为善、为理义、为道的结果。

---

① 这一论点是受惠于 Elamr Holenstein 教授一场演讲的启发，特此说明，示不掠美。Elamr Holenstein, "Natural Ethics: Legitimate Naturalism in Ethics"（paper presented in the departmental seminar of the Department of Philosophy, CUHK on October 25, 2004）.

② 《孟小字义疏证》，卷上《理》，第 1 页。

③ 同前注，第 2 页。

王廷相说："夫性之善者，固不俟乎教而治矣；其性之恶者，方其未有教也，各任其情以为爱憎，由之相戕相贼胥此以出，世道恶乎治！圣人恶乎不忧！故取其性之可以相生、相安、相久而有益于治者，以教后世，而仁义礼智定焉。背于此者，则恶之名立矣。故无生则性不见，无名教则善恶无准。"① 戴震也说："圣人顺其血气之欲，则为相生养之道，于是视人犹己，则忠；以己推之，则恕；忧乐于人，则仁；出于正，不出于邪，则义；恭敬不侮慢，则礼；无差谬之失，则智；曰忠恕，曰仁义礼智，岂有他哉？常人之欲，纵之至于邪僻，至于争夺作乱；圣人之欲，无非懿德。欲同也，善不善之殊致若此。"② 四、由此可知，自我完成与仁爱他人这两个条件实可以说是从生之价值之追求中派生（derive）出来。至于此两派生条件之所以能为人所认识，气性论者则归功于人的心知能力。换一种说法，心知之所以把这两个条件加诸于情欲之求达遂正是知唯其如此方能真正亟成情欲之达遂、亟成生之价值。尤有进者，心知认识之，必同时确认之、肯定之、并悦乐之。五、而情欲之求达遂在这两个条件的制约下，其具体的结果即是圣人称情而立文的礼义："圣人以礼防天下，使民各安其分而不争"③；"故仁义道德之修，非徒为己也，将以化人也；礼乐法制之设，不徒治人也，亦以安己也，势之所必然者也"④。六、最后必须补充说明的是，这两个条件一方面是相互关连的，因仁爱他人往往在自我完成的过程中起着十分重要的作用。我们不是常常通过与他人的交往来理解、定位以至建立自己吗？但另一方面，这两个条件又是必须分开的，因为尽管在大多数的情况下道德总是涉及他人，然而在某些情况下道德是可以不牵涉到他人而仅是自己对自己应该如何的要求。

析论至此，道德善恶的标准既立，则所谓气性中的善质或恶

① 《王廷相集》，《慎言》卷4《问成性篇》，第765页。
② 《孟子字义疏证》，卷上《理》，第18页。
③ 《王廷相集》，《慎言》卷7《御民篇》，第784页。
④ 同前注，第785页。

质亦可得而名也。此即凡自然倾向中那些可与善的标准相生相合者乃可谓善质或善的倾向，反之者，乃可谓恶质或恶的倾向。这点王廷相说得十分明白："性与道合则为善，性与道乖则为恶。是故性出于气而主乎气，道出于性而约乎性。"① 恶质自有待于以礼义裁抑之，然善质亦有待于礼义之栽培以期能既充分且恰当地发挥出来。这正是为何荀子虽以哀痛思慕之情为丧礼之本，却不直以此哀痛思慕之情为善，而必以哀痛思慕之情的适切表现于礼义方可为善。《荀子·礼论篇》云："凡生乎天地之间者，有血气之属必有知，有知之属莫不爱其类。今夫大鸟兽则失亡其群匹，越月踰时则必反铅过故乡，则必徘徊焉，鸣号焉，蹢躅焉，踟蹰焉，然后能去之也。小者是燕爵，犹有啁噍之顷焉，然后能去之。故有血气之属莫知于人，故人之于其亲也，至死无穷。将由夫愚陋淫邪之人与？则彼朝死而夕忘之，然而纵之，则是曾鸟兽之不若也，彼安能相与群居而无乱乎？将由夫修饰之君子与？则三年之丧，二十五月而毕，若驷之过隙，然而遂之，则是无穷也。故先王圣人安为之立中制节，一使足以成文理，则舍之矣。"

4. 气性一路下之天人关系、孟学诠释与工夫

（五）综合以上的分析，可知气性一路虽顺生之理、生之价值来安立道德，却非直以生之价值即善。生之理是儒者参赞天地化育之所见；生之价值是此所见之所必涵，严格来说，不应以善恶言。盖善恶乃生之价值之追求进一步落于人事活动即情欲之求达遂的具体情景中而辗转产生的人应当如何做的意识或标准。此处倘能清楚区别生之价值与道德善恶，则知由参照西方神义论（theodicy）而引起的某类质疑像大德曰生的天为何产生恶便显得毫不相干。诚然，气性论者有时确直以善恶言天地气化，如《春秋繁露·天道无二》云："是于天凡在阴位者皆恶乱善，不得主名，天之道也。"② 王廷相亦云："天地之气有善有恶，观四时风

① 《王廷相集》，《慎言》卷11《君子篇》，第814页。
② 苏舆：《春秋繁露义证》，第346页。

雨、霾雾、霜雹之会，与夫寒暑、毒厉、瘴疫之偏，可睹矣。况人之生，本于父母精血之辏，与天地之气又隔一层。世儒曰："人禀天气，故有善而无恶。"近于不知本始。"① 但这些话若不作一时不察的滑转语看，便都应属于是在以人的道德创造比配天的生化大德的前提下所引生之陈述也。用戴震的话说，就是"自人道溯之天道，自人之德性溯之天德"的天人合一语："自人道溯之天道，自人之德性溯之天德，则气化流行，生生不息，仁也。由其生生，有自然之条理，观于条理之秩然有序，可以知礼矣；观于条理之截然不可乱，可以知义矣。在天为气化之生生，在人为其生生之心，是乃仁之为德也；在天为气化推行之条理，在人为其心知之通乎条理而不紊，是乃智之为德也。惟条理，是以生生；条理苟失，则生生之道绝。凡仁义对文及智仁对文，皆兼生生、条理而言之者也。"② 虽则气性一路讲的天人合一有不同于心性一路处。

（六）以上是气性一路中最难懂理者，然经爬梳顺通后，则可见其自有思理之一致，而不必定要作幼稚的宇宙论中心的道德哲学、混淆实然与应然等的解读与讥评。其顺生之理、生之价值以安立道德，亦能建立一有定准的、必然性的善，尽管此善不是康德意义下的道德性本身之定然的善，亦不是心性一路下本心感而遂通之发用的善。而从气性一路的观点看心性一路，横生别解以至误解乃想象中事矣，气性论者的《孟子》诠释即是典例。扼要而言，气性论者之理解孟学，可以从下列几点来说明。一、以为孟子倡性善，等于漠视礼义教化的作用。《荀子·性恶篇》云："今诚以人之性固正理平治邪？则有恶用圣王，恶用礼义哉！"由是乃进而强调气性所发的自然倾向倘顺纵之则有为恶之可能，荀子即紧扣此义言性恶，并借以显示礼义化性之重要："今人之性，生而有好利焉，顺是，故争夺生而辞让亡焉；生而有疾恶焉，顺

---

① 《王廷相集》，《雅述》上篇，第840页。
② 《孟子字义疏证》，卷下《仁义礼智》，第48页。

是，故残贼生而忠信亡焉；生而有耳目之欲，有好声色焉，顺是，故淫乱生而礼义文理亡焉。然则从人之性，顺人之情，必出于争夺，合于犯分乱理而归于暴。故必将有师法之化，礼义之道，然后出于辞让，合于文理，而归于治。"其实强调顺纵气性的自然倾向会沦为恶；礼义教化有其积极的效用，孟学皆可以同意，但却会认为凡此皆不碍于性善之旨：即主张善是根于人性中一种先验的、超越的（transcendental）道德能力。

二、不过孟学讲的先验的、超越的道德能力如见孺子入井而生的无三杂之念不动于欲的恻隐真心，在气性论者的眼中看来，就只不过是气性中善质或善的自然倾向之流露而已。尤有甚者，则承认善质之有亦必须承认恶质之有。王廷相便说："孟子之言性善，乃性之正者也，而不正之性未常不在。观其言曰'口之于味，目之于色，耳之于声，鼻之于臭，四肢之于安逸，性也，有命焉，君子不谓性也'，亦以此性为非，岂非不正之性乎？是性之善与不善，人皆具之矣。宋儒乃直以性善立论，而遗其所谓不正之说，岂非惑乎？意虽尊信孟子，不知反为孟子之累。"[1] 又若从善质仍有待于礼义之栽培方能恰当地表现处看，气性论者甚至会严分善质（善的自然倾向）与善（经心知能力参与后所制订的理义），如董仲舒谓"性有似目，目卧幽而瞑，待觉而后见。当其未觉，可谓有见质，而不可谓见。今万民之性，有其质而未能觉，譬如瞑者待觉，教之然后善。当其未觉，可谓有善质，而不可谓善"[2]；"或曰：性有善端，心有善质，尚安非善？应之曰：非也。茧有丝而茧非丝也，卵有雏而卵非雏也。比类率然，有何疑焉。天生民有《六经》，言性者不当异。然其或曰性也善，或曰性未善，则所谓善者，各异意也。性有善端，动于爱父母，善于禽兽，则谓之善。此孟子之善。循三纲五纪，通八端之理，忠

---

① 《王廷相集》，《雅述》上篇，第850页。
② 苏舆：《春秋繁露义证》，《深察名号第三十五》，第297页。

信而博爱，敦厚而好礼，乃可谓善。此圣人之善也"①。诚然，深于孟学者自不难反驳董子之论乃混淆了善的根源义与完成义；孟子的性善心善非气性下的善质或善的自然倾向②。但此反驳实显出两路之大分歧处正在于能否承认人有一先验的、超越的道德心性。能承认之则入心性一路，而动之爱父母、不忍见孺子入井等遂皆被目为道德心性不容已之真实呈现。相反，不能承认之则入气性一路，而动之爱父母、不忍见孺子入井等遂皆被目为气性中的善质或善的自然倾向之流露。并且心性一路把善安立于道德心性，自更重视善的根源义。相较之下，气性一路非把善安立于善质，而是反以善的标准来规定善质，则其讲求善质之完成，讲求善的完成义亦顺理成章的事。

三、气性论者主性中有善质有恶质，复认为衡诸于日常经验，人更是表现其善质少表现其恶质多，故斥性善说为"无辨合符验"（《荀子·性恶篇》中语）。王廷相就是在这种思路下批评性善说"非圣人大观真实之论"："薛文清云：'《中庸》言明善，不言明性，善即性也。'愚谓性道有善有不善，故用明。使皆善而无恶，何用明为？圣人又何强为修道以立教哉？自世之人观之，善者常一二，不善者常千百；行事合道者常一二，不合道者常千百。昭昭虽勉于德行，而惰于冥冥者不可胜计。读书知道者犹知廉耻而不为非，其余嗜利小人，行奸侥幸而无所不为矣。故谓人心皆善者，非圣人大观真实之论，而宋儒极力论赞，以号召乎天下，惑矣。"③ 但事实上孟子早有牛山濯濯之辩；经验上人多行恶，从性善说的观点看，乃是人舍亡其超越的道德本心之故。

四、所以归根究底，气性论者就是信不过人有超越的道德本心。廷相尝设一思想实验以驳孟学谓孩提之童（不学而能不虑而知地）无不知爱其亲："婴儿在胞中自能饮食，出胞时便能视听，

---

① 苏舆：《春秋繁露义证》，《深察名号第三十五》，第297页。
② 牟宗三：《才性与玄理》，第10~18页。
③ 《王廷相集》，《雅述》上篇，第835~836页。

此天性之知，神化之不容已者。自余因习而知，因悟而知，因过而知，因疑而知，皆人道之知也。父母兄弟之亲，亦积习稔熟然耳。何以故？使父母生之孩提而乞诸他人养之，长而惟知所养者为亲耳。涂而遇诸父母，视之则常人焉耳，可以侮，可以詈也，此可谓天性之知乎？由父子之亲观之，则诸凡万物万事之知，皆因习因悟因过因疑而然，人也，非天也。近世儒者务为好高之论，别出德性之知，以为知之至，而浅博学、审问、慎思、明辩之知为不足，而不知圣人虽生知，惟性善近道二者而已，其因习因悟因过因疑之知，与人大同，况礼乐名物，古今事变，亦必待学而后知哉！"① 这里所谓"性善近道"即人底气性中有近于理义之善质；此善质正有待后天的学习特别是礼义的学习来使之恰当地表现出来。但严格来说，廷相此驳辩并不能否定人有先验的超越的良知，盖肯定人有先验的超越的良知，并不等于说良知在经验世界中发用时毋须有经验知识的配套帮助。先天工夫要能在后天上用，自必须对后天有所认识，这不成问题。心性论者反会以为问题在于后天的知父母并不表示就能爱父母，可见爱父母之基础不在待学而后知之知。

五、然而正如前文的分析所指出的，气性一路是将善安立在心知作用乎血气情欲以亟成生之价值上。用爱父母的例子来说，气性论者会认为孩童长而知父母是后天认知的结果，知父母且爱父母则是气性中自然倾向（或善质）的流露（此亦常见于禽兽），但要守住这亲亲的流露，便必须使心知肯定之、确认之并以之为善、为理义、为道。心知之所以会肯定亲亲是应该的，乃是知乎此肯定能成就人我之互爱，而人我之互爱乃人人彼此愿意相絜其情相絜其欲以使各各得以遂其生的关键所在。心知之"能知"可以说是先天的（或先验的、超越的），但其"所知"则必须有对后天经验世界的思虑考察。此所以气性论者总是十分强调问学习礼等工夫之必须。又依心知亦属气性自然之质之一端言，戴震遂

---

① 《王廷相集》，《雅述》上篇，第836～837页。

别出心裁以善出于性但性不即是善来解读孟子的性善说。

第七，心性一路肯定超越的道德本心，则工夫无论讲得怎样精微，仍不外如何肯认道德本心（或求放心、觉悟本心）及肯认后如何扩充存养两面。气性一路虽不承认有超越的道德本心，然道德判断之所以可能实端赖于心知，故其工夫乃重在使心知发挥作用，此扼要言之，亦有两面可说。首先，须保持心知之能知，也就是说存养心知之澄彻清明。《荀子·解蔽篇》"虚壹而静，谓之大清明"即是此义。其次，须保持心知之所知，也就是说一方面使心知知乎善、理义、道（或道德标准），另一方面使心知于省察不同的处境时均能作出正确的道德判断。显而易见，问学、践礼在这里都是既相干且重要的。当心知能发挥作用，即能确认、悦乐如理者而否定、厌恶违理者。落在情欲之求达遂处看，所谓如理违理，即情欲之有节无节也。可见情欲之能否节制实系于心知之能否中理，这点《荀子·正名篇》早有极精彩的分析："凡语治而待去欲者，无以道欲而困于有欲者也。凡语治而待寡欲者，无以节欲而困于多欲者也。有欲无欲，异类也，生死也，非治乱也。欲之多寡，异类也，情之数也，非治乱也。欲不待可得，而求者从所可。欲不待可得，所受乎天也；求者从所可，受乎心也。所受乎天之一欲，制于所受乎心之多，固难类所受乎天也。人之所欲，生甚矣，人之所恶，死甚矣，然而人有从生成死者，非不欲生而欲死也，不可以生而可以死也。故欲过之而动不及，心止之也。心之所可中理，则欲虽多，奚伤于治！欲不及而动过之，心使之也。心之所可失理，则欲虽寡，奚止于乱！故治乱在于心之所可，亡于情之所欲。不求之其所在，而求之其所亡，虽曰我得之，失之矣。"后来王廷相以棬喻心所发挥者亦不出乎此义："人心如棬，虚则容，实则否。道义者，心之天理也，知之必践之，以为宝而棬之；戾乎道义者，心之私欲也，知之且禁之，以为砂砾而弃之。棬之未盈，犹足容也，故私欲之感，或可以乘隙而入；至于天理充满，无少亏欠，棬盈而无隙可乘矣，夫安能容？故学者当蓄德以实其心。"①

　　以上是气性一路所含诸义之分解的展示。必须承认，此展示只是一初步的工作，旨在确定气性一路的理论性格与特色，而其中有待进一步剖析的问题仍不少。例如心知之知行关系（即前面曾提及的以"知为基础"的道德动机理论）、气性一路下道德之价值意含（顺生之价值安立道德）及社会意含（强调各遂其生）等。总之，这一课题的研究开拓实有赖于我们能重新正视儒学传统中气性一路之发展、地位与贡献。

---

① 《王廷相集》，《慎言》卷6《潜心篇》，第777页。

二　人文学术与教育

（一）　中国文化教育的理念省察

1. 中国文化教育的意义是不证自明的吗？

要谈"小学与中学的中国文化教育"，我其实是不大够资格的。我只有非常有限的教授小学与中学的经验。在大学念本科生的时候，我曾兼职在一所夜中学当了两年教员，又曾在暑假期间应友人所请到一所小学代了一个多星期的课。因此就算要勉强地谈，我也不可能谈什么具体的教学方案、课程设计等，而只能把问题放到理念的层面上来作出省察。简言之，即看看今天我们提倡在小学与中学（以至大学）里推广中国文化教育究竟有什么理据及意义。现在的人一谈到理念，心里总不期然以为是一些空言大话，这完全是受到时代重现实而轻观念的风气影响所造成的狭隘心态。必须知道，现实如果缺乏观念适当的规导，是很易流于盲冲乱撞的，办教育尤其需要弄清楚理念的问题。

众所周知，香港政府负责教育的官员近几年间忽然在中学的预科课程内加入了有关中国文化的部分，中国文化教育一时间成了热烈讨论的课题。香港中文大学通识教育办公室、教育学院与吴多泰中国语文研究中心遂因应在 1994、1995 年间先后举办了两届"中国文化教学研讨会"①。政府官员推动中国文化教育背后

①　香港中文大学通识教育办公室、教育学院与吴多泰中国语文研究中心在 1994 年 12 月 3 日举办了第一次"中国文化教学研讨会"，又于 1995 年 12 月 9 日举办了第二次。本节是根据我在第二次研讨会中的演讲发言扩大写成的。第一、二次研讨会的部分演讲文章已出版，参看《中国语文通讯》，第 33 期（1995 年 3 月）及第 38 期（1996 年 6 月）。

的动机与目的我不想推测，而且也跟本节要讨论的问题毫不相干。相干的反倒是负责教授的老师的反应。据我个人粗略的了解，老师的反应大抵不外下列两种。对那些素已眷恋欣赏中国文化的老师来说，文化教育的出现可谓相逢恨晚，自然大表支持。相反，对那些根本不认识中国文化的老师来说，无端加重了教学负担，便难免萌生不满之意。不过更值得注意的是，无论两者对中国文化的认识有多大程度的差异，他们在中国文化教育的看法上却其实并无两样：即大抵皆同意中国文化是应该且值得推广的。这从后者纵感到无可奈何，但仍没有宣之于口加以反对便可证明；既是应该且值得推广，当然就不好意思也没有理由反对了。换句话说，他们似乎都不自觉地把中国文化教育的价值与意义视为不证自明，而不知这正是极需要自觉地予以证明者。顺着这种想法下去，老师认为我理所当然地教，学生便应理所当然地学，结果恐怕是理所当然地一厢情愿了。闭门造车，过分轻视学生的怀疑批判能力是今天教育工作者的通病，值得反省深思。中国文化不能这样教。因此"为什么我们今天仍要谈中国文化"、"中国文化是否值得推广"等遂成为首先必须回答的问题①。

---

① 不过由于此中牵涉到一个歧义的名词——文化，为了避免不必要的误解与争论，我们还是先看看文化是什么。文化是什么？这是很难答复的问题。现代西方人对文化这个名词用得很滥。人类学家克鲁伯（A. L. Kroeber）与克罗孔（C. Kluckhohn）便曾分析出一百六十多个关于文化的定义，却仍旧找不到一个公认的定义。参看 A. L. Kroeber and C. Kluckhohn, *Culture: A Critical Review of Concepts and Definitions*, *Papers of the Peabody Museum of American Archaeology and Ethnology*, Vol. 47, No. 1, 1952. 下面我们姑且采用最普通的说法：即文化是一个民族的生活方式，包括物质的与精神的层面。析而论之，物质的层面又可称为生活领域，乃一民族受外在环境刺激影响而反应表现于衣、食、住、行以至各样制度的领域。精神的层面又可称为理念领域，乃一民族对永恒性问题诸如人是什么、人与自然宇宙的关系等的回答而见之于哲学思想、宗教、艺术等领域。这两个领域在具体的历史的文化中当然是互为影响而不可截然分割的，但这并不碍二者仍具有一相对独立的意义。它们不能完全为对方所决定，也就是说不能互相为对方所取代。我们必须对文化采取一如此涵性的定义，方可避免一些诸如君主专制政治抑或民本思想才是中国文化的无谓争辩。把文化分为理念领域与生活领域是劳思光提出的，他称为"文化的二重结构观"。参看氏著：《中国文化路向问题的新检讨》（台北：东大图书公司，1993），第 19~23 页。

2. 对支持中国文化教育的理据的反省

其实，对中国近现代思想史稍有涉猎的人都知道，从19世纪末期至20世纪的七八十年代，反传统文化与追求西化才是中国思想舞台上的主角。中国文化不仅沦为闲角，甚至大有门庭淡泊、收拾不往之势。今天我们之所以会毫不怀疑中国文化的价值，实际上恐怕是受到80年代初期以降重新肯定传统文化的气候影响之故。从思想发展的角度看，这股气候的出现自有其错综复杂的成因。"文化大革命"后意识形态的松动与幻灭、经济上的改革开放、港台新儒家长年累月默默耕耘的成果，以及亚洲四小龙经济起飞的特殊经验所引发的有关儒家伦理与现代化的讨论等都或多或少地促成了中国文化的再受重视。限于范围，本文不能讨论这一历史过程①。

而且重新肯定中国文化的历史机缘并不等于理据。我们要追问的是：有什么理由支持提倡中国文化以至中国文化教育？被誉为港台新儒家的唐君毅、牟宗三等先辈学者曾作的反省在这里有助于我们看清楚问题。1958年1月，张君劢、唐君毅、牟宗三、徐复观四位先生联署发表了"中国文化与世界宣言"，海外新儒家亦因此得名②。他们在这篇宣言中详细检讨"世界人士研究中国学术文化之三种动机与道路及其缺点"，指出汉学家为文物知识的好奇兴趣、传教士为传教目的、近代史研究者为现实政治的动机进而研究中国文化，都不免只取一片面的观点，无法真正把握中国文化的价值③。这宣言距今虽已将近四十年，但其中述及的三种动机背后隐含的两类目的——知识兴趣与现实需求，恐怕

①　有关这一历史过程，可参看 Lin Tongqi, Henry Rosemont, Jr., and Roger T. Ames, "Chinese Philosophy: A Philosophical Essay on the 'State-of-the-Art'," *The Journal of Asian Studies*, 54.3 (August 1995)；另参看李明辉：《当代儒学的自我转化》（台北：中央研究院中国文哲研究所，1994），《导论》部分；另杜念中、杨君实编：《儒家伦理与经济发展》（台北：允晨文化，1987）。

②　参看牟宗三、徐复观、张君劢、唐君毅：《中国文化与世界》，收唐君毅：《说中华民族之花果飘零》（台北：三民书局，1982），《附录》。

③　同前注，第128～131页。

至今仍是大多数支持推广中国文化者所自觉或不自觉采取的理由。

"中国有数千年丰富的文化遗产，当然值得研究推广"是前一类目的最常听到的说法。这从文物遗产或文化知识的角度来肯定传统文化的价值，乍看之下似乎理直气壮，不成问题。事实上就有不少人以为张大千的画在世界拍卖会能卖得数百万元便是中国文化仍具价值的铁证。然而仔细深思便不难看出这种想法大可商榷。我当然不是否认张大千画作的艺术价值，或作为文物的金钱价值。我想指出的只是不能凭此以充分论证中国文化自身的价值，更遑论作支持文化教育的理据。原因是把中国文化等同于文物遗产（的总和）实无异于将中国文化视为一"博物馆文化"。而文物遗产的（金钱）价值恰正是宣中国文化已属死亡的历史陈迹的无价值①。也许有人仍会争辩说，我们总不能抹杀中国传统的绘画、书法、音乐、文学等有其独特的艺术技巧，堪足传世。我想没有人会反对这一讲法，问题是如此一来，中国文化便散落而被理解成绘画、书法、音乐、文学等种种不同的文化知识。就算撇开文化是否即是文化知识的问题不谈（关于如何理解中国文化，下文将续有讨论，此处暂不多说），在科学技术知识当道的今天，文化知识的追求与提倡往往会被视为个人的兴趣与品味。你可以作演讲、写文章大力宣扬中国绘画、书法的艺术境界如何高，这是你个人的品味，我没有这个品味，可以觉得丝毫没有意义。回到文化教育的领域便很明显，当老师费尽九牛二虎之力试图教导学生欣赏古诗的平仄声韵时，学生满脑子想的可能是情愿多花点时间去"打机"（玩电脑）。由此可见，文化知识并不足以作为支持文化教育的充分理据。

有人或许会说，科学技术教育之所以能成为目前教育的主导是因其实用性，实际上，中国文化教育的实用性更大；即可配合

---

① 牟宗三、徐复观、张君劢、唐君毅：《中国文化与世界》，收唐君毅：《说中华民族之花果飘零》，第132~136页。

九七回归，加深香港人对祖国文化的认识。而这个理由还有一件更冠冕堂皇的外衣——民族教育①。由于民族教育牵涉的问题较复杂，所以让我们先来考察一下配合回归的论调。主张学习中国文化有助九七回归似乎是假定了现今中国大陆是浸润于传统文化中，而香港则因长期受到西方文化的洗礼，遂造成两地间的文化差距，故提倡中国文化教育可拉近这一距离。然而证之于历史，则不难发现这样的假设是大有问题的。事实上，1949 年后的中国政府对传统文化的打击向来不遗余力：反封建、破四旧与"文革"时期的乖乱伦常等都是人所熟知的事情，不需我多饶舌。虽然自 80 年代中期以降，因着上文提及的各种因缘际会，乃促成传统文化复兴的气候，甚至当政者有意假借传统文化来重建因经济开放所造成失序的社会规范。不过亦因此使得中国文化复兴的契机充满复杂与危险的变数。可见今天的中国仍是在文化危机与文化认同互相激荡的荆途上寻找挣扎②。相反，香港虽说是一个相当西化的大都会，但华人的思维方式、生活习惯却是不自觉的有很大程度受到中国文化的影响。因此，两相对照之下便可知以现实需要、配合回归的理由来提倡中国文化或中国文化教育不过是一种宣传口号。

至于民族教育的理由，中国人无论怎样也该懂得中国文化似乎是毋庸置疑的。但必须紧接着下一按语：即不能凭此以证明中国文化自身仍具价值，个中的道理不难理解。打个比喻说，中文大学的学生当然应该对中文大学有归属感与认同感，但如果问一个大学生为什么中文大学是一所好大学，我们恐怕很难接受他的答案是"因为我是中文大学的学生"。同样道理，仅凭民族认同来鼓吹中国文化是很易招来情绪反应的诟病，已故美国研究中国近代思想史的大师李文逊（Joseph R. Levenson）批评近代中国知

---

① 在第二次"中国文化教学研讨会"上便有人持这样的理由。

② 余英时甚至以"死亡之吻"来形容现实政权鼓吹传统文化所可能带来的危险。参看余英时：《历史人物与文化危机》（台北：东大图书公司，1995），《自序》。

识分子在理智上否定而情感上依恋传统文化更是典例①。易言之，肯定中国文化的价值（或提倡中国文化教育）的理据是必须在民族认同以外寻找。并且唯有找到这真正的理据才能充分证明中国文化的价值，再由证明而肯定，肯定而生赞叹仰慕之情，由赞叹仰慕之情而建立真实的民族文化认同。这样才是真正的民族教育，对民族感素来淡薄的香港人尤需如此。倘若不问理据，仅为政治目的，由上而下地强制推行所谓的民族文化教育，我相信结果只会适得其反，而香港年青一代的中国人也将失去理解欣赏自己文化传统的契机。

3. 受用性与生命的学问

由以上所论，可知文化遗产、文化知识、配合回归、民族教育等都不足以作为提倡中国文化教育的理据。我想唯一充分的理据只能建基于中国文化（对现代人以至现代社会）的受用性上。必须指出，受用性不同于实用性，后者是相对于现实经验中的特定目的而言，前者则是扣紧存在的生命主体讲。什么是存在的生命主体？从哲学分解的角度言，固然可以讲得十分奥密精微，宋明儒学就讲得十分奥密精微，其中概念的分际要把握恰当殊不容易②。但这并不表示存在的生命主体是离开现实具体的个别的存活（你、我、他）而为（哲学家）抽象的纯智构作。概念分解是概念分解层面的事，存在的生命主体之学最终还是要回归到现实具体的存活上来作出体会与印证。也就是说，它绝不艰涩难懂，人人都可以凭自己真实的生命理解之、体证之。而其开始的一步，用日常语言说，便是要你了解你自己（understand yourself）。晚近欧陆流行的诠释学（hermeneutics）告诉我们：人决不可能有超越时空的绝对客观的立场来看待事物，相反，人总是站在一既

① Joseph R. Levenson, *Confucian China and its Modern Fate* (London: Routledge and Paul, 1964), Vol. 1.
② 关于宋明儒学奥密精微的讲法，可参看牟宗三：《中国哲学十九讲》（台北：学生书局，1963），第十八讲《宋明儒学概述》。

定的视域（horizon）上。而赋予我们视域的就是我们的传统①。以香港的华人（我们）为例，为什么送父母进老人院终老会被视为不孝呢？为什么大多数父母在观念上仍觉得对自己所生育的孩子有人身拥有权（起码在孩子年纪还小的时候）呢？原因正在于传统文化仍是香港华人的视域的主要构成部分。职是之故，学习中国文化实有助香港华人了解反省自我的观念行为，以求能进一步用现代批判传统的过时僵固，用传统纠正现代的浪荡无归②。不过，从了解自我来谈受用性还是表面的，中国文化的受用性必须更深刻地提升至个人存在生命的安顿问题（即安身立命的问题）上才显见其大用。

现代人在机械论式的世界观的支配下曾一度以为可以抛掉完全不问人生的目的、价值与理想的问题，但随着晚近个人及社会日益暴露出来的困境，恐怕已经证明这是一条走错了的路。法兰克福社会批判学派（Frankfurt School）的重要人物马库瑟（Herbert Marcuse）曾写过一本名为《单向度的人》（*One Dimensional Man*）的书，讽刺西方工业社会的人好像活在一个平面的世界内，追逐着平面化的人生③。什么是平面化的人生？只需看看大部分香港人的日常生活就可以知道。每星期五至六天踏着几乎一样的步伐：早晚按时起床上床，坐相同路线的交通工具上班下班，到同一间快餐店吃类似的午饭，晚饭后依时收看公式化的电视节目。如此日复一日，到星期天空闲下来则无聊得不知如何打发时

---

① Hans-Georg Gadamer, *Truth and Method*, trans. Joel Winsheimer and Donald G. Marshall（New York：The Continuum Publishing Company, 1994, 2nd Revised Edition）。

② 移到转统与现代的问题上，诠释学的睿见告诉我们传统潜在地塑造了现代，而现代也因此批判地回应传统。举父子的关系为例，过去家长式父尊子卑的礼制固然不合时宜，必须受到现代的批判。但反过来难道我们真的可以接受父子就等同于朋友的现代式的关系吗？有时我们跟朋友争辩，为逞一时之快可以咄咄逼人，使朋友难于下台。但与父亲讨论问题时，难道我们也会以此为乐吗？我举这个例子只想说明传统与现代恐怕是处于一互相调节批判的关系。

③ Herbert Marcuse, *One Dimensional Man*：*Studies in the Ideology of Advanced Industrial Society*（Boston：Beacon Press, 1964）。

间，十足患上了弗洛姆（Erich Fromm）所谓"逃避自由"的心理病态①。试问这就是人生的目的吗？我们不禁要问理想幸福的人生应该是怎样的呢？②

而这恰好正是中国文化给人最深刻的智慧和最博大的受用性。牟宗三认为中国文化的核心是生命的学问，其大用在于启导人觉醒真实的生命。这是一个很有根据的论断③。例如孟子早在两千多年前便告诉我们，人生的目的不能寄托于金钱、名誉、事业等的追逐上，因为这些通通都是"求之有道，得之有命，是求无益于得也，是求之在外者也"《孟子·尽心》。易言之，这些通通都不是人自己能完全掌握的东西。你希望富有固然求之有道，你可以努力去工作赚钱，但最终你能否得到却还是由不得你做主，此中有命（人生际遇的变幻与不可知）在焉。你去追逐一些自己不能做主掌握的东西，甚至以此为人生的目标，这不是最大的虚妄与愚蠢吗？现今打开报章经常读到有人因际遇偶然不顺遂便去寻死的新闻正是这虚妄愚蠢的活生生例证，不能不令人叹息。所以孟子教人应该把人生的理想安顿在"求则得之，舍则失之，是求有益于得也，是求之在我者也"的层面。这就是努力去追求建立一个自主自觉、自发自律、自定方向的人生（以哲学的语言说，即建立人的价值自觉；以孟子的话说，即建立人禽之别的良知良能），而人的价值与尊严才能巩固起来。当然，以上简略介绍的孟学智慧只是中国文化生命学问的一端，其全幅内容则不可能也不需要在这里讨论。我所想强调的是，假如我们能好好

---

① Erich Fromm, *Escape from Freedom* (New York: Avon Books, 1965).

② 前两三年香港出现了一些收取昂贵费用提供人宣泄抑郁及自我了解的课程，竟生意滔滔，而参加者又大多是受过高等教育、在社会位居要职的中产阶级。可见只偏重技术知识的教育长远推行下来所引发的困境。同样，近十年间在欧陆也掀起了要求哲学实践的运动，可见现代人很多的困惑与焦虑，不一定是源于心理的问题，而是缺乏一套人生观、世界观所致。参看 Ran Lahav and Maria Da Venza Tillmanns eds., *Essays on Philosophical Counseling* (New York: University Press of America, 1995). 可见现代人根本不可能抛掉什么是理想幸福人生的问题。

③ 见牟宗三：《生命的学问》（台北：三民书局，1994），《自序》。

地以中国文化的受用性去启导年青的一代，虽不敢说振聋发聩，但若可以使他们因此循序悟入，则对于他们反省思考自己的生命方向定会有所助益。若谓能由之始而憧憬，终而透彻，最后有如孟子所云沛然莫之能御，便更是中国文化教育莫大的功德和意义。

4. 对可能引起批评的回答

最后我想对以上的观点可能引起的一些批评作出回答来结束本节的讨论。首先，或许有人会觉得将中国文化理解为生命的学问不免陈义太高、抽象浮泛，难以具体落实。对于这类批评，我的回应是如果你把生命仅看成是眼前感官的活动而没有丝毫实存的体验，则一切关涉生命的学问都陈义过高。因为你那自限封闭的心灵根本对什么是真实的生命完全缺乏感应，而美其名曰平实，实则只是借口平实而日趋下游，自绝于高明之外。回到如何理解中国文化的问题，上文虽反对将中国文化理解为文物遗产、文化知识或民族认同的工具，但并不表示中国文化不包括这些东西。事实上，当你能真正感受到中国文化的受用性时，自然便会进一步引发要求了解其具体内容即文物遗产、文化知识的兴趣，并由之对其产生真切的认同感。换另一种说法，即在中国文化受用性的大前提下，文物遗产、文化知识与民族文化认同等均可通通收摄进来给予适当的定位，此中毫不抽象浮泛。再以文化教育为例，文化教育的目的固不于告诉学生黄香温席、孔融让梨的故事。这里有本末先后在焉，不容笼统地滑了过去。至于如何按部就班、由浅入深地在小学、中学、大学里推行，则是课程设计的技术问题，南宋朱熹曾有小学与大学两阶段教法的区别，可作参考，本文不能详论①。然而必须补充一点的是，在这种强调受用性的文化教育中，老师扮演的角色恐怕要比课程设计更加重要。南宋淳熙八年（1811），陆象山应朱熹之请到白鹿洞书院讲"君

---

① 参看《朱子语类》（北京：中华书局，1994），卷7《小学》及卷8《总论为学之方》。

子喻于义，小人喻于利"，结果"说得来痛快，至有流涕者。元晦深感动，天气微冷而汗出挥扇"（见《朱子年谱》淳熙八年条）。可见象山有实感，出语才能感动人，才能使听者有愧耻心而流涕，甚至连朱子这样的大儒也再三赞叹，自觉负愧。今天我们当然不是要求每位老师都是陆象山，但如果连老师自己也不能受用于中国文化而抒发为真挚动人的情感，试问又如何感召教导学生呢？所以肩负文化教育的老师应有一种自觉，自觉自己不仅是授业（传授知识）的"先生"，同时也是传道、解惑的"老师"，并常以此自勉自励，与学生教学相长。荀子"学莫便乎近其人"、"学之经莫速乎好其人"（《荀子·劝学》），绝非过时落后的古老传统。

也许仍有人会疑虑这样教中国文化会否流为某种形式的说教传道。上文不正是叫老师做传道人吗？不错，中国文化无论儒、释、道三教均有不同的对人生的觉解智慧，但切勿忘记三教同样更重视学生的自我寻索、自我觉醒而不是死硬的接受教条。此所谓"心力向内而不向外"、"学有志愿真切，有不容已"也①。朱子临终之时，学生问他有何嘱付，他不说自己理气二元、心性情三分那一大套，只说了"坚苦"二字。坚苦就是自我觉醒践履中的甘苦。这正足以表示老师的传道实不过是学生觉悟真实生命的助点助缘。中国文化教育的精粹亦在于此。我个人在这一两年间曾先后应邀到多间中学作有关中国文化的演讲，演讲的内容全集中于中国文化的受用性上而不是教学生如何应付文化科的考试（这可能使请我的老师感到失望）。虽则不可能指望短短的演讲可以扭转乾坤，但从听讲的学生眼中偶尔流露出来的雀跃兴奋的神情及演讲后热切的提问，使我深信中国文化生命的学问必将有用于世。而我们应好好地珍惜这一使香港年轻一代的中国人能理解欣赏自己文化传统的契机。假如有一天人人都能受用中国文化的人生智慧，则表示中国文化体现于每一个人的实存生命中，这便

① 见梁漱溟：《东方学术概观》（香港：中华书局，1988），第185~187页。

是港台新儒家经常强调"上接民族文化的慧命"、"中国文化乃一活的生命存在"等语的实义①。

（二）论传统为己之学对现代通识教育的启示

1. 引言：对提倡通识教育的理据的反省

事实上，通识教育在香港的大学教育中已经行之有年。记得十多年前在大学念本科生的的时候，我修读过通识的课。现在任教大学也讲授过两门通识的课。不过我并不是研究教育的，因此不可能也不够资格谈什么具体的体制沿革、课程设计等，而只能把问题提升至理念的层面上来作出省察。易言之，即看看今天我们提倡通识教育究竟有什么理据及意义。必须补充一点可能引起的误解，即现在我探讨通识教育的理念，丝毫没有假定实施有年的通识教育从没想过理念的问题而要待我来讲清楚。我写本文的目的，不过是要表述我自己对于了解通识教育时所涉及问题的省察，并提出一些可能的解答以就正于方家。

然则为什么要提倡通识教育？或者说，究竟什么是通识教育？一个最常听到的理由是，现代教育趋向专业分科，学生的知识层面也因而日益狭隘。通识教育规定学生修读自己专业以外的学科，可以帮助学生扩展他们的知识层面。这个理由骤眼看来似乎言之成理，但细想一下却不无问题。首先，现今大学要求学生毕业时修毕的学分实际上比他们本科要求修读的学分为多。这也就是说大学在教育规划上已预留了空间让学生可以按自己的兴趣修读其他的学科，例如学生可以有副修。从这个角度来看，如果通识教育的提倡仅仅只是为了扩阔学生的知识层面则不免会有屋上架屋之嫌。而在这里继续争辩说设立通识可以有强制性是不相干的。回到现实，假若老师们都抱着增加学生知识的想法去教授通识的课，结果自然便会在课堂上作专业式（犹如教本科一样）的讲授。我想学生的反应要么是觉得艰涩难懂，要么是觉得多修

---

① 参看《中国文化与世界》。

一两个别科的课作导论式（表面上）的了解根本收不到扩阔知识层面的效果。也许有人会反驳说通识教育当然不是要求学生累积知识，而是用来培养学生的识见。但什么是识见？识见是一个相当含混的名词。比较容易联想到的是所谓思考分析的能力[1]。但训练学生思考分析能力真的可以作为通识教育的理念吗？我是十分怀疑的。试问有哪一个学科会说它们只是传授知识而不负责训练学生的思考呢？假如学生在本科的学习中已能培养出分析思考的能力，则有什么理由还要另外再设立一种通识教育。总之，上文的析论绝非为了吹毛求疵，我只想指出上述的理由似乎都不足以作为提倡通识教育的充分理由。明乎此，我们才能理解为什么今天仍有些人认为通识教育只是一种负担[2]。

另一个经常听到的理由是通识教育的理念乃是全人教育。这显然是从中国传统教育中提炼出来的看法。在中国传统教育的理想下，全人的"全"明显并非指知识的周全（广博），而是指人的品格上的完整（完美）。换另一种说法，全人教育就是一种人格教育、道德教育，目的是要使受教者成为君子而非专才。因此主张通识教育的理念乃全人教育，实无疑等于是在现代大学教育中提倡人格道德教育。这初听起来难免使人有一突兀的感觉。盖现代人普遍认为人格道德是一些很主观的东西，如何可以将之当成客观的学问来教呢？尤有甚者，提倡复兴传统的全人教育究竟是不是指把公元前孔、孟老夫子的仁义礼智搬进今天大学的教室里，但这岂非沦为变相的传道说教？结果恐怕只会招来迂阔过时的诘难。其实更严重的问题还在于，从教育的角度看，中国传统教育与现代教育不仅是两套不同的教育类型，而且是两种互相对立的类型。德国社会学家韦伯（Max Weber）在研究中国传统教育后有以下观察："在古老传统熏陶下成长起来的儒士，自然而

---

[1] 一种见解可参看中文大学通识教育办公室编：《通识教育通讯》1996 年 9 月号，《专题探讨：通识兼任讲师眼中的通识教育》，第 3 页。

[2] 同前注。

然会将带有西方印记的专业训练视为最低贱的训练。"相较现代教育透过技术的训练使人成为一种工具，传统教育"君子不器这个根本的原理告诉我们，君子是目的本身，而不只是作为某一特殊有用之目的的手段"①。必须强调，上文的分析仅在于指出我们恐怕不能通过简单的拼凑方式来结合传统与现代两种教育以求为通识教育寻找理据。但我并不认为传统教育因此丝毫没有现代意义。恰恰相反，本文撰写的目的便是要试图论证传统教育中某些睿见可以为现代通识教育提供重要理念。不过此中需要作一番剔剥、简别、再诠释的工夫。而剔剥、简别、再诠释又必须建基于对传统与现代教育的洞察反省。由此我们可以转至讨论中国传统教育的特色与限制。

2. 为己：中国传统教育的特色与限制

对中国文化发展稍有涉猎的人都知道，自孔子提出"仁"、孟子指点"恻隐之心"以明人本有固有内在道德（价值自觉）的能力开始，中国传统以儒家为主的教育的理想便落在希圣希贤的目的上，借用孔子的话说，即"为己之学"②。知识的追求遂不免被视为次要。孔子说："行有余力，则以学文。"（《论语·学而》）孟子更进一步说："学问之道无他，求其放心而已矣。"（《孟子·告子上》）荀子虽不承认人有内在道德能力而较重视客观礼仪的积习，但他明白强调："学恶乎始？恶乎终？曰：其数则始乎诵经，终乎读礼；其义则始乎为士，终乎圣人。"（《荀子·劝学》）可见仍不离为己之学的矩矱。尽管后来随着汉代建立起尊崇儒术通经致仕的举业传统，在现实历史中儒生常陷入学

---

① Max Weber, *Religion of China*, Hans H. Gerth trans.（New York: Free Press, 1951), pp. 160 ~ 161. 中文译本见洪天富译：《儒教与道教》（南京：江苏人民出版社，1993)，第 186 ~ 187 页。

② 《论语·宪问》："子曰：古之学者为己，今之学者为人。"朱子注解此语引程子之言云："为己，欲得之于己也。为人，欲见知于人也。古之学者为己，其终至于成物。今之学者为人，其终至于丧己。"见朱熹：《四书章句集注》（北京：中华书局，1983)，第 155 页。

为官人抑或学为圣贤的紧张状态里①。但就整个教育理念而言，恐怕主张学为做官还是会普遍地遭到读书人的抗拒和轻视。宋明时候儒者倡道书院讲学以维持为己之学的道统来抗衡王化教育的政统便是明证②。

或许有人会争辩说孔子除了主张践仁外，同样讲求博文约礼，以诗书六艺教人。所以他的为己之学实际上应是德性与知识并重之学。过分偏重德性培养一面乃是孟子及后世儒者的歧出。此处甚至可以牵涉到哲学史内孔孟异同的问题，然限于本文论旨，我们不能在这里讨论。我只想指出后世儒者（尤其是宋明儒）诠释为己之学不可讳言是有进于孔子，但谓孔子是德性与知识并重则恐为有欠分疏简别之言。因为孔子虽教授学生诗书六艺，却绝非想将学生训练成某方面的专家。牟宗三先生说："（孔子）心目中念念不忘的便是怎样转化经验知识为内在德性，简单地说，就是怎样转智为德。"这是十分精确的论断③。而更严格地讲，此转智为德之所以可能实系于内心的觉悟、德性的开启，也就是"仁"的建立。从这一角度来看，孟子强调求放心便不可谓非本于孔子了。

到了宋明时候，朱子主张道问学、格物穷理，常常给今人误解为重视知识，实则他只是较重视转智为德一面而已。所以纯粹追求知识，在他看来毕竟仍是玩物丧志。我们只要仔细检视一下朱子编《近思录》卷二《为学大要》中所引录百十一条的文字，自当不疑于上述的分析④。朱子的问题乃在于未能更深刻地反省肯认内心觉悟之必要。这落在归本孟子的陆象山眼中，遂不免觉

① 参看高明士：《传统中国教育的发展与特质》，《文史哲学报》，第 43 期，1995 年 12 月，第 3 ~ 35 页。

② 参看陈荣捷著、万先法译：《朱子与书院》，收氏著：《朱子新探索》（台北：学生书局，1988），第 478 ~ 513 页。另可参看余英时：《道统与政统之间》，收氏著：《史学与传统》（台北：时报出版社，1983 年三版），第 30 ~ 70 页。

③ 见牟宗三：《中国哲学的特质》（台北：学生书局，1984 年七版），第 38 页。

④ 参看陈荣捷：《近思录详注集评》（台北：学生书局，1992），第 65 ~ 173 页。

得朱子老是在外缭绕支离，转智为德是终转不出德来的。不过象山却由此倒向另一边，一味教学生为学先立其大而小者不能夺，也很容易沦为彻底轻视以至否定知识的反智论①。象山那不识一字仍可堂堂正正做人的名言固可视为极端之论，然此中实亦透露出象山思想潜藏偏颇的消息。由现代的观点看，儒家以德性培养为主的教育能一眼看出道德与知识分属不同层面乃其洞见。而孔子转智为德，明白承认知识在成就德性生命过程中的助缘作用，如日常所谓读书明理亦是不移的的论。因此后来朱子与陆象山针锋相对，究其实则皆不免有各执一偏之毛病。

尤有甚者，通过知识固不能建立起道德自觉的能力，然道德的具体实践能不依靠知识吗？完全缺乏知识恐怕很易导致好心做坏事的恶果。此中的道理不难明白。明代王阳明虽世与陆象山并称陆王，但他在这问题上却看得比象山透彻全面。他说："良知不由见闻而有，而见闻莫非良知之用，故良知不滞于见闻，而亦不离于见闻。"（《传习录·中》，《答欧阳崇一》）当代倡导重新诠释儒学的学者，便是顺着此一线索提出肯定知识作为实践德性的配套而讲求融摄知识②。必须指出，传统儒家教育在当代学者的反省与再诠释下自然不必再视追求知识为不相干的余事，但其所肯定的乃是知识与道德生活不离之义。这与现代教育背后强调的知识的客观独立意义仍不免有一间之隔。此是传统儒家教育的限制但亦同时是它的特色所在，我们固不必为自己的文化传统讳。

3. 为学：现代教育的特色与限制

众所周知，现代教育是以科学技术教育为主导的。造成这一现象的其中一重要因素明显缘于科学技术能开发新知以及能具体应用以改善人类物质生活的实用性。不可否认，科学技术的重视

---

① 参看余英时：《从"反智论"谈起》，收氏著：《史学与传统》，第108～124页。

② 参看牟宗三：《致知疑难》，收氏著：《从陆象山到刘蕺山》（台北：学生书局，1984年再版），第245～265页。

把人类带入了一个现代工商业化的崭新世界。而工商业社会对科技知识及技术人员的渴求，又反过来改变了教育的理想，使教育的目的一变而为替各行各业制造专才。如此层层相因互相交缠终形成当前我们教育的境况。这从现今人文学科被挤迫至教育的边缘位置就可以证明。此外不少学者已经指出此种科技至上主义替现代人圈划出一个非常狭隘的知识观：即只有具备像自然科学那样的客观性与认知性的才有被称为知识的资格。然如此一来，人生、道德的问题自然便不是知识的问题，不具客观认知性而只沦落为个人主观的选择①。主观的东西我们既无从肯定它的价值亦无法像客观知识那样传授，结果人生、道德的教育也顺理成章地被排斥在现代教育的范围外。问题是这样的教育方向行得通吗？

我想没有人能否认现代以科学技术传授为主导的教育的贡献，例如对人类科研的助长。但恐也没有人能否认它同时把人类引入到一大困境当中。我在一篇讨论中国文化教育的文章里曾写道："现代人在机械论式的世界观的支配下曾一度以为可以抛掉完全不问人生的目的、价值与理想的问题，但随着晚近个人及社会日益暴露出来的困境，恐怕已经证明这是一条走错了的路。法兰克福社会批判学派（Frankfurt School）的重要人物马库瑟（Herbert Marcuse）便曾写过一本名为《单向度的人》（*One Dimensional Man*）的书尖锐批评西方工业社会的人活在一个平面的世界内，追逐着平面化的人生。什么是平面化的人生？只需看看大部分香港人的日常生活就可以知道。每星期五至六天踏着几乎一样的步伐：早晚按时起床上床，坐相同路线的交通工具上班下班，到同一间快餐店吃类似的午饭，晚饭后依时收看公式化的电视节目。如此日复一日，到星期天空闲下来则无聊得不知如何打发时间，十足患上了弗洛姆（Erich Fromm）所谓'逃避自由'

---

① 这种价值主观主义同时又与现代文化中的相对主义、自由主义相汇流而壮大。个中的分析可参看石元康：《现代社会中价值教育为什么会式微》，载周英雄编：《现代与多元——跨学科的思考》（台北：东大图书公司，1996），第173~191页。

的心理病态。试问这就是人生的目的吗？我们不禁要问理想幸福的人生应该是怎样的呢？"① 不幸的是，这个问题的答案是现代教育欠奉的。结果大学毕业掌握专业知识的大学生，当在现实活生生的日常生活中遇到挫折、打击或困惑时，常常显得手忙脚乱不懂得应付处理，甚或表现得跟中学生没有丝毫差别。我在同一篇文章中指出一个现象："前两、三年香港出现了一些收取昂贵费用提供人宣泄抑郁及自我了解的课程，竟生意滔滔，而参加者又大多是受过高等教育在社会位居要职的中产阶级。可见只偏重技术知识的教育长远推行下来所引发的困境。"②

我们甚至可以设想如果现在有一个学生对人生问题产生了疑惑困挠而向老师求教，他得到的答案极可能不出下列两个：一是寻找一种宗教信仰；一是接受心理辅导。我们追问人生有何意义难道真的就是因为我们缺乏宗教信仰或者心理有毛病吗？晚近十年欧陆掀起了一股"哲学辅导"（philosophical counseling）的运动，其睿见在于提出现代人在日常生活中遭遇到的很多焦虑和不安，不一定源于心理的问题，而是现代人对自己的生命缺乏一种定向，没有一套对自我以至世界的看法。换言之，就是欠缺一套人生观（life view）、世界观（worldview）。必须强调，在这一意义下的人生观、世界观并不一定要讲得像形而上学或宗教的终极关怀（ultimate concern）那样高远玄妙，相反是具体真实的日常生活所不可或缺的东西。这犹如下棋的时候，我们仅仅知道下棋的规则是不足够的。我们需要的是一个通盘的布局计划来指导我们如何随机应变地一着一着的下③。而善于布局计划能下棋下出自己风格的人实不啻如现实生活中有定向能活出自己的风格的人一样。析论至此，我

---

① 见拙著：《中国文化教学的理念省察》，《中国语文研究通讯》，第 40 期，1996 年 12 月，第 55～56 页。

② 见拙著：《中国文化教学的理念省察》，《中国语文研究通讯》，第 40 期，1996 年 12 月，第 55～56 页。

③ 参看 Ran Lahav and Maria da Venza Tillmanns ed. , *Essays on Philosophical Counseling* (New York: University Press of America, 1995).

们似乎像摸索到现代通识教育可以发挥着力的地方。不过我想在这里紧接着下一按语，即欧陆"哲学辅导"的运动是源于现象学（Phenomenology）对"日常生活"（everyday life）的重视和讨论①。其人生定向的见解虽或可为通识教育的理念探讨提供启示，但实际上中国传统教育也不乏这种睿见，我们大可不必"舍却自己无尽藏，沿门托钵效贫儿"地向西方取经②。

4. 通识教育作为一引导功能的教育

综合上文的讨论，从表面上看来我们实不难获得以下一个印象：即现代教育之所长正是中国传统教育之所短，相反现代教育之所缺却是中国传统教育之胜场。依此，去两短合两长乃是自然必至的结论。而现代通识教育的理念遂可理解为复兴传统的全人教育、道德教育与人生教育等来结合现代与传统两种不同的教育。不过诚如本文开首指出的，这种简单的拼揍方式实很难经得起反省考查。即使撇开迂腐过时、传道说教的质疑不谈，我们还是有理由追问我们怎么知道儒家的人生理想就是人生有何意义这一问题的正确答案呢？为什么不是其他的学说呢？站在儒学的立场当然可以作出辩解回答，但这恐怕只会陷入无休止的绝对主义与相对主义的论争中。事实上，在现代相对主义盛行的潮流下，谈内容是几乎不可能达至什么共同认识的。因此我们不妨转换一个角度，以功能的观念来审视一下中国传统教育在现代社会的可

---

① 参看 Ran Lahav and Maria da Venza Tillmanns ed. , *Essays on Philosophical Counseling* (New York: University Press of America, 1995), Introduction, pp. ix-xxv.

② 本文在"华人地区大学通识教育研讨会"上发表时，沈宣仁教授曾怀疑强调从为己之学的角度（而非其他的文化传统）去寻找现代通识教育的理念会否犯上文化本位主义的嫌疑。当时因时间所限，未能回答。现借文章修订之机，作一扼要的答复。我的文章主要是申论中国传统教育作为一引导功能的教育可以为现代通识教育提供重要理念。但我从没有否认在其他的文化传统中也可能同样有重视引导功能教育的思想。问题在于现在我们的论域是华人地区的大学，如果我们承认现代人的思想行为其实都不可避免地带有传统文化所赋予的烙印，则诉求于自己的文化传统中找寻理念的资源亦属理所当然的事。当然，我们主张重释重建为己之学是因为其理念本身的优越性而绝非因为其为中国文化传统。由此可知，意义含混的"文化本位主义"一词，有时亦可能构成不必要的忌讳。

行性。就教育功能而言，中国传统教育可以说是一具引导功能
（orientative function）的教育，相较现代重认知功能（cognitive
function）的教育，其用力处大不相同①。所谓引导功能的教育，
即教育是要在学生的"自我世界"方面造成某些变化，甚至进一
步启发学生去建立起他的"自我世界"的定向②。不错，儒家思
想对人生有其特殊的觉解智慧，不必一定为所有人接受。但切勿
忘记儒家教育同样强调学生的变化气质、自我寻索以建立自主自
觉的人生而非死硬地接受教条。举个例来说，朱子晚年抱病不起
的时候，学生问他有何嘱付，他不说自己理气二元心性情三分那
一套，只说了"坚苦"二字。坚苦就是自我定向践履中的甘苦。
可见引导功能确是儒家教育的精神与洞见所在。而所谓自主自觉
的人生套用上一节分析的话说，即人生观、世界观的建立。再回
到现代社会的脉络，人生观、世界观又不必定要讲得像形而上学
或宗教的终极关怀那般玄妙，而可以是具体现实的日常生活所不
可或缺的定向③。职是之故，我们可以完全不同意儒家道德心性
的思想有任何现代意义，却不得不承认儒家引导功能的教育恰正
是现代教育急需重建的部分。总之，我们主张着眼于教育功能而
非教育内容，目的是要松开对内容的执定或由之引起的论争，使
得中国传统教育的智慧不致因现代相对主义的泛滥挑战而淹没。
如果现在我们要在既有的教育类型下提倡通识教育，那么传统引

---

① "引导功能"与"认知功能"是劳思光先生用以分判中西哲学特色的一对概
念。本文则借过来分判中国传统教育与现代教育的特色。见劳思光：《对于如何理解
中国哲学之探讨及建议》，收氏著：《思辨录——思光近作集》（台北：东大图书公司，
1996），第1～37页。

② 此中"自我世界"包括了自我与世界两方面。引导功能的教育就是要变化自
我替自我找寻方向，而自我的变化又必然连带引发自我对世界看法的改变。易言之，
就是"自我世界"的改变。因此所谓的人生观、世界观其实只是一个观的不同说法而
已。

③ 这里必须紧接着下一按语，则我们并非否认形而上学或宗教的终极关怀亦具
有引导功能。可是若把人生观、世界观一下子提到终极关怀这么高妙的层次来了解，
并以之作为通识教育的理念，则恐怕极易引起不必要的误解，以为讲通识教育的理念
反省皆不着实际之玄谈。

导功能的教育应可提供一重要的理念。当然，一个紧接着必须回答的问题是：传统引导功能的教育跟现代认知功能的教育能否融合无间？会否互相排斥？答案的关键则系于引导功能的教育如何看待知识、定位知识。

在前文中，我们曾指出传统儒家教育在当代学者的反省与再诠释下不必再视追求知识为不相干的余事。换言之，引导功能的教育虽不能成就却也绝不排斥认知功能的教育所肯定的客观独立的知识义。并且它还能顺着传统转智为德、读书明理的想法在此之外复发展出另一与生活不离的知识义。前者讲求知识的真假，后者则强调知识对认知者的意义。举个日常生活的例子就可以说明。工商管理的知识对一个工商管理系学生来说自然是有意义的，因为这是他的主修科，也可能是他的兴趣与将来谋生的工具。但对一个哲学系学生来说则可能完全没有意义。除非在现实生活中发生了政府要增加大学学费的事，且以一份充满工管理论及数据的顾问报告来作理由。这时如果这个哲学系学生关心加学费的事，他要读懂报告就得学习工管的知识。而工管的知识亦随之真正进入到他的生活世界内变成有意义的东西。顺着这样的想法下去，我们甚至可以说一个人的自我世界其实即是由对他而言有意义的知识所构成的。意义知识的增加即是自我世界的变化与扩展，意义知识的融贯即是自我世界的定向。所以与生活不离的知识义绝不是强调知识的实效性，而是强调知识对人生定向的受用性。虽则实效性常常是人在现实里摄取意义知识的诱因。回到教育的层面，假使老师能把知识教得让学生觉得有意义，则学生就能善用这些知识去了解自己以及判断身边发生的事情，甚至进一步由之逐渐形成自己的人生观、世界观。这是传统读书明理的现代诠释，也是引导功能的教育的实义。我在大学教授通识的日子虽短，却时常感到如果在课堂上只作本科式的讲授，根本很难引发学生的共鸣。相反若能把讲授的内容扣紧现实生活来阐释，则反应常是出乎意料的热烈。这与其理解为学生讲求效益的心态，毋宁说是他们渴求把知识融入生活成为定向的表现。故从教学的切身体验来看，实使我益信中国传统引导功能的教育应是发展现代通识教育的一个重要理念。

最后，我想补充一点来结束本节的讨论，即提倡通识教育作为引导功能的教育绝非仅为一停留在抽象层面的理念反省。它同时即能落实展开而成一个架构，把各种不同的学科收入通识教育中给予适当的定位安排。例如要启导学生建立自己的人生观、世界观，我们可以开设中国文化的课程来让学生了解自己的文化传统对他的思维行为的影响；也可以开设西方文化、现代文化与比较文化的课程让学生了解他逢缘在中与西、传统与现代夹缝中的处境；当然也可以开设介绍各种价值道德理论、宗教人生思想的课程为学生思考自己人生提供可能的答案；此外也可以开设音乐、艺术的课程提高学生的感性修养。总之，林林种种，不胜枚举。至于强调提倡知识与生活不离之义，则现代社会五花八门、瞬息万变，几乎什么学科的知识都可以引入通识教育中来加强学生对生活世界中所发生事情的判断能力。这里只须紧接着下一按语，即所有科目的讲授方法（以至课程设计）自然必须是引导性的而不应只是认知性的。

（三）唐君毅论人文学术

1. 引言

在现代学术与教育的氛围下，我们常常可以看到两个关于人文学科（the Humanities）的现象①。一是不少人慨叹人文学科的

---

① The humanities，一般中译作人文学科或人文学，但也有论者坚持"科学"一语（英语的 science，德语的 Wissenschaften）倘作系统的学问解，则无理由为自然科学所独占，故主张译作人文科学。例如关子尹译卡西勒（Ernst Cassirer, 1874～1945）的著作 *Zur Logik der Kulturwissenschaften: Fünf Studien*（英译为 *The Logic of the Humanities*）为《人文科学的逻辑》，唐君毅先生则名之曰人文学术。本节是依行文的需要把这些不同的译名作同义词使用，特此说明。

边缘化或曰危机，这恐怕已是个不争的事实①。二是或许正因为人文学科的逐渐衰落，则无论重视之者或轻视之者，都鲜有能清楚说明什么是人文学科？它的性质、范围与意义为何？当代儒者中唐君毅以提倡人文精神见称，事实上，他对人文学术（唐先生自己的用语）确曾作过极其深入细腻的反省。本节的目的，便是想借着介绍、析论，以至引申发挥唐先生的人文学术观，来帮助我们认清人文学科的本性，并由此进一步思考其可能的发展前景。如是，下面我们将从三方面来阐析唐先生人文学术观的意涵：一、人文学术的本性及其与社会科学、自然科学的分际。二、人文学术背后所了解的人或自我，及本此以重订人的学问之次第。三、人文学术的社会文化功能。

值得注意的是，唐先生人文学术之论主要发于 20 世纪 50 年代后期，同时代的西方学人或先或后也不乏有对人文学科作过深刻反省者。故下文将借用德国哲学家卡西勒于 40 年代讲人文科学的逻辑，特别是人文与自然的分野，及美国哲学家诺锡克（Robert Nozick，1938～2002）在 70 年代为厘清人文学科的界限所提出的一些判准，来与唐先生的观点相互比观发明。如是，我们不难看见中西学人之论虽有不同着力处，然亦有心同此理而遥相呼应处。这也正可见唐先生人文学术之论非是在发挥他个人的哲学，而是他就题论题的思考成果，虽则表述上仍不免给人一家

---

① 参看洪长泰：《人文教育的危机》，收黎志添、刘国英、张灿辉合编：《在求真的道路上：贺沈宣仁教授七秩之庆》（香港：中华书局，2003），第 283～301 页。洪文提出人文教育（亦即人文学科的教育与发展）在现代受到至少四方面的挑战：一、社会的变化；二、大学的转型；三、知识的膨胀；四、香港的困境。此中除第四点是就香港这一特殊地域立论外，其余三点都是人文教育在当前面对的一般性的挑战。

之言的错觉①。从本文的观点看，唐先生那些闪烁着睿识的思考成果，在半个世纪后的今天，依然值得我们重温、参考与深思。

2. 人文学术的本性及其与社会科学、自然科学的分际

通常人们论人文学科、社会科学与自然科学的分际，多以为是由于三者的研究对象不同所致。此即以人文学科所欲知的对象是人，社会科学所欲知的对象是社会，自然科学所欲知的对象是自然。但唐先生十分敏锐地指出这一理解不尽恰当。首先，他质疑"即世间存在之各种事物，是否真能界限分明的别为各类，而更分别划归不同之学术去研究呢？"② 事实上，我们仔细点看，便不难发现任一学科都有自然、社会与人的成分参与其中。用唐先生的例子说，当我们研究历史，就算是专指人类的历史，我们已不可能完全不管人处身其中的天文地理等自然环境，更遑论人类社会的政治、社会、经济等制度。复次，唐先生更顾虑的，"是各类事物与存在，既原彼此相关，某一学术研究一类对象，又恒可涉及他类对象，则我们很难由此以建立各种科学之平等的独立性，而尽可进而以一种学术概括一切"③。20 世纪曾一度流行的物理主义，主张把"知识"概念限定为只涉及彼所谓的严格科学，由是企图把一切学统一于自然科学特别是其核心的物理学之下，就是唐先生所顾虑的一个最鲜明的例子。

诚然，我们可以辩解说，尽管人文学科、社会科学与自然科学好像可以有共同的研究对象，但它们对那些共同研究对象的理解却是大不相同的。此处即迫出一必须回答的问题：到底是什么使得对同一对象例如人的研究，会产生不同的学科？唐先生的答

---

① 毋庸讳言，唐先生论人文学术的文字夹杂了不少他个人哲学的色彩：如主体性、道德精神的肯定，对黑格尔哲学模型（Hegelian model）的吸收等，而很易教人误会他只是在发挥一家之言。本节希望能澄清此误解，借着一个分析框架（即下文三方面的析论）来展示唐先生之论乃就题论题的思考。当然，本文相信这项工作是在尽诠释者应有的责任，即对唐先生的文字作一种最强义的解读，而不是在美化他的思想。

② 唐君毅：《人文学术与自然科学社会科学之分际》，收氏著：《中华人文与当今世界》（台北：学生书局，1975），上册，第 183 页。

③ 唐君毅：《人文学术与自然科学社会科学之分际》，第 184 页。

案是各学科所依而生的态度或观点不同；并且在某种态度或观点下，我们可进而归划出某研究所当涉及或次当涉及的研究对象。唐先生提出人看世界主要有三种态度或观点，顺之乃有自然科学、社会科学与人文学术的区别。他说：

> 自然科学与社会科学及人文学术之不同，我们可说依于人之看世界，主要有三种态度或三种观点。一为把事物作为离开或外在于我之为人之主观的行为与精神，而自己存在者来看。由此而有自然科学。二为视我为人群中之一分子，而把我之主观精神与行为，客观化为人群中之一分子的精神与行为，而看此人群中之各分子之精神与行为，如何互相关系影响，以结成此人群之社会。由此而有社会科学。三为把我之主观精神与行为，以及其所对之自然社会之事物，皆摄入于对我们之主体的精神与心灵之"自觉的回顾反省，或自己对自己之反应，自己对自己之感通，自己对自己之行为中"去看，由此而有人文学术①。

析而论之，即自然科学是以客观存在物的观点看世界，世界之意义于吾人面前遂显现为一如此如此之客观存在物（external object）：

> 我们可说所谓自然科学的观点态度，即观自然之生物无生物之如此如此，遂直接归之于其自己，谓此乃其自己之如此如此然，而加以描述及说明之态度。何以知一自然物之是如此如此？此则或由观察而知，或由实验而知。而所谓其是如此如此，则或指其性质，或指其数量，或指其在整体时空中之地位，或指其与其他事物之因果共变之关系。此与吾人在常识中，谓一事物之为如此如此之事物，乃就其性质、数

---

① 唐君毅：《人文学术与自然科学社会科学之分际》，第185～186页。

量、因果共变之关系，时空位置之如此如此，而言者无殊①。

又缘此观点态度，自然科学的研究便"只是一以人之理智，运用概念符号，依规则加以构造推演，以面对经验的对象事物，从而说出其普遍性相、一般律则或共同之理，以预测对象事物之未来，以便加以控制之态度"②。

相较之下，社会科学则是以人类底客观群体生活的观点看世界，世界之意义于吾人面前遂显现为一人类底客观群体生活的社会事实（social fact）：

> 然而我们之所以只以研究由人类心理而有之社会现象或社会性事物者，为社会科学，此中最重要之理由，实不在其他存在之物决不能有心理有社会。而在它们之社会，非我自己能存在其中，而与其他社会中之分子，能相感应相交通之社会。只有我能存在于其中，而与其他分子能相感应相交通之一社会，才对我为一真实的社会。……人类社会，虽是我自己存在于其中的社会，然而我之存在于此社会中，乃以其中之一份子之资格而存在。我在把我视作存在于其中之一份子时，此即前文所谓把我客观化为一社会中之一份子时；再来看此社会中之各份子，如何组织成一社会，以有种种人与人之共同而相互影响、感应之社会性政治性法律性之活动、行为、事业与制度③。

是故，社会科学研究之所重者，乃在"各就社会、政治、经济、法律等不同观点，以研究人类社会现象之法则规律，与各种改进人类社会之政治经济法律生活之当有的政策与措施，其着眼点乃

---

① 唐君毅：《人文学术与自然科学社会科学之分际》，第189页。

② 唐君毅：《人的学问与人的存在》，收氏著：《中华人文与当今世界》，上册，第66～67页。

③ 唐君毅：《人文学术与自然科学社会科学之分际》，第194～195页。

在一般社会与一般个人"①。

至于人文学术，则是以人或自我（人是普遍说，自我是特殊说）的主体、精神、心灵的观点看世界，世界之意义于吾人面前遂显现为一人或自我的主体、精神、心灵之自觉反省活动的场域（horizon）：

> 人文学术之所以为人文学术，我们说是原于人之主体的心灵或精神之能自觉的回顾反省，而自己对自己反应，自己对自己之感通，自己对自己之行为，并将其所对之自然社会之事物，皆摄入于此主体的心灵或精神之自觉的回顾反省中，而有……在人文学术中，人不复把自己只视为存在于自然之事物看，亦不只把自己视为社会之一分子看，而是把自然与社会中之事物，与我对自然社会之感应所成之事物，皆视为我们之自觉的心灵或精神之回顾反省之所对，而自感之，还自应之②。

此中人或自我的主体、精神、心灵对"自然与社会中之事物"，以及对"我对自然社会之感应所成之事物"所施予的自觉反省活动，质实言之，即是人或自我的主体、精神、心灵的创造活动。其创造结果，一方面是成就各种不同的意义、价值③，另一方面是成就各种相应的用以表达不同意义、价值的形式、技巧与风格；而这两面则共同构成了人文学术的本性。关于人文学术的这个两方面，下文将续有分疏，此处只想引用唐先生对作为"人文学术之第一种"的历史学的分析来略作说明：

---

① 唐君毅：《人的学问与人的存在》，第86页。
② 唐君毅：《人文学术与自然科学社会科学之分际》，第197页。
③ "意义"（meaning）与"价值"（value）都是歧义的概念，但在某种意思下，两者是相通的。例如，当我们说"做这件事对我而言意义重大"，与说"做这件事对我而言很有价值"无异。换一角度看，那些让某事物变得有意义的因素根本不可能是无价值的。本文使用这两个概念，是把它们视作相通甚至是同义的。

由上述把自然与社会中之事物，只视为心灵或精神回顾反省之所对，而人对之再自感自应所成之人文学术之第一种，即可说是历史学。历史学之原始，我们可说依于我们个人，对已往经验中之事物之记忆。此所记忆之事，初不外我们在自然或社会中，所已经历之事。然而我们之只有此所记忆之事，或只任此所记忆之事，自然的重现于心，尚不是历史学之开始。必待我们之自觉的去求尽量将所记忆的事，一一重现于心，而依其原来出现的时间次序，用文字符号，加以记录，才是历史学之开始①。

从历史学之始于我们尽量求重现我们所经验者，而依其原来之秩序，以安排于一时间之线索中而记录之，则其为一创造性的心灵活动精神活动之表现，是很明白的②。

将人所经验之事物，安排于一时间秩序中，而加以记录，是历史学的开始，而非历史学之成立。历史学之成立，赖于我们之记录之留下，而由他人或后人，再加以解释，或我们之能解释他人或前人之记录。由我或我之后人，能将不同的人们之所经验之事物，安排于一公共的时间秩序中，而能对先先后后的人类所经验的事物，作一总体之记录，此方为记人类历史事实之历史学之始。再由此进一步，去发现史实之种种意义，方为历史学之正式成立。……我们说历史学是由历史事实，而求发现历史意义之学③。

如果上述唐先生的分析不误，人文学科是因采取一独特的观点态度来看世界而使它自身得以持异、独立于自然科学与社会科学，那么我们便有需要来重新审视"自然"与"人文"这对概念

① 唐君毅：《人文学术与自然科学社会科学之分际》，第 198 页。
② 同前注，第 199 页。
③ 同前注，第 200 页。

区分。众所周知，"自然"与"人文"的区分十分古老，但却历久不衰地被人们用以作为分别人文学科与自然科学的根据。《易·象传·贲第二十二》就有"刚柔交错，天文也。文明以止，人文也。观乎天文，以察时变。观乎人文，以化成天下"的话。其中天文是指阴阳迭运、刚柔交错的天象变化，人文是指能使人知所宜、知所止的文化成果如各种社会制度。如是，"自然"与"人文"好像是指谓不同的物事，而本乎此的自然科学与人文学科之别，则似乎仍然是研究对象的不同。但问题在于，假使我们视文化成果为人类自然而有的能力如语言能力自然而然地表现的结果，那么"自然"与"人文"便不复能完全清楚地被剖视为两类迥异的事物。卡西勒于此提醒我们必须再往后退一步，通过人的"感知"（perception）的不同活动方向来规定"自然"与"人文"的概念。他以为"自然"概念的形成是基于"事物"（thing）之感知；"人文"概念的形成则是基于"表达"（expression）之感知：

> 如果我们尝试就其简单的现象内容去对感知加以描述的话，感知会于吾人面前显示出一双重的面貌。它包含了两个面相，这两个面相内在地彼此交融，但是却是彼此都不可被化约为对方的。虽然就事实上言，我们难以把它们分离开来，但是，就意义而言，它们是互为分别的。没有一种感知是不意谓某一特定的"对象"和不指向此一对象的。然而，这一种必然的对象性关联（objektiver Bezug）显出具有一双向性；为着简明起见，我们可简单地和图像化地把它们描述为一朝于"它"（"Es"）之方向和一朝于"你"（"Du"）之方向。感知在任何情况之下，都包含了一"我——端点"和"对象——端点"（Ich-Pol, Gegnestand-Pol）之间之分别。但是，一"自我"在一种情况下所涉足的乃一事物世界（Ding-Welt），而在另一种情况下所涉足的却是一位格的世界（eine Welt von Personen）。在第一种情况下，我们把世界了

解作广延于空间的对象之全体和作为这些对象于时间中展开之变化之全部；在第二种情况下，我们把世界了解作为一些"相等于我们自己"的东西（etwas "Unseresgleichen"）。在这两种情况之下，异别性（Andersheit）都是存在的；但是第一种情况下之异别性与第二种情况下之异别性便即存在着分别。"它"乃是一绝对的异别者（ein anderes schlechthin），乃是一"其他东西"（aliud）；而"你"却是"另外的我"（alter ego）。毫无疑问地，我们若是朝向第一种方向或朝向第二种方向活动，则我们底感知便将会分别产生两种迥然不同的意义，两种迥然不同的色彩与基调①。

显而易见，卡西勒所谓人底表达之感知，把世界了解为"一些'相等于我们自己'的东西"、"另外的我"，正类于唐先生强调人之能把世界摄入其主体、精神、心灵的自觉反省及感通活动中去看。而所谓人底事物之感知，把世界了解为"广延于空间的对象之全体和作为这些对象于时间中展开之变化之全部"，实不啻唐先生指出人之能把世界外推而"作为离开或外在于我之为人之主观的行为与精神，而自己存在者来看"。因此，"人文"与"自然"的区别归根究底，就是人的感知活动的两种不同方向。用唐先生的话说，就是人以两种不同的观点态度看世界。

有了以上的澄清，下面让我们转过看构成人文学科的两个方面：即各种意义、价值的成就、创造与研究，及各种相应的用以表达不同意义、价值的形式、技巧与风格。毋庸讳言，唐先生析论人文学术较少措意于后者。相比之下，借其"符号形式哲学"（philosophy of symbolic form）显名于学界的卡西勒就十分重视形式之于人文学科的重要性。因为，"每一门独特的人文科学都能创制出一套特定的形式概念和风格概念，并能使用这些概念作系

---

① Ernst Cassirer 著、关子尹译：《人文科学的逻辑》（台北：联经，1986），第64页。

统性的全面观察，和把这一科学所要处理的现象加以分类和区别"①。并且，"人文科学有着其独特的认知上的理想，它所希望认识的，乃是形式的整体（die Totalitätder Formen），而人类底生命即是在这些形式之中展开的"②。不过唐先生既已思及人文学科之本性为成就各种意义、价值③，则无理由不承认能相应地表达各种意义、价值的形式、技巧与风格乃是与意义、价值不可分割地、同样重要地组成人文学科的另一面。而所谓意义、价值的成就，是指当人以其自觉反省、感通的心灵（或曰以人文学科的观点态度）去看世界时，世界遂不只是一存在物或社会事实，而是一充盈着意义、价值的世界；意义、价值作为一崭新的内容被显发体现出来。在此人类的审美经验是个有助说明的生动例子。当我们欣赏一些不朽的作品时，显然呈现于我们面前的将不仅是一些物理性质料（如纸张、画布之类）的成住坏空，而是那些在与作品交往的过程中产生出来的能震动我们心灵的意义。如果考虑到意义、价值是自然科学与社会科学都不会处理的对象，则我们就更能清楚地看到意义、价值正是人文学科独有的研究课题，是人文学科之为人文学科的本性。

这样，历史学乃可谓是吾人心灵之回顾反省借由考证、解释等史学方法来彰显鉴古知今的意义、价值；文学可谓是吾人心灵之感应人物借由文字创作来彰显情感之抒发、交流及升华的意义、价值；哲学可谓是吾人心灵之理智借由哲学思辨来彰显反省批判的意义、价值；宗教可谓是吾人心灵之超越向往借由宗教仪式与经验来彰显安身立命的意义、价值。要之，各学科实不外乎反映出人对世界的不同态度。此所以唐先生屡屡申明除科学的态度外，人还可以有"欣赏审美的艺术文学态度，把握具体事件之发展之历史态度，将人所知于世界之抽象之理，加以凝聚综摄陶

---

① Ernst Cassirer 著、关子尹译：《人文科学的逻辑》，第 100 页。
② 同前注，第 124 页。
③ 唐君毅：《人的学问与人的存在》，第 65～77 页。

镕之哲学态度，及改变重建外在世界与人之内在自己之实践态度，及信仰皈依宇宙人生之根原之宗教态度等。这些态度一一皆可无所不及，遍运于人所接之事物之中，亦与科学的理智态度同。然而此诸态度本身，断然在科学的态度之外"①。艺术、文学、历史、哲学、实践、宗教等种种态度是散说，综说则是人文学科的态度。如是，依人文学科的态度看世界，就人或自我的主体、精神、心灵的活动言，世界就是生活世界；又就人或自我的主体、精神、心灵之成就各种不同的意义、价值言，世界就是意义世界、价值世界；复就人或自我的主体、精神、心灵之成就各种不同的表达意义、价值的形式、技巧与风格言，世界就是文化世界。事实上，汉语中的"人文"二字，亦涵具上述诸义。盖从人的活动看，文即纹，取痕迹义；从意义、价值看，文可通理，取条理义；从形式、技巧与风格看，文可作文采解，取文饰义。而一切活动、价值及技巧的结穴处乃是人或自我。卡西勒一针见血地道破："人文科学是无法否认其拟人主义（Anthropomorphismus）和人类本位主义（Anthropozentrismus）色彩的。……人文科学固然是踯躅于人间世界之中，并且固然因此而被囿于尘世底存有的狭窄的限界之中，它却更为坚决地要遍历那一赋予给它的领域。"②

意义、价值及其表达的形式、技巧与风格既是一体两面地构成人文学科的本性，后来诺锡克遂据此为人文学科的界限、范围提出以下三个判准③：

（1）任一人文学科的作品都是以如其所如的方式去对待意义、价值，此即视意义为意义，视价值为价值，而不是把意义、价值视为别物比方说民族文化的纪录。（A work of the humanities

---

① 唐君毅：《人的学问与人的存在》，第 67 页。

② Ernst Cassirer 著、关子尹译：《人文科学的逻辑》，第 123 ~ 124 页。

③ 此三项判准是本文综合诺锡克之说而成的，参看 Robert Nozick, *Philosophical Explanations*（Cambridge, Massachusetts: The Belknap Press of Harvard University Press, 1981），pp. 619 ~ 623.

responds to meaning as meaning, to value as value.)

（2）因为（1），人文学科的作品是意图把自身作为一载体以使读者借此而能如其所如地对待意义、价值。易言之，其目的乃是要使读者产生共鸣，体会意义、价值。（Works in the humanities respond to meaning as meaning, to value as value, and are intended to be vehicles whereby audiences do so. ）

（3）因此，人文学科的作品是必须为读者所亲身直接经验的。（Works in the humanities have to be experienced directly. ）此中第一个判准与唐先生的看法如出一辙，而二、三两者实尤有发明。人文学科既强调要如如地对待意义、价值，则读者须直接经验作品以求体会感通乃题中应有之义。我们可以想象自然科学家或社会科学家侃侃而论某些他们并没有直接阅读过的研究报告，却难以想象人文学者夸夸其谈莎士比亚的文学、莫扎特的音乐、柏拉图的对话录或米芾的书法，但竟丝毫没有直接经验过那些作品本身。这亦是为何美国一些著名大学的人文教育，一直坚持以"名著选读"（Great Books）的方式来进行的理由。总之，有了上述的判准，某些如历史学到底应属人文学科还是社会科学的争论，其实不难解决，关键端赖于历史学者如何定位自己的工作性质。至此，人或疑自然科学固无涉于意义、价值的课题，但社会科学恐不然。好像人类学、社会学都会研究各种民族文化或社会的伦理观、价值观及宗教观等。面对这个可能的质疑，诺锡克大概会反问到底人类学、社会学之研究意义、价值，是如其所如地把握意义、价值之自身？抑或充其量只是把意义、价值视为某民族文化或社会所遗留下的纪录而加以描写、报告及解释？同样地，唐先生明白点破："但是科学中的社会科学，能研究到高级文化现象，注意到人性、人之价值、理想、人之文化与人格的重要，照我们的意思，只把这些东西视为科学的对象来处理，人仍不能算真了解这些东西之自身。"① 他甚至严厉的批评说："即凡

---

① 唐君毅：《人的学问与人的存在》，第66页。

只在科学中被了解的文化与理想、价值、人性、人格，都不是真实的文化理想、价值、人性、人格，而只是其虚幻的倒影。此中严格说，是无理想、无价值、无人性、无人格之真实存在的。"①尤有进者，唐先生敏锐地注意到在人文学科的传习中，人之感应体现意义、价值是以语言、反省、诠释的方式进行，由是必导致意义、价值之可相引而无穷，或曰意义、价值之可不断的创造。但这却绝不会出现于社会科学的研究内。试看下列几条文字：

> 对历史中之任一事，人能了解其多方面的意义，便见其为不定数的其他之事交会之一中心；正如对文学上之情，人能体会其多方面意义，而可见其为不定数的其他之情之交会之一中心；亦如对哲学上之理，人能了解其多方面之意义，便可见其为不定数之其他之理之交会之一中心②。

> 此三者（按：即历史、文学与哲学）中之文字之记录，抒发、表达吾人已经之事、已有之情、已知之理，其所以皆为更进一步之了解意义、体会意义、了悟意义之媒者。则由任一文字皆不只一义，而除吾人所用之义外，兼具他义；吾人即可缘一文字为中心，而由一意义之了解、体会、证悟，以更及其他之相连之意义，而文字恒即成为开拓意义之了解、体会、证悟之媒③。

> 此精神的创造性的自感而自应之事，乃无所假借于外，而原则上可无穷无尽者。如人之回忆往事，是一事，将此一事记下，又是一事。再解释此记录的，又是一事。解释后再记下，谓此记录作何解释，更是一事。此明为可相引而无穷者④。

---

① 唐君毅：《人的学问与人的存在》，第 70 页。
② 唐君毅：《人文学术与自然科学社会科学之分际》，第 203 页。
③ 同前注，第 204 页。
④ 同前注，第 204～205 页。

稍涉猎过西方诠释学的人，都不难发现上引文字中唐先生实已透露出一些曾被视为人文学科之方法论的诠释学的消息，然非本文题旨，我们不能在这里多说。

最后，基于以上的申明，唐先生乃得以理直气壮地宣称人文学科应与自然科学、社会科学平等，"而更无科学独尊之理由"①。不过，此处则即须面对两个有待解答的疑问。首先，是宣称与自然科学平等的人文学科，它本身是否也具有与自然科学一样的真理性？对此唐先生的答案是人文学科具有一迥异于自然科学的真理概念。他反对下面的一种论点：即以为人文学科无论作何种研究、说些什么话，"只要是真的，似都可化为一种科学中的命题，而成为科学的内容。于是科学似可以禽聚一切真理为其所有"②。他认为人文学科既是以非科学的观点态度去看世界，则它的真便"不好说是一科学的真理。如果说此是一科学的真理，则此同时亦是'说明人生存在可以超乎科学态度科学真理之上的科学真理，而证明科学真理非至上'的科学真理"③。为免概念的混淆，唐先生遂以"超科学真理的'人生存在之真理'"名之④。这当然很易教人想起其同辈友人牟宗三有关"外延真理"与"内容真理"的区分⑤。他们都是通过分别两种真理来安立人文世界的真理性。但问题在于这两种真理有何不同？为何不同却皆可以真理名之？真理到底是一是多？我们甚至应该追问，人文学科底真理性的探究本身是否已经是受限于自然科学的观点态度？就算把真理的观念拱手让与自然科学是否根本就无损人文学科的独立地位？由此可见，人文学科的真理性是个极其复杂的难题，而毋庸讳言的是，唐、牟两先生的尝试是既不彻底且不能说

① 唐君毅：《人的学问与人的存在》，第67页。
② 同前注。
③ 同前注，第69页。
④ 同前注。
⑤ 参看牟宗三：《两种真理以及其普遍性之不同》，收氏著：《中国哲学十九讲》（台北：学生书局，1983），第19~43页。

是成功的。其次，即使撇开真理的概念不论而人文学者仍十分自信他们能够保有和守护人文学科这片独立领地，但放弃在不同学科间寻找内在统一性的要求，换来的却是自然科学与人文学科的渐行渐远。它们的分离乃至两极化，到了今时今日，似乎已越发显得严峻。半个世纪前斯诺（C. P. Snow，1905～1980）那场引起争辩的"两个文化与科学革命"的演讲正可看做是这一发展趋势的预警①。很明显我们面对的难题是如何一方面坚持自然科学与人文学科各具独立地位，另一方面设法弥补它们之间的裂缝。于此科学家与人文学者之互相责难对方学识偏狭根本于事无补。必须指出，唐先生的反省思考已隐约透露出可借用历史学来沟通两边，因为历史意识是可以伸延至自然科学以成就一门属于人文学科的科学史研究。他说：

> 科学家在历史中活动，以实现真实的理想与价值，而科学亦在人类文化之历史中，表现其价值。由于科学本身亦有历史之演变，于是一切科学思想与其思想中所包含之真理，亦必须隶属于科学家本人之真实存在，而后能说明科学历史之何以亦会演变，与科学之何以得存在，而为人文世界之一领域，并得在此人文世界之历史中表现其价值。由此我们可以确立真实存在的科学家之人格及其他人之人格与各种文化活动，合以构成之人文历史之世界，为包涵科学以上之更高的真实。只有在此真实中，乃有人类之真实的理想与价值之实现②。

科学本身固有其历史之演变，但这却非科学研究的课题，而必借由回顾反省之历史意识的照明始能显豁。盖"自然科学与社会科

---

① 参看 C. P. Snow, "The Two Cultures and the Scientific Revolution"; "The Two Cultures: A Second Look", in C. P. Snow, *The Two Cultures* (London; New York: Cambridge University Press, 1993), pp. 1～107.

② 唐君毅：《人的学问与人的存在》，第71页。

学则皆不能具有此种以其自身为其自身之所对，以使自己升高一层以创造其自身之可能。因当其被自觉反省，则成科学史之内容，入于历史，而非科学矣"①。诺克锡后来也不约而同地得出与唐先生相近的结论。他认为提倡科学史的研究，一方面可使人文学科的合理性免于不断受到居主宰地位的科学的质疑和威胁，另一方面亦可提醒科学家注意意义、价值虽非科学研究的对象，但科学研究本身的意义、价值却绝对属于人文世界中非常重要的部分，而为人文学科所当研究的一个范围②。唐先生说得好："我们固当讲人文世界的科学，但不必讲科学的人文主义。"③

3. 人文学术背后所了解的人或自我及本此以重订人的学问之次第

如上所述，人依不同的观点态度看世界是使得人文学科异于自然科学、社会科学的原因，但往深一层看，这其实即是人从不同的角度来理解自身的存在。换言之，自然科学、社会科学与人文学科背后所了解的人或自我是大不相同的。阅读唐先生的文字，我们不难察觉他认为自然科学与社会科学是把人视为"抽象普遍者"、"抽象的存在"，视为"任何人"、"抽象人"，与此不同，人文学科则是把人视为"具体之人生存在"、"具体存在的人"④。此处必须补充一点可能引起的误解，即上面唐先生对人之存在底"抽象"与"具体"的对翻，绝不应被解释为"普遍"（universal）与"特殊"（particular）的意思。诚然，在近世人文学科冒起的过程中，确曾有学者一度主张自然科学是处理普遍概念，历史学是处理个体概念⑤。不过细按下去，便知如此分判实不尽妥当。须知"普遍"与"特殊"根本就是一体两面的概念。人文学科关注的具体存在的"人"，无论如何具体，其普遍的含

---

① 唐君毅：《人文学术与自然科学社会科学之分际》，第 208 页。
② 参看 Robert Nozick, *Philosophical Explanations*, pp. 625 ~ 627.
③ 唐君毅：《人的学问与人的存在》，第 69 页。
④ 同前注，第 90 ~ 91 页。
⑤ Ernst Cassirer 著、关子尹译：《人文科学的逻辑》，第 114 页。

义乃不可逃者。"正如歌德所曾说的一般:'那特殊的永远都是处于那普遍的之下;而那普遍的永远都是要切合那特殊的。'"① 是故若善会唐先生的文字,他所谓"具体存在的人"并不是指特殊的、个体的人,而是指能体认人之存在的"真实存在性"的人。

如果说自然科学把人视为物理的、生物的存在,社会科学把人视为社会的、心理的存在,那么人文学科乃是把人视为在其存活中能体认、培养、表现以至发展其自身存在性的存在。但到底什么是人的真实存在性?综括唐先生的分析,人文学科背后所了解的人或自我是:一、能自觉回顾反省的自觉者;能感通他者的感通者。此亦即人是有精神、心灵活动的存在。若用西方哲学的话说,便是一人格或曰位格(person)的存在②。二、在自觉与感通中能揭示、赋予以至创造各种各样的意义、价值者。如通过历史,人是意义、价值的承先启后者;通过文学艺术,人是意义、价值的感应者;通过哲学,人是意义、价值的护持者等。三、能借着各种意义、价值来不断超越自身现有限制的超越者,也即是说能借着各种意义、价值来不断理想化自身的理想者。唐先生有时名之曰"道德精神",并以为"此即为人类社会、人文历史世界之核心中的核心,枢纽中的枢纽。而其力量与光明,则可遍及于人类社会、人文历史之世界,而加以旋转朗照者。故人之道德精神,如果建立不起,缘之而使当然理想,客观价值意识,历史精神,皆不能向上提挈,而向下降落崩坏,则无一人生之活动或社会文化之建设,能真实成就"③。可知人要能体认其真实存在性,才有所谓意义、价值、文化理想、人性与人格可言,而这自非人文学科的推广与教育不能竟其功。

但在现今以自然科学为主导的学术氛围中,推广人文学科与人文教育无疑是件十分艰巨的工作。唐先生提出做此项工作的首

① Ernst Cassirer 著、关子尹译:《人文科学的逻辑》,第114页。
② 关于"人格"或曰"位格"概念在西方哲学中的发展与含义,参看同前注,第90~92页。
③ 唐君毅:《人的学问与人的存在》,第77页。

要任务，乃是要本乎前述人文学科本性的澄清及认识，对纯粹依自然科学为标准而建立的学问观念及由此引申的主从轻重的学问次第，予以一"彻底的翻转"①，这是十分精确的论断。纯然依自然科学为标准而建立的学问观念，"是以为愈抽象而愈概括的学问，愈在学问世界中，居更根本而更高的地位"②。于是由之形成的人的学问之次第遂为：

> 逻辑、数学、几何学或第一原理的哲学，被认为一切学问之本。其次是研究人之身体与动物植物及无生物所同具之物理性质之物理科学，再次是研究人之身体与动物植物所同具之生理性质之生理学生物科学，再次是研究人与高级动物同有之心理现象之心理学，再次是研究同有社会组织之人类与其社会政治经济生活之人类学及其他社会科学，然后才是个人在社会当如何行为之伦理学。至于历史学，则只为研究各特定之民族国家之社会文化之发展之诸特殊具体事实之学。文学则通常归诸艺术一类，而视为无真正之学术价值者③。

值得注意的是，一个更流行且更霸道的版本是：以为逻辑、数学只是概念的构作，故物理学才是居于一切学问中心的王者（the king of sciences）；而以物理学为"万有学"（theory of everything）来试图统摄一切学问，即是认为一切学问理想地最终都能化约到物理学中去。这样一来，则社会现象无非是心理现象，心理现象

---

① 唐君毅：《人的学问与人的存在》，第 90 页。
② 同前注，第 77 页。
③ 同前注，第 78 页。

无非是生物的大脑现象，生物现象又无非是物理现象①。明乎此，我们才能懂得为何社会科学自其诞生始便一直以模仿自然科学为鹄的，并美其名曰追求近乎自然科学的客观真确性。至于人文学科，就理所当然地被扫出知识（或严格知识）的门墙外。不过，这幅学问高下次第的图像明显不是超越一切的绝对真理，而是以预认自然科学为唯一标准的结果。所以唐先生才呼吁人们应转一个角度看，依亟成人的真实存在性为目的，重订人的学问之次第。他说：

> 若依吾人上述愈具体之存在愈真实之义，便必须加以彻底之颠倒，以改而依各种学问与具体之人生存在相关愈密，而对具体之人生存在之重要性愈大之原则，并将历史文学及为人之学，亦列入一系列中，以重订各种人之学问之高下之次序如下：一、为人之学；二、历史；三、文学艺术之学；四、哲学；五、社会科学；六、自然科学；七、形数之学与逻辑②。

唐先生此彻底的翻转，有几点可说者。第一，按照唐先生对"为人之学"的解释③，它其实即近于儒家"为己之学"的意思；从本文的观点看，亦即亟成人之真实存在性的各种实践。是故

① 无疑这个"统一科学"（unity of sciences）的故事是有很多详略精粗不一的版本。我最新听到的一个版本是 Prof. Frank Jackson 在香港中文大学哲学系担任唐君毅访问学人时所作的一场公开演讲。参看 Frank Jackson, "Philosophy and the Departments of Knowledge", public lecture delivered in the Department of Philosophy, The Chinese University of Hong Kong, 13 March 2006.

② 唐君毅：《人的学问与人的存在》，第79页。

③ 唐先生解释"为人之学"为"即人类宗教道德之学，此并非一种哲学系统，以至非必须以语言表达者。如为东西为人之学之核心之儒家之为圣为贤之仁义礼乐之学，基督教之灵修，印度之瑜珈术，皆非一哲学或伦理学之系统，亦非必须以语言表达者。而一常人之自作主宰的依其良知中之当然理想，而发心、忏悔、立志，亦非必须皆可以一般语言表达者。故上文言识字与不识字之一切人，同可有此学。人在此学上之成就，主要乃依于人之道德的天性、与自作主宰的意志之真切与否，故人之自然寿命之长短，遂与人在此学之成就，无必然关系，耶稣与颜渊之早死，皆不碍其入圣贤之域，故此学为可不待于寿命之学"。唐君毅：《人的学问与人的存在》，第88~89页。

"为人之学"与其说是人的学问中的一门，毋宁说是此重订的学问次第背后的目的与精神所在。因此我们宜将之从此学问次第中拿走，而重置历史学为"人文学术之第一种"。第二，但这样以历史学居中心地位，绝不意谓其他学问最后都应化约到历史学中去。显然此重订的学问次第中的各门学问相互间并不存在可化约的关系，它们只是依与具体之人生存在相关愈密则愈重要的原则而排列。更严格的说，它们都是以不同的观点态度看世界所形成的各具独立地位的学问。第三，是以可知唐先生提倡彻底的翻转以自然科学为标准的学问观念及次第，其目的非要以人文学科反过来压倒自然科学，或欲与自然科学争一日之长短。他只是想唤醒人们重新正视人文学科的独立性与重要性。第四，有趣的是，作为哲学家的唐先生，确实深信在成就人的真实存在性上，历史、文学艺术等不仅毫不次于哲学，相反还有比哲学更为重要者。他曾借佛教华严宗的法界观作类比，说历史学"可名之为事法界之照明"，哲学"可名为义理世界或理法界之通贯的照明"，而文学则更属"理与事之无碍，而属于理事无碍，事事无碍之法界"①。最后，唐先生甚至认为他重订的学问次第正暗合传统中国文化以经史子集为学术分类的智慧。他说："经之所以居最高，因其为人之学之根本所在。史次之，而史以人物传记为主，则以历史之学次于为人之学，而史以人为本之故。常言子为哲学，而集为文学。实则集为子之流，皆兼为文学与哲学科学者。哲学科学皆为子者，即以哲学科学思想，皆不能离有此思想之人而存在之意。此实潜藏一以人生具体存在为核心之学术分类之根本观念。"②

4. 人文学术的社会文化功能

析论至此，人或讥唐先生及一众努力为人文学科辩护的学人无论怎样苦口婆心，恐怕依然无法动摇自然科学居主宰地位的学

① 唐君毅：《世界之照明与哲学之地位》，收氏著：《中华人文与当今世界》，上册，第366~367页。
② 唐君毅：《人的学问与人的存在》，第90页。

术形势，同时亦无法改变社会大众恒以为自然科学为有用之学人文学科为无用之学的想法。对于自然科学的强势，唐先生似乎并未有过分乐观天真地以为可以扭转乾坤，但却洞察此所谓强势实不外乎是学术之显晦有时而已。他在《说学术研究之历程及其成果》一文中说：

> 学者之所学，其合时代社会要求者，成显学，其不合者，亦可称为隐学或晦学。任何时代皆可兼有其时之显学，与隐学或晦学；而任何真实之学术，亦皆可在一时为显学，而在另一时成隐学或晦学。学术之显晦有时，亦如人之显晦有时。学之晦于今世者，可尝显于古世，亦可再显于来世。故人之倡古学于今世者，恒即所以使今世之隐晦之学，成来世之显学①。

可知人文学科虽或因不能尽合当今时代社会的要求而处于隐晦，但这绝不碍其为真实的学术、有研究的价值，更不应排除其或有再显于来世的可能。试设想人类若真不幸地经历一场因科技过度膨胀带来的浩劫，则百劫尚有余生的话，要反思历史的教训、探索重建的方向、重新认识文明的意义，都决非自然科学能胜任而是人文学科的用武之地。那时人文学科重新成为时代的显学便不是完全不能想象的事情。当然，任谁都不会因为想复兴人文学科而期待浩劫的来临，但人文学者在这里应该已能察觉到人文学科的提倡与教育恰正是防止浩劫发生的良方；而这亦是人文学科之将能由隐晦而逐步显明的契机②。

---

① 唐君毅：《说学术研究之历程及其成果》，收氏著：《中华人文与当今世界》，上册，第214页。

② 例如杜维明就曾指出在现代社会一面倒地积累经济资本、发展科技能力、只讲求法律秩序及追逐物质条件的情况下，通过人文教育实可以"储备社会资本、加强文化能力、培养伦理智慧和开创精神价值"，来纠正社会的倾斜及此倾斜可能引起的危机。参看氏著：《开拓人文学发展的空间》，《明报月刊》（2000.8.）。

　　至于人文学科之有用无用，今时的观点多以为念点人文学科大概有助个人修养但却无实际效用。先不论此观点背后其实有一以科学为客观人文为主观的预认，人文教育能提升个人修养倒是毋庸置疑的。此盖诚如前文的分析已指出的，人文教育是能使人体认、培养、表现以至发展其自身的真实存在性。然亦正因此之故，人文学科根本不可能无实际效用；只是人们不易去除偏见而加以认识而已。此所以唐先生不仅寄望人文学术能滋养人心，"卷之以退藏于密"，他还希望人文学术能匡正现代社会文化发展的一些不良情势，"放之以弥六合"。他自己便尝顺着自然科学独尊的线索，抽绎出其背后有一对抽象普遍者的崇拜，并进而反省到现代人之崇尚科学、金钱、权力以至跌落极权政治的窠臼，莫不是源出于此崇拜抽象普遍者之一根。于是他疾言厉色地警告：人类若将自己的未来继续托付于此崇拜抽象普遍者的价值意识以求进步，"只能说是人类的疯狂"[1]，"尤是一罪恶"[2]。如是，我们可见人文学术之能恢复具体真实的人生存在，乃是救治疯狂对付罪恶的有效方法。唐先生的论证，细按之下，可说者甚多。此处我们只想顺着人文学科的本性从另一角度来看其所可能发挥的社会文化功能。此即人文学科的本性既是对于各种意义、价值的揭示、赋予与创造，它本身无疑就是一意义教育、价值教育，亦因而必然就是一重要的公民教育、社会政治教育。试想任何社会都不免有如何发展的矛盾与争议，这一情况在现代社会尤其突出。各种道德问题的争议如堕胎、安乐死、同性婚姻等，各种宗教信仰的冲突，以至经济发展与环境保护的矛盾等在在需要社会大众的参与讨论共商对策。倘若社会缺乏人文教育，大众将失去对意义、价值的多元性的敏感而彻底陷溺于以经济效益这单一意义、价值来衡量、判断一切事物，其可能带来的灾难性后果绝非危言耸听。

---

① 唐君毅：《人的学问与人的存在》，第97页。
② 同前注，第108页。

我们说人文教育是公民教育、社会政治教育，这对时下的社会大众来说，确是陌生。是故人文学者除白首穷经做专家学人外，实不应以学术自有价值做防护罩来固步自封，而是应该有责任把人文信息公诸于世。这一点唐先生早有认识：

> 而最大的困难，却常在我们学术界的人士从事一专门之学术研究者，常只求享用现成已有之学术研究工作上的便利，而不知此研究工作之历程，得以继续存在的基础，在此社会对此种学术研究之价值，所已有之承认；而此承认，则初由此学术研究先曾为一时代社会所需要而来。今此学术研究，暂不合乎当前社会之所需要，则必当对社会说明其另有一纯学术之价值，与对未来社会之实用价值；此说明亦须为社会一般人所能了解，而有说服的力量者，然后才能获得此上所谓社会之承认。否则此纯粹的专门学术研究之事业，至多只可及身而止，亦并不能有后来者之继继绳绳，以待有朝一日之由晦学而成显学①。

斯言固属唐先生之夫子自道，然亦可谓是所有关心人文学术前途者的努力的一个写照。

---

① 唐君毅：《说学术研究之历程及其成果》，第 215～216 页。

三　宗教对话

（一）从实践的形上学到多元宗教观——天人合一的现代诠释

1. 人对超越的向往与探究

　　毋庸置疑的是，只要稍为回顾一下人类历史文化发展的长河，就不难发现人没有一刻停步过对超越（the Transcendent）的向往与探究。所谓超越的向往，简略而言，即指人不安于现实经验的世界而欲探求一现实经验世界之上的超越世界来安顿现世的生命。这从人类文化思想中深厚的宗教及形上学传统可以得到证明。一般的宗教学家解释宗教的起源总归诸恐怖意识：即初民面对苍茫之宇宙、众多不可解且难以应付的自然力量时所油然而生的一种畏惧心理。复由畏惧产生强烈的稳定情绪的要求而将此要求寄托于对一超自然神力的崇敬。从发生历程看，这种解释是符合事实的。但假若我们仅从此来了解宗教的精神及其存在的意义，则恐怕会产生一些偏颇甚或错误的看法。例如随着近代启蒙理性的高扬与科学技术的进步，人越来越能掌握自然世界的规律，遂曾一度使人以为可以取消宗教。18 世纪实证主义者孔德（Auguste Comte）倡文化的进步观，宣称神学与形上学阶段的过时便是典例。然而，历史清楚地证明了这一看法的错误。个中的理由其实很简单，因为人的恐惧忧虑并不仅是源于对外在环境的不能确定掌握，而且还有更深刻的内在于人心中的根源。此即无论科技如何发达，人仍会禁不住追问人自身的存在之理：我为何是如此非彼的存在？人怎样理解面对自己的际遇命运？人生的意义与目的何在？人的生命自何处来往何处去？人与宇宙万物的关系为何？这些追问，若以中国传统的话说，就是所谓安身立命的问题；若以哲学的话说，就是关涉到人的存在性与存在底根据的问题。显而易见，这众多的问题是认知理性与科学技术一个也不能回答的。要回答就只能通过对存在生命作反省、对超越作探究，并由探究的结果具体化为一引导、变化生命世界的价值规范以求安身立命。换另一个角度看，人想知道自己存在的意义，掌握难以捉摸的命运，其实即是人要求了解自身存在真相的一种追问。而人作为有限的存在又必然地使得这种追问伸延至对超越的探究。换句话说，两者是一体的两面。因此，如果我们同意说人要求了解自身存在的真相是人底实存的性格，是人之所以为人者，那么对向往超越亦应作如是观。牛津大学社会学教授威尔逊（Bryan R. Wilson）与日本创价学会会长池田大作（Daisaku Ikeda）对谈宗教时尝论及外星生物有否宗教信仰的问题，威尔逊的回答或可视为以上论述的一个有趣的说明。他说：

> 假如他们是智能非常发达的生物，他们就必然考虑自身的生活环境；如果他们是被诞生、成长、衰老、死亡所支配的话，那么，他们同样会有精神打击的体验。果真如此，他们就有可能对"存在"做出宗教性的解释，为了寻求对自身及生存环境的解答，毫无疑问就会导致对生的价值的关心。进一步说，可能导致有关人生及人生态度的教理体系的产生。正如您所说的那样，这可以说是宗教形成的成长点①。

---

① 见池田大作、B. 威尔逊著，梁鸣飞、王健译：《社会变迁下的宗教角色》（香港：三联书店，1995），第26页。

向往超越既是人底实存的性格，所以卡西勒（Ernst Cassirer）说神话宗教是人类历史文化中永不能被剔除的符号是一个十分正确的论断①。接下来的问题是探究超越如何可能。

人类宗教传统探究超越的结果主要表现为安立一超越的至高无上的神、上帝或创造主。而上帝的律法就是价值的根源与人现世行为的准则。但宗教往往过于强调上帝的纯粹超越性，人只可凭藉上帝的使者（先知与教会）或天启来窥测神意。这种超越内在二元分离所形成的强大紧张性，若从积极处看固然可以说能发挥使信徒战战兢兢奉行戒律的引导效果。然若从消极处看则有不容许信徒怀疑只能绝对服从外在权威的危险。易言之，即有陷落于唯信论窠臼之虞。《旧约圣经》中上帝命令亚伯拉罕杀子献祭的故事便时常被引用来揭示唯信论的荒谬之处。试想一个现代亚伯拉罕听到这样的命令，他可不可以怀疑这是魔鬼的伪装或自己患上精神分裂的幻听呢②？由此可见，安立至高无上的神并非一条探究超越的很好的进路。严格言之，若不作一番改造，甚至会是一条此路不通的死胡同。这里特别要补充一点可能引起的误

① 参看 Ernst Cassirer, *An Essay on Man* (New Haven: Yale University Press, 1944), pp. 77～109. 另扼要的论述可参看刘述先：《卡西勒的文化哲学观》，收氏著：《文化哲学的试探》（台北：学生书局，1985），第159～170页。

② 美国神话学大师坎伯（Joseph Campbell）尝记述他有一次去听宗教与社会哲学家马丁·布伯（Martin Buber）演讲，便向布伯质疑了亚伯拉罕的故事。坎伯的记录生动地说明现代人根本不能够再接受一种纯粹超越的外在权威的指令而不产生怀疑。"在马丁·布伯第二次的演讲中，他谈到了腓尼基人（Phoenician）拿自己长子作为摩拉克神（Moloch）的祭品之行为是一个可怕的罪行。十五分钟以后，他谈到了旧约中亚伯拉罕（Abraham）要牺牲以撒（Isaac）的事迹。我不想白白浪费这样好的时机，就再度举起手来。他比上一次谨慎地看着我。于是我说：'布伯先生，请问你如何区分圣灵的邀宠与魔鬼的诱惑？'他说：'我不太懂你的意思。'我说：'刚刚十五分钟前，你还在痛责腓尼基人拿长子献祭的罪行，而现在你却对亚伯拉罕即将要做出同样的行为甚表赞扬。那么究竟答案该是什么？'马丁·布伯回答说：'答案就是我们——特别强调是"我"，相信上帝告诉亚伯拉罕要这样做的。'这是我从他身上所能得到最后的答案。"见 Joseph Campbell, *Transformation of Myth through Time* (New York: Perennial Library, 1990), p. 91. 中文译文引自李中宁译：《神话的智慧——时空变迁中的神话》，（台北：立绪文化，1996），上册，第141页。

解，即我们绝非想否定上帝、先知、教会以及天启等观念在宗教中的地位与功能，我们只想指出接受纯粹超越的上帝权威所必须面对的困境。事实上现代西方不少神学家亦早已警觉到个中的问题。此所以天主教神学家孔汉思（Hans Küng）才会说：

> 今天，正是这些虔诚的人们，正是那些常常想入非非的信教的人，得对自己说：他们不能呼吁一种仍然高高在上的权威，以此来剥夺人们内心世界的自治；在这层意义上，完全有一种康德研究出来的东西，即一种在良心中已扎根的、针对我们的实现自我和塑造世界的伦理上的自我立法和自我负责①。

虽然另一方面孔汉思认为仅靠对理性的呼吁绝不能取代宗教②。但这样一来，问题的症结便在于两者之间究竟有什么关系？易言之，即如何在高高在上的权威与内心世界的自治间搭通桥梁。

下面让我们转过来看形上学传统的进路。这一进路的特色主要是依赖人的认知理性以求了解甚至证立超越实体，古希腊时代的形上学理论给人的一般印象是哲学家驰骋玄思的结果，好像跟人生没有什么关系。但其实恰好相反，古希腊哲学家努力探求一切生灭背后的原理基础，正是起于发现一切都在流动变化时的惊惶恐惧之感，故希祈由掌握不变的实体或原理来舒解此种不安并进而引导人的行为及生活。职是之故，形上学的出现在一个意义下实际上与宗教一样，是为了满足人对超越的向往。分别只在于前者以认知理性为入路而后者则从信仰入手。到了中世纪，这两条路线曾在西方历史中会合，乃成经院哲学的潮流，倡理性为信仰服务，于是有各种不同的关于上帝存在的论证。凡此皆西洋哲

---

① 见 Hans Küng 著、周艺译：《世界伦理构想》（香港：三联书店，1996），第74 页。

② 参看前注书，第 77 ~ 82 页。

学史的常识，不须我多赘述。但认知理性真的能肩负起探究超越的重任吗？康德《纯粹理性批判》（*Critique of Pure Reason*）的出现可谓一锤定音般对上述的问题作出彻底否定的答案。简略来说，依康德对理性所作的反省批判，人的理性底认识能力只可及于现象经验世界；而一切涉及超越的论说最终都不免会落入此亦一是非、彼亦一是非的二律背反（antinomy）难局①。我们固然可以思议是一位全能全善的上帝创造了世界，但为什么不可以是一个魔鬼为着自娱而设计出来的把戏呢？认知理性对此两者既不能证明其真亦不能证明其假。结果一切形上学理论难免沦为戏论。顺着这种想法下去，有人遂认为超越这个概念假使还有意义，它充其量只能消极地作为理性认识能力的一个界限概念。而凡妄想探究其内容者皆是逾范的问题；亦即问错了的无解的虚假问题。但人向往超越果真是因为理性逾范问错问题吗？就算是康德亦承认人有渴望了解形上世界的欲求和冲动，这从他那《未来形而上学导论》（*Prolegomena to Any Future Metaphysics*）一书可以清楚看到②。所以，对认知理性而言，超越的探究也许确是个不合法的问题，但对实存的人生来说则恐不然。正如上文曾指出的，人希望了解超越实有内在于人心中的深刻根据，是人底实存的性格。所以问题又使我们回到原先的起点：探究超越如何可能？

---

① 参看 Immanuel Kant, *Critique of Pure Reason*, trans. J. M. D. Meiklejohn（New York：Prometheus Books, 1990）, pp. 186~394.

② 参看 Immanuel Kant, *Prolegomena to Any Future Metaphysics*, trans. & ed. Gary Hatfield（Cambridge：Cambridge University Press, 1997）, pp. 119~125. 此中康德说："人类精神一劳永逸地放弃形而上学研究，这是一种因噎废食的办法，这种办法是不能采取的。世界上无论什么时候都要有形而上学；不仅如此，每人，尤其是每个善于思考的人，都要有形而上学，而且由于缺少一个公认的标准，每人都要随心所欲地塑造他自己类型的形而上学。而今被叫做形而上学的东西并不能满足任何一个善于思考的人的要求；然而完全放弃它又办不到。"中文译文引自庞景仁译：《未来形而上学道论》（北京：商务印书馆, 1995），第163页。

2. 实践的形上学的进路

　　诚如上文的分析所言，向往超越既是人的实存的性格，则中国哲学思想中自然也不乏探究超越的痕迹，天人合一的观念便是典例。不过必须指出的是，中国哲学传统走的路跟上述谈到的两种进路迥然不同。一方面从上古殷周政权转移之际，周民族自保有现实政权的忧患中深切体会到天命靡常、唯德是辅开始，人文精神的跃动与苗长一直盘据着中国哲学思想舞台的中心。而上古帝、天等至上神的信仰则被逐渐淡化和边缘化①。这是凡涉猎过中国哲学思想史的人都耳熟能详的，毋庸我多饶舌。另一方面，中国古代的哲人虽无康德般能从思想开发之层面对认知理性作细密的反省批判，然智慧之造始实亦尝及于洞见徒恃思辨不足以探究超越。例如孔子便很清楚认知的范围只在经验世界，"知之为知之，不知为不知"（《为政》），故说"务民之义，敬鬼神而远之，可谓知矣"（《雍也》）。但也因此对他在另一方面所深深体会到的超越天命便不免有难以宣诸言说之感，此盖"中人以上，可以语上也；中人以下，不可以语上也"（《雍也》）。结果甚至惹来学生怀疑他藏私，"二三子以我为隐乎？吾无行不与二三子者"（《述而》），并且最终乃有子贡"夫子之文章，可得而闻也；夫子言性与天道，不可得而闻也"（《公冶长》）的请问，而孔子则以"予欲无言"、"天何言哉？四时行焉，百物生焉，天何言哉？"（《阳货》）的意味深长的概叹作复②。道家的庄子讲得更明白，"言之所尽，知之所至，极物而已。睹道之人，不随其所废，不原其所起，此议之所止"（《则阳》）。凡妄想凭理性向后追溯以寻万物之根源者，均只会跌落无穷后溯、无有已时、终不得明的观念陷阱。此即"有有也者，有无也者，有未始有无也者，有

---

　　① 参看徐复观：《中国人性论史——先秦篇》（台北：商务印书馆，1969），第15～62页。

　　② 关于孔子天人合一的思想，可参看刘述先：《论孔子思想中隐涵的"天人合一"一贯之道——一个当代新儒学的阐释》，《中国文哲研究集刊》，第十期（1997年3月），第1～24页。此文的独特处在于只运用《论语》的内证作阐释。

未始有夫未始有无也者。俄而有、无矣，而未知有无之果孰有孰无也"（《齐物论》）。总之，中国哲学传统既不重安立至上神，亦不依赖认知理性来探究超越，那么，中国哲学究竟怎样寻求天人合一？借用当代新儒家的用语，中国哲人自始走的是一条"实践的形上学"的路①。

"实践的形上学"的进路之有别于宗教上帝与思辨形上学的独特处，在于它直下扣紧人探究超越的内在根源，而以人欲求了解自身存在真相此一实存性格为出发点。人希望了解自身存在的真相，追问的答案从具体内容上看（从具体的殊别的个人上看）容或可以各有不同，然却皆有一共通之处，即在最初一步人必先反省察觉到人此一追问乃人所独具而为其他物类所无（于此可说人禽之辨一义）。人的存在真相在这里便透露出端倪。孟子不是说过："耳目之官不思，而蔽于物。物交物，则引之而已矣。心之官则思，思则得之，不思则不也。此天之所与我者。先立乎其大者，则小者不能夺也。此为大人而已矣"（《告子上》）。人能表现心官之思就是说能通过自觉反省使生命从感性欲望的束缚困限中解放出来。孟子称之为大人，意即能彰显人之所以为人者，能彰显人底实存性格者。必须指出，依中国哲学的洞见，人对自身存在真相的追问绝不能停在抽象地思之的状态中，而是分析地必然地要表现为一实践的自觉生命的展开。这也就是说，离开了自觉生命的实践并无所谓存在真相的追问。而人在实践追问的过程中复会同时感知人的有限性。这感知的意义在于教人明白人不能仅通过了解自身来完成此实践追问，而必须伸延及于他人以至天地万物之存在的了解。这样一来，他人及天地万物即在人之实践追问中构成意义，成为人实践追问所处的意义世界，中国哲学则名之曰人生境界。然而，如此还未足以让人充分彻悟存在，盖

---

① "实践的形上学"这个概念是牟宗三先生提出来用以区别于"思辨的形上学"，并关联于"道德的形上学"与"境界的形上学"等概念。见牟宗三：《中国哲学十九讲》（台北：学生书局，1983），第93～94页。然这概念虽出自牟先生，其义蕴却是唐君毅、徐复观等先生所共同肯定的。

最终要安顿人的有限性，人必须将其意义世界再往上一提而成对超越之体证及诚信。这是实践的形上学所达至的天人合一。人以超越的天来贞定实存生命，而超越的天也只有在人实存的性格中才能被彰显，所谓人能弘道是也。以传统中国哲学的用语来说，总持言之，实践的形上学即一下学而上达，知我者其天乎的进路；分解言之，即为人次第由对自身存在的感通，及于对他人与天地万物之存在的感通，最后并进而及于对超越之天的感通①。

从上述的析论可知，实践的形上学作为一探究超越的进路，它本身只属一形式的实践上的概念，完全没有涉及任何关于超越的具体内容。事实上，人是藉由不同的切入点（即人对自己生命的感触处）来追问自身存在的真相，展现为不同姿采的自觉生命，对超越作出自己真实无妄的体证及诚信。例如儒家就从人的道德创造之不已契入，体证到一健动不息、生生不已的天道天理。道家则从人无为逍遥的心灵入手，观照及于一"生而不有、为而不恃、长不不宰"（《老子·第十章》）的道。并且正因为实践的形上学只是一形式的实践上的概念，我们乃可以从其含义中

---

① 牟宗三先生尝依儒家的思想对实践的形上学作一具体细腻的说明。其言云："此即是说：天之所以有如此之意义，即创生万物之意义，完全由吾人之道德的创造性之真性而证实。外乎此，我们决不能有别法以证实其为有如此之意义者。是以尽吾人之心即知吾人之性，尽心知性即知天之所以为天。天之所以为天即天命之于穆不已也。天命之于穆不已即天道不已地起作用以妙运万物而使之有存在也。是以《中庸》云：'天地之道可一言而尽也，其为物不贰，则其生物不测'，此承天命不已而言者也。此天是一实位字。吾人之所以如此知之，乃完全由吾人之心性而体证其为如此。故此天虽为一实位字，指表一超越的实体，然它却不是一知识之对象，用康德的词语说，不是思辨理性所成的知解知识之一对象，而乃是实践理性上的一个肯定。说上帝创造万物，这只是宗教家的一个说法而已，说实了，只是对于天地万物的一个价值的解释。儒家说天道创生万物，这也是对于天地万物所作的道德理性上的价值的解释，并不是对于道德价值作一存有论的解释。因此，康德只承认有一道德的神学，而不承认有一神学的道德学。依儒家，只承认有一道德的形上学，而不承认有一形上学的道德学。此义即由孟子尽心知性知天而决定，决无可疑者。"又云："因此，凡由其（案：指天）所创生者亦皆是一价值的存在、真实的存在，此是基于德行之纯亦不已而来的诚信，实践上的一个必然的肯断。"见牟宗三：《圆善论》（台北：学生书局，1985），第133~140页。

提炼发展出一多元宗教观的构想，或能对当代多元宗教的讨论提供一些启示及贡献。关于这一点，下文将有详细的分疏，此处暂不多说。

于此人或谓实践的形上学强调由下而上，与大多数宗教强调由上而下迥然不侔，要对多元宗教的问题提供启示恐为奢谈。对这质疑，我们的答复是所谓上下关系不同的冲突实是由于未能分清存在次序与认知次序不同所引起的误解。须知以存在次序言，超越必先于人，这是没有人会反对的。但以认知次序言，则人必先于超越，否则超越便只沦为一挂空的抽象的概念，这才是实践的形上学较安立上帝或思辨形上学的进路为殊胜之处。唐君毅先生论孔子仁教底实践的形上学特色时曾清楚表明这一点：

> 孔子之言皆不出乎言礼敬与仁。礼敬出乎仁，则又可以仁一言而尽。吾人之仁，其表现于对鬼神之感通，与其对他人之生命，及对吾人自身之一己之内在的生命之感通者，其义又皆原互为依据，互相涵摄，乃一而三，亦三而一。此则非"固聪明圣智，达天德，其孰能知之"。人类未来之宗教，亦舍今所论，别无他途。此言亦可百世以俟圣人而不惑。而通观孔子之言教，则显然已明有此义。然此则非徒逐章句训诂之迂儒，与世之锢蔽自封之宗教徒、及今之好行小慧之哲学家之所能及。故并推衍而说之如此①。

撇开上引文字中的情感成分不谈，若不以辞害意，唐先生所欲肯定的其实即是实践的形上学乃探究超越、贯通天人最可行的途径。这里必须补充一点可能引起的误解，即我们绝非在提倡某种以中国哲学拯救西方宗教的陈腔滥调。事实上，已有论者指出西方宗教神学在本世纪亦已出现了重心向下移、向内转和强调人在

---

① 见唐君毅：《中国哲学原论——原道篇（卷一）》（台北：学生书局，1984年五版），第145页。

神人沟通过程中的重要性的倾向①。

3. 关于宗教真理的反省

随着人类各种不同文化传统日益频繁的接触交往，宗教的多元问题也提上了宗教学与宗教哲学讨论的日程上②。而讨论涉及的一个关键则在如何理解宗教真理（religious truth）的概念。一般而言，宗教信仰者往往会依据自己信仰的内容与标准来批评攻击别的宗教，宣称自己的信仰代表了真理。但你可以依你的信仰批评别人，别人也同样可以依其信仰批评你。结果只会造成不同宗教间彼此的互相排斥，甚至引发冲突。毋庸讳言，宗教的排他主义（exclusivism）正是人类历史上宗教战争和迫害出现的一个重要的肇因。而这些宗教战争和迫害又讽刺地、吊诡地恰好是宗教宣称引导人追寻真善美本怀的自我否定。所以，神话学大师坎伯通过宗教神话的研究，乃提出宗教所宣说的乃根本不涉及任何逻辑的、事实的真（logical and factual truth），而只具有叙事的、诗歌的真（narrative and poetical truth）。后者有别于前者的地方在于它论谓的不是事实而是近于隐喻（metaphor），目的是要启发和指点信仰者藉此悟入精神生活的改造和提升。因此，不同宗教信仰底不同的叙事式、诗歌式的宣说并不会构成逻辑上的对反或矛盾。坎伯认为将宗教神话的叙事当做事实或史实来了解正是不同宗教彼此争论不休的原因，而我们也将永远困扰在"天堂在哪里？""上帝长得像什么样子？""是否真有大洪水？"等问题的泥沼中，却迷失了天堂、上帝、洪水等象征性符号所蕴含的精神性

---

① 参看 Partiricia A. Sayre, "Personalism" & Kavid Ray Griffin, "Process Theology," in *A Companion to Philosophy of Religion*, eds. Philip L. Quinn & Charles Taliaferro（Oxford: Blackwell Publishers Ltd., 1997），pp. 129 ~ 142；另可参看刘述先：《由当代西方宗教思想如何面对现代化问题的角度论儒家传统的宗教意涵》，收氏著：《当代中国哲学论——问题篇》（美国：八方文化企业公司，1996），第 81 ~ 101 页。

② 参看 John Hick, "Religious Pluralism," in *A Companion to Philosophy of Religion*, pp. 607 ~ 614.

讯息对我们本身的意义①。坎伯的苦心的确为解决多元宗教的问题提供了一条可能的出路。不过，诚如他的反对者指出的，坎伯似乎把宗教完全等同于神话而漠视了二者的分别。事实上，信仰者恐怕很难认同他们信仰的宗教内容仅为一些富于启发性的神话或象征性隐喻的论调。相反，从当代某些宗教如基督教神学蒲尔脱曼（Rudolf Bultmann）提倡解消神话（demythologization）的诉求中，可以看到宗教追寻的似乎仍然是事实的真②。将宗教真理看成是无所谓对反矛盾、彼此皆真的诗歌的真，在信仰者的心理上是会造成很大的不安的。

美国哲学家艾德拿（Mortimer J. Adler）便认为诗歌的真其实是对真这个概念的滑转与误用。他强调宗教绝不需要放弃追求事实的真，虽则此中所谓的事实并不仅限于经验现象而是关涉到超越的层面。尽管自康德彻底反省和批判人底理性认识能力以来，人无法凭藉理性证明上帝（宗教信仰的对象与内容）已是个不争的事实。但艾德拿却主张我们依然可以依靠理性来否证与怀疑（disproof and discredit）宗教信仰的内容。因为若严格遵从事实的真的定义，则当说 A 与 B 皆真时，即表示 A 与 B 是相容的（compatible）；反之，若 A 与 B 不相容，则不能说二者皆真。基于事实的真这一概念涵蕴了统一性（unity of truth）的要求，我们遂能以现阶段在知识领域（包括科学与道德两方面）内被肯定为确实无疑者作为判准来检视宗教信仰，从而指出其中与之不相容的内容为假。顺着这种想法下去，我们原则上是可以判别宗教的真假，最低限度也能指出哪些宗教比另外的宗教更真③。显而易见，艾德拿处理问题的进路仍不脱西方哲学重视认知理性的传

① 参看 Campbell, *Transformation of Myth through Time* 及李中宁译：《神话的智慧》，上册，关振灜的《序》及译者的《译序》。

② 对坎伯的批评，参看 Mortimer J. Adler, *Truth in Religion: The Plurality of Religions and the Unity of Truth* (New York: Macmillan Publishing Company, 1990), pp. 58 ~ 67.

③ 参看 Adler, Chs. 4 & 5, pp. 69 ~ 110.

统。如果他这方法可行的话，自然也不难解决多元宗教的问题。因这时我们已经能够在多元的宗教中分辨出孰真孰假，或找到其中最真的一个或几个。但事情恐怕并非如此简单。众所周知，不同的宗教在它形成的历史过程中确实或多或少地汲取了当时的知识观、宇宙观来表达它们的思想信仰。如今这些东西从现代科学知识水平来看自是过时落后而必须扬弃。然而，这些如今遭否证的部分往往在宗教信中只占边缘的位置。宗教信仰中的核心观念，如基督教上帝的三位一体、佛教缘生无性的如实观，实在很难说跟现代的知识水平相容与否。我们似乎亦不会接受 A 宗教比 B 宗教更真是因为 A 宗教所描述的宇宙观比 B 宗教更接近和符合我们的科学知识的说法。由是观之，艾德拿采取的策略恐怕并不能真正解决多元宗教的问题，反倒极易加强宗教本身的排他意识。至于各宗教的道德伦理部分，则自其异者视之，确实在具体的规条上呈现出不尽相同的面貌。当中也有些因受历史环境的影响而从今天看来有不尽合理的成分。于此，艾德拿的方法好像仍有用武之余地。不过，若更深一层看，自其同者视之，则不少宗教学者早已发觉人类文化中传衍至今的伟大宗教，在启迪人生和变化信徒生命气质的功能上，竟有异曲同工之妙。在这里不但无法用真理底统一性的方法来判辨真假，相反我们需要的是找寻一个好的合理的解释。

　　近年积极推动世界伦理的孔汉思便着眼于不同宗教底道德伦理部分的共通处，来鼓吹宗教间的和平共存，并藉此建立其世界伦理的构想。他曾语重深长地说："没有世界伦理，则人类无法生存。没有宗教之间的和平，则没有世界和平。没有宗教之间的对话，则没有宗教和平。"① 可见，从他看来，不同宗教如何共存乃当代世界一个亟需面对和解决的难题。关于宗教真理的思考，孔汉思则首先将各种不同的观点归纳为三大策略，继而分别指出其缺失之处，最后提出他认为真正可行的办法。这三大策略，第

---

① 见 Hans Küng 著、周艺译：《世界伦理构想》，《前言》部分。

一种他名之曰"堡垒策略":

> 这种策略以或多或少的想当然与自以为是为前提:
> ● 只有自己的宗教才是真正的宗教！所有其他的宗教都不是真的！
> ● 宗教"和平"只能通过一种真正的（国家）宗教来加以保证①！

毋庸置疑，这堡垒策略乃宗教的极端排他意识的温床，根本无助于多元宗教的讨论。第二种策略他名之曰"轻描淡写化策略":

> 这种策略主要流行于西方开明人士中间。它是本着这样的座右铭:
> ● "真理"这种有关存在的问题实际上是不存在的。因为：每一种宗教都是真的、以自己的方式，或以相同的方式存在于自己的实质里。
> ● 宗教的"和平"最好是通过否认区别与矛盾来实现②。

很明显这轻描淡写化策略是由一极端摆向另一极端的表现：即由极端的排他倒向极端的相对。但其"什么都是可能"（anything goes）的意涵却绝不可能达至真正的不同宗教间的共存，相反只会抹煞掉宗教关于人生、价值与意义等的衡量标准，实非可取之道。最后一种策略孔汉思称之为"拥抱策略":

> 这种观点毫无疑问做过区别的，一些基督徒与非基督徒持有这种观点:
> ● 只有唯一的一种宗教是真的。但是，所有历史上成熟的宗教都分享着这一宗教的真理！

---

① Hans Küng 著、周艺译：《世界伦理构想》，第 117 页。
② 见前注书，第 118 页。

● 宗教间的"和平"最好是通过结合别的宗教来实现①！

这种表面上看似兼容一切的立场，孔汉思却忧心地道破它实际上很可能使宗教自身沦为次一等的、或是对真理认识的一部分。这样一来，所谓结合别的宗教便终将是以丧失身份来达成的结合。易言之，即此种人文主义的观点会减煞了信仰者把宗教视为自己底特殊诉求的热情。所以孔汉思的策略是教人将目光转移至现实可行的层面上，认为信仰者应从其坚定的信仰立场出发，通过自我反省与批评，照察自身信仰中隐藏的不合理处，再由之引向宗教间的认真对话。而对话的结果将让我们发现不同宗教底道德伦理系统的共通处：即对普遍人性的肯定②。依此孔汉思说：

> 根据一般的伦理标准，只要一种宗教是人道的，不是压迫及毁灭人性的，而是支持及提倡人性的，那它就是一种真的和好的宗教③。

孔汉思的构想无疑是充分考虑和照顾到现实上的可行性。但他是否将伦理上的好或善的概念等同于真理或真的概念呢？在人类的历史文化中合乎人道、肯定人性的宗教实有不少，这是否说它们都同样是真的呢？于此孔汉思没有作进一步的厘清分疏，难怪乎让人觉得他是以不同宗教底道德伦理的共通处来回避了真理的问题④。我们必须知道没有真正的实践能建基于模糊不清的观念上；甚至有些时候，实践之所以可能展开乃端赖于观念的根本改变。

最后让我们扼要析述一下宗教哲学家希克（John Hick）的观点来结束本节的讨论。希克对宗教多元主义提倡不余力。在着眼

---

① Hans Küng 著、周艺译：《世界伦理构想》，第 120 页。
② 见前注书，第 127～158 页。
③ 见前注书，第 146～147 页。
④ 这样的批评可参看 Adler, *Truth in Religion*, p. 89.

于不同宗教的引导启发人生的共通处这一点上，他跟孔汉思并无二致。两人相异的地方乃是希克较重视观念的厘清衡定，这也就是说，他较措意于如何提出一好的、合理的解释来说明上述的宗教现象。结果他从康德对于本体与现象的区分处汲取了灵感。众所周知，康德通过批判理性，指出物自身或本体只是认识能力的一个界限概念。因为当物自身呈现于人面前的时候，人永远只能凭藉感官及理性的先验范畴来摄取组织经验与料。换句话说，人认识的只可能是经过感官与理性过滤后的经验现象而非物自身。希克认为康德的区分同样适用于解释多元宗教的问题。此即宗教信仰的对象，无论我们称之为上帝、超越、终极或真理，就好像物自身一样，是人永远无法亲面相对的。当它向人呈现时，人只能借着一般所谓的宗教经验以掌握之。而宗教经验则往往需经由一组的宗教概念、语词来建构表述。由于宗教概念、语词是既源于亦受限于历史文化，不同的历史文化乃有不同的宗教概念、语词，从而使宗教经验的建构和表述显现出殊别的面貌，造成人类历史文化中不同的信仰系统。顺着这一思路下来，希克乃提议我们不应再执著一绝对真理的观念，而应代之以人对真理有不同的建构、表述以至经验的看法。必须指出，希克是很清楚明白他这样的论述绝非一理性的证明，而是一解释和说明不同宗教现象间异同的合理构想（hypothesis）①。若与孔汉思相比，希克无疑是更深入地反省了宗教真理这一概念。但这里我们仍可能会禁不住兴起前述孔汉思对于"拥抱策略"的忧虑；即宗教自身会否沦为次等的或是对真理的部分认识，并因此导致信仰者的宗教热情的减煞？可见，希克的构想仍有需要进一步完善化的地方。

---

① 参看上引 Hick 的文章及他的 *An Interpretation of Religion*（London：Yale University Press，1989）；另可参看 Gavin D'Costa，"The Impossibility of a Pluralist View of Religions," *Religious Studies*，Vol. 32，No. 2（June 1996）及 Hick 的回应："The Possibility of Religious Pluralism: A Reply to Gavin D'Costa," *Religious Studies*，Vol. 33. No. 2（June 1997）.

4. 多元宗教观的构想

以上我们大体析述了当代学者关于宗教真理及多元宗教的讨论。下面让我们转过来看中国哲学中的实践的形上学洞见对这些问题所可能提供的启示及贡献。也就是说，下文将依实践的形上学的进路，试图建立一不同于前述观点的多元宗教观构想，以期能收攻错之效。这一构想可以顺着下列几点来依次说明。

第一，正如本节第二部分所说，实践的形上学的殊胜之处在于它扣紧人探究超越的内在根源，即以人希祈了解自身存在真相此一实存性格为出发点。换句话说，超越的向往与探究跟自身存在真相的追问是二而一的。前者是通过后者的步步展开来体证，但同时前者也在不断的引导后者。所以，二者的关系乃一实践上的辩证历程①。宋儒程明道说："只心便是天，尽之便知性，知性便知天，当下便认取，更不假外求。"② 又说："天人本无二，不必言合。"③ 正是这实践上的辩证历程的彻底究竟说。而依此对探究超越所作的存有论分析，正可以帮助我们重新审视有关宗教定义的问题。事实上，随着正视人类文化中各种各样的宗教形态，我们不得不承认信仰甚或仪式化的教会规条并非构成宗教的必须条件。向往超越既是人的实存的性格，而宗教又是其具体的表现，则我们或可从下列三点来重新定义宗教：（1）对超越的向往探究；（2）引导人去了解自身存在的真相，即所谓的安身立命；（3）提供一套能具体指引和转化信徒生命气质的伦理系统。必须补充一点，即伦理系统是前两点的客观化和具体化，故绝非一般意义下的教条和规范的灌输，而应是对信仰者追寻探索生命与超

---

① 若用日常语言说，超越的向往与探究可以说是世界观、宇宙观，自身存在真相的追问可以说是人生观。但想深一层，则所谓人生观、世界观其实只是一个观的不同说法而已。根本就没有一个独立于人生观以外的世界观，也没有一个不包括人生观的世界观。这可以视为实践上的辩证历程的一个浅白的解说。

② 见《河南程氏遗书》，卷2上，《二先生语二上》，据《二程集》（北京：中华书局，1981），第一册，第15页。

③ 同前注书，卷6，《二先生语六》，第81页。

越的一种启发、指点和助缘。而这三点对宗教的定义自然亦顺理成章成为区别宗教与伪似宗教（pseudo religion）的判准。在这层面上，宗教是可以谈得上真假的；即符合此三项判准者为真，不符合者为假。

第二，实践的形上学的起点是人希望了解自身存在真相的追问，而此追问往往表现为人对自己现实存活的生命的感触。因为人并非一抽象的存在，相反却一定是活在某具体历史文化时空中的存在。若借用当代诠释学的睿见看，则具体的历史文化时空必然会在人身上打下不可磨灭的前理解（preunderstanding）的印记①。而自然这些印记也必然制约着人的感触以至追问。因此，人由感触以至追问所及的对超越的体证及诚信，亦将不可避免地带有人底历史性的限制与痕迹。于此就显出一点很重要的意思：即我固然可以凭藉我的感触及追问来探究和了解超越，但别人也同样可以，并且我之感触跟别人的绝不尽相同，盖大家可能是不同历史文化时空的存在。在这里我无任何理由可以说我的了解是真而别人的是假。易言之，超越是向所有追问存在真相的存在开放的，没有人能宣称独霸了通向超越的路。

第三，依实践的形上学，存在真相的追问即自觉生命的实践。所以，对超越的了解亦即人实践自觉生命的体证所及。如此超越的体证与自觉生命是错综交缠、紧密相依的。此处我们复可以引申发挥一义，即当人面对众多不同的宗教时，其信此而舍彼的抉择正是取决于其存在生命与所信之宗教间能否产生存在之感应（existential correspondence），此是信仰之所以为信仰的实义所在。而超越之信仰对于体证者而言遂为其自觉生命之真实无妄的诚信。顺乎此，我们可以用这真实无妄之诚信的概念来松动甚或

---

① 参看 Hans-Georg Gadamer, *Truth and Method*, trans. Joel Weinsheimer and Donald G. Marshall（New York: Continuum, 1994, 2nd Revised Edition），pp. 265~379；另扼要的讨论可参看 Richard E. Palmer, *Hermeneutics: Interpretation Theory in Schleriermacher, Dilthey, Heidegger and Gadamer*（Evanston: Northwest University Press, 1969）中有关的部分。

取代宗教中常常讲求的真的概念。盖真假本依认知理性而说，但宗教向往的超越则只能藉由人的自觉实践来体证。当然，人可以陷溺、不面对、不追问自身存在的真相，也不表现为自觉实践的生命。但他也就无由宣称信仰超越，否则我们便知道其所谓之信仰必为虚伪的。由此可见，超越信仰的真实无妄正从人生自觉实践的真实无妄处见。并且正如第一点所论，我们可以人生的自觉实践来作为区别宗教与伪似宗教的判准。例如，一些鼓吹集体主义式服从的宗教本质上就是伪似宗教，因它根本不启导其信徒去自觉面对自己的存在并追问个中的真相。总之，以诚信与虚伪（authenticity and inauthenticity）的观念来代替真与假（true and false）的观念，是建立多元宗教观十分关键的一步。现代很多关于多元宗教的论争，便因为反对多元宗教观的人往往执死了真假的概念。其实宗教若讲求真假，即必以自身为真而不同于自身者为假。真必排斥假，如此势必将宗教导向极端的排他，而多元宗教的共生共存便将成永不可及的幻想。

第四，我们强调不同的人均可以凭藉其自觉实践的生命来体证超越，正意谓体证超越的入路是多元的。而事实上多元的入路即形成多元的宗教。当然我们既不必也不可能从内容上（包括具体的信仰对象与教理）来寻求各大宗教的统一，因为多元的入路之为多元正表示其各有不同。打个譬喻，超越是一个山峰，这个山峰尽管可以从多条不同的路径登上，但对一个登上山峰的人来说，他实际上只能从一条路径登山，且当他由某条路径登上山峰时，这路径对他之能登上山峰来说，就是真实无妄的。即使他在登上山峰后极目远望，可能隐约依稀见到有别的路径。然而，此见到之路径究非在其亲历之登山经验中，亦必不能如他已经历之路径般使他确信其亦为能由之以登山者。这犹如某宗教的信仰者纵使在理智上认识上知道有别的宗教的存在，这些宗教却永远无法取代他实践生命中诚信所及之信仰。人或谓这只是个譬喻而不是个证明，我又从何而知各宗教所向往的超越其实是一，而它们具体的信仰内容不过为入路的不同呢？我们虽无法从具体的信仰内容上谋求统一，却可以从其形式与功能处看出它们彼此之所同。以形式言，它们都是人凭其自觉生命的实践所体证者；以功能言，它们都有能启导人去面对自身存在真相的效力。当然，此处所谓启导人去面对自身的存在真相是个比较抽象的说法，质实言之，则是各大宗教引导变化人生的伦理系统。在这里，孔汉思的世界宗教伦理构想乃可见出其正面的、积极的意义所在。

最后，这种多元宗教观的构想绝对不会陷入孔汉思所忧虑的，各大宗教沦为次一等的或只是对超越的认识的一部分。用上述登山的譬喻，每一条路径对循之而登上山峰者而言都是真实无妄的，此中并没有沦为次等或部分认识的问题。甚至因其真实无妄，体证者自然是坚信不移且不断为之辩护宣扬。此即各大宗教仍可在信仰的热情下从事所谓判教的工作。但判教非谓要判出彼此的真假，判教的意义一方面在于表示宗教对信仰者之真实无妄，另一方面即在于促进各宗教间的认真对话交流，并借此来反省完善化自身的信仰系统。

总括以上所论，我们可以看到传统中国哲学中的实践的形上学洞见对现代多元宗教讨论所可能带来的启示，而这也可以说是对实践的形上学涵蕴的天人合一观念的一个现代重释。

（二）批判与会通——论当代新儒家与基督教的对话

1. 当代新儒家与基督教的对话

经过大半个世纪的奋斗，当代（台港）新儒家在中国文化花果飘零的环境下灵根自植的努力似乎取得了初步的成绩。新儒家有关重建文化价值以至消化吸收西方科学和民主的论说如今在中国文化研究的领域内已引起学者广泛且热烈的注意与讨论。其中一些观念主张更几乎变成是大家都耳熟能详的话①。相比之下，儒家与基督教的对话则是较受忽略甚至可以说是长期遭到误解的一面。尽管基督教于晚清入华后发展并不顺利，其对中国文化所造成的冲击亦远不能跟科学和民主相提并论②。但新儒家仍认真地正视之并与之展开对话。个中理由，析而论之，可得两点。第一、新儒家清楚认识到从文化史的角度看，基督教实为西方文化生命的本根之一，故在中西文化的摩荡交流中乃是绝对不能轻视者。第二、自清末以降，传教士为着传教的动机，往往以基督教教义牵合中国学术思想中的某些面向，由之形成一种对中国文化片面与不恰当的理解。而这种研究中国文化的态度与进路自然不是新儒家所可接受③。尤有甚者，其后一些信仰基督教的中国学者打着上帝是普世的旗帜来贬抑儒家思想，这就更加非新儒家所能容忍。结果遂使牟宗三先生曾激烈地表示："吾人不反对基督教，亦知信仰自由之可贵，吾人不希望一个真正的中国人，真正替中国做主的炎黄子孙相信基督教。"④ 论者有谓牟先生这样是过

---

① "花果飘零"与"灵根自植"是唐君毅先生的用语，参看氏著：《说中华民族之花果飘零》（台北：三民书局，1974）。至于当代新儒家努力的成果，可参看刘述先：《当代新儒学发展的新契机——第三当代新儒学国际学术会议主题演讲》，文收氏著：《当代中国哲学论——问题篇》（美国：八方文化企业，1996），第251～266页；另李明辉：《当代儒学的自我转化》（台北：中央研究院中国文哲研究所，1994），附录《中国大陆有关当代新儒家的研究：背景、成果与评价》，第175～192页。

② 关于基督教在晚清入华后的发展可参看吕实强：《中国官绅反教的原因》（台北：中央研究院近代史研究所专刊，1966）；另可参看叶嘉炽著，李云汉译：《宗教与中国民族主义——民初知识分子反教思想的学理基础》；另邵玉铭著，周如欣译：《二十世纪初期中国知识分子对宗教和基督教的反应》，两文均载林治平编：《近代中国与基督教论文集》（台北：宇宙光出版社，1981再版）。

③ 参看牟宗三、徐复观、张君劢、唐君毅合著：《中国文化与世界——我们对中国学术研究及中国文化与世界文化前途之共同认识》，特别是其中第二节《世界人士研究中国学术文化之三种动机与道路及其缺点》。文收唐君毅：《说中华文化之花果飘零》附录部分，第125～192页；另收唐君毅：《中华人文与当今世界》（台北：学生书局，1975），下册附录四，第865～929页。

④ 见牟宗三：《略论道统、学统、政统》，收氏著：《生命的学问》（台北：三民书局，1994七版），第69页。

分紧密地把普遍永恒的宗教信息与具体特殊的文化思想连结在一起而忽略了两者之间的不同①。但其实若把牟先生的话放在新儒家继绝存亡的文化心态下来看是不难理解的，而他的真正意思恰正是要在宗教信仰者与替中国做主的炎黄子孙之间划分开不同的层次。他后来便明白地解释说：

> 我个人并不反对基督教，亦不反对信仰自由，然而，现在每一个中国人在面临这个问题时，都应该有双重的身份、双重的责任。首先，得了解儒家是中国文化的主流，这个主流是不能放弃的。若是基督教能使你的生活得到安宁，当然很好，我也不反对你信仰基督教，但是在信仰的同时，身为中国的基督徒亦当自觉到自己有双重的责任，虽然是信仰基督教但也绝不反对中国文化的主流是儒家。我不反对基督教、天主教，可是我坚决反对他们拿着基督教、天主教来篡夺、改篡中国的文化，更不可把中国历来黄帝、尧、舜、禹、汤、文、武、周公、孔子的传统改成耶和华、摩西那一套②。

当然要作一个基督徒的儒者就牵涉到儒家与基督教在义理上如何调适的问题，而这则有赖于深层对话的展开。

必须指出，新儒家与基督教的对话之所以受到忽略，不能不说是因上引那类情见乎辞的话很易产生误会。并且新儒家除了深厚的民族文化感情外，亦有清明的理智。在他们清明理智的反省照察下对基督教所作的十分尖锐与带有刺激性的批评，如仅依文字的表面看，也是很有伤中国基督徒之情感。例如牟宗三先生在

---

① 参看 R. P. Kramers, "Chinese voices on the Restoration of a Chinese Faith" in *Quarterly Notes on Christianity and Chinese Religion*, Series I, no. 3, September 1957, pp. 5~7。

② 见牟宗三主讲，朱建民纪录：《从儒家的当前使命说中国文化的现代意义》，收氏著：《时代与感受》（台北：鹅湖出版社，1984），第329页。

他最后一部著作《圆善论》中仍毫不客气地说基督教为虚而不实、落于盲信的悲观主义。他说:

> 基督教认为自己不能克服罪恶,一切交给上帝,你得救不得救只有诉诸上帝来决定,这才彻底落于命定主义,因而亦是悲观主义。结果只靠盲信(空头的信即是盲信)来维持其激情利欲之生命,其激情利欲之生命所以不至使社会混乱崩溃者乃在客观的社会制度(法治、民主政治)之制衡与疏通以及科学技术之不断增进与不断的解决问题。西方文化固有其精采,其精采即在此。宗教不能说没有其作用,但其作用只成消极的;积极的作用乃在科学、法制与民主政治。因此,西方文化,整个以观,有许多实点,只有一个点是虚点,即作为人世之核心的道德实践成了虚点,因为是虚点,所以亦成了盲点。这里既成了盲点,是故其宗教亦虚而不实。道德既盲,宗教既虚,是故科学技术与民主政治亦未能使社会达至其善成之境,此是西方文化之弊也①。

就算是以富有综合心灵见称的唐君毅先生,在理论层面上亦认为没有形式宗教相的儒家方是圆融之教,甚至有以儒家来涵盖一切宗教的主张②。这些话基督徒听起来自是很不悦耳,且由不悦耳则可以形成一个错误的印象:即以为你新儒家对基督教根本没有同情恰当的了解,只专横地推崇儒家思想来凌驾于基督教之上,而这自然谈不上什么真正的对话。我们说这是一种错误的印象,盖因其只停滞于字面上作理解而不能善会文字之故。当然新儒家的确是对基督教作过十分有攻击性的批判,但问题的关键却在于其批判的背后究竟持有怎样的理据。我们必须知道,有批判并不

① 见牟宗三:《圆善论》(台北:学生书局,1984),第156页。
② 参看唐君毅:《儒家之学与教之树立及宗教纷争之根绝》,收氏著:《中华人文与当今世界》,下册,第456~492页。

等于不是在对话；恰恰相反，真正的对话是绝不能缺少批判的一面。近年致力推动宗教对话与世界伦理的孔汉思（Hans Küng）就说过："真正有对话能力的人可能不是那些放弃一切的人。而是那些还乐意坚持己方立场的真理的人。"① 可见真正的对话绝非毫无立场的笼统的比较一下，更非不分青红皂白的各打五十大板。借用现代解释学的话说，对话即是不同视域的交融（merging of horizons）。从彼此视域立场的差异处看即形成对话中互相批判、辩驳竞胜的一面；而从彼此视域立场的相同处看即形成对话中互相会通、寻求共识的一面。至于由批判到会通（真正的对话）的目的则是为了善化自己的立场、拓展自己的视野。事实上，新儒家对于对话的实义是有充分的反省。牟宗三先生尝论宗教间的对话为：

> 这里因为有普遍性，故可以相即相融而不相碍，亦因为有特殊性，故应各自立信，不舍自性，以保持各民族文化生命之创造与发展。吾人固不愿耶教化，同样亦不希望西方耶教民族必放弃其所信而信仰孔教。但可以相融相即以各充实改进其自己。弟以为居今日而言中西文化之同异以及相融相即而不失自性，当推至此层说②。

斯言善哉！既知对话的实义，又岂会专横霸道地低贬基督教耶？是以知此一错误的印象实为诬枉，而新儒家与基督教的对话亦必有其微意在焉。考新儒家与基督教对话的历史，早期唐君毅、牟宗三两先生均有文章或演讲谈及基督教，亦与台湾的华人基督徒学者如谢扶雅等作过讨论③。值得注意的是，当时香港沙田道风

---

① 见 Hans Küng 著、周艺译：《世界伦理构想》（香港：三联书店，1996），第141页。

② 见牟宗三：《略论道统、学统、政统》，第70页。

③ 参看牟宗三：《人文主义与宗教》、《儒教耶教与中西文化》，二文均收氏著：《生命的学问》，第72~85页。

山基督教中国宗教研究中心一位荷兰汉学家卡玛士（R. P. Kramers）曾翻译新儒家的文字、撰文评论及组织研讨会，从基督教的立场对新儒家的观点作出回应。这或许可以视为一次非正式的新儒家与基督教的对话①。及至 80 年代初，牟先生的弟子蔡仁厚与周联华牧师在台湾展开了一场对话，双方往复辩论，极尽尖锐，中又有梁燕城介入，最后辩论的文字结集成《会通与转化——基督教与新儒家的对话》一书②。到了 90 年代，作为第三代新儒家人物的刘述先老师又尝与李景雄牧师有过一次对谈③。八、九十年代的辩论交流尽管涉及的课题更广，但新儒家与基督教的分歧及彼此可能会通之处，其实早在唐、牟两先生的文字中已明确表示出来。限于篇幅，本文只打算厘清疏理两先生对基督教的看法，一方面固然可以作为儒耶二教进一步对话之所资，另一方面则从中或许能对我们思考有关人性与宗教的问题有所启发。而当我们真能深入到唐、牟两先生的文字中作仔细的分析时，便不难发现他们对基督教固然有很严厉批判，但批判的背后却洋溢着一颗谋求会通的心灵。

最后让我们对新儒家是否了解基督教的质疑作一点重要的澄清。此即新儒家对基督教神学那汗牛充栋的各种理论虽不必能尽其义，但此并不碍他们能从大界限上判别儒耶。这犹如宋明理学家对佛老亦不必能尽其义，然其自大界限上的判别则并不误也：此即知儒家强调的道德创生非佛之空非老之无。新儒家判别儒耶的大界限为抉发出儒家的依自起信与耶教的依他起信迥然不侔。

① 参看 *Quarterly Notes on Christianity and Chinese Religion*（Christian Study Centre on Chinese Religion, Hong Kong, Tao Fong Shan），1957 至 1961 年各期中有关文章。Kramers 更是最早把新儒家的文化宣言选译成英文的人。译文见 Series Ⅱ, no. 2, May 1958, pp. 1~21。

② 参看蔡仁厚、周联华、梁燕城合著：《会通与转化——基督教与新儒家的对话》（台北：宇宙光出版社，1985）。

③ 参看 Liu Shu-hsien & Peter Lee K. H., "A Confucian-Christian Dialogue: Liberating Life as a Commitment to Truth", in *Ching Feng*, Vol. 33, no. 3, September 1990, pp. 113~135。

易言之，即牵涉到主体觉醒在信仰中的地位问题。由此我们可以转至讨论新儒家对基督教批判的一面。

2. 批判的一面：主体的觉醒与实践的进路

新儒家批评基督教的着力处并不落在人格神的信仰上，盖人格神不过是宗教对其所向往的超越（the Transcendent）的某种称号与符号，非关键所在。依新儒家的观点，宗教向往超越，追源溯始，实可谓出于人对其自己以自然生命做主的现实生活感到不安并求有以超越之的要求①。对现实自然的生命感到不安，用宗教的话说，即有一失落与罪恶之感；而求有以超越之，即是所谓求安顿解脱也。这也就是说，人若不觉其现实自然的生命有何不妥当，根本便不会兴起宗教的诉求，向往一理想生命的展开以求安顿解脱，更遑论向往一超越以为理想生命所以可能的根据及归宿。基督教自亦不能例外。但基督教求安顿解脱的方法却是完全困限于以现实自然的生命为丑恶而作一彻底的自我否定，由自我否定来皈依附托于一个在信仰中的超越存在，即上帝那里。由是遂有原罪的说法，有伊甸园偷吃禁果的宗教神话的说法，来表示全幅人性的败坏与丑陋。人必须凭藉依靠上帝的恩赐才能得救。然而如此一来，人的尊严与价值不立，光靠上帝的恩宠来解决罪恶不是渺茫得很吗？

新儒家对基督教的批判便是在于指出这种彻底自我否定以求皈依的办法是行不通的。须知人的不安与罪恶感绝不能靠外在的上帝来告诉你，而必然是发自你自己内在的深刻切己、沦肌浃髓的痛感。这痛感更进一步说是要靠你自己显露一个价值意识来将之映照出来的。换另一个角度看，当你对现实自然的生命迫切感觉到不安与罪恶时，此当下即是一觉不安的求超越的心灵意识或曰自我主体的觉醒。并且从主体之求超越现实与向往理想言，当下即知此主体实为能超拔乎现实束缚之自由者。又从主体之能映

———————

① 参看唐君毅：《文化意识与道德理性》（台北：学生书局，1986 全集校订版），第七章《人类宗教意识之本性及其诸形态》，第 462～514 页。

照出罪恶言，亦知此主体同时即一价值（道德）理性。说自我主体是超越者、自由者，是价值理性，这是西方哲学的说法。若以中国儒家的用语说，即曰本心本性或良知明觉。新儒家认为离开了主体的觉悟、离开了价值理性讲信仰，则所谓的信极可能只陷落为一情绪之宣泄，如像人于现实生命中遭受挫折时乃转而祈福求助于神明般。这种信揭穿了便不过是情识驱动下的盲信。牟宗三先生尝言之甚切：

> 夫人类能冒出一"绝对"本非坏事，但冒出一绝对，停止于此，而倒悬于绝对，则非究竟。此犹如盲而睁眼者为一外在之光所眩惑，指东划西，说出许多奇特事，而与自己究不相干；即使一时定下来，而默识那外在之光自己，然而于自己之生命仍未起动一步也；即使说我已有光指导矣，我之生命即顺此光前进可也，然而即如此，亦仍为外光所牵引，而吾自己内部之光仍未透出也，是则自己生命仍是一黑暗点；即使说外光牵动了我，同时即动荡了我，然而即如此，其所动荡者乃是你感性生命之劲力与冲力，及见到自己感性生命之劲力与冲力满盘是罪恶，动荡不安，冲突百出，而终不知何以措手足，如是你只有呼唤与祈祷，直至声嘶力竭而后止，然后你以为平安了，而其实你那内部郁结仍一动也未动，仍照样牢固于原处而潜伏在那里，此何以故？终不回头之故也。回头是光明自己的契机。这一回头之教正是儒圣所开辟。回头就自家生命开出仁道以顺成人道，即是光明而宁静自己者，即使自己成为"文明以止"者。开出仁道即足以遥契天道，而且即证同天道，仁道即天道，即绝对，即人生宇宙之本体。本此本体以顺成人道，此即所谓开辟价值之源，以善化人生者，而不是倒挂人道于神道以祈福者。本此本体以成人道，而善化人生，即是善化绝对者。是故此一回头所成之"文明以止"之化成意识在层次上是高过任何特定宗教意识而足以善成之者。人能就主体开辟价值之源，通过

道德实践以光明自己，始能光明绝对①。

由此可知要不堕于情识的信乃端赖于能否肯定主体觉醒底本质关键的地位。如能肯定之则人尽可在实践上仍常觉自己力量之不足而要把超越客观化、人格化为施予救恩及指点帮助的上帝以为助力。在这个意义下讲上帝、祈祷与救恩，新儒家并不会反对。要之，此实为对应不同根器的众生的方便教相而已。问题在于在实践上容许讲上帝的救恩并不能反过来反对在原则上人可凭着自身主体的觉悟努力而自救。因为既承认主体的地位，亦即等于承认人性不是全幅的罪恶；人也有神性的一面可以自证自立，犹如《中庸》所谓"天命之谓性，率性之谓道，修道之谓教"。新儒家认为人的主体的觉悟乃一切宗教之所以可能的内在于人心的根据。盖人若是安于现实自然的生命而一动不动，则亦无有外在者能使其动摇。

或谓基督教亦非谓人性全幅是罪恶而一无善处，例如彼亦有圣灵临在人身（indwelling Spirit），人禀赋神的形象（the image dei, divine image）的说法。然往深一层看，这些说法是否即新儒家所强调的主体觉醒呢？事实上，很多基督徒学者在提出这些说法以求回应新儒家的批评时，往往紧接着下一按语：此即圣灵临在与神的形象均为上帝的恩赐，是不能外于上帝的救恩而说的②。可见彼根本未能正视主体觉醒在信仰中的本质关键位置。试问一个人有一天忽然觉悟前非而向往上帝，此觉悟到底是他自身主体的醒悟抑或是上帝的眷顾。如是上帝的垂爱则如何保证此垂爱之获得，上帝又为何独独垂爱于他而不及于其他仍蒙昧未醒之人；

---

① 见牟宗三：《"文化意识宇宙"一词之释义》，收氏著：《时代与感受》，第280～281页。

② 参看 "Christian Faith and Chinese Culture: Report on a Consultation of Christian workers, held at Tao Fong Shan on Saturday, June21, 1958" in *Quarterly Notes on Christianity and Chinese Religion*, Series Ⅱ, no. 3, October 1958, pp. 1～11. 特别是其中 Rev. Lee Shiu Keung, R. P. Kramers 与 Rev. E. G. Jansen 的发言。

如是他自身主体的觉悟则此觉悟在原则上乃不依上帝而有，否则又焉能说是自身主体的觉悟。在信仰中将此觉悟归诸上帝的恩典是一回事，但在理论上必须承认主体觉悟乃自足而无待于外者又是另一回事。并且倘能正视主体觉悟之义，则在实践过程中因常感到软弱而求助于上帝是一回事，然在原则上必须承认人有可以凭藉主体努力而自救的可能又是另一回事。基督教之始终不愿接受人可以不依靠上帝的恩典，正可知其所谓圣灵临在、所谓神的形象说穿了仍非主体觉悟之义。而一方面牵合儒家讲主体觉悟，另一方面又坚持上帝的救恩实乃未能尽思理之致之故；不知前者在理论层面上乃为必须肯认者而后者只能在实践层面上说。尤有进者，这里也可以清楚看到纠缠于性善性恶等过分简单化的说法亦未能尽个中问题的症结所在。盖批评新儒家误解基督教的人性乃全幅罪恶没问题，但新儒家会反问说即使你不是主张人性全部是丑恶，但这并不等于即能正视儒家性善（价值主体）之义；不能正视性善之义则你所说人性中有善的部分充其量便不过是一种模糊暧昧的说法而已。

其实新儒家关于基督教未能正视人的主体性的批判，还见于彼此对耶稣基督的诠释的分歧上。顺着主体觉悟的想法，新儒家会特别着重耶稣人而神的一面，亦即视耶稣为能完全朗现人的神性而彰显人心即天心道心的完美人格典范。若谓完美人格即神格而说耶稣为基督，则新儒家会坚持原则上人人既能为尧舜，那么人人亦能做基督。所以，"如果说基督不是人转化成的，一定是上帝派遣下来的；人人不能做基督，人人只能做基督徒，这样一来，就不能和中国文化的教义形态相适应，当然就要产生相互排拒性"[1]。而耶稣作为表现完美人格即神格的典范意义应与孔子作为仁教典范的意义相同。且必须指出的是，典范之作用对主体的觉悟来说则永远只能是助缘、启发与指点而不具备必须性。换

---

[1] 见牟宗三：《谈宗教、道德与文化——答台大中文系同学问》，收氏著：《时代与感受》，第179页。

句话说，在承认主体觉悟的地位下，我们便得同样承认人原则上不一定需要通过耶稣基督才能得救；当然这也不排斥人在实践上可以通过信仰耶稣基督而得救。有谓对基督教教义的诠释可以不必反对人有神性的一面，也可以不必反对自人而神的一面来了解耶稣，就好像休斯顿·史密斯（Huston Smith）在他的名著《世界宗教》中讨论基督宗教一章所给人的印象。史密斯首先从历史的耶稣开始，再由耶稣的善行、智慧教训与体现荣光三方面来论述信仰的基督的形成。尤其值得注意的是，他十分强调从基督徒的转化生命活出爱和喜乐处来解释基督福音能够广泛受到宣扬的事实。他甚至作一譬喻说："唯一能造成转化我们所描述状态的力量就是爱。一直要到20世纪才发现，封锁在原子之内的乃太阳自身的能量。但是，要解放这股力量，必须从外面将原子爆破。因此，封锁在每一个人里面的是那分享了的爱的贮藏——有时候称之为 the imago dei，神的形象。"① 这不啻是承认人有神性的一面，虽则上引文字中亦强调必须从外面来解放这股内心的力量。但史密斯在接着讨论基督的奥体或教会时，提及有些基督徒为了保住基督作为一普世性的救恩乃不得不在看得见的教会和看不见的教会之间作出区分。此项区分"明显地许可那些不可见的教会分子之得救。在可见的教会之外，是那不可见的教会，这个不可见的教会，包括了各种信仰的人，他们尽力追随的是他们具有的灵光。大多数的基督徒继续肯定，在教会这第二种意义下，离开了它就没有得救。他们大多数会更增加他们的信念，认为通过可见到的教会之神圣生命脉搏，比通过任何其他机构为强"②。但既承认人原则上可以不通过看得见的教会而仅凭自身具有的灵光得救，那么按道理，便得承认人不通过耶稣基督也能得救。虽然史

---

① 参看 Huston Smith, *World Religions* (San Francisco：Harper, 1991, rev. and updated ed.), Chapter VIII, pp. 317 ~ 364。中文译文引自刘安云译、刘述先校订：《人的宗教》（台北：立绪文化, 1998），第 457 页。

② 参看 Huston Smith, *World Religions*, Ch. VIII, pp. 317 ~ 364。中文译文引自刘安云译、刘述先校订：《人的宗教》，第 463 页。

密斯对基督教教义的解读与新儒家的观点好像有若合符节的地方。但我们实很怀疑像史密斯这一类的解释在基督教的传统中究竟有多大的声音。事实上如从基督教自身发展的历史看，主体觉醒之义始终非其所能正视者。这从基督教走上以唯信论的天启与希腊哲学的思辨来肯定超越上帝之必然存在即是明证。盖若真能正视主体觉醒之义，则没有理由不走上主体实践的进路。此进路扼要言之即上引牟宗三先生"人能就主体开辟价值之源，通过道德实践以光明自己，始能光明绝对"的意思。

依新儒家的观点看，基督教由于未能正视人的主体觉醒的地位，遂于如何肯定上帝之存在一问题上自始就走上与儒家截然不同的路。基督教有通过上帝的启示或曰示现来肯定上帝之存在。至于人如何即知一启示或示现就是其所信之神之启示或示现而非魔鬼的伪装呢？答案仍是要回到信仰之坚定处求解。更有甚者，在启示宗教的传统中，上帝常是先启示其教义于其先知，再由先知传至信众之间。因而往往强调信徒对先知所言须持绝对相信的态度。这种唯信论的倾向所可能带来的危险不言可喻。新儒家并非要完全否定宗教中的启示成分，而是要强调光靠启示是不可能不发生毛病的。唐君毅先生在论神人交通之经验时对此有十分精细的分析。他说：

> 吾人虽可亦宛现为既跟随之又而自超升以与之亲面者，而有一神人交通之经验，以更加强促进吾人之道德实践；然此中若吾人效其行之自发的活动，一念停滞，则吾人之宛现与此永恒者已完成者相观面者，即可使吾人视世间只有此一永恒者已完成者，而我之全部，皆没入其中，而我成一大空虚；而一转念间，则我又可视此与观面之已完成者，即我与之同一者，而化出一傲慢。此大傲慢与大虚空之感，皆非道德的。以其皆一精神之大闭藏，不能更有所生化故。而人于此之宛现为已完成者或永恒者观面时，其是否产生此大傲慢与大空虚，其关键全在吾人于所崇拜之教主，在闻其言而效

其行时，此自发之活动是否能运行不滞。亦在吾人之能信能闻能行之道德主体，是否能任其自身之存在，或自觉其自身之存在。如其能任持其自身之存在，而自觉其自身之存在，则彼可无堕入此大傲慢与大空虚之感之虞，而其神人交通之经验，或与已完成者之觌面之感，更可加强促进其道德的实践①。

此中大傲慢者与大空虚者正是现今各种异端邪说下自许为教主者及其盲目崇拜之教众的生动写照。可见若要真正有得于启示，仍是要以人的觉醒的主体（价值理性）做主做准。是故知仅凭启示的进路实不足以肯定上帝之存在。

到了中世纪，基督教又转与希腊哲学的传统相结合，由是遂有以种种上帝存在的论证来肯定上帝之存在。但经过康德对人类理性认知能力的彻底反省后，即知人的理性认知能力根本无法越过经验世界而及于超越世界。结果一切涉及超越的论证最终不免只是此亦一是非彼亦一是非的戏论。凡此皆西洋哲学史的常识，毋须我多赘述。就算撇开上帝的证明是否戏论不谈，通过思辨所把握的上帝充其量只是智心所虚构的一个认知对象，可以跟我的存在生命丝毫无涉。明乎此，我们才能充分明白为什么牟宗三先生会尖锐地批评基督教的信仰为虚而不实的情识之信。信仰不在主体的觉醒中立根则只能落在情识中打转；不走主体实践的进路以肯定超越则只能将超越沦为智心之虚构的对象。人或谓基督教有如此深厚的传统，好像很难说是建立在虚而不实的情识之信上。关于这一质疑，牟宗三先生亦尝思及之而解释说：

> 西哲所作之"上帝之本体论的证明"实不是证明，而只是套套逻辑之表示。此种表示实涵有二义：一、上帝（本体）不能证明；二、在套套逻辑之表示中实涵有直接冥契之

---

① 见唐君毅：《儒家之学与教之树立及宗教纷争之根绝》，第469~470页。

直接呈现。然而此直接冥契之直接呈现之根据，西人从未弄明白，遂使此证明处外在化而被视为理论之徒然。因外在化而被视为理论之徒然，故亦可进而积极地以概念与存在之分而驳斥之。实则本体论之证明不如此之无聊，言者实有一种精神生活上之虔诚为根据而装饰之以此本体论证明之外衣。然而其所根据之虔诚并未能在原则上建立起，故亦不能显其用①。

由是关键之处乃在如何在原则上建立起其精神生活上的虔诚而畅显其用。此原则上之建立从新儒家的角度看必不能外于主体实践的进路。

主体实践的进路是传统儒家的智慧，用孟子的话说即尽心知性以知天的进路。人若能觉醒自我的主体，并通过践履来步步充实之扩充之，最后主体的充尽朗现其自己即见人性之全幅表现为神性；人心之全幅彰显为天心、道心。然而如此还未足以让人充分彻悟存在，盖最终要安顿人的有限性，人必须将其所体证的天心、道心再往上一提而成对超越之体证及诚信。这就是主体实践的进路所达至的天人合一。人以超越的天来贞定实存生命，而超越的天也只有在人实践的主体生命中才能被彰显。易言之，超越之为一价值的真实的存在，是完全基于主体践履德行之纯亦不已而来的"诚信"，是实践上的一个"必然的肯断"。此外，以主体实践的进路来肯定超越或上帝的殊胜之处还可见于"诚信"此一概念：此即强调信仰的对象与信仰者的生命是必须紧密不可分割地连结在一起。

有了以上的分疏，我们便不难了解为什么新儒家孜孜于强调主体觉醒及其实践进路之必要性，此盖是使一切宗教向往超越成为可能的密义所在。但必须指出的是，新儒家尽管强调主体的觉

---

① 见牟宗三：《认识心之批判》（台北：学生书局，1990 修订重版），下册，第 289~290 页。

醒与践履，唯绝不把超越化归为自我生命升进的主观的境界；亦不以圣代神，以自我吞食宗教，而是肯定向往超越之宗教意识乃仁心不容已之要求①。从这一点上看，他们在批判基督教之余其实亦早已同时架起了彼此会通的桥梁。

3. 会通的一面：对向往超越的诚信与肯断

在未讨论新儒家与基督教会通的一面之前，我们首先要作一点澄清：即新儒家通过肯定向往超越之宗教意识所表现之会通心灵，并不仅局限于与基督教的会通，而是欲求会通一切人类文化中的伟大宗教。故下文的讨论将集中析论新儒家的这一会通心灵的特色而不仅及于基督教。其实若新儒家会通一切宗教之论说可言之成理，即其与基督教之会通亦将是自然顺适的事。仔细分析新儒家的文字，其会通宗教之论可从下列三方面来说明：第一，肯定宗教强调超越现实自然的生命以展现理想生命之意义，并认为此意义正是现代人类文化所亟需要的精神价值。唐君毅先生尝分析现代文化是满盘建立在人的自然生命的冲动与强度之下，是一种一往向上向前，作自我表现，往而不返，无所不用极的精神生活。他曾痛切言之曰：

> 这一种精神，底子里有一大毛病。即随自我表现欲而生之对世界之权力欲支配欲。此权力欲支配欲，恒不免多多少少直接渗透于天才与英雄之可歌可泣之瑰意奇行中，以向外宣泄，为他们所不自觉。而间接则与一民族社会，一阶级，或其他社会集团之广大群众，之向外澎涨扩张之野心与征服意志，并行不悖，互相促进。此乃近代一切国际之战争，国内之革命，社会之斗争，不断爆发之内在精神原因。这个问

---

① 新儒家对向往超越之肯定的立场，可以1954至1955年间唐君毅先生与劳思光先生讨论有关宗教的书信为例来加以说明。当时劳思光先生主张以圣代神；天心、道心只是自我生命升进之一面而无超境界之存有义。唐先生则反对此说，并以仁心之要求作答。双方的讨论书信收劳思光：《思光少作集柒——书简与杂记》（台北：时报文化出版公司，1987），第254～269页。

题不解决，不管你在科学上、哲学上、文学艺术上，有多少成就，政治社会之组织如何科学化，而如何整严、文化如何进步，以什么高远的理想号召；总是随时可以引起人类之互相征服、排斥、仇视与战争的。科学与工业文明愈发达，所加于人类之毁灭的威胁，亦总是愈大的。你所谓你对世界有办法，最后终归于无办法的同归于尽①。

是故宗教以永恒无限的超越来映照现实之我之渺小丑恶，教人谦卑与爱，在未来人类文化发展的途程中正显见其治疗意义之大用。换言之，在对抗物欲化的世界潮流这一点上，新儒家不期然是与一切宗教站在同一阵线之上②。

　　第二，然自宗教与宗教间恒常发生之相互排斥与冲突看，则欲使宗教显发其安顿人心之大用，首要的问题则在如何消融宗教间的冲突。新儒家于此则提议从儒家思想中提炼出主体的觉醒与主体实践的进路来作为一切宗教在未来发展的共法。唐君毅先生甚至以为此一步提炼正足以根绝宗教间的纷争。盖强调主体的觉醒与践履则是教人把目光从所信（对象）转向能信（自我）。从所信看，一切宗教的内容均不免带有特殊的历史文化背景，很难有会通对话之可能。"由是而此中信者与不信者之冲突，就此所信所不信之客观的内容看，即为永不能互相传达，而互相过渡者，而信者与不信者之争执，即为一生死之争执。"③ 相反，从能信看，则一切伟大宗教所成就之信者皆为一可爱可敬之人格，而不同宗教心灵之沟通共契的可能亦于焉呈露。此外，强调主体（价值理性）之建立，正适足以为一切宗教底伦理道德之不同作

---

　　① 见唐君毅：《人文精神之重建》（台北：学生书局，1978），第 32 ~ 33 页。
　　② R. P. Kramers 在讨论新儒家的文化宣言时亦指出在维护人类的价值与尊严这一点上，新儒家与基督教是站在同一阵线上的伙伴。参看 "Christian Faith and Chinese Culture: Report on a Consultation of Christian Workers, held at Tao Fong Shan on Saturday, June 21, 1958", p. 8.
　　③ 见唐君毅：《儒家之学与教之树立及宗教纷争之根绝》，第 478 页。

裁决协调，而谋求一伦理道德的共识。在这个意义上，唐先生的主张与近年孔汉思推动世界宗教伦理并以人性（Humanum）作为各大宗教伦理所共同关怀者亦大有可以相通之处①。最后，唐先生以为主体践履的进路在儒家中所具体表现之三祭（祭天、祭祖、祭圣人）在信仰的内容上留下很大的空间弹性，可相对肯定一切其他宗教之拜祭信奉的对象而不相悖。唐先生甚至由主体之重视与强调而憧憬一未来人类诸大宗教之自然汇合而万流归海之远景。其言云：

> 若然，则基督释迦之教，将逐渐契归于儒者之彻上彻下，彻内彻外，以成哲学智慧、宗教、道德三者合一无间之学与教。至于各宗教中原来所信仰，如上文第四节之所说，而与人之道德实不必然直接相关，亦非哲学的智慧所必须肯定者，则或为存之无碍，亦可任其自存者；或则将因其在人之应事接物之实践历程中，可用可不用，亦不能借之以形成社会人心之共契，而将转成一套闲家具，只有放置于其心灵之后殿，而任其自行弃置销蚀者。以上所言，即人类之诸大宗教之自然汇合而万流归海之远景②。

不过唐先生此万流归海之远景的构想恐有推论过当之嫌。首先撇开给人欲以儒学涵盖一切宗教的印象不论，唐先生的构想最大的问题在于过分轻视人与宗教均为一具体特殊的历史时空中的存在物，均免不了时代文化的烙印。想完全取消彼此间文化的差异恐怕是不可能实亦不需要的事。

第三，在肯定宗教的特殊性上，牟宗三先生似乎看得比唐先生更透彻。他一方面跟唐先生一样主张从儒家中提炼出主体觉醒

---

① 参看 Hans Küng 著、周艺译：《世界伦理构想》，第四章《人性做为普世宗教的基本标准》，第135～140页。

② 见唐君毅：《儒家之学与教之树立及宗教纷争之根绝》，第491页。

与实践进路的智慧来润泽一切宗教，并且在这个意义上肯定儒家有较其他宗教更高层次更究竟的义蕴。然自特殊性的一面看儒家，则其主张创生的天道便与释家的涅槃、道家的自由、基督教的上帝、印度教的梵天无异，均是通过一特殊历史文化的通孔所看到的普遍性，均可视为对不同根器、不同历史文化背景的众生的不同的方便教相。如是诸宗教透过文化的普遍与特殊的双重性的判别便可得一更高的融和。牟先生说：

> 上帝是上帝，基督教是基督教，二者不可混同为一。上帝是普世的，是个公名，叫它道也可以，叫它天也可以。基督教不一定是普世的，它有它历史文化的特殊性，这是不能相混的。所以说要适应，适应不是投机，而是在真理上须不断地调整你自己。因为一切大教本来都是绝对性的。"绝对"不能有冲突，不能有两个绝对。不能够说：我的绝对不能接受你佛家的"如来藏"，也不能接受儒家的良知。假如说我这个如来藏的绝对性里不能有良知，那么这个如来藏就不绝对了。如果要把绝对性客观化、人格化，推出去当做上帝来崇拜也未尝不可。把上帝人格化作为祈祷的对象，这是一个方便。本来同样是一个绝对性，却用种种形态表现出来：佛家是如来藏型，儒家是天道性命，道家是道心，基督教是上帝。这些不同只是教路不同，上帝本身并没有什么不同；都是绝对，都不能有排拒性。把绝对性人格化当做上帝来祈祷，这是佛教里面所谓"权"，所谓小乘①。

按：实则从教路上看，权即是实，实即是权，亦无所谓权实之分，此正是一切宗教融和之可能。

---

① 见牟宗三：《谈宗教、道德与文化——答台大中文系同学问》，第 181～182 页。另可参看牟宗三：《中国哲学十九讲》（台北：学生书局，1983），第一、二讲，第 1～43 页。

4. 结语：对话的启示

总结地说，通过以上的析论，我们可以清楚看到新儒家与基督教在义理上的分歧及彼此会通之可能。当然未来进一步的对话还可拓展到更广阔更深入的领域来仔细对比二教中各个不同的观念，由之以更善化自身的立场，然大界限上的判别实已尽于此矣。下面让我们转过来看一下上述的对话能为我们思考人性与宗教的问题带来什么启示以终是篇。首先，关于人性的问题，在21世纪的今天来回顾过去一百年人类的历史，不免教人有善恶交杂的印象。而自其善者观之，则人似仍可乐观相信性善的主张；但自其恶者观之，则悲观的性恶论调又好像不无道理。于是两种说法此起彼落，争持不下。但这样简单化的性善性恶、乐观悲观真的能使我们洞悉人性的本来面目，引领我们进入下一个世纪吗？从上文的分析看，我们可以知道新儒家绝非一般意谓下的乐观的性善论者，他们也很清楚明白现实上人性有极其丑恶软弱的一面；特别是在与基督教对话后当更能使他们正视此丑恶软弱。不过新儒家仍确信解铃还需系铃人；盖照察出人的丑恶软弱者恰正是人底主体的觉悟。于此实透露出对人性之价值尊严与理想的肯认及其努力求解救之途。新儒家认为只要主体能觉悟而向往理想，则剩下的问题便是悉力以赴，此中并无所谓乐观悲观。真正的悲观主义乃在于根本未能见及于此人的理想性的一面而辗转落于无可奈何的命定。关于这层意思，牟宗三先生曾说：

> 西方宗教家看了儒家说人人皆可以为圣人（孟子说为尧舜），便以为儒家是乐观主义。其实儒家既不是乐观主义，亦不是悲观主义，因为道德实践之事乃是超越了那"可以用悲观或乐观字眼去说之"的问题之上者。何以故？因为它是一个"求之在我，求有益于得，而又知其为无穷无尽"的问题。求之在我，求有益于得，则无所用其悲观。知其为无穷无尽，则无所用其乐观。悲观者希望达到某种特定目的，或期望解决某种特定的问题，而主观上却以为无法达到或解决

之之谓也。乐观者则反是，尽管他亦不知如何解决之或达到之，然而他主观上却相信总有法可以解决或达到之。因此，悲观乐观乃是对于无办法的客观之事之一种主观的态度，这种态度不能用之于道德实践之问题。因此，说儒家为乐观主义乃是无谓者。因为他虽知"求则得之，舍则失之"，然并非不知有险阻者，即他同时亦知"有命存焉"。他虽知有命存焉，却不是命定主义，因此亦无所谓悲观①。

再看宗教的问题，新儒家揭橥主体的觉悟与实践的进路作为未来宗教发展的共法实有甚深的智慧在焉。我曾撰文阐释顺着这一想法下去所可能建构的一种多元宗教观，以谋求下一世纪宗教间的共生共存。文中我指出依实践的进路言，"超越的了解乃人实践自觉生命的体证所及。如此超越的体证与自觉生命是错综交缠、紧密相依的。此处我们复可以引申发挥一义，即当人面对众多不同的宗教时，其信此而舍彼的抉择正是取决于其存在生命与所信之宗教间能否产生存在之感应（existential correspondence），此是信仰之所以为信仰的实义所在。而超越之信仰对于体证者而言遂为其自觉生命之真实无妄的诚信。顺乎此，我们可以用这真实无妄之诚信的概念来松动甚或取代宗教中常常讲求的真的概念。盖真假本依认知理性而说，但宗教向往的超越则只能藉由人的自觉实践来体证。当然人可以陷溺不面对不追问自身存在的真相；不表现为自觉实践的生命。但他也就无由宣称信仰超越，且若他宣称信仰，则我们便知道其所谓之信仰必为虚伪的。由此可见，超越信仰的真实无妄正从人生自觉实践的真实无妄处见。并且正如第一点所论，我们可以人生的自觉实践作区别宗教与伪似宗教的判准。例如一些鼓吹集体主义式服从的宗教本质上就是伪似宗教，因它根本不启导其信徒去自觉面对自己的存在并追问个中的真相。总之，以诚信与虚伪（authenticity and inauthenticity）的观

---

① 见牟宗三：《圆善论》，第 155～156 页。

念来代替真与假（true and false）的观念是建立多元宗教观十分关键的一步。现代很多关于多元宗教的论争，反对多元宗教观的人便往往因为执死了真假的概念。其实宗教若讲求真假，即必以自身为真而不同于自身者为假。真必排斥假，如此势必将宗教导向极端的排他，而多元宗教的共生共存便将成永不可及的幻想"。又"我们强调不同的人均可以凭藉其自觉实践的生命来体证超越，正意谓体证超越的入路是多元的。而事实上多元的入路即形成多元的宗教。当然我们既不必也不可能从内容上（包括具体的信仰对象与教理）来寻求各大宗教的统一，因为多元的入路之为多元正表示其各有不同。打个譬喻，超越是一个山峰，这个山峰尽管可以从多条不同的路径登上，但对一个登上山峰的人来说则他实际上只能从一条路径登山，且当他由某条路径登上山峰时，这路径对他之能登上山峰来说就是真实无妄的。即使他在登上山峰后极目远望，可能隐约依稀见到有别的路径。然而此见到之路径究非在其亲历之登山经验中，而亦必不能如他已经历之路径般使他确信亦为能由之以登山者。这犹如某宗教的信仰者纵使在理智上认识上知道有别的宗教的存在，这些宗教却永远无法取代他实践生命中诚信所及之信仰。人或谓这只是个譬喻而不是个证明，我怎知各宗教所向往的超越是一，它们具体的信仰内容则为入路的不同呢？我们虽无法从具体的信仰内容上谋求统一，却可以从其形式与功能处来看出它们彼此之所同。以形式言，它们都是由人凭其自觉生命的实践所体证。以功能言，它们都有能启导人去面对自身存在真相的效力。当然此处所谓启导人去面对自身的存在真相是比较抽象的说法，质实言之，则是各大宗教引导变化人生的伦理系统"①。必须指出，我们绝无意说新儒家已找到人性与宗教的确义。但不可否认的是他们的洞见实是我们在下一世

---

① 见拙著：《从实践的形上学到多元宗教观——天人合一的现代重释》，收陈荣开、刘述先、郑宗义、冯耀明编：《天人之际与人禽之辨》（《新亚学术集刊》第17期）（香港：香港中文大学新亚书院，2001），第74～76页。

纪思考人性与宗教问题时所不能忽视的丰富的思想资量，值得有心人再三参考深思。

（三）徘徊在绝对与多元之间——论牟宗三先生的"判教"

1. 引言

"判教"一观念，源自佛教，指判释教相。印度佛教已隐含此观念，大、小乘之判是也。后佛教传入中国发展至隋唐诸宗竞立时乃正式标举之，天台、华严的判教即是典例。在当代新儒家中，牟宗三先生对佛学用力最深，他不但仔细辨析天台判别圆的理据并以之为准来梳理佛教的义理发展，还进一步将"判教"的观念应用于佛教以外的儒、道、基督教和康德学说等。我们甚至可以说牟先生的思想根本上就是他判释诸家的结果。然而，一种颇流行却过于简单化表面化的阅读是：牟宗三是以儒家做标准来评判他家的，目的是要证明儒家乃最究竟、最高的价值。诚然，牟先生归宗儒家，此其论难免有绝对主义的色彩。但若因此遽尔轻率地认定他整个的判教工作都是基于主观独断的、先入为主的奉儒家为一切最胜者，则不能不说是读书不精的诬枉之辞。本节写作的目的就是要纠正上述错误的看法，仔细考查牟先生对"判教"的理解、他的判教工作及其中蕴涵的关于不同宗教（或学说）对话的理论问题。

如是，下文将分为三部分：（一）析论牟先生对佛教"判教"观念的理解、应用，并顺之作进一步的厘清、引申。此中特别值得一提的是，他认为判教乃历史使命而提出"时代之判教"的说法。（二）介绍牟先生的判教工作。此又可分为"教内"（intra-teaching）之判与"教间"（inter-teachings）之判两部分。但无论是哪部分的判教，牟先生均强调不能以护教的方式（如以儒家为是而非他家）进行，而必须依客观问题建立客观的评判标准。因此，要真正了解牟先生的判教，便得究心于他是如何证立其客观评判标准的。（三）毋庸讳言，牟先生的判教归宗儒家，故不免有绝对主义之嫌疑：彼实以儒家为绝对价值。用判教的语言说，即圆教也。且若顺此观之，则在肯定儒家为大宗至正圆教的前提下，虽云融通、消化以至安排他家的理论地位，虽云是依客观问题建立客观的评判标准所必致的结论，然自他家看来，难免会质疑彼所谓客观的评判标准不必真是如斯客观，而所谓融通、消化不过是自大、排他之托辞。从一方面看，牟先生的判教确有绝对主义的倾向，如他屡言圆教只有一而无二，否则不能是圆。但另一方面，他的判教也不乏多元主义的倾向，如谓凡教皆只是圣人在某一特定的历史文化通孔中所表达之一途，故不能执一而非他。这两种倾向，我们以为可据之演绎成两种不同的判教模型："绝对主义"（absolutistic）的与"多元主义"（pluralistic）的判教模型，而究其实，牟先生的判教乃徘徊于两者之间。然如理言，则必归于多元主义的判教模型为顺适；亦唯有从成就此多元主义的判教模型看，牟先生判教工作的贡献才不致遭某些因简化片面的阅读而产生的批评所淹没。最后，我们将指出这多元主义的判教模型其实正好为当前有关文明对话、宗教对话的课题提供一适当的理论框架。

2. 从"判教"到时代之判教

依佛教，"判"有判别义、评判义；"教"即佛徒对佛祖释迦牟尼的本怀（即其关于理想生命的原初洞见）的不同理解而形成的各种教路、教法、教相，用现代的话说，就是对佛说的义理的不同诠释系统。既众说纷纭，则各宗派站在自家立场便有责任需要去认识、分判以至融通他家的思想。这是判教的原意。牟先生广泛使用"判教"的观念，于承袭原意外，自亦作了进一步的应用。《圆善论》中的文字可见他的发挥，值得多引几段：

> 圆教是佛教方面判教中的一个观念，而判教判得最尽、解说圆教之所以为圆教解说得最明确者，则在中国的天台宗。佛教在印度本有大小乘之争，大乘中亦有空有之争。所凭以成佛之车乘（教路）既有大小，则所成之佛亦必有较圆

满者与不圆满者。教路小者，则依之以成佛者其所成之佛之规格必亦较小，较小即是不充尽、不究竟，此即是不圆满。教路大者（大乘）所成之佛之规格固比小者为较圆满，然既有空有之争，则必有所偏尚，是故虽属大乘，其教路亦不必真能是圆教，而其所成之佛之规格亦不必真能是圆实之佛。大小之争，空有之争，争是主观地说，"各以其有为不可加矣"（《庄子·天下》篇语）。然各种教路本都是佛所说，佛不能一时说尽一切话，是故必有时是权说，有时是实说，而且随时可以各种方式说。行者有所执（随机宜各有所取，随其所取而复不解其所取者之实义，是故遂有所执），故起争辩。但既都是佛所说，则凡佛所说者不能有错，是故客观地言之，必皆都是对的，即都是佛法，都可以成为通佛之路。因此，舍去主观之争，必有客观的判教。佛教传至中国来最为详尽。中国佛弟子固亦有主观之争，然就佛所说而言，亦能取客观的态度，将佛所说之各种法门（每一法是通佛之门）以及其说法之各种方式（或顿或渐或秘密或不定），予以合理的安排，此之谓判教。判者分判义，判教者分判佛所说之教法而定其高下或权实之价值之谓也。故就佛所说而言判教，则判只能是分判义，不能是批判义，因佛所说无虚幻故。但若分判者有不谛而予以纠正，则分判过程中亦有批判义。故判教是一大智慧，必须真能相应地了解佛之本怀始可。天台智者大师担负此工作，因需要其本人有相应的智慧，而"佛教发展至最后需要此步工作"之客观的必然性亦促使之然也——势之必然促使之正视客观的判教而不只是主观地执守而已也。故判教既是历史之使命，亦需个人之智慧①。

判教以圆教为究极。凡圣人之所说为教，一般言之，凡能启发人之理性，使人运用其理性从事于道德的实践，或解

---

① 牟宗三：《圆善论》，第 266～267 页。

脱的实践，或纯净化或圣洁化其生命之实践，以达至最高的理想之境者为教。圆教即是圆满之教。圆者满义，无虚歉谓之满。圆满之教即是如理而实说之教，凡所说者皆无一毫虚歉处。故圆满之教亦曰圆实之教。凡未达此圆满之境者皆是方便之权说，即对机而指点地，对治地，或片面有局限地姑如此说，非如理之实说。尽管其指点地或对治地或片面有局限地所说者亦对，然而其如此说则是方便，实理并不只如此。是故就实理言，其如此说便有不尽，尚未至圆满之境，因而其所说者亦非究竟之了义①。

　　教既是指"能开启人之理性使人运用其理性通过各种形态的实践以纯洁化其生命而达最高的理想之境"者而言，则非如此者便不可说为教。……因此，推理自身只是思考上的一个"法"，而逻辑学中的诸概念只是思考上的一些逻辑形式法，并非是教。……这些经验知识之系统，佛菩萨于实践中可以涉之，其本身却非是教；一切自然存在（经验对象）皆是教中所涉及之法，十八界，乃至三千世间，亦是自然存在，皆是教中所涉及之法，而其本身不是教②。

　　这样的可说为教者，有各种不同的途径，因此，有各种不同的教，在西方有耶教，在东方有儒释道三教，每一教是一系统。就佛教而言，那样的教，虽都是佛所说，然有各种说法，每一说法亦是一系统。然则于这些说法中，哪一种说法是最圆满的说法而可称为圆教呢？因此，这便有需于判教③。

合而观之，牟先生对"判教"观念的发挥，可从下列几点来析论。第一，他从解释佛教的"判教"而溯源至"教"的通义。此

---

① 牟宗三：《圆善论》，第 267 页。
② 同前注，第 268～269 页。
③ 同前注，第 269 页。

即教是指"能开启人之理性使人运用其理性通过各形态的实践以纯洁化其生命而达至最高的理想之境"（按：此处"理性"显取一广义）。换句话说，教是克就理想化生命而言，它分析地必然是生命之教，是引导生命的主张而非知识。但教从何而有？则答曰乃依圣人对生命的最高的理想之境所生起的原初的洞见、慧悟。不同历史文化、东西南北海的圣人、先知对什么是最理想的生命状态自可有不尽相同的洞见、慧悟；如称洞见、慧悟为"宗"（圣人生命之所宗；庄子"不离于宗，谓之天人"之义），则"教"乃依宗而说以示行者实践的诸般路径。依宗起教，藉教悟宗。若合而谓之"宗教"，则不只佛教是这意义下的宗教，儒、道、耶等亦皆是。又就某一宗教言，其能悟宗之途径自不只一种，如是，既有种种教路，便有需于判教的工作。这样一来，判教便不能只属佛教专有，儒、道、耶皆可作判教。再扩大一层说，儒、释、道、耶等宗教既都是追求转化、提升生命至最高的理想之境，则依这共同关怀、共同所宗，它们亦可被视为种种教而有需于其间作判教。可见牟先生厘定"教"的通义，遂使得"判教"的观念可引申应用于佛教以外的儒、道、耶等，甚至应用于分判不同的宗教。应用于各宗教内以分判个中种种教相，我们可称为"教内之判"；而应用于诸宗教间作判释，我们可称为"教间之判"。凡涉猎过牟先生著作的人都不难发现，他的思想基本上就是通过这两类判教工作而构筑起来的。

第二，佛教的判教以为种种教相都是佛说故无差谬，判教只是分判它们的究竟不究竟、充尽不充尽、是如理之实说抑或是对机的权说，进而定其高下并予以合理的安排。可知佛教判教背后所本的是一融通（或消化）的精神。但谓一切教相都是佛说，则恐怕只是以判教后的结果倒过来作为成就融通精神的前设。质实而言，种种教相应是行者对佛陀开示的义理所作的理解或诠释；理解或诠释可以有不当，则教相应可以对错言。现在你说某教相不是错，只是"非如理之实说"，只是"方便之权说，即对机而指点地，对治地，或片面有局限地姑如此说"，实则这只是你在判教后、在重新安顿它的高下位置后的结论。并且你在给它重新作合理的安排时已藉着权说、或偏面有限地姑如此说等理由开脱、淘汰、消化了它的不谛不当处。但设想若他不服你的判教，申辩自己乃如理之实说，则隐藏的开脱、淘汰、消化将立时浮面化为辩驳、纠正、批判。牟先生在儒家的判教中判朱子"别子为宗"就是个很好的例子。如果朱子愿意承认他那敬（涵养用敬）义（格物致知）夹持使心具众理以应万事的实践工夫，其着力处"只有当吾人不能相应道德本性而为道德实践时，始有真实意义，而吾人亦确常不能相应道德本性而为道德实践，即或能之，亦常不能不思而得，不勉而中，而常须要勉强，择善而固执之"[1]。如果朱子愿意承认其学是"学人之学之正宗，而非内圣之学之正宗"[2]。则自牟先生的判教看来，朱子的思想当然不能算是错而只是不充尽、不如实的助缘工夫。但正如牟先生自己也承认"朱子终未悟此，彼仍坚信其途径为不谬"[3]，如是，歧出之批判终不可免。可见"判教"的观念虽悬融通教相为最高鹄的，判者分判义，但分判教相的权实高下即已涵评判义，而批判义亦终不可逃。上引牟先生的文字也清楚承认这点，故谓"但若分判者有不谛而予以纠正，则分判过程中亦有批判义"。明乎此，则知"判教"的本义本即含有一融通与批判两面之张力，融通面使判教带有多元主义的色彩，批判面却使判教倾向绝对主义。

第三，牟先生明白指出判教绝不应是主观之争，不应是"各以其有为不可加矣"。盖自是而非他，他人也可以自是而非你，如此争讼不休，判教乃无意义，所以"必有客观的判教"。而关键端赖于我们能否建立客观的评判标准。依牟先生，各种教相既都自诩为是能达至那圣人对理想生命的原初洞见的途径，则我们便须把那洞见"当做一个客观问题，依学问底途径以深切著明

---

① 牟宗三：《从陆象山到刘蕺山》（台北：学生书局，1984再版），第91页。
② 同前注，第41页。
③ 同前注。

之"①；深切著明之即能把握住那洞见之所以为洞见者。这用现代哲学的话说，即其核心的关怀（core concerns）；用传统的话说，即本怀也。既能掌握洞见作为客观问题的核心关怀之所在，客观的评判标准自亦得以据之而立。所以在上引文字中，牟先生才会说："故判教是一大智慧，必须真能相应的了解佛之本怀始可。"这里必须补充说明的一点是，上述所谓客观评判标准的客观并不是空头兀然的客观（即以为客观问题及由之建立的评判标准是如存在物般摆在那里让人去辨识它们），而是隶属于相应地了解的。这也就是说，客观评判标准的建立归根结底是个理解与诠释的问题。当代诠释学的讨论告诉我们，理解与诠释绝非任意的、主观的，其客观性是可以借着尊重文献证据及融贯解释等来保证。但这样的客观性却不是绝对的，此所以理解与诠释总是向丰富的多元性敞开。如是，对圣人那理想生命的原初洞见，行者自可以作不同的、客观的理解，即将之视为不同的客观问题来深切著明之以建立不同的评判标准，成就不同的判教理论。职是之故，天台智者以五时判教；以化仪四教、化法四教判教，并判归本《法华经》的天台为圆教后，华严贤首仍可本小始终顿圆判教，并判华严为别教一乘圆教，异于天台的同教一乘圆教，而后牟先生又可以再不满华严之判而重以天台之判为准②。同样，人也可以不满牟先生的判释而另起炉灶。此中重要的不在决定哪一个评判标准是绝对、唯一的正确标准，而是在于考查不同的评判标准是如何证立的？它们背后到底有什么坚强的理据？总之，从上面的分析中，我们不难认识到所谓客观的评判标准、客观的判教仍是必须不断地诉诸于理性去考查、稳固或拒绝之。这也能够解释为何牟先生虽自许其判教工作是客观的、理有必至的，但人却可视之为非人人所必同意的一家之言。诚然，你可以不同意牟先生的判

---

① 牟宗三：《现象与物自身》（台北：学生书局，1996 初版五刷），第 2 页。

② 参牟宗三：《佛性与般若》（台北：学生书局，1989 年修订五版），上册，第 556～572 页，下册，第 575～671 页。

教，但这时你便有责任提出你不同意的理由。一个值得注意的现象是，很多不大接受牟先生观点的人的理由只是以为牟先生是把儒家当成评判的准则，但这不是把牟先生看得太浅薄，把他看成是他自己所贬斥的"各以其有为不可加矣"者之流吗？

第四，"判教以圆教为究极"，但"圆教"是个极不易处理的观念。究竟教要怎样才称得上是充尽的、圆满无虚歉的、如理实说的圆教？一方面，要消化种种教相评定它们的高下，在理论上似必上溯至一"圆教"观念而后止。但另一方面，须知凡教皆只是一通途，即必有其限定相，"盖成教的圣者之生命同时亦是一现实的生命，因此，他不能说尽一切话，他必在一定形态下表现道，而同时众生亦机宜不一，有适于此而悟，有适于彼而悟，亦必在一定形态下醒悟也"①。是则圆教又从何说起？佛教判教的经验告诉我们，华严以佛之最高理境（即法界缘起）为圆教。最高理境固是义理之归趋，但是否即是最充尽的义理及最圆满无虚歉的实践法门则大成疑问（圆教应是兼最充尽的义理与最圆满无虚歉的实践法门二者而为一）。智者五时判教便清楚指出《华严经》是佛成道后第一期所说，毘卢遮那法身之现只如日出先照高山，未是俯就群机之普照，故小乘如聋如哑。而更根本的问题还在于，悬法界缘起为最高理境，如荆溪所点破的，必分解地强调法性与烦恼为各有自住之体别，故成佛无论从义理上讲或从实践上讲都必须切断一切烦恼即切断九界（六道众生加声闻、缘觉与菩萨为九界）始得成。尽管一切烦恼或九界在法界缘起之层次上仍可说为法性真心不变随缘所起现，因而亦可说法性真心摄具了一切法。这从天台家看来，是缘理断九，不是究竟了义（即既非最充尽的义理亦非最圆满无虚歉的实践法门），遂卒判华严为别教。从现代的话语背景来看，姑勿论华严以最高理境为圆教能否回应缘理断九的质疑，以实效的（pragmatic）角度言，华严定圆教的进路实不可取。盖何为最高理境在一大教内已难免于争辩，况于

---

① 牟宗三：《现象与物自身》，第454页。

本具各种不同关怀的大教之间，可知圆教若以最高理境定则这一观念不但无助于各大教间的判释，反倒易成排他主义的渊薮。天台宗讲圆教不取华严的路数，而是以诡谲的、辩证的方式来打破教的限定相以通达于"圆教"的观念。此诡谲的、辩证的方式就是天台家著名的"即"义。从义理上讲，天台不循分解的路去分析法性、无明乃各为自住故体别，遂亦不循分解的路去综合，而是以辩证的路去综合二者。此即主法性、无明是依他住（或无住）之体同相即：法性即无明，即在无明处见法性，非无明外别有法性，并将二者收于一念心之迷悟下讲。一念心迷，法性即无明；一念心觉，无明即法性。而从义理到实践，天台的"即"义乃使成佛必即于九法界而成，更明白地说，佛就是十界互具之理。对于种种教相，天台归本《法华经》开权显实、发迹显本的慧解，视圆（实）教必即于权教而显。既必藉由开发出以至开决了种种权说、佛迹始能显出那圆实之本，则圆教与权教相即是不成问题的。但顺着这一思路往下推，对怎样衡定"圆教"之实义则似乎仍可有两种理论效力迥异的取向。一种取向是视圆教为最圆满的教法，即使认识到它与权教相即，它是以诡谲的、辩证综合的方式来表达，它不与任何权教为同一层次，甚至它是无系统相之系统，但它仍是一个教（而且是个只有一而无二的教）。另一种取向是视圆教为能消化、融通以至通达一切教相的理论框架，严格来说，它本身不是一个教。它只替种种教相之能通达无碍提供一个理论说明，并进而打破各教"各以其有为不可加矣"的封闭心态。显而易见，取前一种圆教义易向绝对主义趋，而取后一种圆教义则易接上多元主义。必须指出，牟先生谈圆教虽多取前一义，但也明白要破除教之限定相则必引申至后一义始得。总之，这两种衡定"圆教"底实义的取向，在他的判教工作中都清晰可见。

第五，最后，牟先生指出判教除了需要个人之智慧外，也是势之必然所促成的历史之使命。回顾20世纪中国的思想界，一方是传统中国文化的崩溃，一方是现代西方文化的冲击。历史给予牟先生的使命就是如何返本开新。换一个角度看，返本以重释重建儒、释、道三教那各自丰富多姿的发展内容本身即是一种判教工作，即本文所谓的"教内之判"。而由此进而思索如何融通三教，如何别开新面以积极地消化西方文化（此在牟先生是康德学说及基督教），就更毫无疑问是一项庞大的判教工程，亦即本文所谓的"教间之判"。牟先生曾指出后者的工作非往时三教合一之旧说可比，"乃是异而知其通，睽而知其类，立一共同之模型，而不见其为碍耳。此是此时代应有之消融与判教"①。

3. 教内之判：依学问底途径以深切着明之

牟先生的判教工作庞大，我们在这里既不需要亦不可能一一详及。正如前文已指出的，考查判教工作的关键在于看其客观的评判标准究竟如何建立。在"教内之判"方面，牟先生是通过仔细爬梳三教的文献以诠释、把握三教的本怀，并据之为评判标准来分判三教内的各种理论发展（或教法）。兹将其大要略析如下。

首先，在儒家方面，牟先生以为儒者倡仁义礼智，绝非只是世俗的礼教规范，而是有一道德主体（孟子的本心本性）之肯定在焉。此儒学为成德之教之故。而道德主体之肯定又不能纯粹是道德的而必牵涉到存在的问题。简言之，即当人本道德主体以求安身立命（成就一己之生命）时，除是在回答人对自己（自我）的问题外，其实等于同时是在回答人对人（社群）、人对天地万物（自然、宇宙）以及人对生死（天道）等问题。因此牟先生乃判定宋明儒天道性命相贯通所表示的道德形上学为得儒学之本怀，他说：

> 由"成德之教"而来的"道德底哲学"既必含本体与工夫之两面，而且在实践中有限即通无限，故其在本体一面所反省彻至之本体，即本心性体，必须是绝对的普遍者，是所谓"体物而不可遗"之无外者，顿时即须普而为"妙万物而

---

① 牟宗三：《现象与物自身》，第17页。

为言"者，不但只是吾人道德实践之本体（根据），且亦必须是宇宙生化之本体，一切存在之本体（根据）。此是由仁心之无外而说者，因而亦是"仁心无外"所必然涵其是如此者。不但只是"仁心无外"之理上如此，而且由"肫肫其仁，渊渊其渊，浩浩其天"之圣证之示范亦可验其如此。由此一步彻至与验证，此一"道德底哲学"即涵一"道德的形上学"。此与"道德之（底）形上学"并不相同。此后者重点在道德，即重在说明道德之先验本性。而前者重点则在形上学，乃涉及一切存在而为言者。故应含有一些"本体论的陈述"与"宇宙论的陈述"，或综曰"本体宇宙论的陈述"（Onto-cosmological statements）。此是由道德实践中之彻至与圣证而成者，非如西方希腊传统所传的空头的或纯知解的形上学之纯为外在者然。故此曰"道德的形上学"，意即由道德的进路来接近形上学，或形上学之由道德的进路而证成者。此是相应"道德的宗教"而成者①。

此中道德的形上学必是实践的形上学而非知解的形上学，即"由道德的进路来接近形上学，或形上学之由道德的进路而证成者"。易言之，乃以道德（实践）说明存有，非汉儒宇宙论中心的道德哲学从存有说明道德。牟先生并且以为此道德的形上学之本怀实早已包含于孔子践仁知天、孟子"尽心知性知天"、《中庸》"天命之谓性"、《易传》"乾道变化，各正性命"及《大学》"明明德"之文字中②。明乎此，则他批评荀子、非议汉儒清儒、判朱子别子为宗、以至提出儒学三期发展说等皆可得而解也。

至于道家，牟先生仍一本实践的进路来理解，故谓"道"、"无"、"有"、"物"等本体宇宙论的概念都应紧扣无为心灵（或

① 牟宗三：《心性与性体》（台北：正中书局，1968），第1册，第8~9页。

② 参同前注，第17~42页。另参牟宗三：《中国哲学十九讲》（台北：学生书局，1983），第四讲《儒家系统之性格》，第69~85页。

主体）之建立来理解。无为心灵是要超越自然生命的纷驰、心理的情绪、意念的造作等有为的桎梏束缚，但它本身绝非一个什么都不作的枯寂心灵，相反乃是个有无限妙用的心境。我曾在一篇探讨牟先生的先秦道家研究的文章中分析他是如何诠释无为心灵与"道"、"无"、"有"、"物"等概念的关系："牟先生是完全依据无为心灵之活动性格：'无为心灵——妙用意向（有为）——物事'来解读老子的'无，名天地之始；有，名万物之母。故常无，欲以观其妙；常有，欲以观其徼。此两者，同出而异名，同谓之玄。玄之又玄，众妙之门。'（一章）此即把无为心灵的活动性格套落'道'：'无——有——物'的关系陈述中，由之而说无有融一（实应说本一）之玄（犹如无为心灵与有为妙用之融一）乃道之双重性格，而物则是道之创生。唯这种解说归根结底仍不能外乎无为虚静之心境说，是以知'无——有——物'之种种玄说不过是将对无为虚静心灵之体会外在投置于存在世界所形成的一种虚说，其实说乃一无为虚静心灵玄览观照所及之境界。换一种说法，在道心的妙用下，万物与道心一体呈现而皆是自由自在、自己如此；万物都归根复命，各适其性，各遂其生；万物都在不禁其性、不塞其源下自畅其生。结果牟先生乃把老子言道所含之客观实有意味彻底扭转为一无为、虚静、自然的精神境界。而道生物之生依此不应作实体之创生义解，其实义乃系于一体呈现并由之透出的一不把持禁制（即造作）之智慧，故牟先生又名之曰'不生之生'。"① 可知所谓"不生之生"，亦即道家的玄智只在作用上保住天地万物以至道德价值等（用佛教的话说，即一切法）却不负责天地万物以至道德价值等之建立②。以道家的义理性格为境界形态，牟先生很清楚知道用之讲庄子实较老子更妥贴，所以他是以庄子来规定老子，视庄子为根据老子而更进一步

① 拙著：《论牟宗三先生的经典诠释观：以先秦道家为例》，《人文学报》24（1990.12），第390～391页。
② 参牟宗三：《中国哲学十九讲》，第七讲《道之"作用的表象"》，第127～154页。

者。他在《才性与玄理》中说：

> 故"道德经"之形上学，究其实，亦只是境界形态之形上学。不过根据"无为而无不为"以观天地万物，拉开以寻其本，遂显有"实有形态"之貌似。此种"拉开以寻其本"，而显道有客观性等，即吾所谓"动观则有"也。而庄子则翻上来，收进来，从主观境界上成一大诡辞以显"当体之具足"，则即消掉此客观性、实体性、实现性，而为"静观则无"也。然此两者，并不冲突。而庄子则为根据老子而进一步矣①。

在佛家方面，牟先生首先强调缘起性空为大小乘佛教的通义，故不以中国佛徒之喜如来藏系统讲佛性真常心为背离印度原始佛教之本怀。他孜孜于申明：

> 佛教并未中国化而有所变质，只是中国人讲纯粹的佛教，直称经论义理而发展，发展至圆满之境界。若谓有不同于印度原有者，那是因为印度原有者如空有两宗并不是佛教经论义理之最后阶段。这不同是继续发展的不同，不是对立的不同；而且虽有发展，亦不背于印度原有者之本质；而且其发展皆有经论作根据，并非凭空杜撰②。

紧接下来的问题自然是众生皆有佛性与缘生无自性两说如何可相容不悖。对此，牟先生强调此两说的立论层面不同，严格言之，佛性可视为示励众生的方便施设。既悟缘起性空，则就自证之不可说而一句不说可，但要说法以教导他人，则必施设出能所两面。在因地上说能，即佛性之肯定；在果地上说所，即佛身、法

---

① 牟宗三：《才性与玄理》（台北：学生书局，1983 年修订六版），第 180 页。
② 牟宗三：《佛性与般若》，上册，第 5 页。

界、功德聚、实相无相只是如相云云皆可说。当然能所既是依缘起性空之证悟而方便地开出者，则亦可方便地融回去而不见有碍。故说：

> 空无自性是一层，单就无自性而说众生可成佛，此"可"只是形式的可能，而且无必然，结果是三乘究竟。就其依因待缘而进一步言其因义的佛性以具体地说明其成为佛之可能，此可能是真实的可能，有必然性，故是一乘究竟，这又是另一层。这两层不可混，而且不能把因义的佛性视为自性执的佛性。再进一步，就其成佛后而言其佛身或佛格之意义，如清净、寂灭、寂静、光明等形容字所示者，这又是第三层。吾人更不能说这第三层的形容是自性执。这只是方便说示以励众生。若就其自证之不可说而一句不说亦未尝不可①。

不过，论佛教在中国的发展，牟先生却不以唯真心的华严宗为圆教，而以天台圆教为最后的消化。此即他是完全接受天台的判教并以之为准。天台与华严在理解圆教上的差异，前文已略清眉目，这里不再多说。最后值得一提的是，佛教主缘生无自性，本应无本体论、存有论可言，而只可说现象论。惟佛教并不否定存在之真实性，所谓"色法"；后来天台家又说"除无明有差别"、"除病不除法"、"法门不改"等，牟先生遂顺之并通过追问缘起法是何依止的问题而别出手眼地提出"无执的存有论"为佛家式的存有论。盖"释迦说十二缘生乃是随顺众生自无始以来的执着说，这是粘附于无明说存在。存在既可以粘附于无明而缘起，在此，它就是执的存在，现象的存在，它亦可以不粘附于无明而缘起，在此，它就是缘而非缘、起而不起的如相实相的法之在其自

---

① 牟宗三：《佛性与般若》，上册，第106页。

己"①。如是，"'缘起法底实相，如相，即在其自己，何所依止'的问题即函着一切无自性的缘起法本身底存在之起源底问题以及其存在之必然性底问题"②。关于这些问题，牟先生以为佛家式的无执的存有论的回答是：

> 对于一切法作存有论的说明必备两义：一是其存在之根源，二是其存在之必然。这两义，就佛家而言，皆有独特的姿态。其存在之根源不由于上帝之创造，亦不由于良知明觉之感应（自由无限心之道德的创造），而乃由于"一念无明法性心"，"法性即无明"时之念具念现，"无明即法性"时之智具智现。这就有一独特的姿态。当智具智现时，即有一"无执的存有论"，此时就是智心与物自身之关系。当念具念现时，即有一"执的存有论"，此时即是识心与现象之关系。至于一切法底存在之必然性问题，则由于成佛必备一切法而为佛，此即保住了法底存在之必然性。天台宗于这"存有论的圆具"之眉目实比较任何一宗为显豁而周到，独能显出佛家式的存有论之特色……③。

必须指出，执与无执的两层存有论，虽云是佛家式的，但牟先生乃进而以之为通于儒道两家故属三教之共法，尽管儒道两家在文献上未及"执"、"无执"之观念。依此，在儒家，能挺立德性之知（道德心性）体物不遗以上达天德，是无执的存有论；不能挺立德性之知而溺于闻见之知，是执的存有论。在道家，能本虚一而静的无为心灵玄同彼我，是无执的存有论；相反陷于有为桎梏，是执的存有论。此中儒家与佛道两家又有不同处。依佛道两家，一切法之根源乃依真常心、无为心灵之观照（智照）言；一

---

① 牟宗三：《现象与物自身》，第 408 ~ 409 页。
② 同前注，第 403 页。
③ 同前注，第 407 ~ 408 页。

切法之必然性乃因其为成佛成真人所必备而于作用上得以保住者。但对儒家来说，一切法之根源及其必然性归本于天道（在人即道德心性）之创生①。然无论如何，执与无执端赖于心之升降、浮沉、迷悟，心之能升能浮能悟，牟先生名之曰"自由无限心"，以对扬于可降可沉可迷之"识心"；而自由无限心亦为通乎三教之共法。无限心因人之有殊性，故必通过教之限定相而彰显：此儒家有道德本心（或曰良知明觉）、道家有道心（或曰无为自然之心）、佛家有般若智心（或曰佛性真心）之故②。

综上所述，可见牟先生"教内之判"的工作及其所取的判准，乃是他通过梳理文献，掌握义理，并"依学问的途径以深切著明之"所达至的结果。但正如我们在上文已指出的，这仍不外是某种理解、诠释的观点，亦因此仍得面对其他可能的理解、诠释观点的质疑与挑战。事实上，同意牟先生者有之，批评他的更不乏人。这里我们只想重申一点，即反对者的责任是在提出反对的理据，并同样"依学问的途径以深切着明之"；若以为视牟说为一家言则可轻视之，或以为诋毁牟说为囿于宗派之偏见则可抹杀之，皆属不负责任者。

4. 教间之判：一个通达诸教的共同模型

牟先生的"教间之判"，即分判儒、释、道、耶并旁及康德学说。显而易见，这项工作比"教内之判"更艰巨，盖诸教有不同之本怀，如何可以相互比较？牟先生下手的方法，首先还是本

---

① 儒家与佛道两家在无执的存有论一层上的差别，主要在于（道德）创生义之有无。儒家自正面立言，肯定天道仁体为创造之根据，但佛道两家则自反面立言，佛家遮执以显空，道家遮有为以显无为，（道德）创生义皆缺如。牟先生早在《才性与玄理》中已点破此义："因儒家圣证自正面立言，以'仁'为体，故虽是虚灵的、主观的，而在客观方面，亦即肯定仁为实体，此即具备一'客观性'，'即活动即存有（实有）'之客观性。但此客观性即此主观的正面圣证所显露之仁体之涵盖性。故'客观性之实有'即此'主观性实有'（亦即活动即存有）之超越表象，而真至一主客观性之统一。此义，于释道两家，因其圣证自反面立言，故不具备。然赅括言之，则固同是境界形态下之内容真理也。"牟宗三：《才性与玄理》，第269页。

② 牟宗三：《现象与物自身》，第449~451页。

乎他一贯的主张：即不取护教的立场，自是而非他，使判教沦为无谓的主观之争。他说：

> 历来辨三教同异，始终辨不清。儒、释、道三教当然有其差异，否则只有一教就够了，何必有三？既然有三，当然有不同。可是不同之处何在？却没有人能说明白。所以，我们现在先说明：这三个系统最后所指向之处都属于同一个层次，此处无高低可言，只能并列地比较其同异。若要说我高你低，那是护教的立场，我们现在不采取这个立场。站在儒家的立场，佛、老是异端。站在佛教的立场，儒、道二家是外道。这样一来，就有高低的问题；不但有高低的问题，还有正邪的问题。但是我们现在不采取这个态度。我们只就其最后所指向之处，肯定它们属于同一个层次，并列地辨其同异，而不论高低、正邪①。

把诸教"并列地辨其同异"，目的是要建立一能通达诸教的共同模型，亦即能作教间之判的评判标准。或问此共同模型之建立何以可能？则答曰正缘于诸教有共法，故异而知其通。若问诸教因何而有共法？则答曰正缘于彼等皆为求通过各种实践以纯洁化人之生命使之达至最高的理想之境之教，故睽而知其类。综观牟先生的文字，可知他建立的共同模型（或作教间之判之客观的评判标准）共有四端：（一）自由无限心之肯认；（二）两层存有论之开出；（三）圆善问题即德福一致之解决；及（四）道德创造之必须，即纵贯纵讲以竛成纵贯系统的圆熟。从前文的分析可知，（一）与（二）是牟先生作教内之判时从儒、道、佛三教中提炼出来的，现加上之（三）与（四），则可视为顺前两端并依理想化生命之教之含义而引申发挥者。下面让我们依次扼要析述此四端，从中我们不难看到它们在牟先生的共同模型中乃是环环

---

① 牟宗三：《中国哲学十九讲》，第 422 页。

相扣的。

（一）自由无限心之肯认。当吾人反省而求生命之理想化时，则即能体证到人之能有一不满生命陷溺于感性、现实生活而求提升、纯洁化自身的心灵力量。以此心灵能觉悟，能自觉其自己自建其自己，乃可名之曰自觉心；又以此心灵能超拔乎现实的沉沦，乃可名之曰超越心、自由心；又感性、现实生活为有种种制限，则此心能不为所限以企求为生命不断开拓可能之理境，乃可名之曰无限心①。牟先生明白指出这自觉、自由、超越、无限之心是儒、道、佛三家在其理想生命的原初洞见中皆能体认到的，然因教之入路不同故有侧重点各异的把握：在儒家为仁心；在道家为道心；在佛家为如来藏自性清净心。是故三心实"同一无限心而有不同的说法，这不同的说法不能形成不相容"②：

> 般若智心既是无限心，则它无理由必排拒道德意义的知体明觉之感应，亦无理由认为此道德意义的知体明觉之感应有碍于其清净。道德意义的知体明觉之感应无外因而引生德行之纯亦不已而成己成物，这亦是在佛菩萨身上所当有的事。不然，佛心便有限。因此，佛心不能排拒道德意义的知体明觉之感应。佛心如此，儒家的圣心亦然，道家的道心亦然。我们不能说圣心（知体明觉之感应）定排拒般若智心义以及道心玄智义。……若排拒之，是即无异承认自己不清净而且不自然而有造作。焉有知体明觉之感应而不清净且不自然而有造作者乎？同理，我们亦不能说道心玄智必排拒般若

---

① 可见无限心之无限义译作英语的 infinite 不大恰当。牟先生亦如此译，参：《中国哲学十九讲》，第325～326页。实则译作 unlimited 更佳，关于 unlimited 比 infinite 尤贴切之分析，可参看 Robert Nozick, *Philosophical Explanations* (Cambridge, Massachusetts: The Belknap Press of Harvard University Press, 1981)，pp. 594～610. 当然依儒学言，人倘能豁醒其无限心以上通天德，即知天德亦只是一无限心而已，于此固然有 infinite 的意思。但就其作为人的禀赋言，无限心之无限义译作 infinite 还是很易引起不必要的误解。

② 牟宗三：《现象与物自身》，第449页。

智义及知体明觉义。若必排拒之，是即无异承认玄智可有执而且不道德。焉有道心玄智而尚有可执而且不道德者乎？（你可以超自觉而浑化，然而不能排拒道德心。）①

尤有进者，牟先生以康德的词语衡之，而谓自由无限心即智的直觉②。他甚至下一十分重的判语说："如若真地人类不能有智的直觉，则全部中国哲学必完全倒塌，以往几千年的心血必完全白费，只是妄想。"③ 究竟仁心、道心、自性清净心是否就是康德意谓的只有上帝才具有的智的直觉？牟先生的比论分析引起不少的争议，然非关本文题旨，故不多说。这里只需指出，从牟先生看来，康德那在道德上能自树准则、自作断制的自由意志亦庶几近乎自由无限心之肯认，惜乎其最终只视之为实践理性的设准。相较之下，基督教的传统便不能契接自由无限心，牟先生说：

> 耶教认上帝为无限的存在，认人为有限的存在，于耶稣则视为"道成肉身"，是上帝底事，而不视为耶稣之为人底事，如是，遂视耶稣为神，而不视之为人，因而亦不能说人人皆可以为耶稣。此则便成无限归无限，有限归有限，有限成定有限，而人亦成无体的徒然的存在，人只能信仰那超越而外在的上帝，而不能以上帝为体，因而遂堵绝了"人之可以无限心为体而成为无限者"之路④。

如是，基督教自亦没有那些求朗现无限心之实践工夫，像儒家的

---

① 牟宗三：《现象与物自身》，第449～450页。诚如上文的分析所言，自由无限心是自觉者、超越者、自由者、无限者；又就其能开出理想言，亦是一价值者，则知三教只是对此无限心的不同实性有不同的切入把握因而形成不同的教路，而无限心底不同实性乃是相贯通、相渗透的。

② 参牟宗三：《智的直觉与中国哲学》（台北：商务印书馆，1971），第184～215页。

③ 牟宗三：《现象与物自身》，第3页。

④ 同前注，第451～452页。

慎独、佛家的修止观或道家的致虚守静。当然，基督教的形态是可以提升、扭转的，关键端在其能否肯认人的自由无限心①。

（二）两层存有论之开出。自由无限心既能超越乎感性、现实生活的制限，则由此乃可开出超越理想与经验现实两层。若追问此两层是何依止？那么，对扬于超越理想层依止于自由无限心，我们也可说经验现实层依止于识心。不过细读牟先生的文字，我们不难发觉他讲两层存有论是有个很特别的讲法，并不依传统之仅肯定无执而低贬执。他强调执与无执的存有论可融摄并稳住康德现象与物自身的区分，易言之，两层是各有其意义与成就的。依识心而有执的存有论，成就的是现象世界的知识；依无限心而有无执的存有论，成就的是物自身（此物自身以价值义定，如所谓的真我）的证会，或曰生命之理想化。用牟先生的真理观来说，前者所成是外延真理，后者所成是内容真理②。显而易见，知识的成就是重要的，知识的成就对理想人生的成就亦是重要的，焉有理想人生而尚可无知无识者乎？明儒王阳明说得好："良知不由见闻而有，而见闻莫非良知之用，故良知不滞于见闻，而亦不离于见闻。"（《传习录·答欧阳崇一》）这一从正面讲的执的存有论，牟先生认为过去三教虽未予以正视，唯义理如此，彼亦不必反对。他说：

---

① 必须指出，牟先生对基督教的判释只是约大端差异说，故基督教学者实不难在其丰富的神学传统中找资源来加以反驳，例如说基督教重视神人的沟通，亦求求人在信仰中的主动性，也有类似慎独的工夫云云。然不管怎样作枝节的反驳，关键处仍在于能否肯认人的自由无限心，这是不可以绕开逃避而不予以正视的。骤眼看来，肯认自由无限心好像上帝便成虚设，或上帝亦只是一无限心，实则细按之下，便知肯认自由无限心并不碍所信之上帝为人格神，更不碍信徒之需祈求上帝之他力以获得救赎。详细之分析，参拙著：《批判与会通：论当代新儒家与基督教的对话》，收赖品超、李景雄编：《儒耶对话新里程》（香港：崇基学院宗教与中国社会研究中心，2001），第323～347页。

② 牟宗三：《中国哲学十九讲》，第二讲《两种真理以及其普遍性之不同》，第19～43页。

故曰："为学日益，为道日损。损之又损，以至于无为，无为而无不为。""损"即是"致虚极"也。此是"为道"之方向，于此而有"无执的存有论"，此系于无，明，至人，真人，乃至天人等等而言也。"为学日益"则又是另一方向，此即顺缘生而执着之经验知识，亦即"化而欲作"而不知归返以后之事也。于此，吾人有"执的存有论"，有全部现象界，有种种定相，此则系于有，无明，成心（庄子），情识，知性，感性，等等而言也。……名与知都在"为学日益"底层次上。道家佛家都在此急想向上翻，故庄子说名与知是"凶器"，而佛家则说为"偏计执"，烦恼之源也。然而未能真正极成俗谛（经验知识）。吾人于此以康德《纯粹理性批判》分解部之理论补充之。反而即以成心或识心之执摄此分解部。此种融摄与补充是必然的，勿以皮相之见而谓其不相干也①。

以康德学说充实执的存有论，又反以执的存有论融摄康德的知性底逻辑性格而为知性之存有论，此先生之创见也。

　　（三）圆善问题即德福一致之解决。无执的存有论所成就的理想生命绝非悬空者，而是必相即于现实生命的转化。传统儒家已有睟面盎背、诚中形外的说法，但都限于德性人格的范围。同理，道、佛两家讲至人、真人、菩萨、佛也都是在标示理想的人格。于此若进一步问德性人格、理想生命中是否有相称的幸福如一般说的身体健康、家庭快乐之类？即儒家或会说有之固然好，但此属命而非义的领域故不应强求；又或会如古希腊斯多噶学派般以德定义福，把幸福的感性经验义完全扭转为道德义。问题是这样的答复圆满吗？牟先生因有启于佛教圆教观念的圆满义（理想与现实浑一之义），以及康德有关最高善的讨论，乃谓"圆教

_____

① 牟宗三：《现象与物自身》，第434～435页。

一观念启发了圆善问题之解决"①，可开德福一致圆满之机，并反以传统儒家的说法为非究竟之论。他在《中国哲学十九讲》中说：

> 儒家实践的第一关对于德福的看法，和斯多噶学派一样，都采取分析的态度，认为有德就有福。这是德行第一，福不福决不顾及。但这不是最高之境，照儒家本身说这也不是最高的境界，这只是扭转我们的感性生命上的第一关。后来理学家发展至最高峰，也没有停滞于此境。只不过儒家对这方面的问题并不大讲，也不十分正视。至佛教提出圆教，福德的观念顿时清楚起来②。

到底圆教的观念怎样启发了德福一致之可能？牟先生指出谈德福问题有三种进路：一是分析的，二是综和的，三是诡谲相即的。而唯有依最后一种进路，亦即圆教之诡谲的相即，方能亟成德福相称之圆满。他说：

> 吾人之依心意知之自律天理而行即是德，而明觉之感应为物，物随心转，亦在天理中呈现，故物边顺心即是福。此亦可说德与福浑是一事。这浑是一事不是如在斯多噶与伊壁鸠鲁处那样是分析的，当然亦不是如康德处那样是综和的（必然连系之综和），那须靠上帝来保障者。这德福浑是一事是圆圣中德福之诡谲的相即。因为此中之心意知本是综贯地（存有论地）遍润而创生一切存在之心意知。心意知遍润而创生一切存在同时亦涵着吾人之依心意知之自律天理而行之德行之纯亦不已，而其所润生的一切存在必然地随心意知而转，此即是福——一切存在之状态随心转，事事如意而无所

---

① 牟宗三：《圆善论》，页 i。
② 牟宗三：《中国哲学十九讲》，第 329 页。

谓不如意，这便是福。这样，德即存在，存在即德，德与福通过这样的诡谲的相即便形成德福浑是一事。[1]

所谓分析的进路，即分析德与福两概念，并以德界定福、德就是福，来把德福两者合一。这是斯多噶、伊壁鸠鲁等的做法，也可以说是传统儒家的做法。至于综和的进路，即分解德与福为两个不同的概念，前者是（理性上的）德行，后者是（感性经验上的）幸福，再以综合的方法来把两者合一。但如此一来，便唯有上帝始能竟其功。这是康德的做法。圆教之诡谲的相即，即首先必明德与福两概念非自住之体别，而实是依他住之体同。体同者，德福乃同一于生命中之种种事体也。如我关爱别人是德，关爱别人产生的悦乐满足即是福。依他住者，福之谓福乃依于德也。这就是说究竟要得到些什么东西才叫幸福其实并没有一个普遍的标准，人言人殊；可知幸福并非是个已经有确定内容的独立概念，而是往往随人心思看法之不同决定。如是，有德者心中意谓的幸福乃随其德心转亦是题中应有之义。这种德福浑是一事的想法，在一般情况下，不无道理。但即使"幸福"是个含混的概念，却有其不可移的核心（或曰最低限度的标准）。例如，我们恐怕不会说身罹绝症、家散人亡、刀锯鼎镬等都算是幸福。如果刀锯鼎镬甘之如饴而谓是福，则不啻等于走回分析的老路。总之，牟先生晚年着力解决圆善问题，是想让理想与现实终能浑一以亟成生命之教之圆满，用心良苦，而此确是生命寻求理想化自身时所必涵之祈向（康德所谓"作为理性的有限存在的欲望之对象"）。但他未能做得成功也是毋庸讳言者。大概真的要能使德福彻底一致，唯靠上帝；当然这上帝必须是无限心充实下诚信所及的上帝，而非智心构作或情识盲信的对象。

（四）道德创造之必须，即纵贯纵讲以亟成纵贯系统的圆熟。最后，牟先生申明生命的理想之境必即为一道德之境，此义恐无

---

[1] 牟宗三：《圆善论》，第 325 页。

可置疑。盖焉有理想生命而为不道德者乎？就算理想之境是尚超自觉之浑化善恶，但既不能排拒道德，则道德必涵其中而为无可逃者。实则，凡生命之教之承认人能超越现实以成就理想，是即无异已视人为能生发、能创造的根源。此所以牟先生皆概括之为纵贯系统。我曾考他"纵"、"横"之用词，乃本于天台家"若从一心生一切法者，此即是纵；若心一时含一切法，此即是横"（《摩诃止观》）。可知，纵者，取生义、创造义、超升义；横者，取含义、观照义、作用上之保存义。儒、道、佛三家最终指向的，都是教人如何创造出丰盈意义的生命，故皆属同一层次，皆属纵贯系统，于此确无高低可较。不过若再仔细看，则三家中唯儒家能直承此创造义，以自由无限心即道德创造之心，即宇宙生化之本源。反观道、佛两家则只遮显空无以求解脱以求自得，结果一切法只能在空智、玄智的观照下保住。因此牟先生说儒家是纵贯纵讲，道、佛是纵贯横讲。纵贯系统自当以纵讲为顺适，但这样一来又难免有以儒家作标准之嫌疑。这点牟先生看得十分清楚：

> 但是"纵贯系统"一词用在儒家最为恰当。所以我们虽然以这个词语来概括三教，但实际上是以儒家作标准。不过我们可以暂且不先有这个以儒家作标准的成见，而先笼统地以纵贯系统去概括这三家。因为我们了解：不管以什么作标准，这三个系统所指向之处都在同一个属次上，无高低之分。儒家到此是究竟，佛家到此也是究竟。它们的讲法也许不一样，但是它们俱属同一层次。所以我暂且方便地说：它们都属于纵贯系统。"纵贯"的恰当意义是在儒家这里表现。反之，道家和佛家并不采取纵贯的讲法，我称之为"纵贯横讲"；它们和儒家不同之处在此。儒家在这究极之处本来是个纵贯系统，而且是纵贯纵讲，道家和佛家则是纵贯横讲；这其间有这么一个差别。假如我们能通过基本观念对儒、释、道三家的全部系统及其系统的支架、性格有个恰当的了

解，就只能这么说①。

这番看似前后矛盾的话，与其说是牟先生护教的托辞，毋宁说是他坚持那依客观问题以建立客观评判标准之方法的最生动的供词。是以，人若要反对牟先生的观点，也得依客观问题辩；例如要么质疑理想之境不必有道德之一面，要么提出释、道两家亦可以正面讲道德创造等。

以上析论牟先生所建立的通达诸教的共同模型，可见此中四端实环环相扣地反复揭示生命理想化之含义：（一）是挺立生命理想化所以可能之超越根据；（二）是理想与现实底观念之分解；（三）是理想与现实底辩证之综合；（四）是标示理想化生命即道德创造之义。有了这个共同模型，牟先生遂作出其时代之判教：

> 依此而言，耶稣之道成肉身，视作上帝底事，只是"彰显道"这彰显历程中之一机相（一形态）。这一机相之所成就是吾所说的"证所不证能，泯能而归所"。这一机相当然有其价值，可使吾人知道客观地有一无限体，以为众生之所仰望。但光只是仰望，并无济于事；无限体只是客观地存在，亦无用。这个即是吾所说的离教，不是圆盈之教（离盈二字取自《墨经》"坚白离，坚白盈"之离盈）②。

> 因此，由离而盈，由盈而通。离盈是教，通非教也。此是此时代之判教。盈中有正盈与偏盈：儒是正盈，佛老是偏盈。正盈者能独显道德意识以成己成物也。偏盈者只遮显空无以求灭度或求自得也。正备偏，偏不备正。故偏盈者未能至乎极圆也。正盈中亦有圆与不圆：周、张、明道、五峰、蕺山，以及陆、王，皆圆盈也；伊川与朱子则为不圆之正盈，以心与理未能一故。偏盈中亦有圆与不圆：空宗、有

---

① 牟宗三：《中国哲学十九讲》，第422页。
② 牟宗三：《现实与物自身》，第453页。

宗，是通教，华严是别教，唯天台是圆教。道家之老庄大端皆可至于圆，无甚差别也。唯于言诠上，庄子之"调适而上遂"显得更圆耳。相应离教而言者，康德近于正盈而未至也。以未能依自由意志透显无限心故；又不承认人可有智的直觉故；意志自由，灵魂不灭，上帝存在，皆为设准故，又不能一故①。

此时代之判教可从下列几点来说明。一、离盈之判，以能否肯认自由无限心为准。能肯认无限心，则其教为相盈于、不离于生命本身。不能肯认无限心，则其教必把生命外挂于超越者如上帝以求救赎，此即离于、非盈于生命本身，所谓"证所不证能，泯能而归所"。必须指出，牟先生是承认基督教之离教形态为可以通过正视无限心而予以转化提升，此是基督教在对话后之开放其自己、善化其自己。故云："开放而为人人皆可以上达天德，即有限而成为无限者。这样，上帝内在化即是无限心，外在化即是人格神，决无不可通者。若必欲视作人格神，则亦莫逆于心，不必非之。众生机宜不一，圣人设教原有多途。"② 二、正偏之判，以能否直承理想生命的道德创造义为准。这亦即前述纵贯纵讲与纵贯横讲之判。故"儒是正盈，佛老是偏盈"，而正偏之关系是"正备偏，偏不备正"。三、圆不圆之判有两准，一是以能否尽义理之当然为准，故儒学中能见到心即理者如陆王等属圆盈，未能见到者如伊川朱子等属不圆之正盈；另一是以有否诡谲的、辩证的相即义为准，此点虽不见于上引文字，却详析于《圆善论》③。

---

① 牟宗三：《现象与物自身》，第455页。
② 同前注，第453页。
③ 《圆善论》中云："此'即'义即诡谲的'即'义，非分解方式下的'即'义。分解的'即'如A是A，此是依同一律而说者，因非此即义，即两物关联着说者，而若是'两物相合'，或'背面翻转'，亦是分解地说者，故亦非此诡谲的即义。诸宗凡就两物相合或背面翻转以说'即'者皆是用分解的方式说，故但有即名，而无即义，因而皆是权说，非圆说。"第274页。

依此，"空宗、有宗，是通教，华严是别教，唯天台是圆教"。四、最后，康德虽以意志自由为设准，也不承认人有智的直觉，但却能正视道德自身之严整性，现象与物自身之分亦有启益于两层存有论之建立，牟先生乃许为"近于正盈而未至也"。析论至此，已经完全可以教人看到牟先生判教之体大思精。

5. 徘徊在绝对与多元之间

本文开首曾说牟先生的判教，既有绝对主义的倾向，亦有多元主义的倾向。今观乎其判教的结果，归宗儒家，以儒家为圆、正、盈教，或用他早年的话说，为"大中至正之大成圆教"①，则视儒学为绝对价值似不言而喻。实则更严格说，牟先生是以他所判者，即"以儒家的正盈教为主，旁通偏盈的道家与佛教，以及离教的耶教，而为一，而言者"②，为真正的能至乎极圆实者，甚至为能决定康德所说的不可企及的"哲学原型"。他说：

> 然而如果我们依一"浑无罅缝"之典型而达至圆实定然之境，则哲学原型已如如朗现。如是，则我们依理性底普遍根源而立的那些理性底普遍原则由之以确定此原型者一是皆理性自己之呈现，主观的哲思活动与客观的哲学原型在存在的呼应中同一化。理性自己之呈现就是哲学原型之所在。此时，并无次级偏差者，摸索思辨以求之者，为其所研究、稳固，或拒绝之对象。如是，哲学原型已定，便可如数学那样，通过觉悟而为定然可学者③。

康德的哲学以批判闻名，其精神扼要言之，即认为哲学思虑无论如何逞其锋锐，所得的结论仍不免于有被理性再"研究、稳固，或拒绝"之可能。易言之，哲学，并非指谓一套定然而不可

---

① 牟宗三：《生命的学问》（台北：三民书局，1994 七版），第 108 页。
② 牟宗三：《现象与物自身》，第 466 页。
③ 同前注，第 468 页。

移的理性知识，而实无非就是学着去作哲学的思考；哲学即哲学思虑也。牟先生大概是考虑到生命之（宗）教与哲学思虑毕竟有一间之差，遂思结合两者来决定哲学的原型。姑勿论他的做法成功与否，这思索背后那绝对主义的味道则谁也不难嗅到。不过，人若于此直接联想牟先生的判教结果、哲学原型就是圆教则非是。他明白地表示诸教之大通本身不是一个教，它只是使各教能相互通达、彼此不相排拒的一个共同模型。他亦明白表示他意谓的哲学原型本身不同于千差万别的各套哲学。请看下面两段文字：

> 人总是通过一通路而彰显那无限者。无限者通过一通路，通过一现实生命（一个体生命），而被彰显，同时即被限定。这是一必然的诡谲，因而必然有一辩证的历程以破除此限定。知是教之一途，既知已，则即不可是己以排他，是即虽限定而不为其所囿，是即不限定。惟有有此不限定之通达，始能真朗现那无限心。无限心既朗现已，则就无限心言，它有无量义，无量德，相镕融，相渗透，而不相排拒。因此，虽知教之一途只彰显一义，然既是无限心，则其所彰显之一义即不因教之限而自限，因此，亦不执此一义而排他，因为若排他，即非无限心故。不但此一义不排他，而且此一义即通全蕴，全蕴尽收于此一义。此之谓圆盈教之大通。然须知此大通不是一个教，乃是各圆盈教者之通达。至此，教无教相，乃得意而忘教也。只是一真实生命之作其所应作，一无限心之如如流行。此如如流行，此作所应作，吾不知其是属于儒教者，属于佛教者，属于道教者，抑或是属于耶教者①。

> 如是，我们只有一个哲学原型，并无主观的哲学可言。一切主观哲学而千差万别者皆是由于自己颓堕于私智穿凿中

---

① 牟宗三：《现象与物自身》，第454页。

而然。如果它们尚是哲学的，而不是自我否定的魔道，则客观地观之，它们或只是一孔之见，或只是全部历程中之一动相，而皆可被消化。由各种专题之研究而成的各种哲学当然是被许可的。然这一些不同的哲学并无碍于哲学原型之为定然，皆可被融摄于哲学原型中而通化之①。

合而观之，可知所谓"圆盈教之大通"、共同模型、哲学原型，绝不是某一特定的教，而是一能兼容、会通多元宗教或思想的理论框架。牟先生判教中多元主义的色彩恐怕同样值得我们注意。在《现象与物自身》的结尾有这样一段最彻底的表示：

> 哲学原型虽就盈教而立，然而一旦付诸实践，则不但无主观哲学可言，亦无哲学原型可言，此即哲学无哲学相，而只是在存在的呼应中，即，与圣者之生命智慧相呼应之呼应中，上达天德之践履，并在此践履中，对于无限心之如如证悟与如如朗现。然而人生觉悟之事，创造即重复，重复即创造，每一人皆须从头来。是以学不厌，教不倦，各种专题哲学必须有，千差万变的主观哲学亦不可免，而哲学原型亦必须不断地予以昭明而不使之沈晦；此亦是法轮常转也②。

"然而人生觉悟之事，创造即重复，重复即创造，每一人皆须重头来"，斯言圆矣美矣！

但这样一来，在会通多元的理论框架下，既"不知其是属于儒教者，属于佛教者，属于道教者，抑或是属于耶教者"，为何仍要判儒家为正盈佛老为偏盈耶教为离呢？讲圆教之观念又有何意义呢？这里的张力正是牟先生的判教思想徘徊在绝对与多元之间所有以致之者。事实上，牟先生之徘徊由来已久，只是人多注

---

① 牟宗三：《现象与物自身》，第468~469页。
② 同前注，第469页。

目其绝对主义倾向的一面，而鲜有留意其多元主义倾向的另一面①。若问缘何有此徘徊？此则应是历史之印记。盖牟先生身处的 20 世纪正是儒家以至整个传统中国文化继绝存亡的时刻，重建儒家以复兴文化，有护教之嫌亦无足深究矣！必须注意的是，牟先生之徘徊显然不只是他个人主观的、一时的受限于历史文化的结果，而乃是代表着一个客观的真问题。如果那只是他个人主观的、一时的受限于历史文化，则时移世易，自迎刃而解矣。如果它是一个客观的真问题，则我们便必须在义理上予以疏通来求妥善的回答。这个客观的真问题，其实正是晚近喜谈文化对话、宗教对话者所必须正视的问题：此即一方把生命凝聚、安顿于某

---

① 牟先生是当代新儒家，归宗儒学，人以绝对主义者目之似自然不过。但仔细检读他的文字，就知他思想中的多元主义倾向是由来已久，甚至可以说是贯彻始终的。因人多见不及此，故不嫌辞费，引录数条如下：

a. 传教者每以"宗教为普世的"为言，然须知宗教虽是普遍的，亦是最特殊的。上帝当然是最普世的，并不是这个民族那个民族的上帝（犹太人独占上帝是其自私）。然表现上帝而为宗教生活则是最特殊的（上帝本身并不是宗教）。孔子讲"仁"当然不只对中国人讲，仁道是最普遍的。然表现仁道而为孔子的"仁教"则有其文化生命上的特殊性。（《生命的学问》，第 68 页）

b. 上帝是上帝，基督教是基督教，二者不可混同为一。上帝是普世的，是个公名，叫它道也可以，叫它天也可以。基督教不一定是普世的，它有它历史文化的特殊性，这是不能相混的。所以说要适应，适应不是投机，而是在真理上须不断地调整你自己。因为一切大教本来都是绝对性的。"绝对"不能有冲突，不能有两个绝对。不能够说：我的绝对不能接受你佛家的"如来藏"，也不能接受儒家的良知。……本来同样是一个绝对性，却用种种形态表现出来：佛家是如来藏型，儒家是天道性命，道家是道心，基督教是上帝。（《时代与感受》，台北：鹅湖出版社，1995 年三版，第 181～182 页）

c. 在限制中表现就是在一通孔中表现，所谓一孔之见。也就是《庄子·天下》篇所说的"天下多得一察焉以自好"。一察就是一孔，你察察这面，我察察那面，人就是如此。道是完整的，它是个全。由于人各得一察焉以自好，于是"道术将为天下裂"。……由这内外两方面的限制（按：指人存在所有的感性的限制与历史文化的限制），就使你表现你的精神生活，是通过一个通孔来表现。这"通过一个通孔来表现"，也是一个 metaphysical necessity。……好像是这个限制使我们不能把道、理全部表现出来，这好像是不好。事实上，反过来说，如果你了解这限制有它形而上的必然性的时候，它也有积极的意义。也就是说，真理必须要通过这限制来表现，没有限制就没有真理的表现。（《中国哲学十九讲》，第 7～9 页）

特定的思想或宗教，另一方却要把生命通出去以融通诸家，这到底是否可能？如何可能？下面我们尝试顺着牟先生判教的两面倾向，分别引申演绎为两种判教模型："绝对主义"的与"多元主义"的判教模型，并归于"多元主义"的模型为顺适，来为上述的问题求一解答。

首先，"绝对主义"的判教模型的特点可综括如下：

第一，通过消化、融通诸教以突显彼此所通达者为绝对普遍的义理（即吾人纯洁化生命所能达至最高的理想之境），并且依此义理即可形成一特定的教路，或此义理早已为某一既有之特定教路所包含、提倡。

第二，此绝对普遍的义理，若以"真理"观念言，即是既普遍且绝对的真理。

第三，应无可置疑地践行此绝对普遍的义理，它不须再不断地接受理性的考查。

第四，此绝对普遍的义理即判教所依据的客观的评判标准，持之自能分判、评判甚至批判诸教之高下权实，并予以合理的安排。

第五，在判教的过程中，诸教本有的特殊性，如与此绝对普遍的义理相通者则可摄入其内，如与此相异者则可被批判消化，如与此不甚相干者则将渐渐退隐于义理之幕后。换句话说，代表绝对普遍的义理的一套应能逐步取代诸教而成一"世界宗教"。

相较之下，"多元主义"的判教模型的特点可综括如下：

第一，通过消化、融通诸教以突显彼此所通达者为一共同的理论框架，此理论框架指点出吾人循不同形态的实践以纯洁化、理想化生命的一些共法；循之，诸教乃能反省、打破其封闭心态。

第二，若以"真理"观念言，此思想框架固可谓普遍的真理，但必须指出，此框架所述者皆为普遍真理的形式特性（formal characteristics），而内容特性（substantial characteristics）则仍有待诸教依其教义予以诠释（按：于此可知，多元主义的判教模型背后预设的是普遍主义而非相对主义的立场，此盖若主相对主义，则判教之观念根本为不可解）。

第三，此理论框架之客观性、普遍性、真理性因是依理解与诠释而建立，故仍须不断以理性考查之、昭明之。

第四，此理论框架即判教所依据的客观的评判标准。但因此模型承认多元教相的必然性（凡教都是一途、一孔），故判教工作可分两层：（A）第一层即融通诸教以建立、确定此理论框架，并藉此促进诸教间相互包容、沟通。具体言之，就是吾人在认识多元教相之必然的前提下（即任一教相所示都不免只是在一定形态下的醒悟），不再以自家之教为绝对者，不自是以非他，并进而见诸教之实有可通达处，可求立一共同的框架。（B）然而，既知现实的生命必得藉某特殊教相以求理想化，则吾人对所宗所行之教亦必须具备信仰之热情。如是，本此热情以分判他教、评判他教，甚至即使自许为胜人一筹亦题中应有之义。这是另一层意义的判教。要之，这两层判教皆不可无、亦不可相混，然亦不相妨碍；以第二层意义的判教非绝对主义、非排斥异己而是求更善化自身之故。牟先生判儒家为正盈教、佛老为偏盈教等皆当作如是观。

第五，此模型既承认多元教相的必然性，自不以为由诸教之通达处所建立的理论框架为能取诸教而代之，故所谓将有一"世界宗教"之演进出现不啻只是一美丽的错觉或幻想。

总括而言，绝对主义的判教摸型可以说是"判教"一词之旧义，而多元主义的判教模型则赋予此词一崭新意义。在这新义下，宗教间那不失立场却勇于开放以寻求一方面融通他家一方面善化自身的对话才有可能。绝对主义式的判教既不合时，且非称理之谈乃毋须赘言。故牟先生之判教工作必归于多元主义的判教模型为顺适。如果我们不想牟先生判教工作的努力与贡献被一种浮泛的印象即他归本儒家所掩盖，便需在此多元主义的判教模型下来阅读、诠释、考查以至引申发挥他的文字。

（一）从儒学的观点看孝道

1. 老生常谈？

在 21 世纪的今天仍谈儒学对孝道的看法，难免给人一种老生常谈的感觉：此即以为这是个老掉牙的课题，再谈也谈不出什么新意。这种感觉的背后好像预认了我们对孝道这一传统文化的核心观念十分熟悉，但我们对自己的传统文化真的那么了解吗？其实严格来说，我们对传统文化应是既熟悉而又陌生的。我们对之熟悉，是因为传统的承传早已通过母语的习得、风俗习惯等在我们身上留下不可磨灭的印记；我们注定是存活在传统当中。我们对之陌生，是因为传统的印记却又是以隐晦、不明显的方式遗留下来①。尤有甚者，传统中千头万绪的观念在发展演变的过程

---

①　当然这并不意谓我们是无法超越传统的。当代哲学家加达默（Hans-Georg Ga-damer）对人与其所身处当中的传统的关系有精辟的分析，他说："传统按其本质就是保存（Bewahrung），尽管在历史中一切变迁中它一直是积极活动的。但是，保存是一种理性活动，当然也是这样一种难以察觉的不显眼的理性活动。正是因为这一理由，新的东西、被计划的东西才表现为理性的唯一活动和行为。但是，这是一种假象。即使生活受到猛烈改变的地方，如在革命的时代，远比任何人所知道的多得多的古老东西在所谓改革一切的浪潮中仍保存了下来，并且与新的东西一起构成新的价值。无论如何，保留与破坏和更新的行为一样，是一种自由的行动。这就是启蒙运动对传统的批判以及浪漫主义对传统的平反为什么都落后于它们的真正历史存在的原因。"引自洪汉鼎译：《真理与方法》（上海：上海译文出版社，1999），上卷，第361页。

中常是错综缠结，若缺乏清理反省，我们对传统的认识就难免流于浮面、片面，或依稀仿佛的印象甚至想象。若再考虑到中国文化在 20 世纪经历反传统浪潮的强烈冲击，则我们与自己传统的隔阂恐怕就更加严重。本文析论的孝道即是典例。

孝道作为中国传统文化的核心观念之一，虽道、佛两家亦各有所说，但大体上是以儒学的观点为其主要成分。现代人一讲孝道，想到的多是父家长的威权、子女的顺从，或以《论语·子路》中的"子为父隐"为不合理的徇私等负面的东西。毋庸讳言，孝道观念在历史的发展中，特别是汉代儒学政治化后讲求尊卑纲常，确实出现过不少负面的内容，但仅从这些负面来看孝道可谓善会传统乎？因此，本文写作的目的，是希望能对孝道作一恰当的了解。此处所谓恰当的了解，须稍作说明。首先，要恰当地理解传统，必须认识到传统中的许多观念，都绝非单一的观念，而是个复杂多变的观念丛（bundle of ideas）。以"孝道"为例，它牵涉到儒家典籍的论述、政治化儒学的移孝于忠、家族社会的父权，以至民间风俗的各种演绎等。如何仔细梳理个中差异分合的线索，自然是恰当了解的工作。这种恰当了解，我们可称为历史的考查（historical inquiry），或用较流行的话说，即系谱学的敍述（genealogical narration）。我们清理传统，目的是要发掘思想资源，换言之，即寻找传统观念对我们可能有的启示和参考意义。因此，所谓恰当了解应该还有观念的重建（conceptual reconstruction）这一层意思。显然，观念的重建必本乎历史的考查。不过限于篇幅，本文析论儒学的孝道，主要集中在观念的重建方面，历史的考查则只能随行文需要而略加涉及①。

假若我们活在以孝为天经地义的传统中国社会，问为何要孝顺父母恐怕立即便会被视为不孝。但要在今天重建孝道的观念，

---

① 事实上过去对孝道的研究，很多是历史的考查。这方面较具代表性的成果有徐复观的《中国孝道思想的形成、演变、及其历史中的诸问题》，收氏著：《中国思想史论集》（台北：私立东海大学，1959），第 155～200 页。

展示其合理性，恢复其生命力，第一个必须回答的问题就是孝道的理据。如是，下文将从儒学的角度探讨：一、孝道的理据；二、行孝的方式及其背后的精神；三、最后，我会从现实的角度对践行孝道的困难作一些初步的观察。

2. 孝道的理据

《说文解字》释"孝"云："善事父母者。从老省，从子，子承老也。"可见"孝"是由"子"与"老"合成的会意字，意即子上承老亲。必须指出，此处的子，应主要是指儿子。盖在传统中国社会，孝顺父母一般是儿子媳妇的责任；女儿在室固然应尽孝，但出嫁后尽孝的对象就转移到夫家的父母。《礼记·内则》就有"妇事舅姑，如事父母"的话①。当然，今天这种男女的差别已不复存在，尽孝乃是子女不管已婚未婚者共同的责任。又既谓善事父母、上承老亲，则孝似乎只是具有能力照顾父母的成年子女的事。不过，我们不妨为孝道取一较宽泛的定义：即子女善待父母之道。那么年幼子女自亦有孝的问题，虽则年幼子女行孝的方式应与成年子女有所不同。总之，本文使用孝道一词，是指子女不论成年与否不论嫁娶与否善待父母之道。子女为何应该孝顺父母？从儒学的观点看，可以提出五个理由：即本能情感的、道德情感的、存有论的、形而上宗教的，以及社会政治的理由。下面让我们逐一来分析这五个理由。

一、儒学承认人爱其亲首先是出自生理本能。孩提之童需要父母的养育照顾特多，则依恋其亲乃是自然不过的事情。依此，孝可以说是本能情感（instinctive emotion）。《孟子·尽心上》"孩提之童，无不知爱其亲者，及其长也，无不知敬其兄也"的话，虽是借孩童的爱亲本能来指点人有不虑而知不学而能的良知良

---

① 关于传统妇女与孝道的研究，可参看 Lisa Raphals，"Reflections on filiality, nature, and nurture" 与 Sor-hoon Tan，"Filial daughters-in-law: questioning Confucian filiality"，两文均收于 Alan K. L. Chan & Sor-hoon Tan, eds., *Filial Piety in Chinese Thought and History* (London and New York: RoutledgeCurzon, 2004).

能，但孝最先表现为孩童的本能情感恐怕是不争的事实①。荀子甚至指出这种本能情感的爱亲，在动物中也可观察得到。《荀子·礼论》云："凡生天地之间者，有血气之属必有知，有知之属莫不爱其类。今夫大鸟兽则失亡其群匹，越月逾时，则必反铅；过故乡，则必徘徊焉，鸣号焉，踯躅焉，然后能去之也。小者是燕爵，犹有啁噍之顷焉，然后能去之。故有血气之属莫知于人，故人之于其亲也，至死无穷。将由夫愚陋淫邪之人与，则彼朝死而夕忘之；然而纵之，则是曾鸟兽之不若也，彼安能相与群居而无乱乎！"② 不过正如荀子亦承认人还有其他的本能情感如自利、好逸恶劳等，故当这些本能情感与依恋父母的本能情感冲突时，人是有"彼朝死而夕忘之"的可能。虽则荀子斥之为"愚陋淫邪之人"、"是曾鸟兽之不若也"。可知本能的爱亲是不足恃的，因其并无凌驾于（trump）其他本能情感的强制力量。再者，本能情感的依恋对象是会随人的成长而改变，孟子明白点破："人少，

---

① 更准确地说，应是孩童本能地依恋养育自己的人。明儒王廷相曾设想一情况来批评孟子的良知说，深于孟学者不难加以驳正，但廷相的批评却指出两点值得注意的道理：一、孩童是本能地依恋照顾自己的人而不一定是亲生父母，虽一般情况下照顾孩童者就是其亲生父母。二、孝绝非基于什么"天性之知"（按：此乃从生之谓性处说的知而非孟子的良知），而是缘于后天的"积习稔熟"。其文曰："婴儿在胞中自能饮食，出胞时便能视听，此天性之知，神化之不容已者。自余因习而知，因悟而知，因过而知，因疑而知，皆人道之知也。父母兄弟之亲，亦积习稔熟然耳。何以故？使父母生之孩提而乞诸他人养之，长而惟知所养者为亲耳。塗而遇诸父母，视之则常人焉耳，可以侮，可以詈也，此可谓天性之知乎？由父子之亲观之，则诸凡万物万事之知，皆因习因悟因过因疑而然，人也，非天也。近世儒者务为好高之论，别出德性之知，以为知之至，而浅博学、审问、慎思、明辩之知为不足，而不知圣人虽生知，惟性善近道二者而已，其因习因悟因过因疑之知，与人大同，况礼乐名物，古今事变，亦必待学而后知哉！"（《雅述》上篇）

② 值得注意的是，《荀子·性恶》却提出一迥然不同的观点："今人之性，饥而欲饱，寒而欲煖，劳而欲休，此人之情性也。今人见长而不敢先食者，将有所让也；劳而不敢求息者，将有所代也。夫子之让乎父，弟之让乎兄，子之代乎父，弟之代乎兄，此二行者，皆反于性而悖于情也；然孝子之道，礼义之文理也。故顺情性则不辞让矣，辞让则悖于情性矣。用此观之，人之性恶明矣，其善者伪也。"此即以孝亲非自然之性，而是礼义之伪化性治性的结果。如何调和文本中这两种对人性的不同看法乃历来荀学研究者费心用力且多争议处，然非本文范围，我们不能多说。

则慕父母；知好色，则慕少艾；有妻子，则慕妻子；仕则慕君，不得于君则热中。"（《万章上》）事实上，若顺着人的本能情感发展，人长大后成家立室，结婚生子，则依恋的对象从年老的双亲转至自己的家庭正是十分自然的事。《荀子·性恶》说："妻子具而孝衰于亲。"《礼记·坊记》云："父母在，不称老，言孝不言慈，闺门之内，戏而不叹。君子以此坊民，民犹薄于孝而厚于慈。""民犹薄于孝而厚于慈"，可见儒者清楚认识到孝尽管有本乎自然生理者，但要使人笃于孝，使人有"大孝终身慕父母"（《孟子·万章上》）的可能，就必须让孝能超越自然生理的限制。换句话说，即为孝提供本能情感以外的理由。

二、要人（特别是现代人）认同孝道，大概报恩是最易为人接受的理由，这点儒者当然知道。请看《诗经·小雅》中那首孝子感念父母恩情的《蓼莪》："蓼蓼者莪，匪莪伊蒿。哀哀父母，生我劬劳。蓼蓼者莪，匪莪伊蔚。哀哀父母，生我劳瘁。瓶之罄矣，维罍之耻。鲜民之生，不如死之久矣！无父何怙？无母何恃？出则衔恤，入则靡至。父兮生我，母兮鞠我。拊我畜我，长我育我，顾我复我，出入腹我。欲报之德，昊天罔极！南山烈烈，飘风发发。民莫不谷，我独何害！南山律律，飘风弗弗。民莫不谷，我独不卒！"子女对父母养育劬劳之恩，心怀感激而欲报，正是孝的一个既坚实且亲切的理据。必须指出的是，报恩的要旨乃在于子女对父母有一份感激之情（a sense of gratitude），而这绝非欠债（indebtedness）或交易（exchange）的关系①。欠债

---

① Jeffrey Blustein 在分析子女对父母的责任时，尝借 St. Thomas Aquinas 及 Joel Feinberg 的区分，指出子女的责任是 moral debt of gratitude，是 duty of gratitude，而非 legal debt of repayment 及 duty of indebtedness。其仔细分析感激（gratitude）与欠债（indebtedness）的不同，值得参考。扼要而言，Blustein 认为欠债关系中债主并无任何义务必要要借债，欠债者是同意接受借债的好处，因此欠债者有责任偿还。但父母对子女的付出绝非放债，父母是有必然的义务照顾子女，且子女对父母的付出也无所谓同意接受与否。因此所以子女对父母的责任只是道德意义上的感激，反过来，父母亦无权像讨债般向子女索偿。从儒学的观点看，孝道并不应落在权利义务处讲。儒者会同意子女要报恩，却绝非还债；儒者也会同意父母要求子女尽孝是合理的期待，却绝非

与交易关系的双方存在权利（right）与义务（obligation），如债主有权利要求欠债者还债，欠债者有义务向债主偿还，但这显然并不是亲子关系中的情况。故凡离感激之情言孝道而辗转落于权利义务云云，俱为下乘矣！明乎此，则知《论语·阳货》中宰我安于不守三年之丧，孔子批评他"不仁也"而谓"子生三年，然后免于父母之怀。夫三年之丧，天下之通丧也，予也有三年之爱于其父母乎"，非是孔子主张人子报恩守丧是欠三年还三年、以三年交换三年的考虑。孔子教诲的重点在于，在当时天下通丧三年的情况下，宰我不是因某些限制无法办到，却是嫌"期已久矣"而想改为一年，则把这种心态衡之于对父母的感激之情能觉无歉疚而心安吗？宰我丧亲，他的心情不是应该像《蓼莪》的作者那样觉得"欲报之德，昊天罔极"吗？诚然，感激之情始终不是欠债、交易，是无法强迫的，而必须是子女内心所自发，此所以宰我既说安，孔子亦只能答曰"女安，则为之"。

　　孝作为子女的感激之情与前述的本能情感大不相同，二者应严格区别。扼要来说，本能情感是自然生就的（inborn），犹如饥食渴饮，但感激之情则是亟待人去栽培的（cultivated）。又本能情感虽诱于外物而发，然纯是单向地（one-way）由发出者施予对方，与此相反，感激之情则永远是在人我彼此相互的交流（reciprocal）中形成。再就生发的结构看，感激之情可以说是被父母的关怀照料所唤起的回应，并由感激而生亏欠与报答之感，复在此诸种情感驱动下求能有恰当地向父母表达感激的行为。如果行为恰当，则感激、亏欠、报答等情感便可以获得安顿，否则将引

（接上页）讨债。参看 Jeffrey Blustein, *Parents and Children: The Ethics of Family* (New York, Oxford: Oxford University Press, 1982), pp. 162～186. 另尝试从儒学的角度对 Blustein 作回应者，可参看 Chengyang Li, *The Tao Encounters with the West* (Albany: SU-NY, 1999), Chapter 5: "Family: Duty versus Rights", pp. 115～138. 至于视孝为交易，P. J. Ivanhoe 敏锐地指出，父母为子女所付出的，如帮助子女在成长过程中学习人际关系并借此塑造自我，都是子女永远无望"如此地"回报的。参看 P. J. Ivanhoe, "Filial Piety as a Virtue", in Alan K. L. Chan & Sor-hoon Tan, eds., *Filial Piety in Chinese Thought and History*, pp. 189～202.

出自责、内疚的情绪。这也是为何感激之情不像本能情感般短暂多变及无定准，它既强烈且有定准，遂能凌驾于别的情感之上而带有强制力。如是，报恩或感激之情即是一道德情感（moral feeling）。在一个理想的状况（ideal state）下，子女尽孝的结果自是获得父母更多的关怀，而父母更多的关怀又会导致子女更强烈的感激，如此相互循环不息，这就是儒学所向往的父母慈子女孝的和谐家庭。但假若在一个不理想的状况（non-ideal state）下，父母不爱护子女，子女因而无法唤起感激之情；既无恩可报，子女是否便毋须践行孝道？儒学的答案是否定的。有人乃说儒学对子女的要求过高，迹近愚孝。我们在下面将尝试说明，儒学要求子女在不理想的状况下仍努力行孝虽殊不容易，但不是毫无道理的。

三、《论语·学而》有以下一句话清楚交代孝在儒学整个成德之教中的位置："孝弟也者，其为仁之本欤！"历代的注释家大都同意作为礼之本的仁不可能另以孝弟为本，所以这句话应解作孝弟是践仁的起点。自孔子以灵活对机的方式训仁为爱人、忠恕、博施济众等，由先秦以降，两汉、宋明、当代的儒者对仁均有既丰富且复杂的解释，我们在这里自不可能亦不需要牵涉其中。为了讨论的方便，我们可暂依仁底核心意思将之定义为：人的一种不涉利益考虑的（或曰无条件的）感通关怀他者的道德能力或情感。孟子举今人乍见孺子将入于井而有怵惕恻隐之心便是仁心生动真实的呈现。又儒学以为此感通关怀他者的能力正是人之所以为人者，是人的本然性格（essential characteristic），所以践仁乃是人自我完成（self fulfillment）的天职。用宋明儒的话说，即人的理命或性分所当为者。而人一出生就是出生在一家庭关系中，故孝弟的表现就存经验言固可谓人对父母的感激之情、对兄弟姊妹的敬爱之情，但归根究底则无非是仁这一感通关怀他者的能力最初始及最亲切的发端处。人是藉由与父母兄弟姊妹交往的存在处境来开始领悟自己所本具之仁。是以仁之唤醒虽有赖于父母兄弟姊妹的爱顾，然既非还债或交易，则人从孝弟中实可感受到自己有对别人作无私的关怀、奉献以至牺牲的能力，即践仁也。职是之故，儒者深信一个人若在对父母之孝这一点上也混沌过去麻木不觉，又焉可指望他于离开家庭踏足社会后仍能与无血缘关系的陌路人和谐共处相亲相爱？孟子说得好："于不可已而已者，无所不已；于所厚者薄，无所不薄也。"（《尽心上》）相反，一个人倘自孝弟开始步步扩充仁心，便能做到"老吾老以及人之老，幼吾幼以及人之幼"（《梁惠王上》）、"亲亲而仁民，仁民而爱物"（《尽心上》）、"未有仁而遗其亲者也"（《梁惠王上》），我们可以说践仁是儒者提倡孝道的一个存有论的理由①。并且因着这个理由，儒家的孝在观念上根本不会陷入亲缘主义（parochialism）的窠臼。

践仁既是人性分所当为，自亦是人义所当为。然此义所当为在不同的人际关系及处境中应有分殊的表现，用宋儒的话说，即不同的理分。如《大学》云："为人君，止于仁；为人臣，止于敬；为人子，止于孝；为人父，止于慈；与国人交，止于信。"这就是说，慈是父母分所当为义所当为者，是父母的理分，是父母的职责；孝是子女分所当为义所当为者，是子女的理分，是子

---

① 徐复观提醒我们儒者重视孝弟是毫无疑问的，"但孔门只把孝弟当作对一般人的起码要求，并不曾把它当作德行上最高的成就。论语上，孔子对他的学生问君子，问成人，问士，问行，问达，他从未举孝弟来作答；因为在他的心目中，一个人在德行上人格上的成就，应当不止于孝弟，而须要更进一步的努力"。虽则到了孟子，似特别突出孝弟，并之以贯通仁义礼乐，如说："仁之实，事亲是也。义之实，从兄是也。智之实，知斯二者弗去是也。礼之实，节文斯二者是也。乐之实，乐斯二者，乐则生矣。"（《离娄上》）不过徐复观批评这一偏重，认为"由精神落到行为上时，行为总是实现于某一方面，因而也是局限于某一方面；例如孝，便是实现于家庭，而局限于家庭的这一方面的。一般人可以有这种行为，但不必能有此一行为后面的彻底自觉；于是这种行为，便很难从局限中贯通出去；因而对于人生某一行为的过分主张，同时可能使人生其他方面的行为受到萎缩。因此，孟子对孝道价值的扩大，事实上会给后来许多人只知有家庭而忽略了社会国家的不良影响。尤其是孟子因为过分强调了孝弟，一方面主张此一德性冒出于一切事物之上；一方面无形中便以其他一切的事物作为孝弟的手段，而抹杀了其他事物的客观独立的价值"。参看徐复观：《中国孝道思想的形成、演变、及其历史中的诸问题》，第161、163页。

女的职责。这样父母慈子女孝，就是各尽其分。但设若父母不慈，子女在不理想的状况下是否仍应尽孝？其实这诘难早见于《孟子》中舜的故事。舜未居天子位时，父顽母嚚弟傲，舜却"不得乎亲，不可以为人；不顺乎亲，不可以为子"（《离娄上》）。即使居天子位，舜仍尽事亲之道，结果顽父终受感化；"瞽瞍厎豫而天下化；瞽瞍厎豫而天下之为父子者定。此之谓大孝"（《离娄上》）。儒者大概不会不同意在父母不慈甚或伤害子女的情况下，子女要能原谅父母坚持孝道是件绝不容易的事。但这到底是否愚孝则值得作进一步的探讨。首先，若把上述不理想的状况倒过来，是子女忤逆父母，父母是否就毋须关怀子女？为什么我们不把父母不懈地无求无偿地爱护子女，望子女终有回头之日称为愚慈呢？这是因为我们认为父母有责任教导子女。此处即透露出慈爱的另一层深意：父母的慈爱在于帮助子女完成他们的理分，成为孝顺父母的子女。同样道理，子女的孝亦另有一层深意：即在于帮助父母完成他们的理分，成为关怀子女的父母。所以，父母慈子女孝于儒家而言与其说是一种理想的状态，毋宁说它是一个引导父母子女如何建立良好关系的原则。故父母不慈，子女仍尽力行孝，乃期双方关系有修补的一日，父母有尽其理分的一日。此难则难矣，愚则未必。这层意思唐君毅先生尝详及之："此义谓无论父母是否爱我，我皆当孝。此为只自我一方说以表示孝之为无条件。如自父母一面说，则父母未有不爱子者。盖子之生即本于父母之爱。其生子即肯定子之生，肯定子之生，即肯定子之成其生。故父母在本性上，未有不愿养育其子女者。大多数父母之自然愿养育其子女，而对子女慈爱，亦自然之合乎道德理性，表现自然之道德理性者。父母之不慈不爱其子女，乃父母失其本性。父母如自然慈爱子女，子女固益感其慈爱而益报之以孝。父母之不慈爱子女非其本性，乃由其本性有所蔽塞而未表现。则子女仍当知父母之本性非不爱我，且既深信其本性原是爱我，则当信其本性时时可表现，而使之表现以复父母之本性，其责任亦在我。由此而父母之不爱我，我不特不当不孝，而当更由孝以感格父母之心，使父母复其本性而免于不慈之过。"①

四、儒学认为子女应孝顺父母，除了前述三个理由外，还有感激父母赐予可贵的生命。子女的生命来自父母，父母的生命来自祖父母，慎终追远，此所以孝道是关联于祖先的祭祀。又祖先的生命，追本溯源，皆可谓来自天，此孝所以亦关联于对天此一生命来源的尊重与敬畏。《礼记·哀公问》云："是故，仁人之事亲也如事天，事天如事亲，是故孝子成身。"《礼记·郊特牲》云："万物本乎天，人本乎祖，此所以配上帝也。郊之祭也，大报本反始也。"② 宋明儒者甚至从践仁成己而体认到天道乾坤的生化就是大父母，张横渠《西铭》开首"乾称父，坤称母；予兹藐焉，乃混然中处。故天地之塞，吾其体；天地之帅，吾其性。民吾同胞，物吾与也"的话即是明证。毋庸讳言，现代人勘天役物，对生命的神圣性、对人与天地万物的亲和性，确是越发缺乏契会。于是，上面这个孝道的形而上宗教理由遂易被视为家族社会农业社会的历史产物，过时不合理。诚然现今的社会经济环境已跟传统的大异其趣，但这并不等于过去在生活情景中提炼出的领悟（即对赐予生命的感激及对生命来源的尊重与敬畏）都属无效。事实上，孝道的形而上宗教理由在世界的某些宗教传统中也可以找到。例如犹太教言孝道，便强调子女当如荣耀上帝般荣耀父母，其理由乃是父母赐予子女生命的过程正体现了上帝创造的

---

① 唐君毅：《文化意识与道德理性》（台北：学生书局，1985 年全集校订版），第 82～83 页。杜维明讨论儒学中的父子关系时亦重发挥此义，参看 Tu Wei-ming, *Confucian Thought*: *Selfhood as Creative Transformation* (Albany: SUNY, 1985), Chapter VII: "Selfhood as Otherness: The Father-son Relationship in Confucian Thought", pp. 113～130.

② 关于"此所以配上帝也"，即祭天时以祖先配享，朱熹在《孝经刊误》中澄清道："但严父配天，本因论武王、周公之事而赞美其孝之词，非谓凡为孝者皆欲如此也。又况孝之所以为大者，本自有亲切处，而非此之谓乎？若必如此而后为孝，则是使为人臣子者皆有矜将之心，而反陷于大不孝矣。"见《晦庵先生朱文公文集》卷 66，引自朱杰人、严佐之、刘永翔主编：《朱子全书》（上海：上海古籍出版社；安徽：安徽教育出版社，2002），第 23 册，第 3208 页。

大能①。这里必须补充两点可能引起的误解。首先，子女感激父母赐予可贵的生命，不是说生命必然是快乐的（或乐多于苦），盖生命无所谓必然而只是丰富的待塑的可能才是生命可贵之处。换一个角度看，即作为人本身自有一超越乎追求感性满足的价值。这正是为何我们大概都会同意做个不满足的人比做只满足的猪好。那么得以为人得以体会到人生的可贵不是应该对父母心存感激吗？故知以人生之可能坎坷曲折实不足以反驳孝道的形而上宗教理由②。其次，感激父母赐予生命绝不应被扭曲为子女的生命是属于父母的。恰正相反，子女之所以感激父母赐予生命乃是因为他们能感受到生命自身的可贵。因此，《孝经·开宗明义章第一》"身体发肤，受之父母，不敢毁伤，孝之始也"一句，非谓子女的身体属于父母故不敢毁伤，而是应该理解为子女以珍惜自己的生命来报答父母的生恩③。可惜的是，在中国历史里随着政治化儒学对父家长权力的高度肯定，把子女生命当作是父母所有的扭曲情况确实存在。明代魏禧《日录》便说："父母即欲以非礼杀子，子不当怨，盖我本无身，因父母而后有，杀之，不过与未生一样。"然此扭曲焉得谓合符儒学的本旨。孔子不是教导曾子受父责打应小杖受大杖逃才算孝吗？岂有父母欲杀子女而子女坐以待毙之理。况且儒学主张子女应劝谏父母以防止父母行不义，可推知父母养育子女必以发展子女的独立性为鹄的，否则子

---

① 参看 Jacob Neusner, ed., *The Ethics of Family Life: What Do We Owe One Another?* (Belmont: Wadsworth, 2001), Chapter 1: "Judaism", p. 18.

② 以人生之可能坎坷曲折来批评孝道的形而上宗教理由，可参看 P. J. Ivanhoe, "Filial Piety as a Virtue".

③ 《孝经》的成书年代，以及其内容是否足以充分代表儒学的孝道思想都是富争议性的，但其有移孝于忠的倾向则甚明显。例如《士章第五》云："资于事父以事母，而爱同；资于事父以事君，而敬同。故母取其爱，而君取其敬，兼之者父也。"《圣治章第九》云："父子文道天性也，君臣之义也。"《广扬名章第十四》云："子曰：'君子之事亲孝，故忠可移于君；事兄悌，故顺可移于长；居家理，故治可移于言。是以行成于内，而名立于后世矣。'"参看徐复观：《中国孝道思想的形成、演变、及其历史中的诸问题》；另何子煌：《孝经的研究》（新加坡：新加坡亚洲学会、文学书屋，1984）。

女长大后又怎可能负起劝谏父母之责。

五、最后，说到儒学提倡孝道的社会政治理由。《论语·为政》载："季康子问：'使民敬、忠以劝，如之何？'子曰：'临之以庄则敬，孝慈则忠，举善而教不能则劝。'"《论语·学而》亦记有子之言曰："其为人也孝弟而好犯上者，鲜矣！不好犯上，而好作乱者，未之有也。君子务本，本立而道生。孝弟也者，其为人之本欤！"假若纯粹从汉代儒学政治化后移孝于忠、绝对化君权父权的历史角度来阅读儒学提倡孝道的社会政治理由，则鼓励孝子便无非为了培养忠臣顺民，这从今天看来，固毋足深论矣！但如果我们能放下历史的包袱，平心而观，则提倡孝道不正是强化家庭伦理、营造和谐社群的有效方法吗？试想若家庭内父母子女的关系，就如走在街上的陌路人，或是在社会中彼此竞争的个体，则仅靠法律来维持人伦秩序，顶多成个不争的社会。相反，提倡孝道作为家庭教育、伦理教育甚至公民的素质教育，才有望把亲其亲的亲和性人际纽带推广到家庭外的陌生人去，从而缔造一个和谐的社会。这一点即使致力批判反省中国历史黑暗面的徐复观先生也承认，他说："我觉得以家族来形成整个社会的自治体的时代，已经是过去了；我们须要有更多的文化、经济、政治等自治体，以适应并推动我们当前的生活；而不能像过去一样，只靠一个家族的自治体。但每一个人，若能有以孝弟为纽带，亦即以爱的精神为纽带的一个安定和乐的家庭和家族，与其他许多社会自治体，并立并存；一方面可使每一个人在社会利害的竞争中，有一个没有竞赛气氛的安息之所；一方面在许多利害角逐的团体中，渗入一点爱的温情，以缓和两极的情感；让人与人的竞争，不仅是靠法的限制，同时也可以得到温情的调和；这对于我们乃至整个人类的生活，是不是更为健全呢？这是经过了暴风雨后，或正在暴风雨中，值得郑重考虑的问题。至于人类是否需要以爱来融和个体与全体的对立，藉此以建立真正谐和的社会？假定有此需要，则中国先秦儒家，以爱为精神纽带的伦理思想、家庭生活，是否能给现代的人们以若干启示？"①

3. 行孝的方式

在未讨论儒学的行孝方式之前，我想先作两点交代。首先，过去儒学讲的孝行甚多，下面我们不可能一一涉及。故凡此中有出于特殊的历史环境而意味着不复适用于今日者，下文都不会涉及。例如《礼记》中不少讲如何供养父母如何行丧祭之礼等材料。其次，凡儒家提出的行孝方式，一概不应视为放诸四海而皆准的普遍道德规条，而应善会其背后的精神；如此方易见出其启发性与相干性，及其调适应用于现代生活的可能。儒学言行孝的方式，主要者有下列各端。

一、赡养父母。一般以为赡养父母就是孝，其实依儒家的准则言，养只是孝的最低要求甚或根本未可谓孝。《论语·为政》子游问孝，孔子回答说："今之孝者，是谓能养。至于犬马，皆能有养；不以敬，何以别乎？"可知敬才是孝的本质所在。但父母年老无依而子女不顾，则一定是不孝。孟子言不孝者五，不顾父母之养占其三："世俗所谓不孝者五：惰其四肢，不顾父母之养，一不孝也；博弈、好饮酒，不顾父母之养，二不孝也；好货财、私妻子，不顾父母之养，三不孝也；从耳目之欲，以为父母戮，四不孝也；好勇斗狠，以危父母，五不孝也。"（《离娄下》）不过若我们设想生计艰难，子女必须牺牲自己以至家人的温饱来赡养父母，则所表现的孝便远远超过养口体，而在于其自我牺牲之难能可贵。中国传统"二十四孝"故事中郭巨为母埋儿，姑勿论埋儿是否合乎常情，但为老母牺牲幼儿的举措恐怕并非常见，相反为幼儿牺牲老母的可能性更大。事实上，在儒学影响所及的

---

① 徐复观：《中国孝道思想的形成、演变，及其历史中的诸问题》，第 199 页。

日本、韩国均有贫民无法维持生计而背负老母上山待死的故事①。回到今日的处境，富裕社会中年老父母多半仍有独立的经济能力，子女赡养与否也许不是个问题，但在贫穷社会，则赡养父母的吃力负担正是考验亲子关系的大难题。

二、敬事父母。子女对父母之敬大致可分两类：一是敬顺，一是敬爱。对未成年的子女来说，敬顺可以说是首要的孝行。此盖子女处于成长阶段，正需要父母的指导，以父母之是非为是非，以父母之立身行为为榜样。故不顺则父母之教便无所施其用。然而随着子女日渐成长，心智日开，则顺从作为孝行的重要性便应次第减低，否则父母就无法培养子女的独立性②。如是，成年子女对父母之敬应转重于敬爱。惟爱父母，子女才会紧张父母年岁之渐长，"父母之年，不可不知也。一则以喜，一则以惧"（《论语·里仁》）。唯常怀敬爱父母之心，则子女纵或有时与父母意见相左，才不易面露恶色、口出恶言。《礼记·祭义》云："深爱者必有和气，和气者必有愉色，愉色者必有婉容。"不过人毕竟是有情绪的，人子要做到对父母和气、愉色、婉容绝非易事，这是为何《论语·为政》子夏问孝，孔子答曰："色难。"又惟爱父母乃不忍其受伤害，孔子谓"子为父隐，直在其中"，常被讥

——————

① 日本导演金村昌平的电影《楢山节考》讲的就是日本某贫穷村庄有儿子背负老母上山待死的风俗。韩国版本的故事叫 Koryojang story，参看 Roger L. Janelli and Dawnhee Yim, "The Transformation of Filial Piety in Contemporary South Korea", in Charlotte Ikels, ed., *Filial Piety: Practice and Discourses in Contemporary East Asia* (Stanford, California: Stanford University Press, 2004), pp. 135～136.

② 反过来说，父母的慈爱在子女年幼时应主要是教导，但在子女成长后则应转重于聆听沟通。儒学的文献对前者的着墨较多，下面举《孟子》一段文字来证明后者也是儒学的主张。《梁惠王下》："孟子见齐宣王曰：'所谓故国者非谓有乔木之谓也，有世臣之谓也。王无亲臣矣，昔者所进，今日不知其亡也。'王曰：'吾何以识其不才而舍之？'曰：'国君进贤如不得已，将使卑踰尊，疏踰戚，可不慎与？左右皆曰贤，未可也；诸大夫皆曰贤，未可也；国人皆曰贤，然后察之；见贤焉，然后用之。左右皆曰不可，勿听；诸大夫皆曰不可，勿听；国人皆曰不可，然后察之；见不可焉，然后去之。左右皆曰可杀，勿听；诸大夫皆曰可杀，勿听；国人皆曰可杀，然后察之；见可杀焉，然后杀之。故曰国人杀之也。如此，然后可以为民父母。'"

评为徇私枉法，实则这段文字应从仁人孝子之不忍其亲处解才切。事实上，孔子没有说偷羊的行为是对的，更非鼓励儿子做共犯，他想强调的只是人子于见其父攘羊的情境中是不忍举报其亲的。然不忍举报不等于同流合污，相反，孔子认为子女有责任纠正父母的错误行为。由此复可推知，子为父隐绝不应被看做是孔子提倡的普遍道德法则。否则若有父母性侵犯子女，难道子为父隐仍算合理吗？

三、劝谏父母。正如前文的分析指出，子女有责任帮助父母完成他们作为父母的角色。是故成年子女对父母犯错的行为应加劝谏。不过由于父母子女这种不是如朋友般平等的关系，劝谏便需要有技巧。综合所见材料，儒学大概会提出三步工夫。首先，是见几而谏，《论语·里仁》："事父母几谏，见志不从，又敬不违，劳而不怨。"接着，如谏而不听，《礼记·曲礼》教子女出动眼泪攻势："子之事亲也，三谏而不听，则号泣随之。"最后，若父母所做不义之事甚严重，则必要时应责善。孟子虽谓"父子之间不责善，责善则离，离则不祥莫大焉"（〈离娄上〉），"责善，朋友之道也。父子责善，贼恩之大者"（〈离娄下〉），然从匡章之父杀其母，匡章子父责善而不相遇，但孟子仍许之为孝，则知有时责善是必须有的孝行。荀子亦明白表示面对父母之恶行为大是大非者，"从义不从父"便是子女唯一应该做的事。《荀子·子道》云："入孝出弟，人之小行也；上顺下笃，人之中行也；从道不从君，从义不从父，人之大行也。若夫志以礼安，言以类使，则儒道毕矣。虽尧舜不能加毫末于是矣。孝子所不从命有三：从命则亲危，不从命则亲安，孝子不从命乃衷；从命则亲辱，不从命则亲荣，孝子不从命乃义；从命则禽兽，不从命则修饰，孝子不从命乃敬。故可以从命而不从，是不子也；未可以从而从，是不衷也；明于从不从之义，而能致恭敬，忠信、端悫、以慎行之，则可谓大孝矣。传曰：'从道不从君，从义不从父。'此之谓也。故劳苦、雕萃而能无失其敬，灾祸、患难而能无失其义，则不幸不顺见恶而能无失其爱，非仁人莫能行。诗曰：'孝子不匮。'此之谓也。"又记云:"鲁哀公问于孔子曰:'子从父命,孝乎?臣从君命,贞乎?'三问,孔子不对。孔子趋出以语子贡曰:'乡者,君问丘也,曰:"子从父命,孝乎?臣从君命,贞乎?"三问而丘不对,赐以为何如?'子贡曰:'子从父命,孝矣。臣从君命,贞矣。夫子有奚对焉!'孔子曰:'小人哉!赐不识也!昔万乘之国,有争臣四人,则封疆不削;千乘之国,有争臣三人,则社稷不危;百乘之家,有争臣二人,则宗庙不毁。父有争子,不行无礼;士有争友,不为不义。故子从父,奚子孝?君从臣,奚臣贞?审其所以从之之谓孝、之谓贞也。'"

四、葬祭父母。子女于父母殁后,葬祭正用以表达哀伤、追思的感情。《论语·为政》:"孟懿子问孝。子曰:'无违。'樊迟御,子告之曰:'孟孙问孝于我,我对曰:无违。'樊迟曰:'何谓也?'子曰:'生,事之以礼;死,葬之以礼,祭之以礼。'"大抵现今的子女已无法守丧三年,但父母殁整个葬礼数日完事,子女守丧一天后便重投日常生活,试问这种高度压缩的形式又是否足以排遣仁人孝子的悲哀之情?这实在值得我们深思。

4. 结语:理念与现实

最后让我们把孝道关连于现实作一些观察来结束本文。一个值得注意的现象是,现代人不仅在理念的层面对孝道流于印象式的了解,在实践的层面亦充斥着各种想当然之辞。例如,不少人以为在社会日趋现代化的情势下,孝道的衰落已无可挽回。但实情却是,直至20世纪末,孝道在中国文化影响所及的社群中仍然是大部分人都承认的值得珍视的德行或价值。它能否延续下去的挑战,则主要来自于如何在变化多端的现代生活中寻求适当的表达方式。着名的美籍华人导演李安在他早期的三部曲:《推手》(1992)、《喜宴》(1993)与《饮食男女》(1994)中,便生动地描绘了孝道的现实景况。《推手》讲一位北京太极拳师傅,老来移居美国与儿子、外籍媳妇和孙儿同居,但因彼此生活文化的差异不断引起磨擦,最终老爸只得黯然搬到外头独居,并学懂接受分居后家人每星期来访的安排是个既可保持亲情且能让儿子尽孝的办法。《喜宴》中同性恋的儿子为了逃避父母的催婚而假结婚，怎料父母远赴美国参加婚礼时惊悉事实，结果老爸在激动得中风又大难不死之余，坦然谅解儿子的处境。《饮食男女》的台北名厨独力抚养三个女儿长大，亲情却日渐被一种彼此觉得对方为负累的无形压力所侵蚀，幸好老爸懂得找另一段感情再婚，学习女儿们追求各自独立的生活，亲情反倒得以巩固下来。显然，李安想传达的思考是：或许今天的孝道已不等于要与父母同住，不等于"不孝有三，无后为大"，不等于只有儿子才有尽孝的责任。传统的孝道虽可贵，但它必须以某种适切于现代生活的方式来体现。至于成功与否，则端赖于我们能否本乎诚挚的亲子之情在现实中随机应变。一份1994年于中国河北保定做的社会调查报告，得出的结论与李安的不谋而合。报告指出，保定人基本上肯定孝道的美德。虽则子女婚后多搬离父母家，但却借着散居在父母家的四周形成所谓的"网络家庭"（networked families），由已婚的儿子及女儿分担照顾父母的职责。由于受惠于过去社会主义的制度，年老的父母有退休金，不大需要依赖子女的供养。不过，在文章的结尾，研究者清楚地提醒我们，传统的孝道之所以能够延续，实际上是得力于很多外在条件的助成。如保定人早年避开了一胎制的生育政策；过去社会主义制度实行工作分配使子女得以留在父母的身边；父母的退休金保障亦大大减轻了子女供养的经济负担。问题是这些外在条件正不断在改变，孝道可否继续保持仍属未知之数①。从本文的观点看，今天实践孝道的困难，固在于如何营造有利的客观条件使我们能灵活地在现实中找到新的方式来表现孝，但对孝道观念进行清理以达至恰当的认识亦是根本而必须做的工作。

---

　　① 参看 Martin King Whyte，"Filial Obligations in Chinese Families：Paradoxes of Modernization"，in Charlotte Ikels，ed.，*Filial Piety：Practice and Discourses in Contemporary East Asia*，pp. 106～127。

（二）论儒学能为环境伦理的探讨提供的思想资源

1. 从当代探讨环境伦理的两种进路说起

近数十年来环境保护的议论越来越受到关注，不可否认地是出于人类对自身破坏环境所招致的生存危机的警觉。而如何在思想层面上重新建立一环境伦理（人对环境应有的态度）更是此中最核心的课题。扼要来说，当代探讨环境伦理的努力主要有两种不同的进路：一是伦理学或曰环境伦理学的进路（ethical approach）；另一是从世界各宗教及精神传统中提练思想资源的进路（religious or spiritual approach）。

如果说伦理学的目的是探究人与人之间的道德规范，那么环境伦理学的工作就是要把道德规范的探究伸延至人以外的环境：如动物、生物、非生物、生态圈以至整个生物赖以存活其中的全球系统①。当然，一旦逾越人际关系去讨论应然问题，则逾越之理据及逾越至何种程度范围等问题便会相继出现，争论亦在所难免。这也是为何现今环境伦理学内部会出现五花八门的各种学说的原因所在②。与此相比，世界各宗教及精神传统参与环境伦理的探讨便显得有点姗姗来迟。这或许与宗教及精神传统往往注目于普遍永恒的、生命救赎的彼世真理，而非特殊历史的此世问题不无关系。尤有甚者，某些宗教在追求救赎的大前提下，其教义大多强调人类生命的神圣（the sanctity of life）；这种人优于万物的观念甚至助长了人心安理得地奴役自然③。不过诚如很多环境

---

① "环境"一词在环境伦理的讨论中有广、狭两义。狭义的环境一般指自然环境；广义的环境则指整个生物赖以存活其中的全球系统，而当中包括人造物及人工环境如城市等。本文使用环境一词时主要是取其狭义，即视为自然之同义词，如取其广义时当特别说明。

② 参看 Robert Elliot, "Environmental Ethics", in *A Companion to Ethics*, ed. Peter Singer（Oxford：Blackwell Publishers Ltd. , 2000），pp. 284~293.

③ 参看 Mary Evelyn Tucker & John Grim, "Series Foreword", in *Confucian and Ecology：The Interrelation of Heaven, Earth, and Humans*, ed. Mary Evelyn Tucker & John Berthrong（Cambridge, Massachusetts：Harvard University CSWR, 1998），pp. xix-xxi.

保护论者指出的，环境危机除了牵涉到政治、社会及经济等因素外，它同时是一个现代人的心灵、道德危机。在这个意义下，作为能够深刻地引导影响人类价值观念以至行动的宗教及精神传统对此实责无旁贷。所以如何于教义上寻求改弦更张、重新诠释遂为各宗教今后应多加用心着力之处①。必须指出，环境伦理学的探究进路与宗教及精神传统的探究进路因彼此取径不同：前者强调伦理问题的辩解以求一道德地对待环境的行为规范，后者则重视宗教文本的释义来建立一种正确的自然观，在过去确实是较少交流攻错。但大家既怀着共同的关怀，则殊途应可同归；而进一步的对话、辩驳竞胜以求激浊扬清乃是题中应有的事情。因此本文在方法上就是尝试结合这两种进路来彻底地揭示儒学所涵的生态智慧。

在中国的传统思想中，道家相较儒家无疑是更容易给人一富于生态智慧之感。这从道家主张无为、自然、道法自然，倡言道对天地万物生而不有、为而不恃、长而不宰的玄德（《老子》五十一章），讲"不敢为天下先"（《老子》六十七章）等可以证明②。问题是儒学虽然在这方面好像未有鲜明的理论主张，但绝不等于说它对自然、环境与生态等缺乏关注和慧解。事实上，近年学者就有关课题的逐步开发已积累了一些研究成果，更重要的

---

① 美国哈佛大学的世界宗教研究中心（CSWR）正计划陆续出版一套关于世界各宗教与生态学对话的丛书，可见宗教及精神传统的探究进路的成果。

② 当然在诠释道家的生态智慧时仍会碰到不少有待解决的难题。例如道家向往的自然是"道"（一个没有争议的诠释是道至少是指一种人生境界）而非自然环境（nature）的意思；又道法自然是否即是教人效法自然世界，如果是，则自然世界往往表现出生死、好坏并存的现象，那么人要效法的到底是哪些部分；最后主张人应效法自然会否犯了从实然推论应然的谬误。凡此皆须仔细分析辩解，然因非本文的题旨，我们不能在这里讨论。至于道家生态智慧的新近研究成果，参看 N. J. Girardot, James Miller & Liu Xiaogan ed. *Daoism and Ecology*: *Ways within a Cosmic Landscape*（Cambridge, Massachusetts: Harvard University CSWR, 2001）。

是，改正了我们对儒学缺乏生态智慧的错误印象①。究竟儒学能为当前环境伦理的思考提供些什么思想资源？本节将试图全面总结儒学具有的思想资源，其结果可以从三方面来说明。第一，古代先民在开发利用自然资源以求生存并创造文化的同时，实早已觉察到改造破坏自然环境的危险而有一珍护保育自然生态的智慧。此后来为先秦儒者所肯定吸收。第二，由依赖和利用而需进一步对自然世界作认知了解，是以自周易、战国阴阳家以迄秦汉杂家，中国先哲已逐步形成一根据气化、阴阳、五行等范畴构筑起的"有机体宇宙观"（organic cosmology）来解释天地万物的变化消息。此后来为两汉儒者所继承发挥。第三，先秦孔子倡仁与忠恕之道，孟子本四端之心明性善，即已肯定人有恻隐感通他者（the other）的能力。宋明儒者调适上遂乃伸言仁者的关怀心量是能层层推扩至他人、动物、植物、非生物、以至天地万物；成己成物而达一混然与物同体的精神体会。这种基于人底关怀的实践来强调万物皆可收摄于人的感通中泯然无主客之壁垒对待的观点，对今天我们重新探索人与环境应有的关系确大有可资借鉴之处。最后，本文在阐析儒学的立场外，还着重引入环境伦理学的一些争议课题如人类中心主义（anthropocentrism）、内含价值（intrinsic value）等，来看看儒学可能的回答。诚然只有通过跟不同观点的对话才能一方面对儒学蕴涵的思想资源有更客观恰当的把握，另一方面将之作充分的发挥和演绎。

2. 思想资源之一：利用厚生的自然保育思想

有人曾说环境保护是现代人的问题，古代中国社会根本不存在破坏环境之举，自亦无所谓保护与否的问题。这句话大概只说对了一半。现代人破坏环境所达至的严重程度确实是史无前例

---

① 对于儒学生态智慧的研究，参看本书 354 页注 1。另参陈来：《道德的生态观——宋明儒学仁说的生态面向及其现代诠释》，收赖品超、李景雄编：《儒耶对话新里程》（香港：崇基学院宗教与中国社会研究中心，2001），第 41～55 页；何怀宏：《儒家论经济与环保》，收何光沪、许志伟编：《儒释道与基督教》（北京：社会科学文献出版社，2001），第 62～80 页。

的，由此引发的生存危机更远非古人所能想象于万一。但若据此断言古代先民在利用自然资源的同时，对生态之遭受破坏毫不措意则显然不符史实。过去对于中国古代自然保育思想的研究乏善可陈，王师尔敏《先秦两汉之自然生态保育思想》一文实可谓独具只眼，很早已注意到有关清理工作的意义所在①。依王文的考证，古代先民对破坏生态环境的觉悟，最早甚至可追溯至周初建国之时，即公元前的 11 世纪。他引《周书·文传》文王告戒太子发的一段文字，生动地说明先民保育自然的立场和方法。兹移录于下以作进一步的分析：

> 文王受命之九年，时维莫春，在鄗召太子发曰：呜呼！我身老矣。吾语汝，我所保与我所守，传之子孙。吾厚德而广惠，忠信而志爱。人君之行，不为骄侈，不为泰靡，不淫于美，括柱茅茨，为民爱费。山林非时不升斤斧，以成草木之长；川泽非时不入网罟，以成鱼鳖之长；不卵不撲，以成鸟兽之长。畋猎唯时，不杀童羊，不夭胎，童牛不服，童马不驰不骛，泽不行害，土不失其宜，万物不失其性，天下不失其时。土可犯，材可蓄。润湿不谷，树之竹苇莞蒲；砾石不可谷，树之葛木，以为绨绤，以为材用②。

此中"土可犯，材可蓄"乃系明白承认人必须藉开发利用自然资源以求生存的事实。惟于破坏环境之余，人不但应警惕不可因纵欲而过分，相反还要尽力育养成就万物，使彼皆能遂生尽性。这样人才能尽物之性而得善用，才能遂物之生而使用有以继。而让万物遂生尽性的具体做法便是谨奉天时。如果不避比附的嫌疑，则我们说先民实际上已经考虑到环境的可持续发展而重视保育生

① 王尔敏：《先秦两汉之自然生态保育思想》，《汉学研究》，10：2（1992.12），第 1~26 页。

② 王尔敏：《先秦两汉之自然生态保育思想》，第 10~11 页。

态大概不算夸张吧！总之，先民厚待环境的理由，主要出于利用的需要。这种对待自然的立场，用后来《左传》的话说，即是"利用厚生"[1]：利用之故需厚生之，厚生之始可利用之。

王文更进一步旁征博引以证此一生态保育思想是广泛为先秦诸子以至秦汉之际的《吕氏春秋》所肯定吸收。故先秦儒者自不例外。例如孟子讲王道之始就明言利用厚生的重要性：

> 王如知此，则无望民之多于邻国也。不违农时，谷不可胜食也；数罟不入洿池，鱼鳖不可胜食也；斧斤以时入山林，材木不可胜用也。谷与鱼鳖不可胜食，材木不可胜用，是使民养生丧死无憾也。养生丧死无憾，王道之始也。(《梁惠王上》)[2]

《荀子·王制篇》也有类似的主张，并屡言"春耕夏耘，秋收冬藏，四者不失时"，才能有"上察于天，下错于地，塞备天地之间，加施万物之上"的圣王之用。可见先秦儒者是肯定吸收了先民从生活经验积淀得来的实践智慧。不过在讲求利用之外，学者亦有注意到先秦儒家的典籍常运用一些"人与自然之类比"（human-nature analogues）：如孔子以"譬喻北辰，居其所而众星共

---

[1] 《左传·文公七年》云："晋却缺言于赵宣子曰：'日卫不睦，故取其地。……九功之德皆可歌也，谓之《九歌》。六府、三事，谓之九功。水、火、金、木、土、谷，谓之六府；正德、利用、厚生，谓之三事。'"见杨伯峻编著：《春秋左传注》（北京：中华书局，1995年修订本），第2册，第563~564页。又利用厚生的观念亦见于《易传》，《序卦》云："物稚不可不养也，故受之以需。需者饮食之道也。"此中释需（饮食之道）为养（稚物之养），正与利用厚生之义相同。见高亨：《周易大传今注》（山东：齐鲁书社，1988），第644页。

[2] 王文认为只有从这种保育生态的角度看，《孟子·离娄下》"争地以战，杀人盈野；争城以战，杀人盈城；此所谓率土地而食人肉，罪不容于死。故善战者服上刑，连诸侯者次之，辟草莱、任土地者次之"的文字中，向乏善解的"辟草莱、任土地者次之"一句始有着落。此即以胡乱开发土地、破坏生态为次于发动战争与连环诸侯的第三等大罪而必予以严惩之谓也。见氏著：《先秦两汉之自然生态保育思想》，第17页。

之"譬"为政以德"(《为政》)、以在川上"逝者如斯夫！不舍昼夜"之叹暗示道之流行不息(《子罕》)、孟子以牛山濯濯类心之"操则存，舍则亡"(《告子上》) 等，这些类比其实隐然流露出儒者深信人是能感受自然之美态、舒适与亲切的想法①。必须指出，顺着此观察确可以引导我们着眼于先秦儒学于利用厚生以外的另一种隐而未发的对自然的态度意趣，此即肯定人之仁心有超乎利益考虑来感通关怀万物的可能，所谓"亲亲而仁民，仁民而爱物"(《尽心上》)，"万物皆备于我矣。反身而诚，乐莫大焉"(同上)。而这未被充分展开之面向后来则为宋明儒者所发扬光大。

析论至此，论者或会质疑先秦儒家讲求利用厚生的立场，不过是古代游猎渔牧以至农业社会的产物，时移世易后，恐怕难以作为现代探讨环境伦理的思想资源。对于这种疑虑，我们的回答是这只是没有把利用厚生出现的现实机缘（历史发生过程）与其本质（本身是否合理有效的观念）分开，而错将两者混为一谈的结果。利用厚生之观念出于古代社会经济形态的需要是一回事，它本身是否一能经受得起时间考验的智慧又是另一回事。唐君毅先生毕生致力于重建现代社会的人文精神，他就十分肯定农业生活对人生所可能带来的启发。如谓可以"培养出人与自然或人与天之相辅相成相和协之意识"，"使人在植物中看见一自内向外开展之生命历程以印证我们自己之生机"，"教人有一不可私有不可占据天地之肯定"云云②。与此相同，现代环境保护论者亦苦口婆心地指出人不尊重自然很大程度上是缘于科技把人与自然隔阂起来，切断了人与自然互相依存的经验。他们鼓励现代人工余时多点归田园居，当然不是要教人人都变作农夫，而是希望人通过重拾与自然交往的经验去领悟那份应珍惜爱护自然的启示。事实

---

① 参看 Philip J. Ivanhoe, "Early Confucianism and Environmental Ethics", in Confucianism and Ecology, pp. 67~68. 但文中认为先秦儒者对保育自然生态并无明确之理论立场则是不正确的，这完全无视了他们肯定吸收先民利用厚生思想的一面。

② 见唐君毅：《人文精神的重建》(台北：学生书局，1978)，第511~515页。

上，现代人正是因为连利用都变得越来越间接（我们从来没有农夫粒粒皆辛苦的耕耘经验），更遑论从中体会厚生的重要性。可见利用厚生的智慧绝非过时落后。

总括而言，我们可以将先秦儒家所肯定的利用厚生的智慧归纳为下列三点：

1. 肯定人为求生存及发展文化必须开发利用自然资源，而这将无可避免地带来环境的破坏。

2. 因此我们必须厚待自然，尽力谨奉天时以使万物得以各尽其性、各遂其生。

3. 根据 1 与 2，则自然之价值，乃在于其为可供人利用的工具亦甚明矣。

显而易见，以上三点与现今谈可持续发展及某些仍坚持人类中心主义的环境伦理学十分相近。这些学说甚至认为仅凭第 1 与 2 两点已足以作为今天环保团体说服政府重视环境的有力论据。当然，从深层生态学（deep ecology）的角度看，这其实仍远不足够建立人对自然应有的正确态度。盖人视自然为利用的对象一方面正是人奴役自然的元凶祸首，另一方面则由于工具本身的可代换性（replaceability），将使厚生丧失其必须性而只沦为一种可供选择的策略。古代先民或许难以想象自然生态能被取代，但现代人却可以轻易地建造一座仿效自然气候的温室，或以生物技术来违反天时。所以深层生态学者的质疑绝对有其理由。然而这里有一点亟待澄清的是，即使我们承认以工具价值（instrumental value）看待自然并不能与自然建立一良性健康的关系，故必转而肯定自然有它的内含价值，但肯定自然有内含价值，却绝不等于可以反过来完全抹杀掉自然有于人而言的工具意义。举例来说，自然界的万物都以遂生为其目的，而此中无可避免地会出现种种的冲突与矛盾。故当人为遂己之生而牺牲某物（动物或植物）之生时，人显然是把此物的工具价值凌驾于其内含价值之上。职是之故，上述的第 1 点恐怕是今天任何谈环境伦理的观点与学说都不可或忘及必须承认者，分别只在于这究竟是被当做理论的出发点抑或是理论的终点。当我们考虑到下面即将讨论的另外一些儒学能为环境伦理的探讨提供的思想资源时，便不难发现儒学是以第一点这事实作为思考的出发点，而第一点亦只是证立（justify）第二点的其中一个理由。

3. 思想资源之二：阴阳气化的有机体宇宙观

由于利用总不能不求了解，所以古代先民在开发环境之余，亦已逐步展开其对宇宙万物的探索。从《周易》强调变化开始，中经阴阳家邹衍以迄秦汉的《吕氏春秋》，用来了解自然的各个范畴：如气、阴阳、五行等已逐步成熟完备，并最终由之构筑形成一有机体的宇宙观。"气"字在甲骨文中作〰〰，许慎《说文解字》说："〰〰，云气也，象形。"研究者对取象云气是否气字之本义有争议，盖卜辞及周代金文中气字还有乞求、迄至及终止之义①。但无论如何，气字后来却渐渐扩展其含义而变成一构造天地万物的能变化运动的基本质料。为了进一步说明变化运动，阴、阳两个本来经常相互对举用以表示不同地理方位的字，亦被引申为气之能对立互变的两种抽象性质②。在先秦诸子的著作中，气和阴阳的观念已被普遍使用。根据徐复观先生的研究，阴阳家邹衍是首位别开生面地把阴阳散入四时复以四时变化言宇宙消长的先哲。后来《吕氏春秋》中十二纪的结构明显是继承邹说。至于金、木、水、火、土五行，本亦是经验现象中的五种材料，后也被抽象化为解释自然变化运动所谓生克的元素系统。在邹衍的思想中，阴阳与五行分属两套，即使在《吕氏春秋》中配合起来，但仍未有提出后代阴阳生五行的衍生关系。不过毫无疑问的是，发展至《吕氏春秋》，一套有机体宇宙观业已大体完成③。此即以阴阳融入四时再配以五行，由此架起一富于综合性的系统

---

① 参看刘翔：《中国传统价值观念诠释学》（台北：桂冠图书公司，1992），第250～255页。另参看张立文主编：《气》（台北：汉兴书局，1994），第20～23页。

② 参看同前注刘书，第260～268页。

③ 参看徐复观：《两汉思想史（卷二）》（台北：学生书局，1976），第1～83页。

间格来将各种环境现象以至人事活动如方位、颜色、数目、声音、动物、味道、谷牲、鬼神、先帝等全部分类配置入内。个中的安排自然绝不可能是完全凭空想象出来的，而是根据过去因农时需要所积累纪录下来的有关一年四季的节候、产物以至季节性的人事活动等资料来作进一步的引申发挥。是故可知此一有机体宇宙观实为古代先哲从生活经验出发进而谋求对自然环境作系统认知的产物。

在这个有机体宇宙中，万物包括人在内均负有相生相克的功能，互相影响感应而构成一大和谐或曰"太和"（comprehensive harmony）。因此天地万物在维持这一系统的和谐上都各自有其位育与功能，用传统的话说，即是各有其"德"。同时儒者还深刻地感受到宇宙的和谐秩序：周而复始、循环不息的生生之德，本身即呈现为一价值秩序。董仲舒《春秋繁露·五行之义第四十二》云：

> 天有五行：一曰木，二曰火，三曰土，四曰金，五曰水。木，五行之始也；水，五行之终也；土，五行之中也。此其天次之序也。木生火，火生土，土生金，金生水，水生木，此其父子也。木居左，金居右，火居前，水居后，土居中央，此其父子之序，相受而布。是故木受水，而火受木，土受火，金受土，水受金也。诸授之者，皆其父也；受之者，皆其子也。是故木已生而火养之，金已死而水藏之，火乐木而养以阳，水克金而丧以阴，土之事火竭其忠。故五行者，乃孝子忠臣之行也。五行之为言也，犹五行欤？是故以得辞也。圣人知之，故多其爱而少严，厚养生而谨送终，就天之制也①。

此处董子以孝子忠臣之行来类比五行之生克，甚至认为五行

---

① 见苏舆：《春秋繁露义证》（北京：中华书局，1996），第321~322页。

（金、木、水、火、土）之得名正因其授受变化犹如人事活动中
的五种德行（仁、义、礼、智、信），"五行之为言也，犹五行
欤？是故以得辞也"。大抵汉儒是将有机体宇宙的生生不息视为
一仁爱的表现，故顺此强调帝王应效法天，仁爱万民，所谓"多
其爱而少严，厚养生而谨送终，就天之制也"。值得注意的是，
这种宇宙秩序即价值秩序的体会，自汉儒明白道出以来，即成后
代儒者的共识。南宋朱子在他那著名的《仁说》中便把天地之
生、人物之生、元亨利贞、春夏秋冬与仁义礼智等共冶一炉。他
说：

> 天地以生物为心者也，而人物之生，又各得夫天地之心
> 以为心者也。故语心之德，虽其总摄贯通，无所不备，然一
> 言以蔽之，则曰仁而已矣。请试详之。盖天地之心，其德有
> 四，曰元、亨、利、贞，而元无不统。其运行焉，则为春、
> 夏、秋、冬之序，而春生之气无所不通。故人之为心，其德
> 亦有四，曰仁、义、礼、智，而仁无不包①。

回到本文的讨论，我们可以把这种有机体宇宙观的环境伦理
智慧总结为下列三点：

4. 通过气化、阴阳与五行等范畴来揭示宇宙实为一万物相生
相克而最终归于并育之太和的有机整体。

5. 此有机体宇宙的和谐秩序（生生之德）并且进一步被体认
为一表现仁爱的价值秩序。

6. 在这个有机体宇宙中，万物各具生克的功能，彼此互动互

---

① 见郭齐、尹波点校：《朱熹集》（成都：四川教育出版社，1996），卷67，第
3542～3543页。必须补充说明的是，宋明儒虽与汉儒同样肯定宇宙秩序即价值秩序，
但他们证立此肯定的理据却大不相同。扼要来说，汉儒是依一宇宙论中心的哲学，以
存有来说明价值；宋明儒则是本其道德形上学的体证，通过价值的践履来说明存有。
倘若以本文讨论的脉络来看，汉儒的理据就是建立在一有机体的宇宙观上，而宋明儒
的理据乃是下节我们将会论及的仁者与天地万物为一体的实践体会。

补。依此万物有其内含价值。而人在一意义下亦属万物之一，与万物同受生克律则的支配。这骤眼看来确有某种去人类中心主义的色彩。

以上三点在对自然的了解与态度上虽明显与前述三点的取径不同，但彼此却无根本的矛盾而可融合一致。例如我们可以把人无可避免地必须利用自然的事实视为万物相克的过程；把人对自然之厚生视为相生的过程。至于人由利用厚生进而明白到宇宙万物的有机联系及互依功能，则无疑有助人超越其利用功具的原初视域来正视万物亦禀具内在价值。毋庸置疑的是，气化、阴阳、五行、太和以至视宇宙秩序为一仁爱的价值秩序等均是儒学作为一套整全教义（comprehensive doctrine）的一部分，不必人人皆会同意。但这套有机体宇宙观所强调的万物互相依待与并育和谐的精神却绝不难被现今众多的深层生态学理论引为同调。而深层生态学十分重视的生态系统的平衡与生态的多样性亦似乎很容易在儒学描绘的宇宙图像中找到其相应的位置。

剩下来的问题大概是对上述第 6 点所谓儒学的宇宙观带有某种去人类中心主义色彩的质疑。我们知道深层生态学高举以生态中心来代替人类中心，但这是否能为富于人文色彩的儒学所接受？又儒学既承认万物有其内含价值，却又在另一方面相当看重人的特殊地位，这究竟如何可能？其实解答这些问题的关键端赖于我们对内含价值与人类中心主义这两个有歧义的概念的厘清。于此宾臣（John Benson）分疏了两种意义的内含价值很值得我们参考：

> 内含价值 1 = 非工具价值，我们认为某物具内含价值意谓它是因其自身即有价值，而非由于对人有用。
> 内含价值 2 = 某物具内含价值意谓其价值是独立于（或毋须）其他存在物的评价[①]。

---

① 参看 John Benson, *Environmental Ethics*: *An introduction with readings*（London: Routledge, 2000）, p. 5.

宾臣指出内含价值 1 重在强调非工具价值，即独立于人类的需要与目的（independent of human needs and purposes）的价值；而内含价值 2 则重在强调—独立于人类价值赋予活动（independent of human valuing）的价值。顺着这种思路，我们也可以尝试区别两种意义的人类中心主义。第一种是视人类优越于他物，他物只有为人所用时才有价值。此种人类中心主义自然不会承认他物有任何意义的内含价值，而这亦正是当前环境伦理学说所要着力反省批判的对象。但除此之外，我们似乎还可以设想到另一种意义的人类中心主义：即它愿意承认他物有其自身价值，易言之，承认他物有内含价值 1。但它却认为他物的内含价值仍必须藉由人来予以发现认识，故主张内含价值 2 便不啻是一不合情理的过分要求。藉着以上的概念厘清，我们可以清楚看到儒学的人文关怀性格会使其同意后一种意义的人类中心主义。天地的化育固自有其价值在焉，不为尧存不为桀亡，但不能因此便忽略人参与赞助的必要性；因为唯有人的参与赞助才能将天地化育的价值彰显出来。这一点《中庸》讲得十分明白："唯天下至诚，为能尽其性；能尽其性，则能尽人之性；能尽人之性，则能尽物之性；能尽物之性，则可以赞天地之化育；可以赞天地之化育，则可以与天地参。"至于如何至诚尽性，我们留待下面再作析论，这里暂不多说。总之，由于内含价值与人类中心主义的概念存在歧义，故不加简别地说儒学承认天地万物有内含价值或说儒学仍是以人为中心都不可能不引起严重的误解。而正是儒学这种独特的看待人与看待宇宙的立场，乃使其与一切坚持他物有内含价值 2 的深层生态学分道扬镳①。

4. 思想资源之三：宋明理学的仁者与天地万物为一体

在近时有关儒学与环境伦理的讨论中，前面提及的两个思想

---

① 关于主张他物有内含价值 2 的深层生态学说，可参看 Paul W. Taylor, *Respect for Nature*: *A theory of Environmental Ethics*（Princeton: Princeton University Press, 1986），pp. 44 ~ 46, pp. 60 ~ 71.

资源实际上是较为人所忽略的。这大概是因为利用厚生的先民智慧与春秋战国以降逐渐形成的有机体宇宙观尽管都充分地被先秦儒、汉儒所继承、吸收及消化，但它们毕竟不是从儒学的核心理论里提练出来。所以论者要发掘儒学的生态智慧，目光大多都不约而同地落在宋明理学仁者与天地万物为一体的观念上。不过宋明儒这一观念相比前两者其实是最难懂理的，若乏善解则很易教人有流为玄谈之感，而结果所谓对环境伦理的贡献云云亦不过表示一种想法或姿态而已。因此下面我们尝试扼要地分几点来说明这一观念，并指出它对环境伦理的思考所可能带来的启发。

首先，这观念的关键起点无疑是"仁者"此一概念。必须知道，宋明儒对人的理解是完全本于先秦儒的，此即以人有践仁的能力或曰关怀感通他者的心为人底存在的本质性格（the essential characteristic of human）。于是人要开展他的存在性，表现为对他者的感通，仁心的觉醒便是至关重要的第一步。而这也就是上面曾提及过的《中庸》至诚尽性的意思。落在环境问题上，人虽缘于生存危机的威胁而思有以改善与环境的关系，但儒学会认为若仅停留在这层面而未有觉悟栽培出一颗真诚关怀环境的心恐怕最终将徒劳无功。这是不难明白的道理。

第二，当人觉醒其本具的仁心，将体验到仁心关怀感通他者的能力是可以不断扩充的，而此处他者不但可以包括自己的亲人、朋友、他人，还可以包括动物、植物、非生物、自然界甚至整个宇宙。宋儒张横渠便说"大其心则能体天下之物，物有未体，则心为有外"①；程明道亦说过"学者须先识仁。仁者浑然与物同体"的话②。明儒王阳明《大学问》有一段话把这层意思发挥得淋漓尽致，他说：

①《正蒙·大心篇第七》，见《张载集》（北京：中华书局，1978），第24页。
②《河南程氏遗书》，卷2上《二先生语二上》，见《二程集》（北京：中华书局，1981），第1册，第16页。

是故见孺子入井而必有怵惕恻隐者心焉，是其仁之与孺子而为一体也。孺子犹同类者也，见鸟兽之哀鸣觳觫而必有不忍之心焉，是其与鸟兽而为一体也。鸟兽犹有知觉者也，见草木之摧折而必有悯恤之心焉，是其仁之与草木而为一体也。草木犹有生意者也，见瓦石之毁坏而必有顾惜之心焉，是其仁之与瓦石而为一体也。……故夫为大人之学者，亦惟去其私欲之蔽以自明其德，复其天地万物一体之本然而已耳①。

凡有悉心照料过宠物或盆栽经验的人，相信都会将上面的文字看做一既具体且亲切的见证语，而绝不会轻率地视为浑伦太高的漂亮话。

第三，所谓人有感通他者的心量，换一种说法，即人可以有一不涉利益考虑的对他者关注的能力（the capacity for disinterested care of the other）。这种能力在我们日常生活中其实是随时都能体会得到的。儒者把这种能力（人底本质的存在性格）的充尽表现看成是人自我完成的努力。又在此自我完成的历程中，他者亦因获得人的关怀而得以成就。所以成己与成物依儒学是个辩证的动态历程：成己所以成物，成物亦正所以成己。换言之，人的自我完成是绝对不能没有他人以至天地万物的参与。借用杜维明的话说，这是儒学独特的"天人一体观"（anthropocosmic world-view）②。而此处儒学亦可藉由天地万物乃人扩充一己仁心以求自我完成所必须具备者的前提，来证立万物有其内含价值故当为人所珍惜爱护的结论③。

---

① 《阳明全书》，卷26，见《王阳明全集》（上海：上海古籍出版社，1997），下册，第968页。

② 参看 Tu Wei-ming, Centrality and Commonality（Albany：State University of New York Press, 1989）。

③ 单就这一推论而言，儒学与宾臣试图建构的修正的人类中心主义环境伦理学有若合符节可相攻错之处。参看 John Benson, *Environmental Ethics：An introduction with readings*, pp. 31~40.

　　第四，下面让我们进一步来厘清"一体"的含义。艾芬豪（Philip J. Ivanhoe）曾分析出四个一体的意思，即当我们说 A 与 B 为一体时，可以意谓（i）A 是 B 这组别的一部分；（ii）A 是 B 这生态系统的一部分；（iii）A 是 B 这有机体系统的一部分及（iv）A 与 B 是等同（identical）的①。然而深谙宋明理学者当不难察觉以上四个意思都不是仁者与天地万物为一体这一观念的恰当诠解。事实上，艾氏自己便误以为宋明儒主张的一体是等同义。那么到底什么是"一体"呢？顺着我们在上面分析，一体之含义首先应从人成己的历程来求解。人在成己的追求中，"己"的意义可谓在不断的转化与扩大。例如当我关怀感通及于某对象时，它则被纳入"己"中而与我为一体；好像当我关怀父母时，父母便真实地成为我存活中的一部分，与我共同构成一"己"而与我为一体。此处"己"固然有自我的含义，但这自我却绝非心理学意义上那个追求自利的自我（ego），而是一个能不断通过关怀他者而扩大的自我（an enlarged self）②。用传统的话说，这自我即是个"大我"而非"小我"。若以主客观的角度衡之，这己或自我当然绝不是个纯粹的客观物，但望文生义地将之理解为一纯粹主观的精神状态（mental state）亦大谬。这己或自我应是主客观面的彻底交融与统一，换一种说法，即主观面与客观面是处于一种平等对待、彼此互相参与到对方之中的关系，而非处于对立、互求宰制的紧张状态。在宋明儒者中，程明道的观物工夫大概是最生动地说明了这种主客观交融的领会，"万物静观皆自得"③；自得者就是每个东西（包括观者）各归其自己，所谓"物各付物"也④。总之，一体就是这种特殊意义的己、扩大的

---

　　① 参看 Philip J. Ivanhoe, "Early Confucianism and Environmental Ethics", in *Confucianism and Ecology*, pp. 63 ~ 64.

　　② 参看 Tu Wei-ming, *Confucian Thought: Selfhood as Creative Transformation* (Albany: State University of New York Press, 1997 Revised Edition), pp. 171 ~ 181.

　　③ 《河南程氏文集》，卷 3《秋日偶成二首》，见《二程集》第 2 册，第 482 页。

　　④ 《河南程氏遗书》，卷 6《二先生语六》，同前注，第 1 册，第 84 页。

自我与物各付物的领悟和体会。

最后必须补充说明的一点是，宋明儒的追求并不止于仁者与天地万物为一体的境界，而是希望最终能从境界的体验跳跃提升至对一生生之天道之真实存在的诚信（authentic belief）。由信仰天道化育万物的角度看，则人的责任自是在于努力扩充禀具的仁心来"复其天地万物一体之本然而已耳"。人若有这样的诚信，亦自会对环境生出一尊重爱惜的态度以至责任感。不过倘若我们担心把儒学的生态智慧建立在信仰的基础上会欠缺说服力（虽然这担心可能是错误的），那么也不妨自诚信退一步返回前述分析的几点，来将这些智慧作更富于理论性的演绎。

总括而言，承接着前两节列举的六点，我们可以把宋明儒能为环境伦理的探讨提供的思想资源综合为以下三点：

7. 人有感通关怀他者的仁心，这是人所禀具的本质性格。当人觉醒其本具的仁心，将体验到仁心关怀感通他者的能力是可以不断扩充的，而此处他者不但可以包括自己的亲人、朋友、他人，还可以包括动物、植物、非生物、自然界甚至整个宇宙。

8. 宋明儒将第 7 点视为人追求自我完成的历程，故成己已涵蕴着成物。从成己必须有他人甚至整个自然的参与这前提出发，儒学实可证立自然有其内含价值故当为人所珍惜爱护的结论。

9. 人从仁者与天地万物为一体的领会，可进而诚信一天道之真实存在。既相信天道的生生化育确实是作用于万物之中，人自会油然生起一参与赞助化育的责任感。

合起来看，以上三点与前述六点显然可融贯一致来更全面地揭示儒学丰富的生态智慧。不过这里有一点需要稍作交代的，即儒学一方面主张人有感通关怀自然的能力，另一方面亦坦承人必须利用自然以求生存，故此中实存在着颇大的矛盾与张力。事实上，儒者向来都不轻视实践中可能遇到的险阻。对于人与自然或自然界中各物不可避免之冲突，儒学除了于理论上目为相克的自然事实外，于实践上则重在要人培养出执中用权的实践智慧来对不同的处境作出相应恰当的举措。所以，若从当代西方环境伦理学的角度来看，儒学对于现实利害轻重的考量与决定，其取法应是较接近德性伦理学（virtue ethics）而远于律则伦理学（rule ethics）①。例如后者喜欢寻求一些价值判准像生命繁衍昌盛的能力等来试图在人与万物间建立起一价值高低的层级，以使诸如价值高者应较价值低者更值得保护一类的原则能够成为可供普遍推演应用的律则。但这种进路明显在儒学中毫无痕迹。相反，儒学重视执中的中，实更像德性伦理学所强调的一个德性的人对环境应有的态度；而所谓的权则是本乎此态度再经审时度势后的变通。

在人与自然不可避免之冲突中，应否杀生（或相反应否素食）无疑是个吃紧的问题。因此，让我们最后讨论一下儒学对此的态度来结束本文。泰勒（Rodney Taylor）研究宋明理学的生态智慧时很强调儒学因从实践出发，故可避免知行割裂的问题②。然正因儒学从未反对杀生主张素食，却又大谈仁民爱物、与万物一体，故难免招来伪善之讥。其实这个诘难早有古今三个不同的经典版本可资讨论。最古老的版本是人所熟知的孟子"闻其声，不忍食其肉。是以君子远庖厨也"《梁惠王上》。另一个古代版本是王阳明论道理自有厚薄的话：

> 问："大人与物同体，如何《大学》又说个厚薄？"先生曰："惟是道理，自有厚薄。比如身是一体，把手足捍头目，岂是备要薄手足，其道理合如此。禽兽与草木同是爱的，把草木去养禽兽，又忍得。人与禽兽同是爱的，宰禽兽以养亲，与供祭祀，燕宾客，心又忍得。至亲与路人同是爱的，如箪食豆羹，得则生，不得则死，不能两全，宁救至亲，不救路人，心又忍得。这是道理合该如此。及至吾身与至亲，

---

① 关于在环境伦理学中律则伦理与德性伦理的不同的取径，扼要的介绍可参看同 John Benson, *Environmental Ethics: An introduction with readings* 中的讨论，另可参看 Rosalind Hursthouse, *Ethics, Humans and Other Animals* (London: Routledge, 2000).

② 参看 Rodney L. Taylor, "Companionship with the World: Roots and Branches of a Confucian Ecology", in *Confucianism and Ecology*, pp. 52~54.

更不得分别彼此厚薄。盖以仁民爱物，皆从此出；此处可忍，更无所不忍矣。"①

而第三个是今人熊十力的版本，《十力语要》有一段他学生记录的文字：

> 一日，师闻人言，将买鸡而杀之。师曰：买已杀者可也，取一生物而杀之，不必也。其人曰：此不彻底之杀生也。师默然久之曰：设责吾不彻底戒肉食，则吾唯有自承其罪，拊胸沉痛而已。若以不彻底杀生为可非笑者，此何忍闻？使杀生而可彻底做去，则人之类其绝久矣。留得一分杀生不彻底之心，即宇宙多一分生意。愿与世人共策励也②。

比对三者，可见孟子虽肯定人的仁心有闻其声不忍食其肉的感通能力，却未解说人为何不因此放弃杀生而只是远庖厨。同样熊十力虽直承肉食有其罪，甚至拊胸沉痛，但也没有说明为何自己终未能彻底戒掉肉食。显然若是为了满足一己的口腹之欲绝非儒学所能接受的理由。相较之下，王阳明的话始清楚透露出儒学不反对杀生的理由。表面上，阳明的理由是道理合该如此，好像以草木养禽兽，以禽兽养人乃是自然不过的事情。今天的素食主义者或许会抗议，指出以禽兽食草木没有犯错来类比人食禽兽没有犯错是不恰当的，因为禽兽与草木有一本质上的分别：即前者有感受痛苦的知觉而后者没有。是故有恻隐之心者绝不应漠视禽兽被宰杀受苦。实则禽兽与草木有否本质上的分别并非阳明在这里的考虑，他之所以认为宰禽兽忍得全落在"养"的需要上。而且阳明以及其他的儒者似乎都将这种需要看成是必须的。结果在人必

---

① 《传习录下》，《王阳明全集》，上册，第108页。
② 《十力语要》，卷4《高赞非记语》，见《熊十力全集》（武汉：湖北教育出版社，2001），第4卷，第466页。

须食肉以维持生命这一认识下，儒学才流露出仁心与杀生间的张力。明乎此，我们才不致过分简单地非斥孟子与熊氏的举动为虚伪，相反"远庖厨"与"留得一分杀生不彻底之心，即宇宙多一分生意"正是儒者努力律己节制的表现。诚然人是否必须依赖肉食维生在今天已大有商榷的余地，很多人甚至认为这是错误的想法。所以现在或许是儒学需要重新反省一下杀生这一问题的时候了。

（三）儒学与女性主义的对话

1. 前言

当上一个世纪初五四新文化运动全力批判中国传统文化特别是儒家思想之际，女权思潮也随着民族文化追求解放更新而勃兴①。一个很自然的结果是，把传统妇女之备受压迫束缚归罪于儒学；儒学被看做是男尊女卑、吃人礼教以至缠足陋俗等万恶的渊薮。虽然自 20 年代末的儒学复兴运动以降，经过学人们多年来的努力，确已替儒学澄清不少误解、洗擦不少污名。儒学也由此转危为机，作出一番思想的清理、重释与调整。晚近越来越多的各种关于儒学与西方政治学说、道德理论、宗教神学等的比较研究即是明证。但相较之下，女性或性别在当代儒学的重建中无疑是个几乎完全遭到忽略的课题。难怪有妇女研究的学者发出呼吁："在批评及重建儒家传统方面，性别研究应该是其中重要的部分；对儒家思想作更全面的女性主义分析，也有助建立有中国特色的女性哲学。"② 尤有甚者，是当有学人试图藉着倡议"东亚儒学"一类的观念来团结不同地域的儒学传统以彰显儒学的生

---

① 参看陈三井主编：《近代中国妇女运动史》（台北：近代中国出版社，2000）；吕美颐：《20 世纪初中国女性的觉醒与妇女运动》，收郑必俊、陶洁主编：《中国女性的过去、现在与未来》（北京：北京大学出版社，2005），第 81～93 页。

② 见郭佩兰：《性别研究与中国宗教传统》，收张妙清、叶汉明、郭佩兰合编：《性别学与妇女研究——华人社会的探索》（香港：中文大学出版社，1995），第 162 页。

命力时，试问又怎可能仍对区内日益茁壮的妇女运动三缄其口①。儒学是必须与女性主义对话的②。因此，本文的工作有三项：一、釐清"对话"的实义并顺此析论儒学与女性主义对话时应采取的策略。二、借用女性主义的挑战，清理不同的儒学传统中的性别论述。三、集中比较儒学与女性主义关怀伦理学（ethics of care），通过发见彼此的同异以收攻错之效。但在进入正文前，让我们先对这三项工作略加申明，以清眉目。

首先，我们必须知道"儒学与女性主义的对话"跟"女性主义与儒学的对话（或对儒学的批判）"是不同的。这不同绝不应简单化理解为是论者站在那一边，替那一边讲好话的不同，而是由于对话过程中对话双方各本其视域为出发点，遂必然使得彼此处于一不对称关系（asymmetry）中所造成的。儒学与女性主义对

---

① 关于妇运在东亚地区的发展，参看中华全国妇女联合会编：《中国妇女运动百年大事记（1901~2000）》（北京：中国妇女出版社，2003）；李小江编：《妇女研究运动：中国个案》（香港：牛津大学出版社，1997）；王雅各：《台湾妇女解放运动史》（台北：巨流，1999）；陈锦华等编：《差异与平等：香港妇女运动的新挑战》（香港：新妇女协进会与香港理工大学应用社会科学系社会政策研究中心，2001）；Vera C. Mackie, *Feminism in Modern Japan: Citizenship, Embodiment and Sexuality* (Cambridge, New York: Cambridge University Press, 2003).

② Feminism 有译作女权主义，本文依通行的译法作女性主义。本文对女性主义一词的理解见文章第二节的讨论。至于晚近兴起的妇女研究或妇女学（women's studies）则可视作女性主义运动的一项具体成果：即产生一门新兴的以妇女为研究主题的学科。相较女性主义，妇女研究的学术气味虽较浓厚，但很多投身其中的学人却相信通过研究妇女日常生活的感受以发掘妇女的观点，最终仍是为了促进两性平等、充实女性主义的内涵。至于常在名称上视为可与妇女研究互通的性别研究或性别学（gender studies），论者有谓："性别研究的发展源自妇女研究，两者在名称上也常常互通。在美国，妇女研究在近期遂渐发展为'性别研究'，因为妇女的问题也与男性问题有不可分割的关系。妇女研究与性别研究有重叠的地方，但也有各自不同的着重点。理论上，妇女研究以妇女为重心，尝试从女性主体的角度考察社会中的性别建构；性别研究则着重两性在私人及公众层面的关系及这些关系在社会变迁中如何调整。妇女研究一般与妇女运动密切有关，不少研究者也有女性主义取向。性别研究则采取较中性的立场，也给男性学者的参与留下更大的空间。"引自张妙清、叶汉明、郭佩兰合编《性别学与妇女研究——华人社会的探索》（香港：中文大学出版社，1995）"导言"，页 xv。

话的目的乃是藉着汲取女性主义的某些睿识来善化自身，使儒学成为一套能够包容女性声音、体现两性平等及促进两性相互协调的思想。换一种说法，即证明儒学的核心理论与价值不仅可以与女性主义学说相容不忤，甚至可以成为女性主义本土化的思想资源。至于对话成功与否，则端赖于我们是否可以区别出（或解构）儒学中普遍的"开放成分"（open elements）与过时的"封闭成分"（closed elements）①。好像男尊女卑一类的观念，乃是儒学在其发展过程中不免乎历史烙印而偶然掺入的部分。这些部分自今天的眼光看，自属可摒弃者。相反，像为己成德、亲亲仁民爱物的主张，乃是儒学的核心理论和价值所在，亦是儒学能谋求与女性主义对话，返本以开新者。总之，解构儒学过时的封闭成分，重释其普遍的开放成分，乃是儒学得以与女性主义对话的最有效的策略。

但要解构儒学中那些过时的带有歧视压迫女性的思想，绝非三言两语委过于历史的限制即可竟其功。我们必须仔细清理在不同的儒学传统中性别话语的形成过程，才能有力地证明这些性别话语与儒学的核心理论和价值并无本质相干的关系。此中牵涉到怎样解读先秦孔子"唯女子与小人为难养也"、汉儒董仲舒"阳尊阴卑"及宋儒程伊川"然饿死事极小，失节事极大"等极富争议性的话。

最后，儒学的本怀是为己之学、成德之教，则将其与女性主义的对话聚焦在伦理学的范围内乃题中应有之义。虽然女性主义伦理学现常被冠以关怀伦理学之名，但发展迄今其实仍未形成一套众所公认的理论系统②。不同的女性主义学者对所谓关怀有不

---

① "开放成分"与"封闭成分"的观念借自劳思光，见氏著：《新编中国哲学史》（台北：三民书局，1994 增订八版），第 3 册下，第 896 页。

② 这大概与女性主义者视理论化为男性文化的特色，故常有意避免把主张作过于理论化的处理有关。参看 Imelda Whelehan, *Modern Feminist Thought*: *From the Second Wave to 'Post-Feminism'* (Washington Square, New York: New York University Press, 1996 Reprinted), pp. 9~14.

同的演绎，百花齐放，莫衷一是。然为方便讨论，本文将借用黑尔德（Virginia Held）对女性主义伦理思考所形成的一些共同方向的观察来作为女性主义伦理学的共法。此即女性主义伦理学对（1）理性与情感；（2）公与私；以及（3）自我的概念这三个问题都有迥异于西方伦理学传统的、既独特且深刻的反省①。值得注意的是，儒学对这三个问题的看法与女性主义的观点尽管并非完全相同却多有若合符节处，可知儒学的核心理论和价值与女性主义伦理学是可以相容甚至相互攻错的。如是，我们说儒家伦理学有女性的或阴柔的（feminist）面向大概不算夸张吧！

对一些较温和的（或非本质主义的）女性主义者来说，儒学有女性的或阴柔的面向毫不奇怪。盖所谓女性的观点（feminist views）并不意谓只有女性才具有，更不意谓凡女性都接受或凡男性都反对；这种女性观点只是从凸显女性经验、批判男性的或刚阳的（masculine）文化中提炼出来的另类观点。不过对一些较激进的（或本质主义的）女性主义者来说，即使儒学有女性的或阴柔的面向但绝不等于说儒学就是一种女性主义哲学。盖儒学与女性主义伦理学相通的地方并不是从强调女性经验、批判男性的刚阳文化中孕育出来的②。举个例说，儒学包含的环境伦理思想与女性生态主义（ecofeminism）也有颇多契合之处③。但女性生态主义者如华伦（Karen J. Warren）等却坚持自然被奴役压迫与女性被奴役压迫都是从父权意识形态一根而发的，故主张女性主义与环保思想为互相涵蕴者，并大力批评深层生态学（deep ecolo-

---

① Virginia Held, "Feminist Reconceptualizations in Ethics", in *Philosophy in a Feminist Voices: Critiques and Reconstructions*, ed. Janet A. Kourany（Princeton, New Jersey: Princeton University Press, 1998），pp. 92～115.

② 这其实即与女性主义内部关于男性的参与、男性的女性主义者是否可能等争议相关。参看 Imelda Whelehan, *Modern Feminist Thought：From the Second Wave to 'Post-Feminsim'*, Chapter 8 "Men in Feminism", pp. 177～193.

③ 关于儒学包含的环境伦理思想，参看拙著：《论儒学能为环境伦理的探讨提供的思想资源》，收赖品超编：《基督宗教及儒家对谈生命与伦理》（香港：香港中文大学崇基学院宗教与中国社会研究中心，2002），第79～99页。

gy）的非性别化（non-sexist）①，则恐非儒学所能完全同意。从本文的角度看（即从儒学与女性主义对话的角度看），儒学是否够女性主义并非我们关心的问题。我们关心的问题是如何证明儒学的核心理论和价值与女性主义伦理学是可以相容的，并且借用女性主义这块他山之石，儒学似乎还可以开展出更丰富的诠释空间。

2. 为什么要对话？怎样对话？

儒学为什么要与女性主义对话？一个最直接让人想到的答案是，儒学要维持其生命力就必须参与到当前人类面对的共同课题的探讨来彰显其时代相干性，而女性主义便是这些当前课题中的一个，甚至可以是说是相当热门的一个。当然，倘若我们仅从理论的角度视女性主义为一股思潮，则对话的需要便显得没有太大的迫切性。然而当我们考虑到女性主义底实践、行动的性格时，情况便大不相同。女性主义发端于 19 世纪的欧洲，大盛于 20 世纪的后半期，其中经历了三波浪潮，发展出诸如自由主义女性主义（liberal feminism）、马克思主义女性主义（Marxist feminism）、激进女性主义（radical feminism）、社会主义女性主义（socialist feminism）等不同流派，繁花似锦，确使人有眼花缭乱之叹。但以发展较成熟的形态言，女性主义理论大抵表现出下列三点的特色：一、探索男女不平等的根源。二、发展出一种女性主义的观点去解释两性的不平等；去批判男性父权意识对女性的歧视压迫；以至更进一步去全盘反省既有的以男性父权为中心而建构的文化体系的不同部分，来思考文化未来应走的路向。三、藉着前两点的努力去倡导两性的平等协调，根除社会上对女性的歧视。

---

① Karen J. Warren, "The Power and the Promise of Ecological Feminism"; Robert Sessions, "Deep Ecology versus Ecofeminism: Healthy Differences or Incompatible Philosophies?" both in *Ecological Feminist Philosophies*, ed. Karen J. Warren (Bloomington & Indianapolis: Indiana University Press, 1996), pp. 19~41; pp. 137~154.

易言之，即转化为推动妇女运动的力量①。毋庸讳言，经过女性主义的洗礼，我们今天大概不可能在理性上找到任何理由（不管是生物学的或社会文化的）去支持两性的性别差异证明男优女劣、男尊女卑。是故，所有民族文化的精神与宗教传统亦因而责无旁贷地（或被迫得）必须去反省照察它们的理论教义中是否有性别歧视的色彩，并谋思怎样改弦更张。试想若有思想或宗教仍反理性地坚持男性优越于女性，它在 21 世纪还有前途可言吗？

回到儒学的现代处境，自"五四"以降儒学便一直成为需要替中国传统文化落后负责的垃圾箱；任何封建的、保守的、封闭的、吃人的文化糟粕都被人往这个垃圾箱倒。其后儒学的复兴运动虽为淡泊的儒门力挽狂澜，也做出一些成绩，但一个值得关注的现象是，当代儒家学者鲜有涉足女性主义的讨论，仿佛替儒学洗察歧视女性的嫌疑乃无关痛痒的题目。究其原因，有人解释是因为从事儒学研究的女性不多，男性学者则囿于传统偏见对性别课题不感兴趣。姑勿论实情是否如此，但面对过去 20 年东亚地区妇女运动与研究的长足发展，儒家学者若仍然在这个课题上缺席恐将大不利于儒学重建的事业。首先，这会让一些不深于儒学的人继续以记账方式（stock-taking）撷取儒学典籍中有关女性的片言只字来狠批儒学蔑视女性，把儒学塑造成一崇尚男性威权的学说②。其次，儒家学者如不能正视女性主义的挑战，认真从女性主义身上学习，也很容易不经意地形成一种轻率的态度：以为儒学讲求的是普遍的性命天道故不难接受两性平等。其结果却是吊诡地强化了文化积淀下来的心习，即视与女性主义对话的工作

① 参看 Imelda Whelehan, *Modern Feminist Thoght: From the second Wave to 'Post-Feminism'*; Janet A. Kourany, James P. Sterba & Rosemarie Tong ed., *Feminist Philosophies: Problems, Theories and Applications* (New Jersey: Prentice Hall, 1992, 2nd edition); 顾燕翎主编：《女性主义：理论与流派》（台北：女书文化，1996）；何锡蓉：《另一片天空——女性伦理新探索》（武汉：湖北教育出版社，2001）。

② 参看郭佩兰：《性别研究与中国宗教传统》，收张妙清、叶汉明、郭佩兰合编：《性别学与妇女研究——华人社会的探索》，第 158～162 页。

为难登大雅之堂。可见儒学与女性主义对话的成熟时机已经到来。

在思考儒学与女性主义对话的有效策略之前，我们似应先厘清一下"对话"的实义，以求能更明确把握儒学与女性主义对话的目的与意义所在。依当代哲学诠释学的洞见，我们可以将对话视为一视域交融（merging of horizons）的过程。易言之，即是对话者站在自身的立场，谋求了解一异己（alien）立场的过程。此中：（1）对话者绝不需要放弃自身的立场，因为自身的立场不仅不会妨碍对话，相反正是推使对话者想了解异己的动力所在。（2）但对话者必须警觉对话的目的不在同化异己、复制自身，因此必须让异己充分说话。（3）然后对话者将自身立场带入异己之中，进行询问，寻求解答；相互了解、视域交融于焉发生。（4）因此对话最终非为列举出自身与异己的同异，而是借助异己来拓展自身、善化自身（self enlargement）。（5）由于对话者自身与异己有不同的立场，遂使对话的双方不可避免地处于一不对称的关系中。明乎此，我们才可以清楚认识到儒学与女性主义的对话绝不同于女性主义与儒学的对话。儒学与女性主义对话的目的既不是要自我否定，贬低自身为一套崇尚男性威权的学说，也不是要将儒学诠释成一套女性主义哲学。而是应该一方面参照女性主义来反省、照察以至去除自身思想中那些歧视女性的不合理成分，另一方面则通过吸纳女性主义的某些睿识来拓展、善化自身的合理成分。唯其如此，儒学始能向上调适成一套能够包容女性声音、体现两性平等的思想。如何成就一场成功的对话，这需要一有效的策略。

众所周知，儒学在其悠久的发展历史中曾产生过几个不同的诠释传统，如先秦、两汉与宋明等。其中汉代儒学因为求见用于现实政权而经历了一次与阴阳家及法家结合的过程：此即把法家的三纲引进儒家的五常，再合理化之以一套阳尊阴卑的宇宙论，以为汉代的大一统君主政体张目。自此先秦儒家强调对等的（coordinate）五伦关系乃一变而为从属的（subordinate）关系。君权、父权与夫权的高举自然造就了不少束缚、桎梏、压抑女性的言论和事实。两汉以后发展出的儒学诠释传统，随着君主政体的日益巩固，更难以想象它们可以毫不沾染上某程度的性别偏见。相比之下，先秦儒家涉及的女性论述不多，歧视女性的嫌疑也较小。有见及此，有些学者乃建议欲有效地与女性主义对话，必须在先秦儒家与后儒之间划清界线，把歧视女性的罪名归于后儒，以便再寻求先秦儒家可与女性主义相攻错的地方①。从本文的观点看，这种策略似乎并未有尽到对话者的责任，只求削足适履地把凡带有性别歧视话语的儒学传统一概予以否定。我们是否应该先考查那些性别歧视话语在两汉及其后的儒学传统中究竟处于怎样的理论位置，是它们的核心理论和价值？或是与它们的核心理论和价值有本质相干的关系？抑或是根本上与它们的核心理论和价值无本质相干的关系？必须知道，完全漠视后儒在传承及丰富儒学上的贡献，这将使儒学走上狭隘化的死胡同，绝不足取。试问主张把性别歧视的大罪归咎汉儒的人，当发现有西方女性主义者十分欣赏阴阳互济、刚柔并存、乾坤并建的宇宙观，认为这种前现代文化的睿识可以转化成有益于女性主义的价值观时②，不知会作何反应？

其实最有效的对话策略，也是很多精神传统与宗教在适应现代生活时所常常采取的策略：即将思想中具普遍性的、迄今仍适用的、合理的开放成分与其中属特殊性的、已过时的、不合理的封闭成分加以区分，并指出后者往往只是由于历史的偶然性（contingency）所造成。例如，数年前意大利著名的文学家、语言学者兼哲学家艾可（Umberto Eco）与天主教枢机主教马蒂尼

---

① Chengyang Li, "The Confucian Concept of Jen and the Feminist Ethics of Care: A Comparative Study?", in *The Sage and the Second Sex: Confucianism, Ethics, and Gender*, ed. Chengyang Li (Chicago and La Salle, Illinois: Open Court, 2000), pp. 33~36.

② Cat Cox, "Eco-Feminism", in *Inventing Women: Science, Technology and Gender*, ed. G. Kirkup & L. S. Keller (Cambridge: Polity Press & The Open University, 1992), p. 292.

（Carlo Maria Martini）对谈及于教廷为何排除女性担任神职的问题时，艾可便大胆地运用这种策略向马蒂尼进言。他说："依此类推，即使是信徒也应该很清楚，若上帝决定以三位一体的第二种形态降生在巴勒斯坦，她必被迫化身为男人，不然说出来的话便不具权威。我想您不会不同意：假如上帝下了一道莫测高深的旨意要耶稣降生在日本，她会让稻米和清酒成为圣物，但是圣餐仪式的内涵仍如今天这样。如果耶稣是在几百年后于山顶女先知如普里丝西拉（Priscilla）和麦西米拉（Maximilla）享受盛名的时代才出现，就很有可能化身成为女人，或许是罗马文明时代受到极高尊重的维斯太贞女（vestal virgins，译注：在罗马灶神殿中守护神火的年轻未婚女子）。否认这样的推测可能意谓着认为女性不纯洁，这样的观点确实曾经存在于某些社会和某些时代，但绝不会是今日教宗的时代。"① 回到本文的讨论，儒学亦应采用这种策略来处理其学说中存在的歧视女性的话语。此即：一、将不同的诠释传统都视作儒学发展过程中的一部分，并解构其中的开放成分及封闭成分。二、析论儒学中那些带有性别偏见的话语如男尊女卑属封闭成分，其加入到儒学中成为儒学的一部分只是出于历史的偶然；偶然者，即意味可以不如此而如彼。三、证明儒学的核心理论和价值如为己成德之学乃其开放成分，此开放成分与歧视妇女的话语并无本质相干的关系。并且通过与女性主义的对话，揭示此部分甚至与女性主义伦理学有理论上的亲和性（affinity）。这样一来，随着时代环境的改变，此部分或可以成为女性主义本土化的思想资源。本文的下两节，便是分别处理上述二与三的工作。

3. 封闭成分的解构：不同儒学传统中的性别论述

历史学者的研究已指出，在春秋时代，男主（家）外、女主（家）内的性别分工观念正逐渐定型。不难推知，这样的男女分

---

① 见安伯托·艾可、卡罗·马蒂尼著，林佩瑜译：《信仰或非信仰——哲学大师与枢机主教的对谈》（台北：究竟出版社，2002），第73~74页。

工方式绝对是人类历史从母系社会演化至父系社会的结果。史家研究《周礼》，已见周代妇女有各种职司，且秩品可至卿位，尤在大夫之上。《地官篇》有八民分职之说：所谓农、圃、工、商、牧、嫔、衡、虞，其中"任嫔以女事贡布帛"，即女性亦占重要职业之明证①。有史家甚至推测，远古的男女分工是男猎女耕，后因农业生活更安定，男子遂挟其体力上的优势，"寝假取妇女的地位而代之，把妇女逼进厨房内室"②。无论如何，至《国语》时，四民已变为士、农、工、商，女性乃完全被排除在家门外的职业范围③。从《论语》少数言及女性的文字看，孔子似乎是遵从这一性别分工的时俗，所以《泰伯》才有下面一段的记载：

> 舜有臣五人而天下治。武王曰："予有乱臣十人。"孔子曰："才难，不其然乎？唐虞之际，于斯为盛。有妇人焉，九人而已。"

下及孟子，便更明白接受男外女内的分工想法。《孟子·滕文公下》记云：

> 孟子曰："是焉得为大夫乎？子未学礼乎？丈夫之冠也，父命之；女子之嫁也，母命之，往送之门，戒之曰：'往之女家，必敬必戒，无违夫子。'以顺为正，妾妇之道也。"

女性既以主理家内事务为职责，孟子遂以顺正为妇道期之。自今人的眼光看来，把女性关在家中，要她们必敬必戒、无违丈夫、

---

① 参看王尔敏：《〈周礼〉所见妇女之地位及职司》，收氏著：《中国古先智慧今诠》（台北：兰台出版社，2003），第 245～256 页。

② 见许倬云：《从周礼推测远古的妇女工作》，收鲍家麟编：《中国妇女史论集》（台北：牧童出版社，1979），第 55 页。

③ 参看王尔敏：《四民名义考》，收氏著：《中国古先智慧今诠》，第 211～225 页。

服于家事，绝对是束缚、压抑妇女的举动。不过此处孔孟遵乎时俗所要强调的恐怕不在于性别而在于分工。分工则各有对等的责任，所谓"夫妇有别"也(《滕文公上》)。若质问之曰，为何不可反过来男主内女主外；或男女都主外，而把家内的责任留给佣人，则孔孟若生于今世，或会应之曰亦无不可。若再诋其对时俗缺乏反省，徒助长男权[1]，则除非我们强求孔孟有超越历史时空的能力，或所遵时俗有违他们信守的核心价值如仁义礼智，否则缺乏反省云云，恐难成立。依从男主外、女主内的分工显然并不抵触孔孟的道德学说。

实情是孔子讲仁、忠恕，孟子倡四端、性善，其教化的对象"人"均不涉男女性别。人或可疑曰孔门弟子中没有一个女性，《论语》言及的君子在当时恐怕都只能是男性，故一套貌似普遍的成德之教实仍隐藏着不易察觉到的性别歧视。不过，我们是否也可以反过来辩解说，正因为孔子所处的时代只有男性才可当卿士，故所教的都是男性，但他却没有把这种男性的身份在其成德之教中加以强化。此岂不证明他的道德教化乃无关乎性别者，也绝未有把妇女排除在成德的追求之外。事实上，我们只要检读一下汉代刘向《列女传》中那些明辨是非、躬行仁义、严辨义利的妇女事迹，如"齐管妾婧"、"盖将之妻"、"楚白贞姬"等，便知直迄汉代，妇女是可以践履儒学的，她们当中甚至有做得比男性更出色者[2]。又《列女传》卷一《母仪传》，是褒扬妇女教育子女的各种母道。可见男女分工后，女性不仅未被剥夺追求德行的权利，相反还被赋予一种独特的美德——母职（motherhood）。

---

① 认为孔子对男女分工之时俗缺乏反省，有沦为贬抑女性之帮凶的指控，见 Terry Wo, " Confucianism and Feminism", in *Feminism and World Religions*, ed. Arvind Sharma & Katherine K. Young（Albany：State University of New York Press, 1999），p. 117.

② 参看黄清泉注译、陈满铭校阅：《新译列女传》（台北：三民书局，1995），《导读》，第 1~31 页；Lisa Raphals, *Sharing the Light：Representations of Women and Virtue in Early China*（Albany：State University of New York Press, 1998）.

析论至此，我们似乎已不得不为《论语·阳货》"唯女子与小人为难养也，近之则不孙，远之则怨"那句富争议性的话觅一善解。养犹待也，此无问题，所费解者乃句中女子与小人何指？朱熹《四书章句集注》实已透露出一个恰当解读的方向，其言曰：

> 此小人，亦谓仆隶下人也。君子之于臣妾，庄以莅之，慈以畜之，则无二者之患矣。

按：此处君子似应作君主。顺此分析，则知此句本身根本不是一性别论述而是一政治论述；是孔子告诫执政者要小心处理与身边服待他的姜婢（女子）仆役（小人）的关系。这些姜婢仆役知识水平不高，然却待在国君身旁尽心照料起居饮食，故国君疏远他们将难免招来抱怨，但太亲近又将使他们变得不尊重国君甚至做出僭越之举。如果这个解读可取，则衡之于后世外戚宦官乱政的历史，孔子真不无先见之明①。

两汉儒学为求与现实政治结合，从董仲舒《春秋繁露》到东汉章帝时的《白虎通》，儒者确实说了大量支持君权、父权与夫权的话，并佐以阳尊阴卑的宇宙论，为此后男尊女卑的纲常伦理奠下基石。《白虎通》要求妇人有三从之义、对丈夫终身不改、纵夫有恶行妻不得去等便常被论者引以批判儒学歧视压迫妇女。《白虎通·嫁娶》云：

> 嫁娶者何谓也？嫁者家也，妇人外成以出，适人为家。娶者取也。男女者何谓也？男者任也，任功业也。女者如也，从如人也。在家从父母，既嫁从夫，夫殁从子也。《传》曰："妇人有三从之义焉。"夫妇者何谓也？夫者扶也，扶以人道者也。妇者服也，服于家事，事人者也。夫有恶行，妻

---

① 把《阳货》这句话解释为政治论述，是数次在杜维明教授的演讲中听到的，特此说明，示不掠美。

> 不得去者，地无去天之义也。夫虽有恶，不得去也。故
> 《礼·郊特牲》曰："一与之齐，终身不改。"

汉儒这些论述与历史现实错综纠缠，自属应予摒弃的封闭成分。这里只想补充两点：一是尽管汉儒为迁就现实而提倡夫妇乃尊卑的从属关系，但先秦儒家以为理想的夫妇关系应为各有对等职分的主张，仍不难在汉儒的文字中找到。此所以《白虎通·嫁娶》中亦云："妻者，齐也，与夫齐体。自天子下至庶人，其义一也。"① 二是阴阳五行的思想盛行于战国，为秦汉儒者吸纳入儒学中以建构一套有机体宇宙观，此中阴阳五行的生克消长并不必然地要与尊卑贵贱的价值观扯上联系。倘撇开尊卑贵贱的思想不谈，这套宇宙观强调阴阳互济、乾知坤能，其非二元化的互补（complementary）思维方式，正是当代女性主义能资以批判西方文化的二元论思维方式的有力武器。

最后让我们跳越一千多年去考查一下宋明理学的性别论述来结束这节的讨论。平心而言，理学家的文字鲜有言及性别者（如夫妇关系、妇道等），盖以为与天道性命之说无本质相干的关系。然偶有数语及之，辄为后人据以狠批理学家提倡贞节观念残害妇女。伊川"饿死事小，失节事大"的话即是典例。《二程遗书》卷二十二上记云：

---

① 儒学中理想的男女夫妻关系，亦见《象传》中对咸、恒两卦辞的解说。此即以男女的两情相感相悦，以至刚柔皆应为可持久之道。《咸象》云："咸，感也。柔上而刚下，二气感应以相与，止而说，男下女，是以'亨，利贞，取女吉'也。天地感而万物化生，圣人感人心，而天下和平。观其所感，而天地万物之情可见矣。"《恒象》云："恒，久也。刚上而柔下，雷风相与，巽而动，刚柔皆应，恒。恒'亨，无咎，利贞'，久于其道也。天地之道恒久而不已也。'利有攸往'，终则有始也。日月得天而能久照，四时变化而能久成。圣人久于其道，而天下化成。观其所恒，而天地万物之情可见矣。"《序卦》则总此两卦云："有天地然后有万物，有万物然后有男女，有男女然后有夫妇，有夫妇然后有父子，有父子然后有君臣，有君臣然后有上下，有上下然后礼义有所错。夫妇之道不可不久也，故受之以恒。"

问孀妇于理似不可取，如何？曰："然。凡取，以配身也。若取失节者以配身，是己失节也。"又问："或有孤孀贫穷无托者，可再嫁否？"曰："只是后世怕寒饿死，故有是说。然饿死事极小，失节事极大。"

　　针对这段文字，历来不乏批评者与辩护者，双方争讼不休①。我们无意在此重复双方的论据，只想就关键处再作澄清，以明个中得失。首先，辩护者最有力的申辩是理学家亦无法免于历史的限制。汉代以降即以从一而终为妇德，伊川从之，故在妇人守节或改嫁求免于寒饿的两难选择上，伊川考虑的是义利之辨的原则，而他的答案自然是舍利取义，有需要时甚至可以舍生取义。不过辩护者亦补充，理学家讨论原则问题是一回事，在面对实际情形时又是另一回事，故常有行权的考虑②。这种辩护策略看似言之成理，不过问题的关键在于理学家对于所遵时俗（在这例子中即妇女守节）之合理性有否足够的反省。此处我们毋须强求理学家有超越历史的反省能力，只要求彼有以自己信守的道德价值来衡量时俗的反省能力。不考虑孀妇可能有个别不同的情况，并非人人都是丈夫死后，"我心伤悲，聊与子同归"的齐杞梁妻，而划一要求不许再嫁无疑是对妇女的不仁。把守节与改嫁（求免于饥寒饿死）对举为义利之辨也不尽恰当③。伊川于此缺乏深入反省恐乃毋庸置辩者。后来朱子编《近思录》将上引文字收入《家

---

　　① 有关辩论，参看刘昌元：《论对"饿死事小，失节事大"的批评与辩护》，《二十一世纪》62（2000），第125~133页。

　　② 参看陈荣捷：《孀妇再嫁》，收氏著：《朱子新探索》（台北：学生书局，1988），第789~792页。陈文举的行权例子是伊川父取甥女归嫁，他说："伊川之父，尝行权矣。伊川撰其父之家传，述其父取甥女归嫁云，'既而女兄之女又寡，父惧女兄之悲思，又取甥女以归嫁之'。又称其父'慈恕而刚断。平居与幼贱语，惟恐有伤其意。至于犯义理，则不假也'。伊川必以其父之归嫁孀妇为合于义理，否则不必于其家传特提此事也。"

　　③ 刘昌元批评伊川的话不符合儒学的仁教是有道理的，参看刘昌元：《讨论"饿死事小，失节事大"的批评与辩护》。

道》一章，肯定伊川的回答亦可谓不慎矣。幸而理学家面对实际情况时绝非麻木不仁，彼等能行权变通则可知对妇女仍表同情①。值得注意的是，理学家并不废女子教育。《朱子语类》卷七《小学》记云：

> 问："女子亦当有教。自《孝经》之外，如《论语》，只取其面前明白者教之，何如？"曰："亦可。如曹大家《女戒》、温公《家范》，亦好。"

又理学家亦愿意承认女子在成就心性方面的禀赋与男子一般无异，《朱子语类》卷五十九解《牛山之木章》云：

> 伯丰问："淳夫女子'虽不识孟子，却识心'，如何？"曰："试且看程子当初如何说？"及再问，方曰："人心自是有出入，然亦有资禀好底，自然纯粹。想此女子自觉得他个心常湛然无出入，故如此说，只是他一个如此。然孟子之说却大，乃是为天下人说。盖心是个走作底物。伊川之意，只谓女子识心，却不是孟子所引夫子之言耳。"
>
> 范淳夫之女谓："心岂有出入？"伊川曰："此女虽不识孟子，却能识心。"此一段说话，正要人看。孟子举孔子之言曰"出入无时，莫知其乡"，此别有说。伊川言淳夫女"却能识心"。心却易识，只是不识孟子之意。

其次，批评者常以伊川"然饿死事极小，失节事极大"的话强化

---

① 陈荣捷在《朱子之于妇女》中引《朱子语类》卷一〇六的文字作佐证曰："朱子对于妇女之同情，又有推至贫而无告者。某县有妇人，夫无以瞻。父母欲取以归。县之主簿许之。门人赵师夏以为不然。谓'夫妇之义，岂可贫而相弃？官司又岂遂其请？'朱子曰：'这般事都就一边看不得。若是夫不才，不能育其妻，无以自给，又奈何？这似不可拘以大义。只怕妻之欲离其夫，别有曲折，不可不根究。'"陈荣捷：《朱子新探索》，第782页。

了当时社会的贞节观念，使宋中叶以后节烈妇女人数急增，对女性遗害匪浅。但这一指控似乎不尽合符史实。史家研究宋代妇女，发现农工市井妇女因社会经济环境的变化，"已经在一定范围内和一定程度上获得了行动自由，有了参加社会生产劳动与社会活动的权利。尽管她们地位低下，却是社会经济、文化与城市生活中一支不可缺少的重要推动力量"①。至于官绅家族妇女就更加表现出如"以自身文化素质辅助夫子成材立业"、"经营管理家政促进家族兴旺"及"以儒释道三教合流之精神塑造自身理想人格"等时代特色②。就守节问题言，确实两宋以降直迄明清，节烈妇女人数急增③。但请不要忘记情况是以清代最为严重，然其时理学已衰颓，试问又岂有仍要理学为此负责之理？大概历史变化固有受思想左右者，但全以思想解释历史，忽略政治、社会与经济等因素的作用，则恐不免失之粗陋。

总括而言，限于篇幅，以上对不同儒学传统中的性别论述的清理工作绝对是过于简略的。但假使我们已指示出一条清理的路向，及成功证明儒学中带有性别偏见的话语并非其核心理论和价值而是在今天可被摒弃的封闭成分，则已达到本文的目的了。

---

① 见郑必俊：《宋代妇女角色的时代特点》，收郑必俊、陶洁主编：《中国女性的过去、现在与未来》，第44页。

② 同前注，第35～40页。

③ 必须指出，贞节的观念对传统中国的妇女而言，不完全只有压迫的负面作用。学者的研究已注意到贞节观念其实同时是传统女性的"道德权力"（moral power），是女性得以与男性在权力分配中角力的凭藉。孙康宜说："根据我自己对中国古典文学和文化的认识，我发现传统中国男女之间的'权力'分配，的确十分复杂，绝对不能用'压迫者'和'受害者'的二分法来简单阐释。我以为，中国古典女性所拥有的道德力量，其实就是傅柯所谓的'权力多向论'中的一种权力。在此，我所谓的'道德权力'（moral power）指的是中国传统女性在逆境中对自身高洁忠贞的肯定，从而获得的一种'自我崇高'（self-sublimation）的超越和权力感。换言之，这种'道德权力'意识经常使得中国古代的女性把生活中所遭受的痛苦化为积极的因素，进而得到一种力量。这种 moral power 其实更像是一种 authority（权威）或是 prestige（声望）。"见氏著：《传统女性道德权力的反思》，《东亚文明研究通讯》9（2005），第13～14页。

4. 开放成分的重释：儒学与女性主义关怀伦理学

下面让我们转过来看儒学的开放成分即其为己成德之学与女性主义伦理学的亲和性。当然，这只是双方作深入对话的一个下手处，绝不意谓儒学与女性主义对话的可能空间只能限在伦理学方面。女性主义伦理学，正如本文开首已指出的，虽名为关怀伦理学，然各家说法颇有出入。因此为了方便讨论，我们会借用黑尔德的一些观察，即女性主义伦理思考对（1）理性与情感；（2）公与私；及（3）自我的概念这三个问题的独特反省，来作为女性主义伦理学的共法。然后通过引介儒学的观点作对照，我们将清楚看到儒学与女性主义的主张虽有若合符节处却也有不尽相同处。不过，这些相异不但无碍儒学的核心理论和价值与女性主义伦理学是可以相容的，相反，正是彼此能相互学习相互攻错的地方。

毋庸讳言，现代西方伦理学的主流是崇尚理性与认知的。易言之，即以为伦理生活中最重要的是如何运用理性去寻求或认知普遍的道德法则。黑尔德明白指出现代西方伦理学无论是康德式的（Kantian）抑或效益主义的（utilitarian），都只是依赖抽象普遍的道德法则以推演应用于具体事例，此中完全排斥情感在道德活动中的位置。尽管效益主义会将情感的满足当做效益来计算，但情感本身在整个道德思考过程中却是不相干的。与此相反，女性主义伦理学则强调采取重视脉络的方法（context-respectful approaches）比抽象普遍的方法（abstract general approaches）更能帮助我们应付道德问题；移情（empathy）与关怀（care）的情感比理性的道德法则更能告诉我们在道德处境中应该如何作出抉择①。把关怀情感及其脉络化性质重新引入伦理思考中，并由此形成女性主义伦理学的精神，其实不得不归功于吉莉根（Carol Gilligan）与诺婷诗（Nel Noddings）在理论上的创辟。

---

① Virginia Held, "Feminist Reconceptualizations in Ethics", in *Philosophy in a Feminist Voices: Critiques and Reconstructions*, ed. Janet A. Kourany, pp. 89~99.

吉莉根曾师事寇博（Lawrence Kohlberg），最后却通过对乃师的批判而发现女性的另类声音。如所周知，寇博是20世纪80年代流行的"道德认知发展理论"的创始人。他通过长达二十多年的调查，以道德的两难问题去问受访者，并追踪受访者从童年到成长的不同阶段所作的答案，从中整理出人的道德认知发展的六阶段说。扼要而言，此六阶段又可分为三个层次：第一、二阶段属于前习俗层次，即依个人需要而有的道德观，如服从权威避免受罚、追求个人利益；第三、四阶段属于习俗层次，即依社会底约定俗成而形成的道德观，如合模于人际关系、维护社会的秩序和利益；第五、六阶段属于后习俗与原则的层次，即依理性认知能力而原则性地建立的道德观，如权利、社会契约以至普遍的道德法则①。吉莉根依据相同的研究方法，却发现女性所能达至的道德认知水平往往只是寇博六阶段中第三阶段。以寇博有名的"韩兹的两难"（the Heinz dilemma）为例，即到底韩兹应否为救治他太太的癌症而去偷窃他无法负担的药店的药？吉莉根的研究指出，一对同样是11岁的男女孩所作的回答截然异趣。男孩的答案是韩兹应该偷药，理由是生命比金钱重要；即使男孩同意偷药是犯法而必须受到惩罚，却认为法官应从轻发落，盖法律乃人制定故亦有错误或修改的可能。女孩的答案则是反对偷药，理由是考虑到偷药有被捉去坐牢的可能，若韩兹坐牢，则当他太太的病情恶化时便乏人照顾；尽管女孩亦认为韩兹的太太不应该死，却主张韩兹应将情况向太太坦白，再合力找寻筹措药费的办法。吉莉根一针见血地点破，男孩是将道德两难视作犹如解答数学题目般，以为运用逻辑思考便可毕其功；而女孩则是将道德两难视作某种人际关系的描述，并以着力保存关系为克服困难之道②。吉莉根最大的贡献就是在此关键处与寇博分道扬镳，她不认为女

　　① 参看 Lawrence Kohlberg, *The Philosophy of Moral Development: Moral Stages and the Idea of Justice* (San Francisco: Harper and Row, 1981).

　　② Carol Gilligan, *In a Different Voice: Psychological Theory and Women's Development* (Cambridge, Massachusetts: Harvard University Press, 2000, 36th Printing), pp. 25~31.

孩的答案证明女性一般比男性处于较低的道德认知水平，而是揭示出一种另类的女性声音。这种女性声音迥异于男性之讲求规则、形式思考及公正等，却特重保存关系、承担责任、关怀他者以及具体处境的考量。从女性声音看来，寇博的六阶段说背后其实已预认了男性的以理性认知为中心的道德思考。假如把男性的声音称为"公正伦理学"（ethics of justice）或"权利的道德观"（morality of rights），那么女性的声音便可称为"关怀伦理学"（ethics of care）或"责任的道德观"（morality of responsibility）①。最后，吉莉根期待这两种声音的结合将使我们对人的道德生活有一更成熟的了解②。

相较于吉莉根的结论是两性声音的互补，诺婷诗则更激烈地想证明女性声音才是伦理生活的本性。诺婷诗最富特色的工作乃是对"关怀"作出十分细腻的剖析。下面我们试从五点来综括她思想的纲领。一、诺婷思开宗明义地表示她是把"关系"（relation）视为本体论上最基础的；把"关怀关系"（caring relation）视为伦理上最基础的。而关怀乃是人的自然情感③。二、关怀关系是"关怀者"（one-caring）与"受关怀者"（cared for）的关系。此中关怀者首先需要做的是接受（receiving）。关怀者去关怀，就意谓在情感上去接受他人，并表现为尽量易地而处地去体会他人的感受。如是，关怀者犹如拥有自我与他人的两双眼睛（two pairs of eyes），这将有助于其面对人我冲突时如何更全面地权衡处境作出决定。而关怀之后，关怀者还必须不断对受关怀者的诉求作出回应（response）和对关怀关系作出承诺（commitment），且在适当时候持续更新承诺。与此相比，受关怀者则需去领会（apprehending）他人的关怀以使关怀关系得以形成，并努力去维持提升这段关系。显而易见，关怀者与受关怀者是处于

---

① Carol Gilligan, *In a Different Voice*: *Psychological Theory and Women's Development* (Cambridge, Massachusetts: Harvard University Press, 2000, 36th Printing), pp. 17~23.

② 同前注，pp. 151~174.

③ Nel Noddings, *Caring*: *A Feminine Approach to Ethics & Moral Education*, pp. 3~4.

不对称的关系中①。三、不过，关怀关系本身是一互惠性（reci-
procity）的关系，虽则此互惠性绝非契约式的，而是关怀关系的
自然结果。关怀者的一方借着关怀的表现可以建立一伦理的理想
（the ethical ideal），并通过实践理想来栽培自己成为一伦理的自
我（the ethical self）。与此同时，关怀者是以关怀关系所引发的
喜悦（joy）情感来持守及善化此理想②。至于受关怀者的一方，
也会在关怀关系中逐渐成长、独立及体现自身的自由。诺婷诗
说："是受关怀者在关怀者的培养下，其自由、创造及自发的流
露之展现完成了关怀的关系。"③ 四、又关怀关系是可以逐步扩展
的。于此，诺婷诗指出人际的关怀关系是以关怀者为中心点所形
成的不同的同心圆（concentric circles of caring）。在最内在与最亲
密的人际圈中，如家庭内的父母兄弟姊妹以及至亲好友等，我们
关怀他们是因为爱护他们。接着我们可向外推扩，把关怀付诸与
我们有关联的人际圈中的人们。我们甚至可以对或有可能与我们
发生某种关联的人际链（chains）中的人作关怀的准备（prepared
to care）④。必须指出，正是由于诺婷诗着力于关怀的分析，这使
得她愿意承认人际的关怀是可以推及于动物、植物甚至非生物。
尽管她一方面十分仔细地分辨人际关怀与非人际关怀的差异，另
一方面提醒她的读者当关怀从人际关系扩大到非人际关系时，关
怀的伦理意味将随之逐步减弱以至丧失⑤。五、最后，对西方伦
理学主流重视的理性，诺婷诗以为它在伦理生活中即使不是毫不
重要也只能是次要的。我们只有在不关怀时才需要提供道德论
证，反过来说，即道德论证的作用只在于增益我们的关怀情感⑥。

析论至此，稍涉猎过儒学的人都不难察觉到女性主义伦理学

---

① Nel Noddings, *Caring*: *A Feminine Approach to Ethics & Moral Education*, pp. 30 ~ 78.
② 同前注，pp. 49 ~ 51；pp. 104 ~ 147.
③ 同前注，p. 74.
④ 同前注，pp. 46 ~ 49.
⑤ 同前注，pp. 148 ~ 170.
⑥ 同前注，pp. 94 ~ 95.

的"关怀"与儒学的"仁"有甚多相通之处①。《论语·颜渊》云：樊迟问仁。子曰："爱人。"用现代的话说，仁就是人与人之间的感通关怀。如何践仁？需行忠恕：

> 子曰："参乎！吾道一以贯之。"曾子曰："唯。"子出。门人问曰："何谓也？"曾子曰："夫子之道，忠恕而已矣！"（《里仁》）
>
> 仲弓问仁。子曰："出门如见大宾，使民如承大祭。己所不欲，勿施于人。在邦无怨，在家无怨。"仲弓曰："雍虽不敏，请事斯语矣！"（《颜渊》）
>
> 子贡问曰："有一言而可以终身行之者乎？"子曰："其恕乎！己所不欲，勿施于人。"（《卫灵公》）
>
> 子贡曰："如有博施于民而能济众，何如？可谓仁乎？"子曰："何事于仁，必也圣乎！尧、舜其犹病诸！夫仁者，己欲立而立人，己欲达而达人。能近取譬，可谓仁之方也已。"（《雍也》）

合而观之，我们可以把忠释为一诚敬不苟、谨慎认真地对待他人的态度（attitude），而恕则是实践的方法（practical ways）。毋庸讳言，恕道的陈述：无论是正面的或积极的"己欲立而立人，己欲达而达人"，抑或是反面的或消极的"己所不欲，勿施于人"，都失之粗疏易生误解。这也是为何论者多批评恕道有以己意宰制（dominate）他人之嫌，并倡放弃积极义的恕道只保留消极义的恕道，以消极义的危险性较低云云。但倘若如此解恕道，又焉得谓之仁？而其去女性主义伦理学的关怀亦远矣。要之，这完全是因

---

① 将儒学的"仁"与女性主义的"关怀"作比较，李晨阳的研究有先导之功。参看 Chenyang Li, *The Tao Encounters the West* (Albany: SUNY, 1999), chapter 4 "Confucian Jen and Feminist Care", pp. 89~114; Chengyang Li, "The Confucian Concept of Jen and the Feminist Ethics of Care: A Comparative Study?", in *The Sage and the Second Sex: Confucianism, Ethics, and Gender*, ed. Chengyang Li, pp. 33~36。

恕道的陈述不精确所产生的误读。究其实，我们应重新把恕道的积极消极两义展开为下列四个步骤：（1）人知己之有情欲，推知他人之同有情欲；（2）人知人固然是同有情欲，但所情欲者却不同；（3）在不伤害他人之情欲的情况下，尽力求自己之情欲的满足；（4）在不违背自己之情欲的情况下，尽力求帮助他人之情欲的满足。如是，可知恕道所成就者乃人我之情欲的和谐化，人我两蒙其利。而我在求一己之情欲的满足时，之所以愿意把他人之求满足其情欲亦考虑进来，正是由于关怀（仁爱）他人所有以致之。明乎此，则知践行恕道必要求我们设身处地进入他人的境况中去感受他人之所情所欲者为何，此仁之通乎女性主义伦理学之一端也。又儒学讲践仁，除本于仁心外，亦注重如何泛应曲当地将之落实于不同的处境。《孟子·离娄上》以嫂溺援手为行权便是个常被引用的例子：

> 淳于髡曰："男女授受不亲，礼与？"孟子曰："礼也。"曰："嫂溺则援之以手乎？"曰："嫂溺不援，是豺狼也。男女授受不亲，礼也。嫂溺援之以手者，权也。"

孟子以"执中无权，犹执一也。所恶执一者，为其贼道也，举一而废百也"（《尽心上》），不正与关怀伦理之重视脉络、处境的考量若合符节。此仁之通乎女性主义伦理学之另一端也。又依儒学言，践仁是尽己之性（或尽人之所以为人者），尽己即于推己中尽，推己以感通觉润他者亦即是成就他者之自尽其性。用《中庸》的话说，就是"成己成物"。这与诺婷诗以关怀者一方面成就一伦理的自我，一方面成就受关怀者的自由独立的人格，不亦同调乎！此仁之通乎女性主义伦理学之又一端也。对于诺婷诗主张关怀可以从人际圈步步推扩至人际链，甚至扩及非人际关系的动植物、非生物，又怎可能不教我们想到有子"孝弟也者，其为仁之本与"（《学而》）、孟子"亲亲而仁民，仁民而爱物"（《尽心上》）及王阳明"大人者，以天地万物为一体者也"（《大学问》）的话。总之，以上析论仁之通乎关怀之各端，足证儒学与女性主义伦理学确有理论上的亲和性。尤有进者，女性主义伦理学对关怀关系的细致剖析实有可供儒学参考借镜处。过去研究者惯以道德主体、道德理性或德性等释仁，如今引进关怀的视角，也许可为儒学打开另一个更丰富的诠释空间。

此处必须补充一点可能引起的误解，即上述的讨论绝不意谓儒学与关怀伦理学毫无二致。下面借由三个对关怀伦理学可能提出的质疑，我们将看到关怀伦理学与儒学的回复乃大不相同，而此大不相同恰恰是双方可作进一步攻错的地方。第一，如关怀只是人的自然情感，那么人还有很多其他的自然情感像不关怀甚至憎恨，为何关怀可以凌驾（trump）其他的自然情感而具有伦理的强制性？诺婷诗其实早已注意到这个问题，故提出自然关怀（natural caring）与伦理关怀（ethical caring）的区别。后者是对前者的确认或肯定（recognition）；确认或肯定之为应该表现者。若问此确认或肯定缘何而有？则诺婷诗绝不求助于理性、原则与可普遍化一类的观念来作答，而是假途于休谟的情感主义，以为人通过对关怀关系的回忆、对个中喜悦的回味、对伦理的理想的建立等都足以强化关怀的自然情感，使之获得确认或肯定并转化为既有强制性亦具动力的伦理情感①。当然，我们仍可以追问关怀从自然情感转化为道德情感的过程有否必然性？也可以批判情感主义的进路终究无法妥善安顿道德。但此中所涉及的理论问题，可说者甚多，我们不能在这里讨论。与本文直接相关的是，儒学的仁并未有上述关怀作为自然情感所带来的疑难。盖一般来说，儒学非以自然情感规定仁；仁固是（道德的）情，亦是（道德的）理。② 此即以呈现仁之情为义为合理，而以违背仁之情为

---

① Nel Noddings, *Caring: A Feminine Approach to Ethics & Mord Education*, pp. 4 ~ 6; pp. 16 ~ 18.

② 值得注意的是，儒学中自孟子以至宋明心学的一路、伊川朱子的一路、荀子的一路等对仁均有迥异其趣的演绎，唯以仁者爱人、仁为即情即理则同。儒学对仁的不同说法，大有可能丰富其与女性主义关怀伦理学的对话，但要展开探索，则须另文处理。

不义为不合理。虽则人在表现此即情即理的仁时有时难免偏向一边。朱子便尝谓"妇人之仁，只流从爱上去。"(《朱子语类》卷四)

第二，关怀伦理学强调关怀者必须进入受关怀者的处境去感受，并以犹如具有自我与他人的两双眼睛去权衡情况作出行动的决定。问题在于假使关怀者与受关怀者有截然不同的观点，则关怀者应怎样做？完全顺从受关怀者的观点并不等于（道德上）对，但依乎自己的观点又不免有以己意强人之嫌，焉得谓之关怀乎①！毋庸置疑的是，无论是女性主义的关怀或是儒学的仁都会先求了解所谓人我不同的观点，到底是不同，还是矛盾不相容。若人我为不同，如 A 与 B，则关怀或仁会让我们学懂包容不同的声音，发挥"和而不同"的精神。于此我们可见关怀或仁的殊胜处。若人我为矛盾不相容，如 A 与 – A，则关怀伦理学大概因为坚持关怀是情感而非理性原则，故只能求诸具体处境的考量来提供出路，但这似乎不是个很令人满意的答案。相较之下，由于儒学承认仁在情以外有理的一面，遂会以为关怀者如经过自省后仍深信自己的观点为合符仁理者，则择善固执地循此而行，非但不是宰制受关怀者，相反乃真正关怀之表现。此中唯一要谨慎在意的，就是自省必须既深刻且多番地进行。《孟子·离娄下》对此有十分仔细的说明：

> 孟子曰："君子所以异于人者，以其存心也。君子以仁存心，以礼存心。仁者爱人，有礼者敬人。爱人者，人恒爱之；敬人者，人恒敬之。有人于此，其待我以横逆，则君子必自反也：'我必不仁也，必无礼也，此物奚宜至哉？'其自反而仁矣，自反而有礼矣。其横逆由是也，君子必自反也：

---

① 这个质疑的提出及认为儒学的恕道可解决之的讨论，参看 Sin Yee Chan, "Can *Shu* Be the One Word that serves as the Guiding Principle of Caring Action", *Philosophy East and West*, 50. 2 (2000), pp. 507～524.

'我必不忠。'自反而忠矣。其横逆由是也，君子曰：'此亦
妄人也已矣。如此则与禽兽奚择哉？于禽兽又何难焉！'是
故君子有终身之忧，无一朝之患也。乃若所忧则有之。舜人
也，我亦人也；舜为法于天下，可传于后世，我由未免为乡
人也，是则可忧也。忧之如何？如舜而已矣。若夫君子所患
则亡矣。非仁无为也，非礼无行也。如有一朝之患，则君子
不患矣。"

第三，对当今世界存在的社会不平等、全球性不公正、无休
止的道德论争等，关怀伦理能起什么作用恐怕大成疑问。对此质
疑，较激进者如诺婷诗或会反驳说如果关怀伦理学无补于世道人
心，那么公正伦理学也无能为力。因为公正伦理学倘能发生效
用，则问题应早已解决。某些较温和者如吉莉根、黑尔德等由是
乃探索一结合情感与理性、关怀与公正的新伦理学的可能。黑尔
德在总结女性主义对伦理学的反思所引出的几个方向时说："一
个方向是指向这样的观点：即任何教人满意的道德理论将是把关
怀伦理学的某些方面与公正伦理学的某些方面结合起来。"[1] 至于
怎样把理性与情感、关怀与公正结合起来，自有待学人作进一步
的努力。我们相信儒学于此会是个有用的参考。

女性主义伦理学对理性与情感的反省已如前述。最后，让我
们转到公与私、自我的概念这两方面的讨论来结束本文。依黑尔
德，女性主义的伦理思考严厉批判西方伦理传统对公与私的划
分。此即把公众领域视为人性领域，是男性表现其能超越动物性
的场所；而把家庭的私人领域视为自然领域，是女性生育儿女的
地方。女性主义为打破这种过分低贬私人领域的错误观点，遂力
陈母职（human mothering）在塑造语言文化，形成人底社群性
格，以至发展道德方面都扮演着举足轻重的角色。此外，从女性

---

[1] Virginia Held, "Feminist Reconceptualizations in Ethics", in *Philosophy in a Feminist Voices: Critiques and Reconstructions*, ed. Janet A. Kourany, p. 109.

347

主义的角度看，以当前西方标准的社会政治哲学、道德理论言，人际关系是被置于一非个人化的"公共领域"的模式（the model of the impersonal "public sphere"）中来说明。简言之，即视人与人的关系为非个人化的、外在的与工具的连结；人本身即是一在契约关系下与别人竞争谋求自利的经济人（economic man）。其造成人际的疏离乃毋须我们多加饶舌的事实。因此，有女性主义学者倡议重新正视家庭的私人领域的重要性，主张推广家庭内亲和的关系来作为重建社会人际关系的指引①。事实上，女性主义伦理学凸显的关怀情感正是要从家庭这一私人领域开始培养。回到儒学，公、私的划分更多地是作为道德性概念来看待，像以天理为公人欲为私、义为公利为私。诚然，公与私也有作为空间性概念来看待的，如以君主朝廷为公、臣民之家为私②。可见我们不宜轻率地将儒学的公、私观与西方传统的看法对齐起来。儒学虽亦注意到门内、门外有别，《礼记·丧服四制》便有"门内之治，恩掩义；门外之治，义断恩"的话，但却从不轻视家庭生活。孝悌为践仁的下手处即是明证。而上述女性主义提倡重视母职、把家庭内亲和的关系向外推广，其实正是儒学一贯的主张。仅就这一点来说，传统修身齐家治国的说法便不一定只限作泛道德主义的阅读而变得有重新演绎的可能。又女性主义既强调关系、关怀与家庭等，自反对个人主义的原子式的自我观，而是将自我理解为一关系中的自我（relational self）。问题在于女性主义以解放妇女歧视为鹄的，则理论上必崇尚人的自律与独立性；但关系中的自我有自律与独立性吗？对此，女性主义者认为自我在社群关系中塑造成长，并不意谓其丧失独立性，无法选择规划自己的生活。相反，自我底自律能力正是藉由在与他人建立关系的脉络中

① Virginia Held, "Feminist Reconceptualizations in Ethics", in *Philosophy in a Feminist Voices: Critiques and Reconstructions*, ed. Janet A. Kourany, pp. 102~104.

② 参看金耀基：《中国人的"公"、"私"观念》，收氏著：《中国的现代转向》（香港：牛津大学出版社，2004），第153~168页。

发见栽培①。显而易见，这一关系中的自我正是儒学的自我观。不过，女性主义者或会申辩说，儒学的自我观并非通过女性经验来建立；就像她们以同样的理由去与社群主义划清界线。

---

① Virginia Held, "Feminist Reconceptualizations in Ethics", in *Philosophy in a Feminist Voices: Critiques and Reconstructions*, ed. Janet A. Kourany, pp. 104~109.